SV

Wolfgang Hildesheimer
»Alles andere steht in meinem Roman«

Zwölf Briefwechsel

Herausgegeben von Stephan Braese
gemeinsam mit
Olga Blank und Thomas Wild

Suhrkamp

Erste Auflage

Satz: Satz-Offizin Hümmer GmbH, Waldbüttelbrunn
Druck: CPI – Ebner & Spiegel, Ulm
Printed in Germany
ISBN 978-3-518-42769-9

INHALT

EINFÜHRUNG

Wolfgang Hildesheimer war ein dialogischer Schriftsteller. Diese Feststellung mag auf den ersten Blick verblüffen, handelt es sich doch bei zwei seiner berühmtesten Werke, *Tynset* und *Masante*, um *Mono*loge eines Ich-Erzählers. Andere Teile seines Werkes scheinen eine solche Auffassung wiederum zu stützen. Seine *Lieblosen Legenden* etwa, aber auch seine Dramen und Hörspiele sind meist von Dialogen bestimmt, oftmals von ausgeprägtem Dialog*witz*. Ausgesprochen dialogisch sind auch Wolfgang Hildesheimers regelmäßige Einmischungen in den öffentlichen Diskurs, in Form von Reden, Stellungnahmen und Interviews. Im Horizont seines gesamten Werkes wird offenkundig, dass auch *Tynset* und *Masante* ein dialogisches Denken inhärent ist. Zum einen handeln sie von einer krisenhaften, beklagten *Unterbrechung* des Dialogs – und zum andern suchen sie in ihrer stellenweise appellhaften Ansprache des Lesers diesen Dialog gerade wiederherzustellen.

Dieser prominente Stellenwert des Dialogs, des Gesprächs, in Hildesheimers Werk gründete in seiner Überzeugung, dass »nur [noch] durch Intersubjektivität ein objektives Bild des Gegenstandes entstehen kann«[1]. Dies war seine Konsequenz aus der Einsicht, dass jegliches Wissen in der Moderne seine traditionellen Garantien eingebüßt hatte. Die kanonisierten Überlieferungen dessen, was wahr ist – ob religiöser Herkunft oder dem Wissenschaftspositivismus des 19. Jahrhunderts entstammend –, hatten ihre Geltung unwiderruflich verloren.

Diese Überzeugung hatte sich Wolfgang Hildesheimer nicht abstrakt angeeignet, sondern auf dem Weg einer intensiv erfahrenen Zeitgenossenschaft. Der nationalsozialistische Terror in Deutschland, die Bereitschaft anderer europäischer Mächte, diesen Terror zu akzeptieren, schließlich das Ausmaß der Vernichtungspolitik, in das Hildesheimer genauen Einblick während der Nürnberger Kriegsverbrecherprozesse genommen hatte –

all diese Erfahrungen waren geeignet gewesen, vermeintlich unerschütterliches Wissen über die europäische Zivilisation umzustürzen und zugleich die Methode seiner Erzeugung kritisch zu befragen. Der Surrealismus, die Psychoanalyse, die Werke von Franz Kafka, James Joyce und Samuel Beckett stellten Ausdrucksformen und Episteme für diese skeptische Befragung zur Verfügung, deren sich Hildesheimer seit Ende der 30er-Jahre bediente. Das Ergebnis dieser Befragungen blieb stets dasselbe: Die Gewissheiten hatten gravierend abgenommen. Irgend belastbare Einsichten waren nur noch durch Intersubjektivität, durch fortwährenden Austausch zu gewinnen. Ihre kleinste, elementarste Form war der Dialog, das Gespräch.

Dieser erkenntniskritische Stellenwert ist den Gesprächen, die Wolfgang Hildesheimer in seinen zahlreichen Briefwechseln führte, zunächst kaum anzumerken. Seine Korrespondenz mit Redakteuren, Verlegern, Kollegen und Freunden scheint oftmals ganz von jener Sorte alltäglicher Absprachen in Anspruch genommen, die schwerlich als tiefschürfende Verständigungen darüber, was ist (und was nicht ist), zu deuten sind. Hinzu kommt Hildesheimers Ironie, vor der kaum ein Gegenstand in seiner Korrespondenz sicher ist. Sie verleiht seinen Briefwechseln sehr häufig Leichtigkeit und ein Air der Großzügigkeit, von der sich seine Briefpartner gerne anstecken ließen, auch wenn es um durchaus belangvolle (Streit-)Themen ging.

Doch der besondere Status, den der Austausch von Meinungen und der Vergleich der eigenen Wahrnehmung mit der der Kollegen und Freunde für Hildesheimer hatte, tritt auf verschiedene Weise in seinen Briefwechseln immer wieder unmittelbar hervor. Er äußert sich ganz direkt in der Bitte an seinen Verleger Siegfried Unseld, Vorabdrucke aus *Tynset* zu gestatten, weil er »(ich vielleicht besonders) abhängig von einer gewissen Resonnanz [sic]« sei und das Bedürfnis habe, sich »durch das Urteil derer, die für meine Prosa empfänglich sind, kontrollieren zu lassen« (8. April 1963). Gleichfalls deutlich wird das Gewicht solchen Austauschs für Hildesheimer in seiner intensiven Auseinandersetzung mit Gerhard Szczesny über sein Theater des Absurden. Doch die Bedeutung, die das stete Echo des Dialogs für Hildesheimer hatte, beschränkte sich keineswegs auf die eigenen Werke. Das zeigt etwa sein briefliches Gespräch mit so unterschiedlichen Autoren wie Hermann Kesten und Djuna Barnes: Während er in Kesten auf Anhieb einen Briefpartner erkannte, mit dem er sich im kritischen Urteil über Deutschland spontan, geradezu in Kürzeln, verständigen konnte, war er in der amerikanischen Kollegin einer Wahlverwandten begegnet, mit der er – in seiner Übersetzung ihres Romans *Nightwood* – geradezu einen gemeinsamen Gang ins Innere der literarischen Moderne hatte unternehmen können.

Doch diese Beispiele markieren nur mit besonderem Nachdruck jenen Stellenwert, der grundsätzlich noch dem beiläufigsten Brief in Hildesheimers Korrespondenz zukommt: als Bestandteil seiner Bemühung, »ein objektives Bild des Gegenstands« zu gewinnen. Gerade seiner Ironie kam dabei eine tragende Funktion zu. Sosehr sie dazu geeignet war, alles unangemessen Steife, unnötig Ernste beiläufig aufzulösen, so sehr öffnete sie zugleich einen Raum der Mehrdeutigkeiten, der noch die vermeintlich ›technischste‹ Korrespondenz mit der Chance versah, in eine *andere* Form des Austauschs – in einen Dialog – einzutreten.

Wolfgang Hildesheimer ist auf viele Briefpartner getroffen, die diese Chance wahrgenommen haben. Dass beispielsweise in den Rundfunkredaktionen während der 1950er- und 1960er-Jahre veritable Schriftsteller wie Alfred Andersch und Helmut Heißenbüttel saßen, war dabei hilfreich. Darüber hinaus vertrat diese Rundfunkkultur den Bildungsauftrag der öffentlich-rechtlichen Anstalt mit einer Verve, die sich noch aus der Aufbruchstimmung der unmittelbaren Nachkriegszeit speiste. In Siegfried Unseld und seinem Lektor Karlheinz Braun wiederum traf Hildesheimer auf Persönlichkeiten, die nicht nur von einer persönlichen Leidenschaft für die Literatur angetrieben waren, sondern auch um die historische Funktion wussten, die der Durchsetzung einer tatsächlich zeitgenössischen, einer modernen Literatur in der Bundesrepublik zukam. Sie erfüllten in hohem Maß die Voraussetzungen für jenen intersubjektiven Austausch, für jenen paritätischen Dialog, den Hildesheimer sich wünschte. Doch bedeutete dies keinesfalls, dass der Schriftsteller den Auffassungen seiner Gesprächspartner nur ergeben lauschte und seine eigenen entsprechend anpasste. Im Gegenteil: Im Austausch gerade mit Verlegern und Redakteuren – neben Andersch, Heißenbüttel und Szczesny etwa auch mit Marcel Reich-Ranicki von der *Frankfurter Allgemeinen Zeitung* – erwies sich Wolfgang Hildesheimer als ein Autor und Vertragspartner, der nicht nur die jeweiligen technischen Bedingungen seiner Medien und die mit ihnen verknüpften organisatorischen Abläufe sehr genau kannte, sondern mit großer Verhandlungsraffinesse und Ausdauer seinem künstlerischen Ausdrucksbegehren anzupassen versuchte. Gerade Hildesheimers Briefwechsel mit den Rundfunkredaktionen legen offen, dass für ihn die Arbeit am literarischen Kunstwerk nicht mit der Einsendung des Skripts abgeschlossen war, sondern dass die Durchsetzung und Sicherstellung seiner konkreten Umsetzung nicht minder zur genuinen Verantwortung des Künstlers für sein Kunstwerk gehörten.

Doch der westdeutsche Literaturbetrieb war nur *ein* Bestandteil von Wolfgang Hildesheimers Lebens- und Erfahrungswelt. Gleichzeitig hielt er Verbindung zu kulturellen Sphären aufrecht, die den meisten seiner deutschen Kollegen völlig unbekannt waren. Die Bedeutung praktischer Intersubjektivität mochte sich für Hildesheimer gerade auch in diesen ›anderen‹ Kontakten erweisen. Mit Christopher Holme verband ihn eine lebenslange Freundschaft, seitdem sie von 1943 bis 1946 gemeinsam im britischen Public Information Office in Jerusalem tätig gewesen waren. Beide hatten sie dort ein angelsächsisch geprägtes, multiethnisches und multikulturelles Milieu erlebt, das nach dem Beschluss über den Teilungsplan der UNO, dem Abzug der Briten aus Palästina und dem anschließenden Krieg zerschlagen worden und rasch in Vergessenheit geraten war. Holme, der von 1948 an bei der BBC arbeitete, wirkte als Übersetzer für Hildesheimer, setzte sich bei Verlagen, Redaktionen und Theatern für dessen Werk ein und blieb über Jahrzehnte sein wichtigster Verbindungsmann zum englischsprachigen Kulturraum. Ihr Briefwechsel dokumentiert ihre enge Kooperation – etwa im Zusammenhang mit Hildesheimers Drama *Mary Stuart*. Ihre Korrespondenz repräsentiert zugleich eine für Hildesheimers literarisches Werk konstitutive Zweisprachigkeit, deren Wurzeln in der Erfahrung Jerusalems zur Mandatszeit lagen. Diese Zusammenhänge mögen kaum einem von Hildesheimers deutschen Kollegen in der Gruppe 47 bekannt gewesen sein, wenn sie den wiederholt eingeladenen Gast aus London auf ihren Tagungen bemerkten.

Nur noch Spuren sind erhalten von einem weiteren Element aus Wolfgang Hildesheimers Lebenswelt, das nicht nur dem deutschen Literaturbetrieb, sondern auch der Forschung bis vor kurzem weitgehend unbekannt geblieben ist: seinem arabischen Freundeskreis. Die wenigen erhalten gebliebenen Briefe – von Ibrahim Jabra und an Rasha Khalidi – werfen ein Licht auf diese Beziehungen und lassen die immense Bedeutung erahnen, die Wolfgang Hildesheimer ihnen beigemessen hat.[2] Eine Ausnahmestellung in der hier versammelten Korrespondenz nehmen schließlich die Briefe ein, die Hildesheimer – als sehr junger Mann – an Paul und Edith Geheeb schrieb, die Leiter der Odenwaldschule, deren Schüler er bis 1933 gewesen war. Diese Dokumente gewähren aufschlussreiche Einblicke in Hildesheimers Leben vor Einsetzen seiner schriftstellerischen Arbeit in deutscher Sprache. Der Austausch mit Hilde Domin sowie einige Disparata – darunter ein Gutachten von Max Frisch, das Hildesheimer dabei helfen sollte, sich 1957 in der Schweiz niederzulassen, und die aufwendig gestalteten Briefcollagen, die Hildesheimer an seinen Neffen Giora Teltsch nach Haifa schickte – runden die vorliegende Sammlung ab. Gerade der Vergleich der Briefe von und an Domin mit denen an Giora Teltsch demonstriert noch einmal die Spannbreite von Hildesheimers dialogischer Praxis. Während der Briefwechsel mit Domin Mitte der 60er-Jahre um eine Selbstverständigung der beiden jüdischen Autoren und um mögliche Kooperationen kreist, deuten die Briefe an den Neffen bereits auf den Rückzug in eine Welt der Kalauer und der Anspielungen, die – ähnlich dem Spätwerk *Mitteilungen an Max über den Stand der Dinge und anderes* – durch die Ansprache stets noch auf die Anwesenheit und die Reaktion des Gesprächspartners spekulieren.

Die hier versammelte Korrespondenz legt nicht zuletzt das enorme Geschick Wolfgang Hildesheimers offen, den unterschiedlichsten Briefpartnern, in ihren sehr unterschiedlichen Rollen und Funktionen, je individuell zu begegnen. Die Korrespondenz zeigt Hildesheimer *im Dialog*. Dieser Dialog umspannt das ganze Spektrum menschlicher Mitteilungen, von der Terminabsprache bis zum existentiellen Bekenntnis. Da diesem Dialog nichts Menschliches fremd ist, schließt er auch Banales und Triviales ein. Das tangierte jedoch nicht den Status, den Hildesheimer ihm zumaß: Außerhalb des Dialogs gab es kein Wissen mehr.

»Alles andere steht bereits in meinem Roman«, schreibt Hildesheimer einmal scherzhaft an seine Schwiegermutter aus einem Urlaub in Griechenland.[3] Die beiläufige Bemerkung deutet auf das innig komplementäre Verhältnis, das Briefwechsel und literarisches Werk für Hildesheimer einnahmen: Das eine ist ohne das andere nicht denkbar. Dies belegen die hier vorgelegten Briefe auf eindrückliche Weise.

Wolfgang Hildesheimers Briefwechsel mit Hilde Domin und Hermann Kesten sowie mit den Leitern der Odenwaldschule, Paul und Edith Geheeb, werden in diesem Band erstmals vollständig wiedergegeben.

Bei allen anderen Briefwechseln jedoch standen die Herausgeber vor der Aufgabe, auf der Basis ihrer Kenntnis des jeweiligen Gesamtbestands eine sprechende Auswahl zu treffen. Im Austausch mit Alfred Andersch, Helmut Heißenbüttel oder Marcel Reich-Ranicki, die in redaktionellen Zusammenhängen arbeiteten, stehen immer wieder Fragen rein technischer Art, Terminabsprachen oder finanzielle Details im Mittelpunkt; in der umfangreichen Korrespondenz mit Djuna Barnes gibt es eine Fülle von Listen, in denen Hildesheimer um die Überprüfung seiner Übersetzung einzelner Vokabeln oder idiomatischer Wendungen bittet; und der Briefwechsel Hildesheimers mit Siegfried Unseld und Karlheinz Braun kreist lange um die komplexe rechtliche Bindung an den Kurt Desch Verlag. Ein primäres Auswahlkriterium bestand darin, unter Wahrung eines repräsentativen Einblicks in Themen, Tonlage und Entwicklung der jeweiligen Korrespondenz, diese – etwa durch die Hervorhebung bestimmter thematischer Zentren – behutsam mit einer Dramaturgie zu versehen und sie so als Erzählstück lesbar zu machen. Alle hier vorgestellten Briefwechsel legen somit das Verhältnis Hildesheimers zu seinem jeweiligen Briefpartner, oft auch in seiner Entwicklung, dar; sie stellen Hildesheimer selbst als – oftmals sehr verschiedengestaltigen – Briefautor vor; und sie öffnen darüber hinaus einen Blick ins Innere des Literaturbetriebs der Nachkriegsjahrzehnte.

Einen eigenen Status nehmen die zum Schluss des Bandes versammelten Disparata ein. In Anbetracht der Bedeutung, die einigen Briefdokumenten für das Verständnis biographischer und werkgeschichtlicher Aspekte Hildesheimers zukommt, wurde hier für eine streng begrenzte Anzahl von Dokumenten auf das Prinzip des Briefwechsels – meist wegen Ermangelung der Gegenbriefe – verzichtet.

Sämtliche hier publizierten Briefdokumente wurden in ihrem vollständigen Wortlaut aufgenommen. Dabei wird die ursprüngliche Gestalt der Korrespondenz so weit wie möglich wiedergegeben. (Dies betrifft auch die Irregularität von Einzügen.) Insbesondere wurden Eigenheiten der Schreibweise übernommen, die – vor allem bei Hildesheimer – oftmals im Wechsel von Ländern, Sprachen und Sprachgewohnheiten, manchmal auch der Schreibmaschinen, ihre Ursache haben. Offensichtliche Schreibfehler wurden korrigiert. Wo Zeit- und Ortsangaben fehlten, aber rekonstruierbar waren, wurden sie, wie alle Einfügungen der Herausgeber, in eckigen Klammern ergänzt.

Mit Ausnahme von zwölf Dokumenten werden sämtliche Briefe dieses Bandes erstmals abgedruckt.[4]

Ohne die Unterstützung einer Vielzahl von Menschen wäre diese Briefausgabe nicht möglich gewesen. An erster Stelle gilt unser Dank Prof. Christa Geitner-Vanriet und Inge Thurner, die diese Ausgabe mit wichtigen Hinweisen auf mögliche Fundorte bisher unbekannter Briefe und einer großzügigen Erlaubnis zur Einsicht in die verschiedensten Dokumente im Umfeld von Wolfgang Hildesheimers Biographie unterstützt haben. Ebenso unverzichtbar war die Unterstützung durch Franka Köpp vom Archiv der Akademie der Künste Berlin-Brandenburg sowie durch Dr. Jan Bürger vom Deutschen Literaturarchiv Marbach am Neckar und ihre Teams, die den Zugang zu einer Vielzahl von Briefen ermöglichten. Gleichfalls gilt unser Dank den Mitarbeiterinnen und Mitarbeitern in zahlreichen weiteren Archiven, so denen des Bayerischen Rundfunks, des Südwestfunks, der Monacensia München, der Bodleian Library Oxford, der Frankfurter Allgemeinen Zeitung und der University of Maryland, Washington, D. C. Darüber hinaus haben zahlreiche Privatpersonen durch ihre großzügige Erteilung von Abdruckgenehmigungen zu diesem Band beigetragen. Dr. Kurt Groenewold (Hamburg) unterstützte unsere Arbeit in den Archiven durch eine substantielle Finanzierungshilfe. Zwei unverzichtbare Werke verdienen an dieser Stelle mit Dank an ihre Verfasser hervorgehoben zu werden, da sie so häufig benutzt wurden, dass wir sie nicht jeweils erneut nachgewiesen haben: Volker Jehle, *Wolfgang Hildesheimer. Eine Bibliographie*, Frankfurt am Main u. a.: Peter Lang 1984, sowie Artur Nickel, *Hans Werner Richter – Ziehvater der Gruppe 47. Eine Analyse im Spiegel ausgewählter Zeitungs- und Zeitschriftenartikel*, Stuttgart: Verlag Hans-Dieter Heinz 1994. Nicht zuletzt danken wir dem Suhrkamp Verlag und insbesondere Dr. Wolfgang Kaußen, welche die Entstehung dieses Bandes frühzeitig unterstützt haben, sowie Sascha Tuchardt für die Einrichtung des Manuskripts.

Aachen, im Februar 2017 Stephan Braese

1 Wolfgang Hildesheimer, »Die Subjektivität des Biographen«, in: ders., *Das Ende der Fiktionen – Reden aus fünfundzwanzig Jahren*, Frankfurt am Main: Suhrkamp 1988, S. 123-138, hier: S. 136.

2 Vgl. Hadara Lazar, *Out of Palestine – The making of modern Israel*, New York: Atlas & Co. 2011, S. 79 ff., sowie Stephan Braese, *Jenseits der Pässe: Wolfgang Hildesheimer – Eine Biographie*, Göttingen: Wallstein 2016, S. 113 ff.

3 Vgl. in diesem Band S. 483.

4 Wolfgang Hildesheimers Korrespondenz mit Hermann Kesten erschien als Vorabdruck im *treibhaus – Jahrbuch für die Literatur der fünfziger Jahre*, Bd. 12: Wolfgang Hildesheimer, München: edition text + kritik 2016, S. 17-36.

PAUL UND EDITH GEHEEB

»Lieber Paulus! Wenn du jedes mal, wenn ich an dich gedacht habe, einen Brief bekommen hättest, dann hättest du schon ganze Kisten voll, aber gerade wenn man so weit weg ist, kann man sich so schwer entschließen aus Angst, sentimental zu werden oder Heimweh zu bekommen.« Mit diesen Zeilen aus dem Jahr 1935 richtet sich der 18-jährige Wolfgang Hildesheimer, wahrscheinlich erstmals seit seiner Emigration aus Europa 1933, an den ehemaligen Direktor der Odenwaldschule. Die ironische Übertreibung versucht den Trennungsschmerz von der einstigen Heimat eher einzuhegen als zu verhehlen; und diesen Schmerz mochte sein Adressat umso besser nachempfinden können, als auch er unterdessen Deutschland verlassen hatte. Vor allem jedoch rufen diese Eröffnungszeilen sogleich ein Vertrauensverhältnis zwischen dem ehemaligen Schüler und dem Pädagogen auf, das für die Verhältnisse der 1930er-Jahre völlig ungewöhnlich und nur durch die Erfahrung der berühmten Reformschule möglich gewesen war.

Paul Geheeb (10. Oktober 1870 Geisa/Rhön – 1. Mai 1961 Hasliberg, Goldern/Schweiz) studierte Theologie in Berlin und Jena und interessierte sich frühzeitig für Reformbewegungen wie die deutsche Sozialdemokratie und die frühe deutsche Frauenbewegung. Nach dem Abschluss seines Studiums mit dem Staatsexamen war er als Pädagoge an den Landerziehungsheimen in Haubinda (1902-1906) und Wickersdorf (1906-1909) tätig. 1909 heiratete er Edith Cassirer (1885-1982). Die Tochter des Kaufmanns und Fabrikanten Max Cassirer hatte sich in der Sozialarbeit engagiert und sich am Berliner Pestalozzi-Fröbel-Haus fortgebildet. Unter anderem war sie als Kindergärtnerin tätig gewesen. Paul Geheeb und Edith Cassirer hatten sich in Wickersdorf kennengelernt. Die finanzielle Unterstützung durch Edith Geheebs Vater ermöglichte 1910 die Gründung der Odenwaldschule in Ober-Hambach bei Heppenheim an der Bergstraße. In diesem Institut suchte Paul Geheeb konsequent seine Auffassung einer lebensreformerisch geprägten Erziehung umzusetzen. Gemäß der Pindar'schen Maxime »Werde, der du bist!« zielte die pädagogische Praxis an der Odenwaldschule darauf ab, die Schülerinnen und Schüler zu sowohl sich selbst als auch der Gruppe und der Gesellschaft gegenüber verantwortlichen Individuen zu erziehen. Dies sollte insbesondere die Qualifikation zu einer unabhängigen Kritik an der modernen Gesellschaft einschließen. In seiner programmatischen Ansprache »Die Odenwaldschule im Lichte der Erziehungsaufgaben der Gegenwart« (1930) formulierte Geheeb als zentrales Lernziel die Befähigung, »*gegen* den Strom zu schwimmen, der Mode und Konvention auf äußeren und geistigen Gebieten und allem, was jeweils ›modern‹ genannt wird, souverän gegenüberzustehen, entschlossen Front zu machen gegen die besonderen Unarten und Entartungserscheinungen jeder Zeit und ihr ganzes Leben hindurch, bis zum letzten Atemzug, um eine immer vollkommene Gestaltung ihres Menschentums zu kämpfen!«[1]

Zur Erreichung dieser Ziele praktizierte Geheeb an der Odenwaldschule eine konsequente Koedukation, die Ablösung des traditionellen Fachunterrichts sowie die Einbeziehung der Schülerschaft in die Selbstorganisation der Schule. Mädchen und Jungen wurden nicht nur zusammen unterrichtet, sondern bewohnten auch gemeinsam die Häuser des Internats. Ein jahrgangsübergreifendes Kurssystem räumte den Schülerinnen und Schülern weitreichende Wahlmöglichkeiten ihres Lernstoffs ein, statt der Erteilung von Zensuren fanden Gespräche über das Leistungsvermögen mit den Lehrern statt. Nahezu alle Belange der schulischen Selbstorganisation wurden in der regelmäßig zusammentretenden sogenannten »Schulgemeinde« ausführlich diskutiert und gegebenenfalls zur Abstimmung gestellt, »mit ›gleichem Stimmrecht‹ für alt und jung«.[2] Besonderen Wert legte Geheeb ferner auf die praktische Einübung einer überkonfessionellen Einstellung und eines internationalen Umgangs. Zu diesem Zweck achtete er auf eine entsprechende Diversität der Schülerschaft. Für 1931 gab Geheeb an, dass der Anteil ausländischer Schüler ein Fünftel, jener jüdischer Schüler ein Sechstel an der Gesamtschülerschaft der Odenwaldschule ausmachte.[3]

Seit etwa Mitte der 1920er-Jahre genoss die Odenwaldschule ein hohes, auch internationales Prestige als eine der führenden Reformschulen Europas.[4]

Wolfgang Hildesheimer besuchte die Odenwaldschule – ausweislich seines Abgangszeugnisses – vom 2. September 1930 bis zum 22. Juli 1933.[5] Wahrscheinlich begegnete er Paul und Edith Geheeb das erste Mal aus Anlass seiner Einschulung. Sein Briefwechsel mit ihnen bezeugt auf vielfältige Weise, dass in diesen Jahren der Grund für ein ausgesprochen vertrauensvolles, auch in akuten Notsituationen belastbares Verhältnis gelegt wurde. Bereits die Anrede Paul Geheebs mit »Paulus« – Praxis von Generationen von Odenwaldschülern – und die Edith Geheebs mit »Tante Edith« geben darauf einen Hinweis. Vor allem jedoch legen die Mitteilungen in Hildesheimers Briefen offen, wie unverstellt er mit beiden sprechen konnte. Sein Brief aus dem Jahr 1935 stellt eines der raren erhalten gebliebenen Schriftzeugnisse dar, in denen Wolfgang Hildesheimer einen Einblick in seine Befindlichkeit im Palästina dieser Zeit gewährt. Die auffälligen Schreibfehler gerade in diesem Brief werden dabei erkennbar als Signatur einer Umstellung: der Entfernung von deutscher Schreibpraxis in einer anderen Sprachumgebung, wie sie für die Emigration charakteristisch war. Als in den ersten Septembertagen 1939 der Kriegsausbruch in Europa zu einem Chaos an den Grenzen und in den Bahnhöfen und Häfen führte, landete Hildesheimer mittellos in der Schweiz. Der Brief, in dem er Edith Geheeb um finanzielle Unterstützung bittet (5. September 1939), gibt ebenfalls eine sprechende Momentaufnahme in einem Augenblick höchster politischer Spannung in ganz Europa.

Die überlieferte Korrespondenz zwischen Wolfgang Hildesheimer und Paul bzw. Edith Geheeb ist hier vollständig abgedruckt.

1 Paul Geheeb, »Die Odenwaldschule im Lichte der Erziehungsaufgaben der Gegenwart« (2. Juni 1930), hier nach Eva Cassirer u. a. (Hg.), *Erzie-*

hung zur Humanität. Paul Geheeb zum 90. Geburtstag, Heidelberg: Lambert Schneider 1960, S. 131-154, hier: S. 138.

2 Ebd., S. 142.

3 Vgl. Dennis Shirley, »Die Odenwaldschule im nationalsozialistischen Deutschland«, in: Margarita Kaufmann und Alexander Priebe (Hg.), *100 Jahre Odenwaldschule. Der wechselvolle Weg einer Reformschule*, Berlin: vbb 2010, S. 75-89, hier: S. 77.

4 Ebd., S. 76.

5 WHA 904.

[1] Wolfgang Hildesheimer an Paul Geheeb

[ohne Datum, 1935]

Lieber Paulus!
Wenn Du jedes mal, wenn ich an dich gedacht habe, einen Brief bekommen hättest, dann hättest Du schon ganze Kisten voll, aber gerade wenn man so weit weg ist, kann man sich so schwer entschliessen aus Angst, sentimental zu werden, oder Heimweh zu bekommen.[1] Ich will also versuchen, einen möglichst vernünftigen Brief zu schreiben.

Ich war nie ein guter Kamerad, obwohl immer ein begeisterter Odenwaldschüler,[2] die warhaft guten Seiten der Odenwaldschule hatte ich noch nie so richtig verstanden, ich war wahrscheinlich noch zu unreif dazu. Auch wäre ich wahrscheinlich vollkommen verlottert, weil ich nicht genug Selbstverantwortung hatte.[3] Ich bin also gerade zur rechten Zeit abgegangen,[4] so dass noch etwas aus mir werden konnte (oder werden kann). Dazu bin ich jetzt gerade auf dem besten Wege, obwohl ich mich eigentlich noch nicht so entgültig entschlossen habe. Augenblicklich lerne ich tischlern[5] (schon seit 1 ½ Jahren) und mache ganz gute Vortschritte. Es interessiert mich, obwohl ich es manchmal gründlich satt habe. Aber so geht es ja mit allem. Wenn ich meine Lehrzeit beendet habe (in 1 ½ Jahren) werde ich nach Europa kommen, um eine entgültige Berufsausbildung zu bekommen, es kommen in Frage Kunstgewerbe, Innendekoration und dergleichen.[6] Ich werde Dich dann jedenfalls besuchen.[7]

Willst Du nicht vielleicht einen Tag der ehemaligen Odenwaldschüler machen? Vielleicht an Deinem 65sten Geburtstag??

Über Palästina kann ich eigentlich nichts schreiben, ich habe mich hier dermassen eingelebt, dass ich schon garnicht mehr weiss, was Euch Ausländer eigentlich interessiert und was nicht. Die Europäer leben hier ihr Leben und die Orientalen das ihre. Es besteht eigentlich keine Bindung, dazu sind die Unterschiede auch zu gross. –

– von Deiner neuen Schule[8] habe ich natürlich durch Harald[9] gehört, ebenso von dem Kompromiss von Meyer und Sachs. Vielleicht irre ich mich, aber mir kommt ihre Sache aus der Ferne recht jämmerlich vor. Schade um Meyer Sachs.[10]

Also lieber Paulus, habe mich nicht in allzu schlechter Erinnerung. Gruß

Dein Wolf Hildesheimer

Jerusalem
P.O.B. 143.

Handschrift; Archiv der Odenwaldschule, Sign. 3244.

1 Wolfgang Hildesheimer hatte im Juli 1933 Deutschland verlassen und war nach einem Zwischenaufenthalt in England Ende 1933 nach Palästina eingereist.

2 »Kameraden« war die Bezeichnung für die Schüler der Odenwaldschule.

3 Die Odenwaldschule stellte programmatisch hohe Ansprüche an die Verantwortung ihrer Schüler für die Gemeinschaft und für sich selbst.

4 Laut Abgangszeugnis besuchte Hildesheimer die Odenwaldschule bis zum 22. Juli 1933.

5 Hildesheimer absolvierte von 1933 bis 1936 eine Tischlerlehre in Jerusalem.

6 Hildesheimer studierte von 1937 bis 1939 Textil- und Möbeldesign, Kostümgestaltung und Bühnenbild an der Londoner Central School of Arts and Crafts.

7 Dieses Versprechen machte Hildesheimer wahr. Er besuchte Paul und Edith Geheeb wiederholt an ihren wechselnden Wohnorten in der Schweiz.

8 Ab April 1934 versuchten Paul und Edith Geheeb, ihre pädagogische Arbeit am Institut Monnier in der Nähe von Versoix/Schweiz fortzusetzen; etwa zwei Dutzend Schüler der Odenwaldschule waren ihnen dorthin gefolgt.

9 Harald Kurtz (1913-1972), Historiker und Übersetzer, Mitschüler Hildesheimers an der Odenwaldschule. Hildesheimer traf mit Kurtz sowohl Ende der 30er-Jahre in London als auch von 1947 an in Nürnberg erneut zusammen. Vgl. auch Briefe 9 und 10.

10 Werner Meyer und Heinrich Sachs, zwei langjährige Mitarbeiter Geheebs an der Odenwaldschule, unternahmen den Versuch, das Institut in Ober-Hambach zu den Bedingungen des NS-Systems fortzuführen.

[2] Wolfgang Hildesheimer an Paul Geheeb

[ohne Datum, 1937]

Wolf Hildesheimer
Jerusalem
P.O.B. 7003
Palästina

Lieber Paulus!

Vielen Dank für Deine Antwort,[1] auf meinen Brief. Das ist allerdings jetzt fast 2 Jahre her. Inzwischen habe ich natürlich schon viel von Euch gehört.

Ich fahre Anfang März nach London zur weiteren Ausbildung als Innenarchitekt.[2] Da ich sowieso auf Umwegen fahre, hatte ich eigentlich vor, auch nach Versoix[3] zu kommen, was sich natürlich nur lohnen würde wenn keine Ferien sind, oder Du da bist. Sonst könnte ich natürlich auch im Herbst kommen.

Ich wäre Dir sehr dankbar, wenn Du mir ein paar Zeilen antworten könntest. Ich wäre dann ungefähr zwischen 20-25 März dort.

Im Voraus vielen Dank.
Dein Wolf

[Nachtrag, auch handschriftl.:]
Lieber Paulus, ich bin inzwischen auch hier und habe den Osoten[4]-Kreis in Palästina vergrössert. Aber nach Genf möchte ich doch auch zu gern mal kommen. Die herzlichsten Grüsse – Wolf Rosenberg[5]

Handschrift; Archiv der Odenwaldschule, Sign. 3244.

1 Nicht erhalten.
2 Hildesheimer setzte seine Ausbildung an der Londoner Central School of Arts and Crafts fort; vgl. Brief 1, Anm. 6.
3 Vgl. Brief 1, Anm. 8.
4 »Osoten« nannten sich die (auch ehemaligen) Schüler der Odenwaldschule, abgeleitet vom offiziellen Namen Odenwaldschule Ober-Hambach.
5 Wolf Rosenberg (1915-1996), Musikwissenschaftler und Komponist, Mitschüler Hildesheimers an der Odenwaldschule. Hildesheimer und Rosenberg verband eine lebenslange Freundschaft. Zeitweilig bildeten sie – in Ambach am Starnberger See 1950 – eine Wohngemeinschaft. Vgl. auch seinen Brief S. 506 in diesem Band.

[3] Wolfgang Hildesheimer an Paul Geheeb

[ohne Datum, 1937]

Dr. A. Hildesheimer
Jerusalem

AIR MAIL
ORIGINAL SENT BY ORDINARY POST

Lieber Paulus!

Vielen Dank für die prompte Antwort.[1] Das war wirklich furchtbar nett von Dir. Also ich werde dann wohl zwischen 20 und 22 März bei Euch sein und 2 bis 3 Tage dort bleiben und mich sogar beim Ferienputzen beteiligen, falls es so etwas noch bei Euch gibt.

Dass Harald[2] in London ist, ist natürlich sehr schön für mich. Ich freue mich auch sehr auf ihn.

Also, vielen Dank und ich freue mich sehr auf unser Wiedersehn. Grüße an Tante Edith und alle, die ich kenne.

Dein Wolf

Meine Eltern und meine Schwester[3] lassen Dich herzlich grüßen.

Handschrift; Archiv der Odenwaldschule, Sign. 3244.

1 Nicht erhalten.
2 Harald Kurtz, vgl. Brief 1, Anm. 9.
3 Hildesheimers Eltern Arnold und Hanna Hildesheimer sowie seine Schwester Eva (Chawa) waren zusammen mit Wolfgang 1933 nach Palästina emigriert und lebten bis 1937 in Jerusalem, bevor sie nach Haifa umzogen. Sie kannten Paul und Edith Geheeb spätestens seit 1930, als die Eltern – die Familie wohnte damals in Mannheim – ihren Sohn auf die Odenwaldschule in Ober-Hambach schickten.

[4] Wolfgang Hildesheimer an Edith Geheeb

[ohne Datum, 1937]

Liebe Tante Edith

Ich bin also inzwischen in London, fühle mich hier ausserordentlich wohl.
Meine Reise war noch herrlich, ich verbrachte 4 Tage in Basel und einen in Reims. Das schönste allerdings meiner ganzen Reise einschliesslich Venedig, Genua u.s.w. waren die Tage bei Euch. Ich habe mich bei Euch so wohl gefühlt, als ob ich ganz dazu gehörte. Entzückend war auch unser Nachmittag in Genf. Ich bin übrigens unter uns gesagt, ziemlich begeistert von Dir.

Dass die Odenwaldschule eine gute Vorbereitung für das Leben ist, sehe ich hier an den Paar Odenwaldschülern, die Euch, weiss Gott, keine Schande machen.

Harald ist sehr klug, wenn auch noch etwas unsicher und eitel (Für Eitelkeit habe ich eigentlich Verständnis. Ich bin es nämlich auch). Ich empfinde ihn eigentlich nicht als älter, als ich bin. Aber er ist geistreich, und es ist überhaupt nett, mit ihm zusammen zu sein.

Albert[1], mit dem ich fast jeden Tag zusammen bin, ist grossartig. Ein kompromissloser Gefühlsmensch natürlich und keineswegs oberflächlich. Er ist nur etwas zu selbstbewusst, aber ich weiss nicht, ob das ein Fehler ist.

Mit Ferdi[2] bin ich heute Abend zusammen. Ich bin sehr gespannt, wie er sich entwickelt hat, da ich doch noch seine Halbpubertätszeit in Frensham Heights[3] mitgemacht habe.

Peter Saxl ist sehr fleissig und recht begabt. Hedwig[4] habe ich nur ein mal gesprochen, mein Urteil über sie ist negativ.

Nun zu etwas anderem. Bei Albert lernte ich Diana[5] kennen. Seitdem war ich sehr oft mit ihr zusammen, du verstehst! Sie konnte sich nicht zurückhalten, und ich wollte nicht. Nicht etwa, weil die Gelegenheit so günstig war, denn das lehne ich ab. Sie ist ungeheuer anziehend, gross; ich kannte sie von der Oso[6] nur als kleines Mädchen. Sie ist nicht nur vollkommen hemmungslos und impulsiv, ihre ganze Ausschweifung entspricht auch ihrer Anschauung, sie tut alles bewusst, und das schätze ich an ihr. Ich mag sie sehr gern, sie hat nichts unnatürliches und doch ist alles an ihr ästhetisch. – Nun möchte ich gern von Dir als Menschenkennerin wissen, was Du von ihr hältst, und was aus ihr werden soll. Sie ist ja schauspielerisch begabt. Sie hat Dich übrigens sehr gern und lässt Dich grüssen.

Meine Schule[7] nimmt mich sehr in Anspruch, sie ist sehr gut. Wenn es Dich interessiert, schreibe ich mal genauer über meine Arbeit.

Also, wenn Du Zeit hast, antworte mir mal.

Gruss an Paulus, ich nehme an dass der Junge enorm beschäftigt ist. Ich schreibe ihm mal.

Grüße Dein Wolf

Einen Gruß auch an Lisbet[8]!!

Handschrift; Geheeb-Archiv der Ecole d'Humanité, Hasliberg, Goldern, Schweiz.

1 Albert van Rood, ein Mitschüler Hildesheimers an der Odenwaldschule. Weitere Angaben konnten nicht ermittelt werden.

2 Ferdinand Philip Mayer-Horckel (1916-1998), Schauspieler (Künstlername Ferdy Mayne), Mitschüler Hildesheimers an der Odenwaldschule.

3 Frensham Heights School, Farnham/Surrey. Hildesheimer besuchte diese Schule etwa von Juli bis Dezember 1933.

4 Peter und Hedwig Saxl (1914-?), Mitschüler an der Odenwaldschule, Sohn und Tochter des Kunsthistorikers Friedrich Saxl (1890-1948). Friedrich Saxl hatte die Bibliothek des Hamburger kunsthistorischen Warburg-Instituts, die durch die Nationalsozialisten akut gefährdet gewesen war, 1933 nach London in Sicherheit gebracht, wohin ihn seine Kinder begleitet hatten.

5 Von Volker Jehle als Diana Wright identifiziert, die – wohl nach dem Abgang Hildesheimers – Schülerin der Odenwaldschule gewesen war. Vgl. Wolfgang Hildesheimer, *»Die sichtbare Wirklichkeit bedeutet mir nichts«. Die Briefe an die Eltern 1937-1962*, hg. v. Volker Jehle, Bd. 1, Frankfurt am Main: Suhrkamp 2016, S. 47.

6 Odenwaldschule Ober-Hambach.

7 Central School of Arts and Crafts, London.

8 Lisbeth Hartig, Sekretärin von Paul Geheeb.

[5] Wolfgang Hildesheimer an Paul und Edith Geheeb

[ohne Datum, 1938?]

Lieber Paulus, liebe Edith.

Durch Harald erfuhr ich neulich von Eurer neuen Schule[1]. Und da ich ab nächster Woche für die nächsten vierzehn Tage nichts bestimmtes vorhabe, frage ich Euch hiermit, ob es Euch passt, wenn ich zu Euch komme.

Habt ihr immer noch dieselben arrangements for paying guests? Und ist in dieser Zeit bei Euch überhaupt etwas los?

Ihr könnt mir ruhig ehrlich schreiben, wenn es Euch nicht passt. Dann komme ich mal später.

Schade, dass ich Eure Adresse nicht vorher wusste. Wolf Rosenberg war eine zeitlang in Neuchatel wo er einen Dirigentenkurs mitmachte. Er hätte Euch sicher gerne besucht.

Mit Albert v.R. bin ich immer noch sehr oft zusammen. Er ist im Augenblick in Schottland. Mit Ferdi habe ich neulich meine Bekanntschaft erneuert und Peter und Hedwig Saxl traf ich neulich im Autobus.

Mir geht es ganz gut. Ich habe hier im Winter eine Ausstellung meiner Bühnenbilder und einiger Gemälde in einer Privatgallerie.[2] Im Augenblick arbeite ich an einer Schaufensterdekoration für ein Reisebüro, für die ich ganz gut bezahlt werde.

Im Frühling habe ich in Cornwall gelebt, wo ich viel gemalt und geschrieben habe.

Ich hoffe Euch bald zu sehen.

Herzlichst

Wolf Hildesheimer

95 GROSVENOR ROAD
S.W.I.
LONDON

Handschrift; Geheeb-Archiv der Ecole d'Humanité, Hasliberg, Goldern, Schweiz.

1 Nach Auseinandersetzungen mit dem Leiter des Institut Monnier (vgl. Brief 1, Anm. 8), Wilhelm Gunning, hatte Paul Geheeb sich mit ihm 1937 geeinigt, in denselben Gebäuden eine Schule unter seiner Leitung und mit dem Namen École d'Humanité zu eröffnen.

2 Diese Ausstellung konnte nicht nachgewiesen werden.

[6] Wolfgang Hildesheimer an Edith und Paul Geheeb

[Poststempel 3. März 1938]

PAUL GEHEEB ESQ[1]
ECOLE D'HUMANITE
PONT CEARD
VERSOIX
GENEVE
SWITZERLAND

LONDON
32. RUSSELL SQUARE
W.C. 1

Lieber Paulus, liebe Edith!
Ich fahre Ende nächster Woche auf ein Paar Monate nach Palestina und würde mich freuen, wenn ich auf der Reise eine Woche bei Euch (in der mir so familiären Atmosphäre) bleiben könnte. Of course as a paying guest, bin aber trotzdem bereit, Schuhe und Badewannen zu putzen. Harald erzählte mir, dass er damals nur 2,50 fr. pro Tag bezahlte.
Gilt das auch für mich? Könnt Ihr mir bitte bald antworten?
Herzlichst Wolf (HILDESHEIMER)

Postkarte; Handschrift; Geheeb-Archiv der Ecole d'Humanité, Hasliberg, Goldern, Schweiz.

1 Abkürzung für »Esquire«, altertümliche Anrede in Großbritannien.

[7] Wolfgang Hildesheimer an Edith und Paul Geheeb

HOTEL BEAU RIVAGE
VERSOIX PRES GENEVE
5ter September. 1939

Liebe Edith, lieber Paulus.

Ich muss mich leider an Euch in folgender Angelegenheit wenden.

Ich wollte von Marseille nach Palästina fahren und wollte auf der Reise erstens in Genf bleiben (wegen der Ausstellung, ausserdem waren ein paar Freunde von mir in Commugny) und dann wollte ich ein paar Tage bei Euch bleiben.

Ich bin nun inzwischen hier vollkommen gestrandet. Ich war einer der letzten, die in die Schweiz reinkamen, an rauskommen ist nicht zu denken. Jedenfalls fürs erste nicht. Nach Palästina kann ich im Moment nicht, weil in Frankreich die Eisenbahnen nicht fahren. Nach England kann ich auch nicht zurück.

Nachdem ich nun vorgestern ein Telegram nach Hause geschickt habe, dass ich in Sicherheit bin, habe ich keinen Pfennig Geld mehr (literally) Mein Geld, das ich teilweise aus England und teilweise aus Holland erwarte, hätte schon längst dasein sollen. Aber es wird erst mit einigen Tagen Verspätung eintreffen.

Ich wollte Euch nun also fragen, ob Ihr mir bis Ende dieser Woche 150 Francs leihen könnt? Bis dahin werden meine Eltern bestimmt auf mein Telegramm hin Geld geschickt haben, und vermutlich ist auch bis dahin mein Geld von Holland da.

Es ist mir furchtbar unangenehm, Euch darum bitten zu müssen, da ich sicher bin, dass Ihr auch im Augenblick nicht besonders reich seid. Aber ich habe, wie Ihr seht nicht einmal mehr das Geld für eine Briefmarke und meine Rechnung hätte ich schon gestern bezahlen sollen.

Ihr bekommt es bestimmt Ende dieser Woche zurück. Falls Ihr nicht könnt, fasst es nicht als »moral blackmail« auf. Irgend etwas wird schon passieren.

Morgen muss ich zur Polizei und zum Englischen Konsulat,

um herauszufinden, für wie lange ich hier in der Schweiz gefangen bin. Ich fürchte, es ist auf ziemlich lange.

Ich habe immer noch vor, sowie alles gesettled ist, zu Euch zu kommen, wenn es Euch passt.

Sind bei Euch nicht vielleicht einige Lehrer eingezogen worden? Dann könnte ich vielleicht unterrichten! Englisch oder Handwerk oder Zeichnen?!

Zur politischen Situation braucht Ihr ja wohl mein Komentar nicht. Ich würde am liebsten nach England zurückgehen und an die Front. Meiner Meinung nach lohnt es sich, gegen den Faschismus zu kämpfen.

Bitte entschuldigt die kleine Schrift. (aber ich schreibe mit einer Zeichenfeder) und die Abwesenheit einer Briefmarke.

Gruss Wolf Hildesheimer
HOTEL BEAU RIVAGE
VERSOIX PRES GENEVE

Handschrift; Geheeb-Archiv der Ecole d'Humanité, Hasliberg, Goldern, Schweiz.

[8] Edith Geheeb an Wolfgang Hildesheimer

Château de Greng près Morat,[1]
7.9.39.

Lieber Wolfgang,

schlimme Zeiten! Du siehst ganz richtig dass es uns sehr schwer wird jetzt auszuhelfen – wir tuen es trotzdem (und gern) – denn wie sollst Du Dir durchhelfen. Arbeit hier? Völlig ausgeschlossen, als paying guest könntest Du wahrscheinlich hier leben – aber bekommst Du nicht womöglich etwas unter dem Preis von 5 frs. den Tag – der hier berechnet wird?? Ich bin so in Eile, möchte eben das Geld zur Post bringen – oder vielmehr den Scheck.

Herzliche Grüsse Deine

Anbei Scheck über frs. 150.–
mit der Bitte um baldmögliche Rückgabe des Geldes (wie versprochen)

Deine = Edith
Geheeb-Cassirer

Typoskript; Geheeb-Archiv der Ecole d'Humanité, Hasliberg, Goldern, Schweiz.

1 Nach Kündigung des Mietverhältnisses im Institut Monnier (vgl. Brief 5, Anm. 1) waren Paul und Edith Geheeb mit ihren Schülern Anfang 1939 nach Les Pléiades, Kanton Waadt, im April 1939 nach Schloss Greng, Kanton Fribourg, umgezogen.

[9] Edith Geheeb an Wolfgang Hildesheimer

d. 25. April 50.

Mein lieber Wolf!

Weisst Du, dass Paulus und ich im Juli zu einem Treffen der früheren Odenwaldschüler in die OSO kommen? Hat man Dich von der Odenwaldschule erreicht und hast Du eine Einladung[1] bekommen? Wir würden uns so sehr freuen, Dich wiederzusehen. Bei dieser Gelegenheit möchte ich Dich fragen, weisst Du eigentlich, dass wir Dir in Versoix 150.– Fr. geborgt haben?[2] Wäre es Dir möglich uns das Geld, ev. gezahlt an Frl. Eva Liesegang, Odenwaldschule, Post Heppenheim a. d. Bergstrasse, wieder zur Verfügung zu stellen? Halte mich nicht für lumpig und kleinlich, aber unsere Situation war damals schwierig und ist es noch heute und so wären wir dankbar im Interesse unserer Arbeit, wenn wir über das Geld verfügen könnten.

Dies ist nicht der Anlass, warum ich Dir schreibe. Ich bekomme dauernd lamentäre Briefe von Frau Dr. Grete Kurtz, (Stuttgart-Obertürkheim, Asangstr. 99.), dass sie ohne Verbindung mit ihrem Sohn Harald ist. In ihrer Verzweiflung bat sie uns um Deine Adresse. Da sie von Dir genau erfahren möchte, was eigentlich in Nürnberg gegen Harald vorlag, dass er so plötzlich seine Arbeit dort[3] verliess. Seit dieser Zeit hat nämlich der Verkehr von Harald mit seiner Mutter ganz ausgesetzt. Nun schrieb ich an Deine liebe Mutter nach Palestina, ob sie mir Deine Adresse geben könnte und ich habe nun einige liebe Zeilen Deiner Mutter als Antwort, dat. vom 15. April 50, indem sie mir Deine Adresse mitteilt.[4] Sie schreibt bei dieser Gelegenheit auch, dass sie und Dein Vater demnächst nach Europa kommen und ich hoffe, es gibt dann von Neuem auch ein Wiedersehen mit uns.

Ich selbst hatte in den letzten Monaten mindestens drei eingeschriebene Briefe an Harald mit verschiedenen Adressen geschrieben, die alle nicht zurückgekommen sind, auf die er aber nicht geantwortet hat. Gestern bekam ich überraschenderweise einen langen Brief von Harald. Er wiederholt darin einen Vorschlag, den er uns schon seit Jahren gemacht hat, nämlich dass Paulus für Viktor Gollancz ein Buch schreiben sollte, das zu Paulus 80. Geburtstag von Gollancz[5] herausgebracht werden sollte. Unter Umständen würde Harald im Sommer einige Wochen zu uns kommen, um Paulus beim technischen behilflich zu sein.

Über sich persönlich macht Harald in seinem Brief folg. Bemerkungen: ... »... Dieser heutige Brief ist nicht derjenige, den ich Dir und Paulus wirklich schulde. Du musst mir verzeihen, wenn ich in persönlicher Hinsicht mich noch etwas weiter verstecke, wie Du es so richtig auf einer Postkarte vor wenigen Monaten ausdrücktest. Du weisst, dass dies nicht wirklich Treulosigkeit und Mangel an Liebe und Dankbarkeit ist. Ich weiss, es wird auch wieder anders werden – vielleicht sehe ich euch noch in diesem Jahr ....« ».......Das muss für heute alles sein: frag mich noch nicht zu viel über mein eigenes Leben, denn es war fürchterlich. Ich habe mir durch mein Nürnberger Abenteuer so manches verdorben. In alter Liebe Dein Harald.« Ach Gott, was mag der Harald durchgemacht haben!

Wenn Du Mutter Kurtz einige Zeilen schreiben könntest, wäre es mir lieb. Es scheint ja aber fast so, als könnte man nichts richtiges schreiben, ohne ihr weh zu tun.

Für Paulus und mich wäre es eine grosse Freude, wenn wir unseren Bühnenkünstler Ende Juli in der Odenwaldschule wiedersehen könnten. Richte es doch so ein! (Im Grunde bin ich ganz erstaunt, dass sich Paulus bereit erklärt, Deutschland wieder zu betreten).[6] Ich sehe Dich noch vor mir in der Odenwaldschule mit Deinen Modellen von Bühnen. Wie magst Du, begabter Mensch, Dein Leben weitergestaltet haben?

In Herzlichkeit grüssen Dich Paulus und
Deine

Typoskript; Geheeb-Archiv der Ecole d'Humanité, Hasliberg, Goldern, Schweiz.

1 Vom 26. bis zum 28. Juli 1950 fand eine Tagung »Vierzig Jahre Odenwaldschule« statt, während deren auch Paul Geheebs 80. Geburtstag gefeiert wurde. Hildesheimer nahm an der Tagung nicht teil. Vgl. Volker Jehle, »Wie ein Echo aus längst entschwundenen Odenwaldschultagen – Wolfgang Hildesheimer, die Odenwaldschule und die Odenwaldschüler«, in: Kaufmann/Priebe (Hg.), *100 Jahre Odenwaldschule*, S. 90-102, hier: S. 98.

2 Vgl. Briefe 7 und 8.

3 Harald Kurtz war – wie Hildesheimer – in Nürnberg für die US-amerikanischen Besatzungsbehörden als Simultandolmetscher bei den Folgeverfahren des Nürnberger Kriegsverbrecherprozesses tätig gewesen. Vgl. auch Brief 10.

4 Am 15. April 1950 schrieb Hanna Hildesheimer an Edith Geheeb: »ich habe Ihre Karte an Wolf weitergeschickt, der in Ambach am Starnbergersee – Oberbayern – sitzt, wandert, malt und schreibt, bis er wieder nach England kann oder nach Amerika geht« (Geheeb-Archiv).

5 Victor Gollancz (1893-1967), Verleger und Inhaber des gleichnamigen Verlagshauses in London.

6 Bereits Anfang März 1933 war die Odenwaldschule von SA-Männern durchsucht, Edith Geheebs Bruder Kurt Cassirer misshandelt und der jüdische Lehrer Esra Steinitz verhaftet worden. Paul und Edith Ge-

heebs Konflikt mit den nationalsozialistischen Behörden, die grundlegende Eingriffe in Programm und Praxis der Schule verlangten, führte im April 1934 zu ihrer Emigration in die Schweiz. Vgl. Brief 1, Anm. 8.

[10] Wolfgang Hildesheimer an Edith Geheeb

30. April 1950
Liebste Edith, bitte entschuldige das Papier und diesen scheusslichen Kugelschreiber aber Dein Brief kam, als ich mich gerade anschickte, eine zweitägige Wanderung zu machen und nun sitze ich hier in einem kleinen Ort bei Mittenwald in einem Gasthof und beantworte Deinen Brief. – Ich habe mich sehr gefreut von Dir und über Euch beide zu hören. Eine Einladung zu der Tagung habe ich bekommen und auch schon zugesagt, aber bin nun doch nicht sicher ob ich kommen kann, denn ich gedenke im Juni nach England zurück zu ziehen[1] und würde wahrscheinlich Schwierigkeiten mit den Immigration Authorities haben, wenn ich sofort wieder nach Deutschland zurück wollte. Aber auf jeden Fall will ich alles versuchen, denn es liegt mir natürlich <u>sehr</u> viel daran – die Schuld an Euch ist mir vor ein paar Monaten wieder eingefallen. Leider habe ich im Moment keine Dollars, kann deshalb keine schweizer Franken bekommen. Da ich aber annehme, dass Ihr das Geld lieber in Franken als in Deutscher Mark haben wollt, muss ich leider noch 2-3 Wochen warten, bis ich es Euch bezahlen kann. Auf jeden Fall schicke ich es Euch, sobald ich es habe. –

Nun zu Harald.[2] Ich möchte an seine Mutter, die ich übrigens kenne und schätze, nicht schreiben, es sei denn sie selbst bittet mich um Nachricht. Zudem weiss ich fast garnichts über ihn, seit er Nürnberg verlassen hat. Damals gab es eine unangenehme Geschichte; er hatte grosse Schulden gemacht, die er nicht zurückbezahlte, dazu kam eine homosexuelle Affaire und er wurde von den Amerikanern, die für das Prestige der Besatzung fürchteten entfernt. Es war natürlich sträflicher Leichtsinn seinerseits, aber – das muss betont werden – keineswegs

unehrenhaft oder gar kriminell. Die Schulden waren eben unerhört leichtsinnig und die Affaire war nur eine von vielen, die es damals gab, aber er war eben sehr unvorsichtig. Ich mag ihn so gern und es ist wirklich jammerschade, dass er eben wirklich vollkommen haltlos ist; dadurch wirken auch die Momente, in denen seine wirkliche Begabung und sein wirkliches Interesse zum Vorschein kommen um so tragischer. Er bewegt sich dauernd am Rande des Abgrunds und eines Tages geht es schief. Wenn es nicht schon schief gegangen ist. Ob man da etwas tun kann, weiss ich nicht, das wisst Ihr wohl viel besser. Aber der ursprüngliche Fehler liegt schon zu weit zurück – glaube ich –, vielleicht hat es auch irgendetwas mit seinem Vater zu tun, der übrigens sehr ekelhaft zu sein scheint und den Harald hasst. – Auf jeden Fall stehe ich seit seinem Abschied aus Nürnberg ausser Kontakt mit ihm. Ich hoffe, dass sich sein Wunsch erfüllt und dass er noch dies Jahr zu Euch kommen kann.
– Über mich selbst gibt es im Augenblick wenig zu schreiben, denn das Leben auf dem Land ist eintönig; aber es ist für mich das einzig wahre.[3] Nur so komme ich zum wirklichen Arbeiten. Ich male – hatte jetzt auch in München ausgestellt[4] – und habe auch wieder angefangen zu schreiben.[5] Obwohl es hier herrlich ist – vor allem jetzt wo die Wiesen dunkelblau mit Enzian sind – freue ich mich doch wieder nach England zurückzugehen. Ich will dort genau so leben wie hier.
Ich hoffe, Euch beide bald zu sehen. Ich war übrigens vor einigen Monaten einmal in der Oso. Ich sprach Els Wölken[6]; es war gerade Ruhepause und alles still. Aber der Geruch und die Atmosphäre waren da, und eine ganze Kette von Erinnerungen.

Grüsse Paulus herzlich von mir und sei selbst gegrüsst

von Deinem

Wolf

Handschrift; Geheeb-Archiv der Ecole d'Humanité, Hasliberg, Goldern, Schweiz.

1 Dieser Plan sowie ein anderer, in die USA zu gehen, zerschlugen sich. Hildesheimer, der 1952 die Malerin Silvia Dillmann heiratete, blieb bis 1957 in Bayern, zunächst am Starnberger See, dann in München. Vgl. auch Brief 9, Anm. 4.
2 Vgl. Brief 9.
3 Seit Oktober 1949 wohnte Hildesheimer in Ambach am Starnberger See.
4 Hildesheimer hatte – mit einem nicht identifzierten Bild – an der Ausstellung »ZEN 49« im Central Art Collecting Point in München 1950 teilgenommen (vgl. Hilde Strobl, *Wolfgang Hildesheimer und die bildende Kunst – »Und mache mir ein Bild aus vergangener Möglichkeit«*, Berlin: Reimer 2013, S. 220f.).
5 Hildesheimer hatte im Januar 1950 begonnen, literarische Texte in deutscher Sprache zu verfassen. Zuvor hatte er bereits in England und in Palästina in englischer Sprache geschrieben und publiziert.
6 Els Woelcken, Mitarbeiterin an der Odenwaldschule.

[11] Edith Geheeb an Wolfgang Hildesheimer

16.5.50

Herrn Wolfgang Hildesheimer
A m b a c h
Starnberger See,
Obb., Deutschland.

Lieber Wolf,

Ich danke Dir herzlich für Deine lieben Zeilen; alles hat uns interessiert und bewegt, besonders was Du über Harald geschrieben hast. Wie schade, dass ein so reich begabter Mensch sich nicht halten kann. Wie lieb und warm schreibst Du über ihn.

Von der Odenwaldschule hörte ich schon, dass Du zur Tagung zugesagt hast und nun machst Du es fast wieder rückgängig. Es wäre zu schade! Wie würden wir uns freuen, Dich dort zu sehen! Du könntest, wie ich Dir schon im vorigen Brief schrieb, das Geld gut an Frau Els Woelcken, Oso, Post Heppenheim-

Bergstrasse, schicken und zwar in deutscher Währung. Es ist gar nicht nötig, dass Du uns hieher in Dollars bezahlst. Sag mir dann nur, wie Du die Geschichte gelöst hast.

Du scheinst, nach allem, was Du schreibst, Dich ja mächtig im Zaune zu halten, wenn Du Dich zu einem eintönigen Leben auf dem Lande zwingst um arbeiten zu können. Ja Wolf, was wird schliesslich aus den Menschen. Wenn man Dir als jungen 10–18 Jährigen ein eintöniges Leben mit einem bestimmten Ziel vorgeschlagen hätte, Du hättest es nicht akzeptiert. Wie gerne würde ich einmal etwas von Deinen Arbeiten, malerischem und schriftstellerischem, zu sehen bekommen.

Ich hörte schon von Els Woelcken, dass Du vor einigen Monaten in der Oso warst. Ich kann mir denken wie die Erinnerungen in Dir wach wurden.

Nun, liebe Grüsse; Du wirst Dich mit Deinen Eltern freuen.

Immer Deine

Typoskript; Geheeb-Archiv der Ecole d'Humanité, Hasliberg, Goldern, Schweiz.

ALFRED ANDERSCH

Am 17. Januar 1958 schrieb Alfred Andersch an Wolfgang Hildesheimer über dessen eingesandtes Hörspiel *Die Uhren*: »Es ist ein wunderbares Stück, zwingend in der antirationalistischen Rationalität, auf die Du Dich offenbar immer mehr einläßt. Vergnügen ist gar kein Ausdruck für die Gefühle, mit dem wir es unserem, dank unseren Bemühungen immer hochgestochener werdenden Publikum servieren werden.« Diese Sätze sind kennzeichnend für die Korrespondenz zwischen den beiden Schriftstellern, von denen der eine als Redakteur im Süddeutschen Rundfunk wirkte. Andersch vermochte nicht nur mit äußerster Prägnanz den jeweiligen Charakter der von Hildesheimer vorgelegten Texte zu bezeichnen. Er verlor zugleich den Weg, die Entwicklung, des Autors nicht aus dem Auge; und er zögerte nicht, ihn durch überschwängliches Lob in seiner Arbeit zu ermutigen. Nicht zuletzt jedoch wird hier ein Impetus deutlich, der für den Redakteur noch etwas programmatischere Bedeutung gehabt haben mochte als für den Schriftsteller: die Ansprüche des Publikums an die Literatur ihrer Zeit fortgesetzt zu schulen und dadurch zu steigern. Ende der 50er-Jahre trafen sich Alfred Andersch und Wolfgang Hildesheimer in dieser Bemühung. Das war durchaus nicht selbstverständlich gewesen, unterscheiden sich ihre Lebenswege doch deutlich.

Alfred Andersch (4. Februar 1914 München – 21. Februar 1980 Berzona/Schweiz) absolvierte eine Buchhändlerlehre und war ab 1930 in der kommunistischen Jugendarbeit aktiv. Nachdem er 1933 wiederholt verhaftet und verhört worden war, gab er die politische Arbeit auf und war zunächst wieder als Buchhändler tätig. 1935 heiratete er Angelika Albert, 1937 trat er in die Fotopapierfabrik ihres Bruders als Werbeleiter ein. 1940 wurde er zur Wehrmacht eingezogen. 1943 ließ er sich von seiner Frau, im Sinne der Nürnberger Gesetze »Halbjüdin«, mit der er eine gemeinsame Tochter hatte, scheiden; seine Schwiegermutter kam in Theresienstadt um. Im selben Jahr stellte er einen Antrag auf Aufnahme in die Reichsschrifttumskammer. Im Juni 1944 desertierte Andersch in Italien und wurde in US-amerikanischen ›Anti-Nazi-Camps‹ auf eine Demokratisierungsarbeit im Nachkriegsdeutschland vorbereitet. 1946/47 war er Mitarbeiter von Erich Kästner an der von den Amerikanern lizenzierten Münchner *Neuen Zeitung*. Zusammen mit Hans Werner Richter gab er seit 1946 die Zeitschrift *Der Ruf – Blätter der jungen Generation* heraus; nach fortgesetzter energischer Kritik an der Besatzungspolitik verfügten die Behörden ihre Auswechslung. Ein Treffen am Allgäuer Bannwaldsee im September 1947, zu dem Andersch und Richter einige befreundete Kollegen eingeladen hatten, um über die Gründung einer neuen Zeitschrift zu beraten, wurde im November desselben Jahres in Ulm fortgesetzt – von diesem Zeitpunkt an nannten sich die versammelten Autoren Gruppe 47.

Alfred Andersch entwickelte sich rasch zu einem der profiliertesten Autoren der westdeutschen Nachkriegsliteratur. Bereits mit seinem auf der Ulmer Tagung 1947 gehaltenen Vortrag »Deutsche Literatur in der Entscheidung«, in dem er den Status quo deutschsprachiger Literatur nach der Katastrophe des Nationalsozialismus zu bestimmen versuchte, formulierte er einen entschiedenen Gestaltungsanspruch. Seine Desertionserzählung *Die Kirschen der Freiheit – Ein Bericht* rief 1952 im restaurativen Klima der frühen Bundesrepublik einen Skandal hervor. Der 1957 erschienene Roman *Sansibar oder der letzte Grund* baute seinen Ruf als ein Schriftsteller aus, der sein Publikum systematisch mit der NS-Vergangenheit zu konfrontieren versuchte. Gleichzeitig bekleidete Andersch wichtige Funktionen im Literaturbetrieb der jungen Bundesrepublik. Von 1948 bis 1958 zunächst für den Hessischen, sodann für den Süddeutschen Rundfunk als Kulturredakteur tätig, suchte er systematisch moderne Literatur zu fördern. Zum einen war das Radio zu dieser Zeit als zentrales Medium mit enormer Reichweite besonders geeignet, noch unbekannter Literatur ein neues Publikum zu verschaffen. Zum andern waren die Rundfunkanstalten in der Lage, etwa für Hörspiele oder andere funkaffine Formate wie Features vergleichsweise hohe Honorare zu zahlen. Auch als Herausgeber der von 1955 bis 1957 existierenden Zeitschrift *Texte und Zeichen* schuf Andersch ein wichtiges Forum für junge Literatur. Als der Erfolg als Schriftsteller einsetzte, gab Andersch diese Arbeit auf. Mit den Romanen *Efraim* (1967) und *Winterspelt* (1974) sowie Erzählungen wie *Der Vater eines Mörders* (1980) setzte er seine literarische Arbeit an einer selbstkritischen Vergewisserung vor dem Horizont der existentiellen Herausforderungen in der Epoche des Nationalsozialismus fort.

1993 veröffentlichte W. G. Sebald einen Essay über Alfred Andersch, der die moralische Integrität, die dem vielgelesenen Schriftsteller von seinem Publikum nicht nur in Deutschland zuerkannt wurde, in Frage stellte.[1] Die Tätigkeit in einer Buchhandlung mit vornehmlich völkischer und ›rassenkundlicher‹ Literatur, die Scheidung von seiner »halbjüdischen« Ehefrau auf dem Höhepunkt des Holocaust, der Aufnahmeantrag in die Reichsschrifttumskammer waren zwar auch zuvor schon durch den Andersch-Biographen Stephan Reinhardt[2] bekannt geworden. Doch Sebald rückte die prominentesten Texte Anderschs in diesen Kontext ein und machte sie als Modi der Selbststilisierung einerseits, des beredten Verschweigens andererseits erkennbar. Neueste Forschung lässt sogar fraglich erscheinen, ob Andersch jemals – wie von ihm wiederholt angegeben – im KZ Dachau interniert gewesen war.[3]

Von alldem war Wolfgang Hildesheimer, als er mit Alfred Andersch Umgang hatte, nichts bekannt. Hildesheimer lernte Andersch um 1950 herum kennen, entweder in München oder spätestens auf der Tagung der Gruppe 47 in Bad Dürkheim (1951), wo Hildesheimer, erstmals vor der Gruppe, aus seinen *Lieblosen Legenden* vorlas. Die hier abgedruckten Auszüge aus ihrem Briefwechsel zeigen Andersch, wie er Hildesheimer vor allem begegnete: in der Doppelrolle als Schriftsteller und Redakteur. Wenn auch Andersch als verantwortlicher Kulturredakteur Richtlinien und Interessen seines Arbeitgebers beachten musste und für Hildesheimer relevante, nicht zuletzt materielle Entscheidungen traf, treten beide Briefpartner einander als Gleichberechtigte gegenüber, die sich durch gegenseitige Tipps und Ratschläge zu unterstützen versuchen. Das gemeinsame Ziel ist jeweils ein Endprodukt, dessen Manuskript-Form, wie Hildesheimer gut wusste, nur seine erste Stufe bildete und das erst komplexe technische Verfahren erfolgreich durchlaufen musste, um schließlich, als Sendung, sein Publikum erreichen zu können. Die Diskussion über mögliche Sprecher und Regisseure sowie über die Eignung von Hildesheimers Stimme für eine Funkaufnahme (25. April 1956) gehören zu dieser Verständigung, aber auch die sachkundige Abstimmung darüber, welche O-Töne aus Mozarts skatologischen Wortkaskaden dem deutschen Publikum von 1956 zumutbar waren (9. April 1956). Das paritätisch-kollegiale Verhältnis kommt ferner dann zum Ausdruck, wenn Andersch sich nach einem engagierten medienpolitischen Statement Hildesheimers, das einiges Aufsehen erregt hatte, erkundigt (19. September 1956) oder wichtige Anregungen zu geben versteht, etwa die Abwandlung eines ursprünglich geplanten London-Berichts in einen Text über Cornwall, am besten gar »surreal« (17. Januar 1958).

Die gegenseitige Wertschätzung hielt nach der Kooperation im Rundfunk an. Als Hildesheimer 1964 Hans Werner Richter seine grundsätzlichen Einwände gegen eine geplante Tagung in Schweden in einem Brief mitteilte, schickte er einen Durchschlag an Andersch, der Richter wenig später schrieb: »ich hätte nie gedacht, dass ausgerechnet er, der doch nie politisch besonders hervorgetreten ist, eine so saubere analyse liefern würde«.[4] Manche Züge Anderschs waren Hildesheimer dagegen fremd. In einer ausführlichen Charakterisierung gegenüber seiner Schwester bezeichnet Hildesheimer Andersch als »eine[n] der integersten Leute in ganz Deutschland« und zugleich als »eine ziemliche Mimose und dabei völlig humorlos«. Dass Andersch – für Hildesheimers Geschmack – »fast zu sehr Schriftsteller«[5] gewesen war, deutet er auch recht unverstellt in einem Brief an Siegfried Unseld an (26. Juni 1965). Kurze Zeit vor seinem Tod antwortete Alfred Andersch noch auf einen vieldiskutierten Artikel von Fritz J. Raddatz in der *Zeit*, der die Karrieren zahlreicher westdeutscher Nachkriegsautoren im Dritten Reich kritisch zur Diskussion gestellt hatte.[6] Ausdrücklich stimmte Andersch »gerade auch bei den Stellen, die sich kritisch mit mir beschäftigen«[7], zu. Zwar hatte Raddatz' Artikel noch nicht die autobiographischen Retuschen Anderschs namhaft gemacht, gleichwohl mochte Hildesheimer, der selbst eine prägnante Antwort auf Raddatz' Artikel verfasst hatte,[8] in Anderschs Statement noch einmal etwas von jener Integrität wiedererkannt haben, die sich zumindest ihm gegenüber über viele Jahre in kollegialer Hilfestellung und freundschaftlicher Solidarität bewahrheitet hatte.

1 W. G. Sebald, »Between the devil and the deep blue sea. Alfred Andersch. Das Verschwinden in der Vorsehung«, in: *Lettre International* 20/1993, S. 80-84; erneut in: ders., *Luftkrieg und Literatur. Mit einem Essay zu Alfred Andersch*, München und Wien: Hanser 1999, S. 121-160.
2 Vgl. Stephan Reinhardt, *Alfred Andersch. Eine Biographie*, Zürich: Diogenes 1990.
3 Rolf Seubert, »›Mein lumpiges Vierteljahr Haft...‹ – Alfred Anderschs KZ-Haft und die ersten Morde von Dachau. Versuch einer historiographischen Rekonstruktion«, in: Jörg Döring und Markus Joch (Hg.), *Alfred Andersch* revisited. *Werkbiographische Studien im Zeichen der Sebald-Debatte*, Berlin und Boston: de Gruyter 2011, S. 47-146.
4 Hans Werner Richter, *Briefe*, hg. v. Sabine Cofalla, München und Wien: Hanser 1997, S. 536.
5 Wolfgang Hildesheimer an Eva Teltsch, 30. Dezember 1963 (WHA 665).
6 Fritz J. Raddatz, »›Wir werden weiterdichten, wenn alles in Scherben fällt...‹ – Der Beginn der deutschen Nachkriegsliteratur«, in: *Die Zeit*, 12. Oktober 1979, S. 33-36.
7 Alfred Andersch, »Ich stimme vollständig zu«, in: *Die Zeit*, 9. November 1979, S. 59.
8 Wolfgang Hildesheimer, »Waren meine Freunde Nazis?«, in: ebd., S. 58; auch in: GW VII, S. 633 f.

[1] Wolfgang Hildesheimer an Alfred Andersch

München 22,
Widenmayerstrasse 51,
23. Oktober 1955

Herrn
Alfred Andersch
Süddeutscher Rundfunk
Stuttgart

Lieber Fred,

unser Nachtstudio[1] soll heissen
Orakel und Omphalos[2]
Von Silvia Dillmann[3] und Wolfgang Hildesheimer.
Das Mozart-feature[4] dafür hat noch keinen Namen, da ich noch nicht genau weiss, wie ich es anlegen soll. Es ist möglich, dass es nur die eingehende Suche nach dem wirklichen Mozartbild beschreibt, wobei natürlich das Resultat auf jeden Fall ein anderes sein wird als das konventionelle. Der Titel soll auch eine gewisse Herausforderung enthalten.
Vielleicht kannst Du mir schreiben, wann Du es wissen musst. Falls das bald ist, werde ich mich dieser Tage hinsetzen und zumindest eine gewisse Vorarbeit betreiben, bis der Titel festliegt.

Mit herzlichen Grüssen,
Dein
Wolfgang

Typoskript; Archiv des SWR; 19/1245.

1 Der Programmtyp des »Nachtstudios« zielte darauf, Fragen der Zeit einem anspruchsvollen Publikum nahezubringen, und stand in besonderem Maß in der Tradition des von den Alliierten eingeführten Bildungs- und Demokratisierungsauftrags der Medien. Dieser Programmtyp war 1947 vom NWDR eingeführt worden; bereits 1948 übernahm

ihn Gerhard Szczesny für den Bayerischen Rundfunk (zu Szczesny vgl. auch seinen Briefwechsel mit Hildesheimer in diesem Band). Seit Antritt seiner Redaktionsarbeit beim Süddeutschen Rundfunk 1955 verfolgte Alfred Andersch mit »Abendstudio« und wöchentlichem Nachtprogramm eine ähnliche Linie. Der Name verweist auf die Sendezeiten meist nach 23 Uhr.

2 Der Radio-Essay »Orakel und Omphalos. Aufzeichnungen aus Delphi« wurde vom Süddeutschen Rundfunk am 24. Februar 1956 gesendet. In ihn gingen Eindrücke einer Reise nach Griechenland und nach Israel ein, die Wolfgang und Silvia Hildesheimer im Februar/März 1953 unternommen hatten. Weitere publizistische Erträge dieser Reise waren ein Artikel »Aufzeichnungen aus Israel«, der am 12./13. November 1955 in der *Süddeutschen Zeitung* erschien, sowie das umfangreiche Manuskript *Bericht einer Reise* (WHA 206). Dieser Text wurde erst postum veröffentlicht: Bayreuth: Bear Press 2002.

3 Silvia Dillmann (1917-2014) und Wolfgang Hildesheimer hatten im Oktober 1952 geheiratet.

4 Dieses Feature bildet, zusammen mit einem unveröffentlichten Rede-Manuskript, den Auftakt von Hildesheimers Publikationen zu Mozart, die in der umfangreichen Darstellung von 1977 gipfelten. Bereits Ende 1954 hatte Hildesheimer seinen Eltern gegenüber das Projekt einer größeren Arbeit angesprochen (vgl. Volker Jehle, *Wolfgang Hildesheimer. Werkgeschichte*, Frankfurt am Main: Suhrkamp 1990, S. 134f.). Noch im Jahr der Ausstrahlung des Features erschien »Aufzeichnungen über Mozart«, in: *Merkur* 10/1956, S. 1033-1053. Vgl. ferner: *Betrachtungen über Mozart*, Pfullingen: Neske 1963; »Wer war Mozart?«, in: Wolfgang Hildesheimer, *Wer war Mozart? – Becketts ›Spiel‹ – Über das absurde Theater*, Frankfurt am Main: Suhrkamp 1966, S. 5-67.

[2] Alfred Andersch an Wolfgang Hildesheimer

Alfred Andersch

Herrn
Wolfgang Hildesheimer
München 22
Wiedenmayerstr. 51

29. Februar 1956

Lieber Wolfgang,

ich frage heute einmal an, wie es mit der Mozart-Sendung steht. Das bedeutet natürlich nicht, daß ich in 14 Tagen mit der Ablieferung des Manuskripts rechne, sondern nur – ja, wie es eben damit steht.

Es gibt ja immer die Möglichkeit, daß so etwas im November hübsch ausgesehen, sich aber im Februar verflüchtigt hat; d. h. ich möchte Dich also bitten, wenn du irgendwelche Schwierigkeiten siehst, es mir ganz offen zu sagen. Meine Anfrage resultiert auch aus meinen Erfahrungen mit Deiner Arbeitsweise, d. h. der Vervollkommnung eines Manuskripts durch verschiedene Fassungen hindurch. Es wäre schön, wenn sich dies bei einem solchen Objekt wie dieser Supermonstregala-Mozart-Sendung vermeiden ließe.

Letzten Endes also wünsche ich zu wissen: wird sich der Plan verwirklichen, und wann kann ich mit einem fix und fertigen Manuskript rechnen?

Herzlichst Dein
A

Typoskript; Archiv des SWR; 19/12455.

[3] Wolfgang Hildesheimer an Alfred Andersch

München 22,
Widenmayerstrasse 51,
9. April 1956

Lieber Fred,

gerade wollte ich Dir einen Brief schreiben und habe – erfolglos – versucht, Deine Privatadresse ausfindig zu machen, als Dein Brief kam und ich sie schwarz auf weiss vor mir hatte. Hier nun mein Brief.

Wie Du weisst, verfechte ich in dem Mozart-feature die These, dass das Phaenomen Mozart nicht interpretierbar ist[1] und bringe viel dokumentarisches Material, das wohlweislich andere Biographen ausser Acht gelassen haben, weil es nicht in ihren Kram gepasst hat, unter anderem eine – nicht sonderlich unflätige Briefstelle, die in Deutschland noch niemals veröffentlicht worden ist und die ich selbst im British Museum aus der Mozart-sammlung von Stefan Zweig herausgeschrieben habe.[2]

Um aber den ganzen Radius der Mozartschen Menschlichkeit zu umreissen sind leider auch einige Briefstellen nötig, die doch immerhin einige Anforderungen an das Ohr des Hörers stellen. Es würde mir leid tun, sie durch entschuldigende Wendungen umschreiben zu müssen, wozu ich, nach der Meinung Rosenbergs[3] und Hans Richters[4], wahrscheinlich gezwungen wäre.

Ich kann das natürlich tun, aber es geht dann doch einiges verloren, und daher möchte ich bei Dir hiermit anfragen, ob es nötig ist.

Ich zitiere: (mit modernisierter Orthographie)

— ich scheisse schon wirklich 22 Jahre aus demselben Loch, und es ist noch nicht zerrissen, und hab schon so oft geschissen, und mit den Zähnen den Dreck abgebissen![5]

Nun, diese Stelle, obwohl sehr wesentlich für den Mozart einer bestimmten Periode, und von einem gewissen skatologischen Interesse, könnte ich natürlich auslassen oder besänftigend umschreiben. Aber um die nächste Stelle würde es mir leid tun, da sie, wie Du zugeben wirst, innerhalb eines grossartigen, spontanen dichterischen Ausbruches steht. Ich zitiere:

— und so werden wir niemalen aufhören, uns zu lieben, wenn auch der Löwe ringsherum in Mauern schwebt, wenn schon des Zweifels harter Sieg nicht wohlbedacht gewesen, und die Tyrannei der Wüterer in Abweg ist geschlichen, so frisst doch Cordus, der weise Philosophus oft Rotz für Habermuß, und die Römer, die Stützen meines Arsches sind immer, sind stets gewesen, und werden immer bleiben – kastenfrei[6]

Hier handelt es sich eigentlich nur um das Wort ›Arsch‹. Kann man das hier sagen? Würdest Du mir ein Wort darüber schreiben?

Ich will versuchen, diesen Monat mit der Arbeit fertig zu werden. Ich arbeite sehr daran, fahre auch nicht nach Vezelay[7], aber es ist doch noch mehr Arbeit, als ich anfangs gedacht habe, weil mir dann auf einmal plötzlich ein Dokument oder ein Musikstück fehlt und ich es mir erst besorgen muss. (Meine Langspielplattensammlung wächst!) Falls ich diesen Monat nicht fertig werden sollte, dann schicke ich Dir am Ende jedenfalls zur Kontrolle das ein, was ich habe, damit Du es gegebenenfalls vorweisen kannst. Ich habe keinen Zweifel, dass die Arbeit gut, gewissermassen einmalig wird, und es ist s e h r in meinem Interesse, dass ich sie bald fertig habe, denn ich hoffe auf Wiederholungen anderer Sender, wenn Du es zulässt.

Nun noch etwas. Mein Freund Rosenberg möchte eine Sendung über Fragen der musikalischen Interpretation machen. Würdest Du dich dafür interessieren. Ich bin überzeugt, er würde etwas sehr gutes zustande bringen. Ich habe ihm gesagt, er möchte doch ein genaues Exposé ausarbeiten. Würdest Du mir auch darüber schreiben?

Herzliche Grüsse,

Dein

Wolfgang

Typoskript; Archiv des SWR; 19/12455.

1 Hildesheimers Deutung Mozarts als Genie betont die kategoriale Unzugänglichkeit von dessen Erfahrungswelt und verwirft den in zahlreichen Biographien erhobenen Anspruch, im Wege identifikatorischer Analogisierungen und Einfühlungen essentielle Aufklärung über die Genese seiner Werke zu erhalten.

2 Dies stimmt wohl nur zum Teil. In einem im Hildesheimer-Archiv aufbewahrten Brief von Babette Hotchkin vom 10. April 1956 berichtet sie, wie sie auf Wunsch Hildesheimers eine Ausstellung von Mozart-Autographen aus der Sammlung von Stefan Zweig im British Museum aufgesucht und dort – unter strenger Beobachtung der Wärter (»while the men breathing me down my neck«) – eine Abschrift aus der Vitrine vorgenommen habe: »I had to write it rather quickly, so I hope I have got it all down – the German script rather confused me. Here it is: ›… statt einen Brief einen Dreck. Dreck! – o dreck! – o süsses Wort! – dreck – schmeck! – auch schön! Dreck; schmeck! Dreck! – leck! – o charmante! – dreck, leck! – das freünt mich! Dreck, schmeck und leck! – schmeck dreck und leck dreck!‹« (WHA 475; zu Babette Hotchkin konnten keine weiteren Angaben ermittelt werden.) Die Zeilen entstammen Mozarts Brief an Maria Anna Thekla Mozart vom 13. November 1777. Zwar besaß die British Library Mozart-Autographen – anlässlich seines London-Besuches 1765 hatte Mozart selbst ihr eine Handschrift überlassen –, doch scheint es sich bei den Exponaten im Frühjahr 1956 um eine befristete Überlassung aus Stefan Zweigs Autographensammlung gehandelt zu haben. Auch die 1986 erfolgte Schenkung durch Erben Zweigs umfasste nicht dieses Dokument (vgl. http://britishlibrary.typepad.co.uk/music/2014/04/mozartmanuscriptsonline.html [zuletzt abgerufen am 6. März 2015]. – Der Brief vom 13. November 1777 ist u. a. abgedruckt in der von Wolfgang Hildesheimer herausgegebenen Sammlung: Mozart, *Briefe*, Frankfurt am Main: Insel 1975, S. 40-42.

3 Wolf Rosenberg (1915-1996), Musikwissenschaftler und Komponist, enger Freund Hildesheimers seit ihrer gemeinsamen Zeit auf der Odenwaldschule. Vgl. auch seinen Brief in diesem Band, S. 506.

4 Hans Werner Richter (1908-1993), Schriftsteller und Publizist, Mitbegründer der Gruppe 47. Richter und Hildesheimer hatten sich im Mai 1951 auf der Tagung der Gruppe in Bad Dürkheim kennengelernt.

5 Auszug aus Mozarts Brief an Maria Anna Thekla Mozart, 13. November 1777, in: Mozart, *Briefe* (vgl. Anm. 2), S. 41.

6 Ebd.

7 Im April 1956 fand in Vézelay (Dpt. Yonne) auf Einladung der Zeitschrift *Documents* das dritte deutsch-französische Schriftstellertreffen statt. Es stand unter dem Thema »Der Schriftsteller vor der Realität«, Vortragende waren u. a. Günter Eich, Ilse Aichinger, Alain Robbe-Grillet, Walter Höllerer, Karl Korn und Roland Barthes. Vgl. den Abdruck einiger der Vorträge in: *Akzente* 4/1956, S. 303-324.

[4] Alfred Andersch an Wolfgang Hildesheimer

Alfred Andersch

Herrn
Wolfgang Hildesheimer
München 22
Widenmayerstr. 51

12. April 1956

Lieber Wolfgang,

herzlichen Dank für Deinen Brief vom 9. April. Ich kann darauf ganz kurz und präzis antworten:

Das erste von Dir genannte Zitat ist im Rundfunk unmöglich, das zweite bietet keine Schwierigkeiten. Hingegen kannst Du ohne weiteres darauf hinweisen, daß es in den Mozartbriefen unglaublich drastische Stellen gibt. Das ist ja dann nicht, wie Rosenberg und Richter meinen, eine entschuldigende Wendung. Reizvoll fände ich es, wenn Du dabei auf Deine Studien im Britischen Museum hinwiesest.

Auch ich fahre nicht nach Vezelay[1], denn ich sitze an einem neuen kleinen Buch, dessen Manuskript[2] ich spätestens im Mai abliefern muß.

Ich würde mich freuen, wenn ich schon Ende April Dein Manuskript bekommen könnte, will Dich aber nicht unbedingt hetzen.

Zu Deinem Vorschlag einer Sendung von Rosenberg: Ich möchte ihm gegenwärtig nicht nähertreten, weil alle Sendungen mit Musikthemen umfangreiche Besprechungen mit unserer Musikabteilung und eine recht sorgfältige Abstimmung mit deren Programm nötig machen, eine Arbeit, die ich mir im Augenblick einfach nicht leisten kann. Ich muß die Frage also einstweilen zurückstellen.

Herzliche Grüße Deines
A

Typoskript; Archiv des SWR; 19/12455.

1 Vgl. Brief 3, Anm. 7.
2 Alfred Andersch, *Sansibar oder der letzte Grund*, Olten: Walter 1957.

[5] Wolfgang Hildesheimer an Alfred Andersch

München 22,
Widenmayerstrasse 51,
21. April 1956

Herrn
Alfred Andersch
radio-essay
Süddeutscher Rundfunk
Stuttgart

Lieber Fred,

vielen Dank für Deinen Brief. Das Manuskript wird allerspätestens am 15. Mai in Deinen Händen sein. Es soll heissen:

Dionysos – nicht Apollon
Eine Stunde Mozart für Fortgeschrittene
[handschr. eingefügt:] gegeben von Wolfgang Hildesheimer

womit nicht gesagt ist, dass es nicht etwas länger ist, als eine Stunde. Das Essay soll, wie ich Dir wohl geschrieben habe, das allzu festgefahrene Bild der Persönlichkeit Mozarts ein wenig erschüttern. Es ist in der Form eines Vortrages geschrieben und ist eigentlich weniger ein Feature als eben ein Essay, eigentlich sogar ein Vortrag. Nun wollte ich Dich fragen, ob ich ihn nicht selbst sprechen könnte. Ich habe das Gefühl, dass die sehr feste Meinung, die dahinter steckt, besser ankommt, eindringlicher wird, wenn ich sie selbst ausspreche, also die Verantwortung übernehme, gewissermassen. Bei einem Sprecher wirkt es viel unpersönlicher.

Es ist sonst nicht viel Aufwand erforderlich. Ein paar musikalische Einblendungen, die ich im Manuskript genau angebe, zwei weitere Sprecher und eine Sprecherin.

Dazu ist allerdings folgendes zu sagen: der Sprecher Mozarts – es handelt sich um Briefe – muss s e h r gut sein. Wäre nicht Oskar Werner[1] dazu zu bekommen, denn abgesehen davon, dass er ›inspiriert‹ sein muss, wäre es gut, wenn es ein Österreicher wäre.

Aber all das kannst Du natürlich nicht hypothetisch entscheiden, – bis auf die Frage vielleicht, ob ich den Text selbst sprechen kann, – warte also auf das Manuskript. Ich glaube, sagen zu können, dass es das richtige für Dich ist. Ich selbst bin sehr eingenommen davon.

Mit herzlichen Grüssen,

Dein
Wolfgang

Typoskript; Archiv des SWR; 19/12455; auch abgedruckt in: *Briefe*, S. 64f.

1 Oskar Werner (eigentlich Oskar Josef Bschließmayer, 1922-1984), Schauspieler. 1955 hatte seine Darstellung der Titelrolle im *Don Carlos* unter der Regie von Josef Gielen am Wiener Burgtheater Furore gemacht. – Vgl. auch Brief 10, Anm. 2.

[6] Alfred Andersch an Wolfgang Hildesheimer

Alfred Andersch

Herrn
Wolfgang Hildesheimer
München 22
Wiedenmayerstr. 51

23. April 1956

Lieber Wolfgang,

besten Dank für Deine Nachricht vom 21. April. Ich finde den Titel sehr schön und warte nun mit Spannung auf das Manuskript.

Was Deine Beschäftigung als Sprecher bei der Produktion betrifft, so müßte man wahrscheinlich einmal eine Mikrophonprobe machen. Im allgemeinen bin ich sehr gegen die Tätigkeit der lieben Autoren als Sprecher.

Deine Anregung, Oskar Werner zu verpflichten, halte ich für vorzüglich, und ich habe diese Anregung schon jetzt an unsere Programmdirektion gegeben, da ich nicht weiß, ob es nicht gut ist, bereits jetzt prophylaktische Vorbereitungen dazu zu treffen.

Herzliche Grüße
Dein
A

Typoskript; Archiv des SWR; 19/12455.

[7] Wolfgang Hildesheimer an Alfred Andersch

München, 23. April 1956

Herrn
Alfred Andersch
radio-essay
Süddeutscher Rundfunk
Stuttgart

Lieber Fred,

ich muss Dich bitten, mir noch zwei bis drei Tage Bedenkzeit wegen des Titels zu geben. ›Dionysos – nicht Apollon‹ scheint mir nun doch etwas zu einseitig für das Bild, das ich zu geben versuche. Der Untertitel ›eine Stunde Mozart für Fortgeschrittene‹ bleibt.
Ich schreibe Dir den endgültigen Titel noch innerhalb der nächsten zwei Tage.

Herzlichst,
Dein
Wolfgang Hildesheimer

Typoskript; Archiv des SWR; 19/12455.

[8] Wolfgang Hildesheimer an Alfred Andersch

München 22,
Widenmayerstrasse 51,
25. April 1956

Herrn
Alfred Andersch
radio-essay
Süddeutscher Rundfunk
Stuttgart

Lieber Fred, entschuldige vielmals, dass ich so viel Aufhebens um mein feature mache, (dafür glaube ich aber, dass Du diesmal etwas bekommst, was Deiner Reihe und meinem Namen Ehre macht).
Es handelt sich
a) um die musikalischen Beispiele. Ist es möglich, dass Du mir beim Bayerischen Rundfunk einen Termin von etwa drei Stunden verschaffst, sodass ich sie mir aussuchen kann? Es handelt sich nämlich um mehr oder weniger ausgefallene Dinge, die seltener gehört werden. Bei diesem Termin würde es sich zunächst nur darum handeln, einiges abzuhören. Es wäre kaum wahrscheinlich, dass ich mich für Schnitte aus den Bändern selbst erwärmen könnte, denn ich bin in der Interpretation anspruchsvoll – auch im Interesse des features, denn wenn es erstklassig werden soll, muss auch die Interpretation des musikalischen Teils erstklassig sein. Es wäre demnach wahrscheinlich, dass ich mich beim Abhören nur für bestimmte Dinge entscheide, aber im feature selbst lieber Ausschnitte aus Schallplatten nehme. Hast du die Möglichkeit, die betreffenden Schallplatten, – die ich Dir genau angebe – zu beschaffen? Es wäre ja nichts dagegen einzuwenden, wenn man in die Absage eine Quellenangabe der Schallplatten einflicht. Kannst Du mir sehr bald antworten? Vielleicht telefonisch? (21530)
b) selbstverständlich bestehe ich nicht darauf, den Sprechertext selbst zu sprechen. Eine Mikrofonprobe – glaube ich – würde sich erübrigen, denn ich bin ein guter Sprecher. Ich habe in

Hannover[1] meine Sachen immer selbst gelesen und bin der einzige Autor (sehr zum Ärger der Anderen) der beim bayerischen Rundfunk seine Geschichten selbst lesen darf. Aber wie gesagt, es ist nicht unbedingt nötig, nur finde ich, steckt doch mehr Autorität der persönlichen Meinung, mehr Verantwortung dahinter, wenn ich selbst spreche. Aber vielleicht bist Du nicht der Ansicht. Halte es wie Du willst.

Das ist alles. Ich sitze jetzt bei der Reinfassung. Dann kommt die musikalische Auswahl und dann lasse ich das Manuskript von Rosenberg und Karl Amadeus Hartmann[2] auf seine Hieb- und Stichfestigkeit prüfen. Du hast es, allerspätestens am 15. Mai.

Herzliche Grüsse,

Dein Wolfgang

Typoskript; Archiv des SWR; 19/12455.

1 Nordwestdeutscher Rundfunk.

2 Karl Amadeus Hartmann (1905-1963), in München ansässiger Komponist und Förderer Neuer Musik.

[9] Wolfgang Hildesheimer an Alfred Andersch

München 22,
Widenmayerstrasse 51,
13. Mai 1956

Herrn
Alfred Andersch
radio-essay
Süddeutscher Rundfunk
Stuttgart

Lieber Fred,

hier ist nun endlich das Mozart-essay. Ich habe nun fast drei Monate daran gearbeitet, (nachdem ich vorher zwei Monate ausschliesslich Mozart gelesen und gehört habe.)

Ich habe mir wirklich grosse Mühe gegeben.

Meine Angst ist nun, dass Du es vielleicht nicht ›funkisch‹ genug finden wirst. Aber ich glaube, dass, wenn ich den ersten Sprecher selbst lese – also eigentlich einen Vortrag halte – und der zweite Sprecher sehr gut ist, dann wäre diese Angst umsonst.

Meine eigene Kritik ist, dass die erste Hälfte im Tenor ein wenig zu akademisch ist. Andrerseits mag das auch wieder ganz gut sein, da ein gewisser Gegensatz zwischen dem Tenor und dem Inhalt herrscht. Denn der Inhalt ist keineswegs akademisch. Der zweite Teil ist viel leidenschaftlicher. Ich halte ihn für gut. Für die Behauptungen übernehme ich die Verantwortung. Ich habe sie alle reiflich geprüft.

Die normale Lesezeit des Manuskriptes ist etwa 70 Minuten. Dazu kämen 20 Minuten Musik, (zu deren Auswahl ich nach Stuttgart kommen muss.) Ist das in Ordnung?

Bitte schreibe mir doch bald einmal, wie Dir die Arbeit gefällt.

Mit herzlichen Grüssen,

Dein
Wolfgang

[handschriftl.:] Anlage

Typoskript; Archiv des SWR; 19/12455.

[10] Alfred Andersch an Wolfgang Hildesheimer

Alfred Andersch

Herrn
Wolfgang Hildesheimer
München 22
Widenmayerstr. 51

18. Mai 1956

Lieber Wolfgang,

ich bin erst gestern aus Hamburg zurückgekommen, daher erst heute eine Replik auf Dein Manuskript. Also: Benisseme; eine sehr schöne, unsensationelle und dabei durchaus überraschende Behandlung Mozarts. Das Ganze durchaus nicht unfunkisch, sondern vor allem in seiner Sprechweise ungemein radiogen.

Was übrigens das Funkische betrifft: Unser größter Erfolg war bisher Koeppens »Ein Fetzen von der Stierhaut«[1], eine Sendung, die auf einem einzigen Sprecher steht. Schönen Dank für Dein vorzügliches Manuskript.

Zum Technischen:
Ich habe bereits vor ein paar Wochen die Frage der Musikeinlagen geklärt. Es gibt keinerlei Einwände dagegen, die von Dir gewünschten Platten zu besorgen. Ich werde das veranlassen, damit das ganze Material zur Produktion vorhanden ist.

Dein Manuskript hat mich auch davon überzeugt, Dich als Sprecher zu holen, denn Du hast den Sprachduktus ja ganz auf Deine persönliche Tonart eingestellt.

Ob es gelingen wird, Oskar Werner als zweiten Sprecher zu bekommen,[2] kann ich Dir noch nicht sagen. Noch schwieriger ist die Frage der Regie selbst. Ich hoffe, dafür einen geeigneten Mann zu finden. Jedenfalls wirst Du als Sprecher bei der Aufnahme mitwirken und damit auch die Gelegenheit haben, das Einkopieren der Musikeinlagen zu überwachen.

Herzliche Grüße
Dein
A
(Alfred Andersch)

Typoskript; Archiv des SWR; 19/12455.

1 Wolfgang Koeppen, »Ein Fetzen von der Stierhaut – Eindrücke aus Spanien. Ein Radio-Essay«, ausgestrahlt vom Süddeutschen Rundfunk am 13. April 1956.

2 Am 27. April 1956 hatte die Oberspielleiterin Cläre Schimmel an Oskar Werner eine entsprechende Anfrage gerichtet, die sie am 11. Mai erneuerte. Am 28. Mai begründete Werner die späte Reaktion durch Abwesenheit und bat um Zusendung des Sendemanuskripts. Am 3. Juni schrieb er an Schimmel: »Ich bin sicher, Sie gestatten mir ein offenes Wort. Ich mag die Sendung nicht. Wenn Mozart Briefe, dann die Briefe allein. Sie sprechen für sich selber, ohne Kommentar. Und dann keine Musik« (Archiv des SWR, 19/480). Als zweiter Sprecher neben Hildesheimer wurde der Schauspieler Fritz Straßner verpflichtet.

[11] Wolfgang Hildesheimer an Alfred Andersch

Eilig! München 22,
Widenmayerstrasse 51,
22. Mai 1956

Herrn
Alfred Andersch
Süddeutscher Rundfunk
Stuttgart

Lieber Fred,
schnell noch zwei Zusätze.

Du siehst: wenn ich einmal angefangen habe, an etwas zu arbeiten, so höre ich so bald nicht wieder auf. Aber da ich glaube, dass auch Du auf höchstmögliche Perfektion Wert legst, wirst Du Verständnis für mich haben. Ich verspreche Dir auch: jetzt lege ich die Sache aus der Hand.

Seite 14, Zeile 9 von unten: der Nebensatz ›sie teilweise sogar übertreffen‹ ist zu streichen. Dafür muss eingesetzt werden:
›– wobei zu bedenken ist, dass er sie nicht, wie Shakespeare aus dem Leben greifen durfte, sondern sie aus dem Libretto greifen musste! –;‹
dann geht es weiter: ›; er hat bereits als Zwölfjähriger ……‹ etc.

Seite 22, Zeile 16 von oben. Hinter ›Nachwelt‹ ist einzufügen:
Mozart hat niemals an die Nachwelt gedacht.

Vielen Dank!

Herzliche Grüsse,

Dein
Wolfgang Hildesheimer

Typoskript; Archiv des SWR; 19/12455.

[12] Alfred Andersch an Wolfgang Hildesheimer

Alfred Andersch

Herrn
Wolfgang Hildesheimer
München 22
Widenmayerstr. 51

11. September 1956

Lieber Wolfgang,

nachträglich zu meinem Brief vom 4. September[1]:
Ich würde sehr gerne bei Dir die Arbeit über London bestellen, aber ob ich das kann, hängt davon ab, ob ich für das nächste Jahr etwas mehr Sendetermine bekomme als bisher. Infolge der Abwesenheit des Intendanten und des Programmdirektors kann sich das erst Anfang Oktober entscheiden. Es wäre mir natürlich lieb, wenn Du mir die London-Idee bis dahin reservieren könntest.

Gestern habe ich mir die Bänder der Mozart-Sendung angehört. Ich finde sie superb, und sie ist es vor allem dank Deiner Mitwirkung als Sprecher. Deine Stimme ist konzis, geschliffen und ein bißchen diktatorisch, und dadurch kommt das Provokatorische der Sendung sehr schön zum Vorschein.

Herzlichen Dank für Deine Mühe und

freundliche Grüße
Dein
A

Typoskript; Archiv des SWR; 19/12455.

1 Auf einen Vorschlag Hildesheimers vom 31. August hin, »etwas über London zu schreiben. Ein intimes Portrait mit Einblicken in verschiedene Gesellschaftssphären« (*Briefe*, S. 65), hatte Andersch am 4. September um einige Tage Bedenkzeit gebeten.

[13] Alfred Andersch an Wolfgang Hildesheimer

Alfred Andersch

Herrn
Wolfgang Hildesheimer
München 22
Widenmayerstr. 51

14. September 1956

Lieber Wolfgang,

hier geht die Mär um, Du habest in irgendeiner Rundfunk- oder Fernseh-Zeitschrift einen Artikel veröffentlicht, der besonders interessant sei[1]. Ich versuche nun seit Tagen herauszubekommen, wann und in welcher Zeitschrift jetzt etwas von Dir erschienen ist. Bisher blieb mein Bemühen ohne Erfolg. Bitte schreib mir doch, ob und wo in den letzten Monaten ein Artikel von Dir im Druck erschien.

Vielen Dank schon jetzt für Deine Auskunft und

Herzliche Grüße.
Dein
A

Typoskript; Archiv des SWR; 19/12455.

1 Wolfgang Hildesheimer, »Die falsch gestellten Weichen und der entgleiste hessische Rundfunk«, in: *Fernsehen* 4/1956, S. 264-268.

[14] Wolfgang Hildesheimer an Alfred Andersch

München 22,
Widenmayerstrasse 51,
19. September 1956

Herrn
Alfred Andersch
radio-essay
Süddeutscher Rundfunk
Stuttgart

Lieber Fred,

hier ist der gewünschte Artikel.[1] Er ist in der Zeitschrift ›Fernsehen‹ Heft 5, Mai, 1956 erschienen, im Auftrag dieser Zeitschrift. In anderen Blättern ›Zeit‹, ›Frankfurter Hefte‹, wurde er abgelehnt, im ersteren Falle, weil es schon zu spät sei, (um der Wahrheit die Ehre zu geben, es war damals wirklich nicht mehr ganz aktuell) in den FH[2], wie Guggenheimer[3] unverblümt zugab, weil da gewisse Erwägungen zu berücksichtigen seien.(!). Nun, gut. Der Aufsatz ist gut fundiert. Ich war argwöhnisch auch der Qualität des richterschen features gegenüber, aber es wurde mir bestätigt (Kreile, Heuser, Friedrich[4]), dass es sich hier tatsächlich um eine ausgezeichnete Arbeit handle.

Es ist schade, dass die Sache so untergegangen ist. Das einzige Resultat ist – wenn man von der Goetheplakette für Beckmann absieht[5] – Aufführungsverbot für mich im hessischen Rundfunk.[x] Aber das muss ich ihnen dort eigentlich als ihr gutes Recht zugestehen. Schliesslich darf man ja auch nicht die Wahrheit sagen. Übrigens soll dieser Lange[6] wirklich ziemlich zerknirscht gewesen sein, aber inzwischen wird er sich wieder entknirscht haben.

Herzliche Grüsse,

Dein
Wolfgang

ˣ [handschriftl.:] das habe ich aber nur gerüchtweise gehört. Ich glaube von Gerhard Prager.[7] Übrigens glaube ich, dass ausser Beckmann und Langer, es niemand gibt, der nicht auf meiner Seite ist.

Typoskript; Archiv des SWR; 19/12455. Dem Dokument liegt ein Typoskript des erwähnten Aufsatzes bei.

1 Vgl. Brief 13, Anm. 1. Unter dem Titel »Die falsch gestellten Weichen und der entgleiste hessische Rundfunk« geht Hildesheimer der Absetzung eines von Hans Werner Richter verfassten Fernseh-Features nach. Richter hatte unter dem Titel »Die Weichen sind falsch gestellt« Kritik am deutschen Gegenwartsfilm geübt. Ein Rundfunk-Feature zum gleichen Thema, ebenfalls abgesetzt, war bereits Gegenstand gerichtlicher Auseinandersetzungen mit »einer Filmgesellschaft« geworden. Beides hatte die Aufmerksamkeit der Öffentlichkeit auf sich gezogen. Anlass für Hildesheimers Wortmeldung bildete jedoch der einmalige Vorgang, dass der Intendant des Hessischen Rundfunks, Eberhard Beckmann (1905-1962), öffentlich das mangelnde Niveau der von Richter zur Anwendung gebrachten künstlerischen Mittel als Begründung für die Absetzung des Fernseh-Features bezeichnete. Programmdirektor Hans Joachim Lange sprang seinem Vorgesetzten zur Seite. Hildesheimer weist in seiner Wortmeldung nach, dass die weit fortgeschrittene Produktion des Fernseh-Features keineswegs, wie behauptet, »zum frühestmöglichen Zeitpunkt« gestoppt worden sei, dass Richters Manuskript wochenlang im Rundfunkhaus vorgelegen habe und anschließend wie üblich Bearbeiter, Schauspieler und Regisseur »fest verpflichtet worden« seien und dass der Intendant vielmehr im Begriff gestanden habe, »von einer deutschen Filmgesellschaft Filme zu kaufen, welche Vertragshandlung durch die Sendung eines gewiss nicht eben schmeichelhaften Features über den deutschen Film empfindlich behindert« worden wäre. Insbesondere übt Hildesheimer Kritik daran, dass Intendant und Programmdirektor »ziemlich kaltblütig einen Autor des Unvermögens beschuldigen« und damit in Kauf nehmen, ihn »auf diese Weise [zu] ruinieren« (zitiert nach dem Skript).

2 *Frankfurter Hefte*, gegründet 1946, herausgegeben von Walter Dirks und Eugen Kogon, vielbeachtetes liberales Periodikum der Nachkriegsjahre.

3 Walter Maria Guggenheimer (1903-1967), Schriftsteller und Journalist. Der Mitbegründer der Gruppe 47 war seit 1947 Redakteur der *Frankfurter Hefte*.

4 Alle drei Personen standen Richter nahe und waren auch Gäste auf den Tagungen der Gruppe 47. Reinhold Kreile (geb. 1929), Jurist, war als Musikjournalist u. a. für den hier betroffenen Hessischen Rundfunk tätig. Kurt Heuser (1903-1975) war ein Schriftsteller und Drehbuchautor. Heinz Friedrich (1922-2004), Mitbegründer der Gruppe 47, arbeitete als Redakteur beim Hessischen Rundfunk und war Alfred Anderschs Nachfolger als Leiter des dortigen Abendstudios.

5 Eberhard Beckmann (vgl. Anm. 1), seit 1946 Leiter des damaligen Radio Frankfurt und ab 1949 erster Intendant des Hessischen Rundfunks, wurde 1956 die Goetheplakette des Landes Hessen verliehen.

6 Vgl. Anm. 1.

7 Gerhard Prager (1920-1975), Schriftsteller und Dramaturg. Um 1950 sammelte er Erfahrungen beim Süddeutschen Rundfunk. 1956 war er Chefredakteur der Periodika *Kirche und Rundfunk* und *Kirche und Fernsehen*.

[15] Wolfgang Hildesheimer an Alfred Andersch

WOLFGANG HILDESHEIMER · DEVON HOUSE · POSCHIAVO

26. dezember 1957

herrn
alfred andersch
radio-essay
süddeutscher rundfunk
stuttgart

lieber fred,

bei dir brauche ich mich wahrscheinlich nicht dafür zu entschuldigen, dass ich klein schreibe. ich tue es, weil meine linke hand verletzt ist und ich sie ein paar tage nicht gebrauchen kann.

ich möchte dich hiermit fragen, ob du zunächst, anstatt des london-features[1] ein hörspiel von mir gebrauchen kannst. bitte missverstehe mich nicht: wenn nicht, schreibe ich jetzt das london-feature; es ist nur so, dass ich ein hörspiel im kopf habe, das ich jetzt lieber schreiben würde. Natürlich sollst du dich nicht festlegen[x], aber um dir einen anhaltspunkt zu geben, schicke ich dir mein neues theaterstück[2] ein, – von dem ich hoffe, dass es das schillertheater anstatt des alten[3] spielen wird. – leider habe ich nur noch eine rohe fassung, unkorrigiert, aber mehr ist auch augenblicklich nicht nötig. (könntest du es mir dann zurückschicken lassen?) ich schicke es dir deshalb, weil das hörspiel einige szenen des stückes übernimmt, nämlich diese mit dem glaser. es wird sich um ein ehepaar handeln, zu dem der glaser kommt, der die fenster mit undurchsichtigem glas verschliesst. Gleichzeitig kommt ein uhrenvertreter, der ihnen uhren – von armbanduhren bis zu grandfatherclocks – verkauft, die im raum mit zunehmender verdunkelung zu schlagen beginnen. dies die rohen grundzüge. der dialog ist rhythmisch, meist stychometrisch, manchmal in freie rhythmen mündend, (wie sie in dem stück, das ich dir schicke ›landschaft mit figuren‹ noch nicht richtig durchgearbeitet habe, ich meine in dieser rohfassung.)

selbstverständlich werde ich es niemand anbieten, bevor du dich entschieden hast. es kann, wenn du dich nicht für das feature entschliesst, in zwei bis drei wochen fertig sein. Allerdings ist es nicht das erste hörspiel dieser gattung. im februar kommt im sonderprogramm des bayer. rundf. und im dritten des ndr die hörspielfassung meines einakters ›pastorale‹, (der später in den ›akzenten‹ abgedruckt wird[4]). leider habe ich keinen durchschlag davon, aber vielleicht kannst du ihn mal hören. (du wolltest es damals schwitzkehalber[5] nicht haben.) da man wohl doch ein bischen angst davor hat,[6] spreche ich vorher eine kurze einleitung.

würdest du mir kurz schreiben, ob du interessiert bist?

mit herzlichen grüssen,

dein
Wolfgang Hildesheimer

x [handschriftl.:] damit meine ich, dass Du es nachher selbstverständlich immer noch ablehnen kannst.

P. S. Neben mir sitzt meine Stieftochter Christa[7] und liest mit Begeisterung ›Sansibar‹[8].

Typoskript; Archiv des SWR; 19/12459.

1 Vgl. Brief 12.
2 *Landschaft mit Figuren*, ersterschienen in Wolfgang Hildesheimer, *Spiele, in denen es dunkel wird*, Pfullingen: Neske 1958, S. 65-165.
3 Hildesheimer hatte kurz zuvor sein Stück *Die Herren der Welt*, das vom Schiller-Theater Berlin zur Aufführung angenommen worden war, zurückgezogen.
4 Die Hörspielfassung, produziert vom Bayerischen Rundfunk und vom Norddeutschen Rundfunk, wurde am 7. Februar 1958 ausgestrahlt. Die Theaterfassung erschien in *Akzente* 5/1958, S. 133-161.
5 Anspielung auf Heinz Schwitzke (1908-1991), der seit 1951 die Hörspielabteilung des NWDR leitete und auch als Verfasser hörspielhistorischer und -theoretischer Abhandlungen Einfluss übte, u. a. *Das Hörspiel. Dramaturgie und Geschichte*, München: List 1960. Schwitzke war wiederholt Gast auf den Tagungen der Gruppe 47.
6 Die gemutmaßte Furcht könnte sich auf den entschieden absurdistischen Charakter des Hörspiels beziehen.
7 Christa Geitner, geboren 1939.
8 Alfred Andersch, *Sansibar oder der letzte Grund*, Olten: Walter 1957.

[16] Alfred Andersch an Wolfgang Hildesheimer

Alfred Andersch

Herrn
Wolfgang Hildesheimer
Devon House
Poschiavo, Schweiz

8. Januar 1958

Lieber Wolfgang,

schönen Dank für Deinen Brief vom 26. Dezember. Ich habe ›Landschaft mit Figuren‹ gelesen und bin begeistert. Selbstverständlich bin ich damit einverstanden, daß Du uns nun zuerst einmal das Hörspiel lieferst (entschuldige die Diktion) und uns dafür priority gibst, was nicht heißen soll, daß wir nicht gemeinsam Erstsendung mit anderen Sendern machen, sodaß Du auf ein höheres Honorar kommst.

Ich beglückwünsche Dich wirklich sehr zu diesem neuen Stück. Halt mich bitte auf dem Laufenden, wann und wo die Premiere[1] sein wird. Wenn ich es irgend einrichten kann, fahre ich dazu hin. London brauchen wir ja deswegen nicht gänzlich in den Kamin zu schreiben.

Einfach aus Überbeschäftigung habe ich Dir noch nicht für Dein freundliches Urteil zu ›Sansibar‹ gedankt. Ich hoffe, gelegentlich bessere Bücher zu schreiben.

Wie fühlt Ihr, Du und Sylvia, Euch in Poschiavo? Heißenbüttel[2] liest gerade ›Landschaft mit Figuren‹. Wir schicken Dir das Manuskript in wenigen Tagen nach.

Nur dies für heute und herzliche Grüße.

Dein
A

Typoskript; Archiv des SWR; 19/12455.

1 Die Premiere von *Landschaft mit Figuren* fand statt am 29. September 1959 an der Tribüne Berlin (West); das Stück fiel durch.
2 Helmut Heißenbüttel (1921-1996) arbeitete als Kollege von Andersch beim Süddeutschen Rundfunk in Stuttgart. Vgl. auch den Briefwechsel zwischen Hildesheimer und Heißenbüttel in diesem Band.

[17] Wolfgang Hildesheimer an Alfred Andersch

WOLFGANG HILDESHEIMER · POSCHIAVO

10. Januar 1958

Herrn
Alfred Andersch
radio-essay
Süddeutscher Rundfunk
Stuttgart

Lieber Fred,

besten Dank für Deinen Brief. Das Hörspiel hättest Du schon, wenn mich nicht immer noch die Verletzung am Finger behindern würde. So geht es etwas langsamer. Aber es ist fertig, und die Reinschrift geht Dir Anfang der nächsten Woche zu. (Darf ich sie Dir dann ohne weiteres Kommentar senden?) Ich möchte mir dann lediglich noch vorbehalten, zwischen dann und der Produktion hier und dort vielleicht eine Verbesserung einzufügen. Manches fällt einem erst viel später ein. Selbstverständlich geht es an niemand anders, und Du hast die Priorität.

Es freut mich, dass Du mein Stück gut findest. Wann – ob? – es kommt weiss ich nicht, und ich lege meinen Freunden gegenüber Wert auf die folgende Feststellung: Das Berliner Schillertheater hatte für dieses Frühjahr mein Stück ›Die HERREN DER WELT‹ angesetzt. Dieses Stück habe ich aus Gründen, die man wohl ›künstlerisches Gewissen!‹ nennt, zurückgezogen,[1] da ich mit Dingen wie klassischer Dramaturgie nichts mehr zu tun haben möchte. (Dass der ›grüne Wagen‹[2] nun im

März doch noch eine Tournee mit der alten Version des ›Drachenthron‹[3] beginnt, konnte ich aus juristisch-technischen Gründen nicht verhindern.) Als Ersatz habe ich dem Schillertheater die LANDSCHAFT MIT FIGUREN anbieten lassen, aber, wohl aus Gründen fundamentaler Unsicherheit, haben sie sich dort bis jetzt noch nicht entschliessen können.

Erfreulich ist, dass Köln das neue Stück von Günther Grass spielt[4], ein ausgezeichnetes Stück!

Poschiavo ist ideal. Ich schlage vor, dass Ihr bei der nächsten Gelegenheit kommt. Wir können Euch sehr schön unterbringen. Ich arbeite mindestens doppelt so viel wie in München und beginne jetzt, eine Ausstellung meiner neuen Bilder vorzubereiten. Vielleicht nächstes Jahr.[5]

Mit herzlichen Grüssen,

Dein
Wolfgang

Typoskript; Archiv des SWR; 19/12459.

1 Vgl. Brief 15 sowie die dortige Anm. 3.
2 Ein traditionsreiches österreichisches Tourneetheater.
3 Das Drama *Der Drachenthron* war am 23. April 1955 unter der Regie von Gustaf Gründgens am Schauspielhaus Düsseldorf uraufgeführt worden. Hildesheimer hatte sich nach der Premiere noch 1955 um eine Neufassung des Stücks und eine Inszenierung unter der Regie von Fritz Kortner und der Mitwirkung von Elisabeth Bergner (vgl. in diesem Band S. 467-471) bemüht; diese Inszenierung kam nicht zustande. 1958 hatte ihn seine Hinwendung zur Dramatik des Absurden (vgl. auch den Briefwechsel mit Gerhard Szczesny in diesem Band) noch weiter vom *Drachenthron* entfernt.
4 Im März 1958 wurde Günter Grass' Drama *Onkel, Onkel* im Studio der Städtischen Bühnen Köln uraufgeführt.
5 Für die Jahre zwischen 1950 und 1965 ist keine Ausstellung Hildesheimers ermittelbar.

[18] Wolfgang Hildesheimer an Alfred Andersch

WOLFGANG HILDESHEIMER · POSCHIAVO

13. Januar 1958

Herrn
Alfred Andersch
radio-essay
Süddeutscher Rundfunk
Stuttgart

Lieber Fred,

hier ist das Hörspiel.[1] Hoffentlich gefällt es Dir so gut wie – ich kann es nicht leugnen – mir. Sonst geht es niemand zu, Du kannst nach Belieben disponieren. Natürlich wäre es schön, wenn noch jemand mitmachte.

Später – nach der Sendung – würde ich es eventuell gern dem MERKUR zum Abdruck geben. TuZ[2] existiert ja nun leider nicht mehr, und AKZENTE bringt schon demnächst die Bühnenversion des Hörspiels ›Pastorale‹[3]. Übrigens wird das soeben in München produziert[4] (Schröder-Jahn![5]) und ich bin sehr gespannt darauf, weil es schwieriger ist als die ›Uhren‹[6], (ich meine für den Regisseur, n i c h t für den Hörer.)

Nun hätte ich noch eine grosse Bitte. Es war mir leider nicht mehr möglich, die letzte Nummer der TuZ hier zu bekommen. Mir liegt sehr viel an der Vollständigkeit der Jahrgänge. Könntest Du mir einen Tip geben, wie ich das Heft noch erwerben könnte, eventuell durch den Verlag? Ich wäre Dir sehr dankbar.

Wir spielen mit dem Gedanken, im März nach Cornwall zu fahren, weil ich gern grau-grüne seascapes malen möchte. Dann kommen wir über Stuttgart, und würden uns sehr freuen, Gisela[7] und Dich zu sehen, vor allem auch Giselas neue Bilder, weil ich mich für die Literatur augenblicklich weniger interessiere. Seid ihr dann da?

Mit herzlichen Grüssen, auch an Heissenbüttel[8],

Dein
Wolfgang

PS. Soeben stelle ich – bei der letzten Korrektur – fest, dass das Hörspiel sehr kurz ist, ich schätze es höchstens auf fünfzig Minuten, vielleicht sogar weniger. Aber länger wäre es nicht möglich, ganz abgesehen davon, dass es mit dieserart spontanen ›Eingebungen‹ eben so ist, dass man daran später nicht mehr laborieren kann, – wenn es aus ist, ist es aus.[9]

Hoffentlich bringt Dich nun dieser Umstand nicht in Schwierigkeiten. Wenn ich Dir – damit die Zeit ausgefüllt ist – mit einem Prosastück unter die Arme greifen soll, lass es mich wissen. Dieser Tage wird ein schönes fertig, etwa 5 Seiten. Es handelt von einigen Köchen, die einen Brei verderben.[10] – Selbstverständlich bekämst Du es ohne Aufschlag und mit der Verpflichtung, es vorher nicht zu veröffentlichen.

W.

[handschriftl. Zusatz:] Eben ruft Schröder-Jahn aus München an. Er kommt wahrscheinlich nächste Woche nach Lugano, um bei meiner Lesung der Einleitung zu »Pastorale« Regie zu führen, die wir dort aufnehmen wollen. Soll ich ihm einen Durchschlag des Hörspiels zeigen? Oder nimmst Du einen Anderen?

Anlage im Manuskript: »Die Uhren«

Typoskript; Archiv des SWR; 19/12459.

1 *Die Uhren* (ungedruckt).
2 *Texte und Zeichen*, von Alfred Andersch herausgegebene Literaturzeitschrift, die von 1955 bis 1957 erschien und vorzugsweise Texte der deutschsprachigen sowie der internationalen Moderne zum Abdruck brachte.
3 Vgl. Brief 15, Anm. 4.
4 Vgl. ebd.
5 Fritz Schröder-Jahn (1908-1980), Schauspielregisseur am NWDR, später NDR Hamburg.
6 Das Hörspiel *Die Uhren* wurde vom Süddeutschen Rundfunk unter der Regie von Gert Westphal am 30. Mai 1958 ausgestrahlt.

7 Gisela Andersch (1913-1987), Malerin. Sie war Alfred Anderschs zweite Ehefrau, sie hatten 1950 geheiratet.

8 Vgl. Brief 16, Anm. 2.

9 Verschiedenen Briefpartnern gegenüber schilderte Hildesheimer die besondere Weise, auf die diese Dramen entstanden seien. Ingeborg Bachmann schrieb er von einem »Rausch [...], während dessen Dauer ich nichts anderes so recht wahrgenommen habe« (*Briefe*, S. 97). Vgl. auch Brief 21.

10 Wolfgang Hildesheimer, »Der Brei auf unserem Herd«, ersterschienen in: *Akzente* 5/1958, S. 482-492.

[19] Wolfgang Hildesheimer an Alfred Andersch

WOLFGANG HILDESHEIMER · POSCHIAVO

14. Januar [1958]

Herrn
Alfred Andersch
Radio-essay
Süddeutscher Rundfunk
Stuttgart

Lieber Fred,

ich beschäftige mich immer noch mit den »Uhren«[1]. Es kommt mir jetzt vor, als sei die allerletzte Abwicklung – nur auf den letzten beiden Seiten – doch ein wenig zu jäh, zu zäsurenlos, daran werde ich nochmals arbeiten, (wenn Du meiner Meinung bist). Da es aber wohl auf den Tag nicht eilt, warte ich auf einen Brief von Dir, vielleicht hast Du auch noch einen Vorschlag. –

Schreib' mir, ob Du noch eine Geschichte dazu willst, falls das Hörspiel zu kurz ist. Wie gesagt, sie wäre im Preis inbegriffen, allerdings, das Lesehonorar würde ich beanspruchen.

Mit herzlichen Grüssen
Dein
Wolfgang

Typoskript; Archiv des SWR; 19/12459.

1 Vgl. Brief 18.

[20] Alfred Andersch an Wolfgang Hildesheimer

Alfred Andersch

Herrn
Wolfgang Hildesheimer
Poschiavo/Schweiz

17. Januar 1958

Lieber Wolfgang,

eine ganz besondere Besonderheit Deines Talents (Deiner Begabung, Deines Genies) liegt in dem, was man mit Léon Bloy als eine »Exegese der Gemeinplätze«[1] bezeichnen könnte. In »Die Uhren« kommt jedenfalls das wieder sehr stark heraus. Es ist ein wunderbares Stück, zwingend in der antirationalistischen Rationalität, auf die Du Dich offenbar immer mehr einläßt. Vergnügen ist gar kein Ausdruck für die Gefühle, mit dem wir es unserem, dank unseren Bemühungen immer hochgestochener werdenden Publikum servieren werden.

Ich bin mit Dir der Meinung, daß die beiden letzten Seiten ein wenig ausführlicher ausgeführt werden sollten. Es kann nicht schaden, wenn die Hörer es ziemlich genau gesagt kriegen, daß die beiden Hauptfiguren, von der Gegenwart verlassen, sich in einem Wald irrelevanter Zeitbeziehungen verlieren.

Nicht ganz klar bin ich mir über die Funktion der beiden Lieder auf S. 21. Aber vielleicht werde ich noch dahinter kommen. Ich habe das Manuskript ja erst einmal gelesen. Also jedenfalls schönen Dank für diesen ausgezeichneten Programmbeitrag.

Vorgestern telefonierte ich mit Schmitthenner[2], der sein starkes Interesse an einer Gemeinschaftsproduktion anmeldete. Ich habe ihm das auch ohne weiteres zugesagt und werde es noch einmal schriftlich bestätigen, vorausgesetzt, daß die Produktion selbst bei uns bleibt. Die Inszenierung wird von Irmfried Wilimzig[3] besorgt werden. Schröder-Jahn können wir dafür nicht nehmen, denn wir haben ihn in der letzten Zeit schon sehr stark beschäftigt und ich garantiere Dir eine ebenso qualitätvolle Produktion, wie wenn Schröder-Jahn sie machte.

Außerdem noch folgendes: der eigentlich zuständige Redakteur dafür ist Helmut Heißenbüttel, in dessen Programm ja die Studio-Hörspiele fallen. Er wird also die weitere Korrespondenz dieses Hörspiel betreffend führen.

A propos Cornwall: ich wäre sehr damit einverstanden, wenn Du Deinen Plan, einen London-Bericht zu schreiben, in einen Cornwall-Bericht verändern wolltest. Das wäre doch sehr hübsch, und Du kannst das ruhig ein bißchen auf die Hildesheimerweis' tun, also Cornwall surreal.[4]

Ich würde mich freuen, Dich nach Ostern in Stuttgart zu sehen. Ob wir in absehbarer Zeit nach Poschiavo kommen, steht dahin. Wir haben schon seit einiger Zeit ein kleines Häuschen in Berzona, Valle Onsernone, Tessin, und teilen uns die Zeit so zwischen Stuttgart und diesem Refugium ein.

Ich bin momentan an einem neuen kleinen Roman.[5]

So long und laß bald wieder von Dir hören.
Dir und Sylvia herzliche Grüße!

Dein
A

Typoskript; Archiv des SWR; 19/12459.

1 Léon Bloy (1846-1917), französischer Schriftsteller und Philosoph, Verfasser des Buches *Exegèse des lieux communs*, ersterschienen in Paris 1902. Eine deutschsprachige Ausgabe unter dem Titel *Exegese der Gemeinplätze* erschien in Wien 1949.

2 Hansjörg Schmitthenner (1908-1993), Schriftsteller und Dramaturg, Leiter der Hörspielabteilung des Bayerischen Rundfunks. Vgl. auch den Briefwechsel zwischen Schmitthenner und Hildesheimer in diesem Band.

3 Irmfried Wilimzig (1907-?), Regisseur beim Hessischen und beim Süddeutschen Rundfunk. Mit Alfred Andersch verband Wilimzig eine gemeinsam verbrachte Internierungszeit im US-amerikanischen Kriegsgefangenenlager Fort Hunt. Vgl. dazu Felix Römer, »Literarische Vergangenheitsbewältigung – Alfred Andersch und seine Gesinnungsgenossen im amerikanischen Vernehmungslager Fort Hunt«, in: Döring, Joch (Hg.), *Alfred Andersch* revisited, S. 153-188, bes. S. 179-183.

4 Anderschs Bemerkung antizipiert bereits Wolfgang Hildesheimers *Zeiten in Cornwall* (Wolfgang Hildesheimer, *Zeiten in Cornwall*, Frankfurt am Main: Suhrkamp 1971), deren Darstellungsweise zwar nicht als surreal zu bezeichnen ist, die aber die subjektgeschichtliche Bedeutung, die Hildesheimers Zuwendung zum Surrealismus während seiner Aufenthalte in Cornwall Ende der 30-Jahre und 1946 zeigte, eindrücklich thematisiert. Dem Buch von 1971 gingen mehrere Versionen voraus, darunter das Manuskript einer Lesung im Bayerischen Rundfunk 1965.

5 Wahrscheinlich Alfred Andersch, *Die Rote*, Olten: Walter 1960.

[21] Wolfgang Hildesheimer an Alfred Andersch

WOLFGANG HILDESHEIMER · POSCHIAVO

20. Januar [1958]

Herrn
Alfred Andersch
radio-essay
Süddeutscher Rundfunk
Stuttgart

Lieber Fred,

besten Dank für Deinen Brief. Dass Dir das Hörspiel gefällt, freut mich.

1. ich glaube, die verbesserten Seiten klären einiges. Ich werde auch, nach einem vierzehntägigen Abstand, das Ganze noch einmal stilistisch durchgehen und dann die endgültige Version einschicken. Das tue ich immer bei Hörspielen, und es zeigt sich, dass sich manche kleinen Dinge noch klären. Die beiden

Lieder auf Seite 21. Ich kann dazu leider auch nichts sagen. Diese Arbeit, wie auch das ›Pastorale‹ und die ›Landschaft mit Figuren‹ sind so spontan geschrieben – fast nach surrealistischer Methodik – dass ich völlig ratlos bin, wenn ich später ein Detail erklären soll. Die Lieder, denke ich mir, stellen wohl das nonplus-ultra des lustigen Lied-klischees dar, und mir schien, dass sie in Rhythmus und Athmosphaere so echt sind, dass, wenn man nicht genau hinhört, sie für Volkslied, bezw. Marsch der Bundeswehr halten könnte. Aber falls Du oder Heissenbüttel es geändert haben möchtet, dann tue ich das selbstverständlich. –

2. Wilimzig, ausgezeichnet. Ist mir in bester Erinnerung aus den Zeiten von »Wer waren die Iden des März«.[1]

3. Cornwall. Mit allergrösstem Vergnügen würde – und werde – ich für Dich darüber schreiben, aber leider ist der Plan noch nicht fest. Ich kämpfe gerade ein Rückzugsgefecht mit meinem Verlag[2] und dem Schillertheater[3], und wenn man wirklich auf dem Vertrag besteht, muss ich doch noch nach Berlin, um die ›Herren der Welt‹ für April im Schlossparktheater (und gleichzeitig Thalia-theater, Hamburg) bühnenfertig zu machen. Ich will nicht mehr, aber wenn ich muss, dann ist es mit Cornwall fürs erste Essig. (Und zwischen mir und meinem Verlag ists dann aus, so hat es auch wieder seine guten Seiten.)

4. Wir hoffen, Euch in Stuttgart zu sehen, sonst: wann seid ihr in Berzona?

Ich schätze die Entfernung von hier auf 4 Stunden, allerdings bei hohem Schnee – wie jetzt – mehr. Vielleicht im späten Frühling?

Mit den besten Wünschen für Deinen Roman und herzlichen Grüssen von uns Beiden an Gisela und Dich,

Dein
Wolfgang

Typoskript; Archiv des SWR; 19/12459.

1 Nicht nachgewiesen.
2 Hildesheimer war mit der Betreuung durch den Verlag Kurt Desch unzufrieden; 1960 wechselte er zum Suhrkamp Verlag.
3 Vgl. Brief 15 und die dortige Anm. 3.

GERHARD SZCZESNY

»Dennoch danke ich Ihnen für Ihre Sorge, und lassen Sie sich nicht abhalten, mir auch in Zukunft diese Sorgen mitzuteilen, und selbstverständlich schließe ich die Möglichkeit nicht aus, daß Sie recht und ich unrecht habe.« In diesen Zeilen Wolfgang Hildesheimers (5. Dezember 1957) kommt die Quintessenz der Korrespondenz mit Gerhard Szczesny zum Ausdruck: beider Bereitschaft zu einer rückhaltlosen Diskussion auf Augenhöhe.

Gerhard Szczesny (31. Juli 1918 Sallewen, Ostpreußen – 27. Oktober 2002 München) studierte in Berlin und München Philosophie, Literaturgeschichte und Publizistik und beendete 1941 seine akademische Laufbahn mit der Promotion. 1941 wurde er zum Wehrdienst eingezogen und diente bis 1945 in der Wehrmacht. Als Fahnenjunker wurde er an der Ostfront eingesetzt; die Offiziersausbildung, für die er im Herbst 1943 wieder nach Deutschland geschickt wurde, beendete er aufgrund von mangelnder »Anpassungsfähigkeit« jedoch nicht.[1] Nach Kriegsende kehrte er nach München zurück und begann 1947 beim Bayerischen Rundfunk, zu dieser Zeit unter der Leitung der amerikanischen Besatzungsbehörden. 1951 nahm er auf Einladung der Alliierten an einer Studienreise in die USA zum Thema Radio als pädagogisches Lehrmittel teil.[2] Szczesny begründete 1948 mit dem »Nachtstudio« das Kulturprogramm des Bayerischen Rundfunks. Er zählte neben Alfred Andersch zu den bekanntesten Nachtstudioleitern der frühen Bundesrepublik, zumal er durch seine offen linksliberale und atheistische Position oftmals von konservativen und kirchlichen Kreisen kritisiert wurde. Das »Nachtstudio«, das Szczesny 1957 zum Sonderprogramm ausbaute, erreichte trotz später Sendezeit und des angesprochenen Fachpublikums eine breite Öffentlichkeit. Bis 1961 war Szczesny Leiter des Sonderprogramms, kündigte jedoch nach einem Konflikt mit dem Intendanten Wallenreiter, der die Sendung eines Essays des polnischen Philosophen Leszek Kołakowski untersagte. Dieser Vorfall und die Kündigung Szczesnys erregten großes Aufsehen und gingen als der »Fall Szczesny« in die Rundfunkgeschichte ein.[3] 1961 gründete Szczesny die Humanistische Union, eine linksliberale Bürgerinitiative. Nach seinem Abschied vom Bayerischen Rundfunk arbeitete er noch jahrelang in dem von ihm gegründeten Gerhard Szczesny Verlag und als freier Schriftsteller.

Hildesheimer und Szczesny trafen erstmals spätestens bei der 9. Tagung der Gruppe 47 im Oktober 1951 in Laufenmühle bei Ulm aufeinander. Im Briefwechsel mit Wolfgang Hildesheimer zeigt sich Szczesny als kritischer und aufmerksamer Leser der Manuskripte Hildesheimers, der als freier Autor für das Sonderprogramm arbeitete. Ihre Korrespondenz verdeutlicht eine persönliche, freundschaftliche Beziehung, die auf gegenseitiger Wertschätzung beruhte. Auch außerhalb des Bayerischen Rundfunks ergaben sich viele Begegnungen: Nicht nur auf Tagungen der Gruppe 47, sondern auch auf Einladung Hildesheimers in Poschiavo. In Szczesny fand Hildesheimer einen Gesprächspartner, der seine Meinung offen zum Ausdruck brachte. So wird im Briefwechsel bezüglich seines Hörspiels *Pastorale* deutlich, dass Hildesheimer auch Szczesnys »mahnende« (vgl. Brief vom 5. Dezember 1957) Briefe ernst nahm. Der Surrealismus bildet in der vorliegenden Auswahl aus Hildesheimers und Szczesnys Briefwechsel einen thematischen Schwerpunkt. Die briefliche Auseinandersetzung mit Szczesny gipfelt in Hildesheimers Bekenntnis im Brief vom 5. Dezember 1957, dass er zu seinen literarischen Einflüssen nicht Ionesco zähle, sondern Samuel Beckett, Ilse Aichinger, James Joyce »und last but not least, die Psychoanalyse«.

In mehreren Briefen äußert Szczesny seine Skepsis gegenüber Hildesheimers Art, surrealistische Hörspiele zu schreiben, und gibt kritisch zu bedenken, dass der Schriftsteller solche Stücke zu »seiner eigenen Erholung und zur Erholung der Hörer zwischendurch einmal schreiben«, aber »nicht seine literarische Produktion damit bestreiten« (7. März 1958) könne. Hildesheimer äußerte daraufhin den Wunsch, diese Thematik im Gespräch fortzuführen.

Gleichzeitig wird deutlich, wie offen Szczesny als Leiter des Sonderprogramms mit Themenvorschlägen seitens der Autoren umging und in welchem Rahmen er Hildesheimer Freiräume eröffnete. Eine besondere Stellung nimmt dabei Hildesheimers Mitarbeit an den »Marginalien«[4] ein, die in der aktuellen Rundfunkforschung als »legendär«[5] gelten.

Der Briefwechsel ermöglicht einen Einblick in die Diskussion zweier Intellektueller, die den Rundfunk der 1950er- und 1960er-Jahre in unterschiedlichen Rollen prägten. Er dokumentiert eine Phase, in welcher der Rundfunk eine führende Stellung in der Medienlandschaft einnahm und Redakteur und Autor in einer konstruktiven Beziehung zueinander standen. Hildesheimers Arbeit für den Bayerischen Rundfunk endete nicht mit dem Abschied Szczesnys, aber in den nachfolgenden Briefwechseln mit Redakteuren dieser Rundfunkanstalt findet keine vergleichbar intensive Auseinandersetzung mehr statt, sodass dieser Briefwechsel eine Ausnahme darstellt. Die Zeiten – und mit ihnen die Funktion und die Stellung des Rundfunks – hatten sich verändert.

1 Vgl. Jürgen Reulecke, »Gerhard Szczesny«, in: Barbara Stambolis (Hg.), *Jugendbewegt geprägt: Essays zu autobiographischen Texten von Werner Heisenberg, Robert Jungk und vielen anderen*, Göttingen: V&R Unipress 2013, S. 689-700, hier: S. 695.

2 Vgl. Ellen Latzin, »Bayerische Radioexperten entdecken Amerika. Das Kulturaustauschprogramm der Vereinigten Staaten von Amerika (1948 bis 1955/60)«, in: Markus Behmer und Bettina Hasselbring (Hg.), *Radiotage, Fernsehjahre. Interdisziplinäre Studien zur Rundfunkgeschichte nach 1945*, Münster: Lit Verlag 2006, S. 253-266, hier: S. 256.

3 Eine ausführliche Beschreibung dieses Vorfalls, der Folgen und Hintergründe, nimmt Sabine Korsukéwitz in ihrer Dissertation vor. Vgl. dies., *Der Fall Szczesny* (Diss.), Berlin 1979.

4 »Auf den zweiten Blick. Marginalien«, Sendung des Sonderprogramms des Bayerischen Rundfunks. Hildesheimer schrieb »Marginalien« für den BR in den Jahren 1959-1961; vgl. auch GW VII, S. 583-620.

5 Vgl. Monika Boll, »radiogebildet. Zur Geschichte des Nachtstudios im Bayerischen Rundfunk 1948-1970«. Stand: 1. Januar 2011. http://www.br.de/radio/bayern2/kultur/nachtstudio/nachtstudio/geschichte/index.html [zuletzt abgerufen am 20. Januar 2015].

[1] Wolfgang Hildesheimer an Gerhard Szczesny

WOLFGANG HILDESHEIMER · DEVON HOUSE · POSCHIAVO

30. Oktober 1957

Herrn
Dr. Gerhard Szczesny
Sonderprogramm
Bayerischer Rundfunk
München

Lieber Herr Doktor Szczesny,

ich möchte für Sie eine Arbeit über den wiederbelebten Surrealismus schreiben, wie er sich vor allem in der neuen Dramatik offenbart.
Ich bin nämlich anhand meiner Umarbeitung des neuen Theaterstückes[1] zu einigen funkelnagelneuen Theorien gelangt, – um nicht zu sagen ›Erkenntnissen!‹ – die es auszuarbeiten gilt. Dabei möchte ich natürlich auch auf den ›klassischen Surrealismus‹ eingehen, sowohl in Malerei als in Dichtung, seine Nachzügler entlarven, nämlich die ›surrealistischen Romantiker‹, und dann ausführlichst die Methoden von Ionesco und vor allem Beckett untersuchen, die ich beide für legitime Neuerer halte. Hier lässt sich sogar ein genaues Arbeitsschema nachvollziehen. (Ich sage absichtlich ›nachvollziehen‹, denn ich habe es nicht nur theoretisch untersucht sondern bin dem Zwang dieser Methode unterlegen, spreche daher aus Erfahrung.)

Wie wäre das? Wenn Sie die Idee für gut halten, könnte ich im Lauf des Dezember mit der Arbeit anfangen, vorausgesetzt, dass Sie mir

a) einen Vorschuss zahlen
b) noch etwa eine Woche Bedenkzeit geben, und zwar aus dem

folgenden Grunde: ich habe für den NDR und den Bayer. Rundf. ein neues Hörspiel[2] geschrieben, das ziemlich heikel ist. Ich halte es für möglich, dass Herr Schmitthenner[3] und Herr

Doktor Schwitzke[4] es für unsendbar halten und ablehnen. In diesem Fall muss ich, um dem Auftrag nachzukommen, ein neues Hörspiel für diese Gemeinschaftsredaktion schreiben, und das ginge auf Kosten der Arbeitszeit. Dann geht es vorläufig nicht.

Ich würde aber vorschlagen, dass Sie sich das Hörspiel – zu dem ich übrigens noch kleine Änderungen zu machen habe – einmal ansehen. Denn ich gedachte, es bei Ablehnung Andersch[5] anzubieten, und vielleicht würden Sie mitmachen? Es liegt bei Herrn Schmitthenner, heisst ›Pastorale‹, aber der Titel täuscht.

Schreiben Sie mir?

Mit herzlichen Grüssen bin ich
Ihr
Wolfgang Hildesheimer

Typoskript; Historisches Archiv des Bayerischen Rundfunks; AZ: 154, Nr. HF 6201.2 (A-L).

1 Es handelt sich entweder um *Herren der Welt* oder um *Pastorale*.
2 *Pastorale oder die Zeit für Kakao*, Erstsendung: Bayerischer Rundfunk (7. Februar 1958)/Norddeutscher Rundfunk (14. Februar 1958), Regie: Fritz Schröder-Jahn.
3 Hansjörg Schmitthenner (1908-1993), Dramaturg und Leiter der Hörspielabteilung des Bayerischen Rundfunks; siehe zu Hansjörg Schmitthenner auch S. 368-378 in diesem Band.
4 Heinz Schwitzke (1908-1991), Leiter der Hörspielabteilung des Norddeutschen Rundfunks.
5 Alfred Andersch (1914-1980) arbeitete zu diesem Zeitpunkt für den Süddeutschen Rundfunk; siehe zu Alfred Andersch auch S. 38-77 in diesem Band.

[2] Gerhard Szczesny an Wolfgang Hildesheimer

Herrn
Wolfgang Hildesheimer
Devon House
Poschiavo (Gr.) Sonderprogramm
(Schweiz)

7. November 1957

Lieber Herr Hildesheimer!

Schönen Dank für Ihren Brief vom 30. Oktober. Mit Ihrem Vorschlag, etwas über den Surrealismus zu schreiben, bin ich einverstanden. Wir haben zwar die sehr gute Sendung von Enzensberger über die neue französische Dramatik[1], die bei Andersch gelaufen ist, wiederholt, aber es handelte sich bei dieser Sendung eigentlich nur um die Vorstellung dieser neuen Gattung, nicht aber um den Versuch einer Interpretation. Ich nehme an, dass Sie in der Sendung verhältnismässig ausführliche Beispiele aus den diesbezüglichen Werken bringen werden und würde sagen, dass die Sendung unter diesen Umständen dann 60-70 Minuten lang sein könnte. Wenn Ihnen jedoch mehr ein Essay vorschwebt, mit gar keinen oder nur sehr sparsamen Beispielen, sollte er nicht länger als 40 Minuten sein.

Bitte schreiben Sie mir noch in Kürze, auf welche Art und Länge Sie das Manuskript anlegen wollen. Ich werde Ihnen dann gleich die Hälfte des Honorars als Vorauszahlung überweisen lassen.

Das Hörspiel, das bei Herrn Schmitthenner liegt, werde ich mir ansehen und Ihnen meine Meinung dazu schreiben.

Herzliche Grüsse, auch an die verehrte
Frau Gemahlin,

Ihr

Typoskript; Historisches Archiv des Bayerischen Rundfunks; AZ: 154, Nr. HF 6201.2 (A-L).

1 Nicht ermittelbar.

[3] Wolfgang Hildesheimer an Gerhard Szczesny

WOLFGANG HILDESHEIMER · DEVON HOUSE · POSCHIAVO

9. November [1957]

Herrn
Dr. Gerhard Szczesny
Sonderprogramm
Bayerischer Rundfunk
München

Lieber Herr Doktor Szczesny,

besten Dank für Ihren Brief. Inzwischen ergab sich gestern in einem Telefongespräch mit Herrn Schmitthenner, dass er Ihnen ohnehin mein neues Hörspiel[1] anbieten will. Sowohl er als auch Herr Dr. Schwitzke (NDR-Gemeinschaftsproduktion) sind sehr eingenommen davon, halten das Stück aber – mit Recht – für eine Sonderprogrammsache. Auch im NDR wird es im dritten Programm kommen.

Nun habe ich vor, eine zehnminutenlange Einleitung dazu zu sprechen – auch das wurde von den Herren begrüsst, – in welcher ich, auf völlig unakademische Weise, meine persönliche Anwendung der neuen Dramatik erkläre. Das würde sich zwar nicht mit dem geplanten Essay überschneiden, aber die Frage ist, ob Sie das direkt vor oder nach dem Hörspiel bringen wollen.

Ich selbst möchte die Sache sehr gern schreiben, und zwar als Essay, ohne Beispiele, nur mit Einflechtung von ein paar Sätzen aus den besprochenen Werken, etwa 40 Minuten, etwa unter dem Titel ›Die Mentalität des Surrealisten‹, es ist quasi ein Angebot, diese Mentalität einmal nachzuvollziehen.

Einen Vorschuss hätte ich dann in diesem Fall gern, aber ich kann Ihnen jetzt noch nicht genau sagen, wann ich damit anfangen kann, jedenfalls nicht vor Januar. Denn ich muss mir noch einiges Material besorgen, und zwar aus England.

Ich würde Sie übrigens bitten, nun mit dem Lesen des Hörspiels noch ein paar Tage zu warten, da ich es noch einmal überarbeitet habe und die Neufassung erst Montag an Schmitthenner schicken kann. Ich selbst halte es, wie gesagt, für das Beste, was ich geschrieben habe.

Herzliche Grüsse, Ihr
Wolfgang Hildesheimer

Typoskript; Historisches Archiv des Bayerischen Rundfunks; AZ: 154, Nr. HF 6201.2 (A-L).

1 *Pastorale oder die Zeit für Kakao*, vgl. Brief 1, Anm. 2.

[4] Gerhard Szczesny an Wolfgang Hildesheimer

3. Dezember 1957

Lieber Herr Hildesheimer!
Ich habe gerade Ihr Hörspiel »Die Zeit für Kakao«[1] gelesen. Wie Ihnen wahrscheinlich Herr Schmitthenner inzwischen mitgeteilt hat, werden wir es in einer Gemeinschaftsproduktion mit dem NDR Hamburg im Sonderprogramm bringen. Der Anlaß meines Briefes ist folgender: ich habe nach der Lektüre Ihrer letzten Arbeit den Eindruck, daß Sie in eine Sackgasse hineinmarschieren. Die Stücke von Ionesco und Audiberti[2] finde ich großartig, aber ihre Stärke scheint mir darin zu liegen, daß sie von einer normalen alltäglichen Situation ausgehend aus dieser Alltäglichkeit heraus die Absurdität der menschlichen Existenz deutlich machen. Ihr Versuch, bereits in der Ausgangssituation das Tragikomische darzustellen, bewirkt meines

Erachtens eine Minderung Ihrer dramatischen Absichten. Denn diese Situation ist nur komisch und witzig und trifft nicht jene Dimension, die die Lektüre der neuen surrealistischen Stücke bei aller Komik so beklemmend macht.

Hoffentlich habe ich einigermaßen deutlich gemacht, was ich meine. Leider reicht meine Zeit im Augenblick nicht, um Ihnen ausführlich zu schreiben. Aber weil ich Sie als Autor außerordentlich schätze, hielt ich es doch für meine Pflicht, Ihnen meinen Eindruck in aller Kürze mitzuteilen. Dies um so mehr, als Sie selbst der Meinung sind, daß es sich bei »Zeit für Kakao« um Ihr bestes Stück handle.

Mit herzlichen Grüßen, auch an die Frau Gemahlin,

Ihr

Typoskript; Historisches Archiv des Bayerischen Rundfunks; AZ: 154, Nr. HF 6201.2 (A-L); auch abgedruckt in: *Briefe*, S. 72-73.

1 *Pastorale oder die Zeit für Kakao*, vgl. Brief 1, Anm. 2.
2 Jacques Audiberti (1899-1965), französischer Dramatiker.

[5] Wolfgang Hildesheimer an Gerhard Szczesny

[Poschiavo,] 5. Dezember 1957

Lieber Herr Doktor Szczesny,
herzlichen Dank für Ihren mahnenden Brief. Inzwischen halte ich »Die Zeit für Kakao« nicht mehr für mein bestes Stück, sondern ein neues, das ich seitdem geschrieben habe, betitelt »Landschaft mit Figuren«[1]. Es ist in zwei Teilen, und ich werde es Ihnen demnächst schicken, mit der Frage ob Sie sich für eine Hörspielkondensation interessieren.

Ich habe das Stück für das Schillertheater Berlin geschrieben, als Ersatz für die bereits im Spielplan eingesetzten »Herren der Welt«[2], die ich zurückzuziehen beabsichtige, da ich diese –

herkömmliche – Art des Theaters nicht mehr weiter zu betreiben gedenke. Auf jeden Fall wäre ich Ihnen – auch wenn Sie sich nicht dafür interessieren – für Ihre Meinung dankbar.

Ich glaube nicht, dass ich in einer Sackgasse bin. Der Surrealismus ist mir seit meiner Akademiezeit geläufig und hat mich von je als Ausdrucksmittel überzeugt. Meine Einflüsse sind nicht Audiberti, den ich nicht kenne, oder Ionesco, von dem ich nur die »Stühle«[3] kenne und sehr schätze. Sondern Beckett, der mir gezeigt hat, wie weit man gehen kann, Ilse Aichinger, von der ich gelernt habe, wie man Dialoge schreiben kann, und Joyce, bei dem ich die sprachliche Assoziation gelernt habe, und last but not least, die Psychoanalyse. In meinem neuen Stück ist die Ausgangssituation ganz alltäglich. Ich habe sie zwei meiner eigenen Kurzgeschichten entnommen, und es hat mit ihnen gemein, daß es sich um eine Situation handelt – und nicht wie beim veralteten Theater um einen Stoff, – die sich im Laufe des Geschehens verschärft. Sie werden ja sehen, und ich bin auf Ihren Eindruck gespannt.

Bei der Zeit für Kakao kam es mir vor allem auf die Sprache an. Schwitzke hat es das »Zerstampfen der Sprache im Mörser« genannt. Und ich finde immer noch, daß mir darin Sprache und Rhythmus geglückt sind. – Dennoch danke ich Ihnen für Ihre Sorge, und lassen Sie sich nicht abhalten, mir auch in Zukunft diese Sorgen mitzuteilen, und selbstverständlich schließe ich die Möglichkeit nicht aus, daß Sie recht und ich unrecht habe. Bei derartig spontanen Arbeiten, die man in wenigen Stunden schreibt, ist der Verstand naturgemäß ein wenig ausgeschaltet.

Mit herzlichen Grüßen bin ich

Ihr

Wolfgang Hildesheimer

6. Dezember

Inzwischen habe ich Ihren Einwand ›überschlafen‹ und komme zu der Ansicht, daß Sie sich an dem pastoralen Milieu gestoßen haben. Hätte ich das ganze nicht auf einer Wiese sondern im großen Salon beim Herrn Präsidenten stattfinden lassen, wo man sich einmal die Woche zur Kammermusik trifft, so wäre die Ausgangssituation wirklichkeitsnäher und tendenziöser gewesen. Vielleicht aber sollte auch die Einführung wegfallen? Was meinen Sie?

Herzlichst
W. H.

Typoskript; Historisches Archiv des Bayerischen Rundfunks; AZ: 154, Nr. HF 6201.2 (A-L); auch abgedruckt in: *Briefe*, S. 73-74.

1 *Landschaft mit Figuren*, Uraufführung: Tribüne Berlin (West), 29. September 1959, Regie: Hermann Herrey. Vgl. in: Wolfgang Hildesheimer, *Spiele, in denen es dunkel wird*, Pfullingen: Neske 1958, S. 65-165.
2 Dieses Theaterstück wurde von Hildesheimer zurückgezogen und nicht aufgeführt.
3 Eugène Ionesco, *Die Stühle* (frz. Originaltitel: *Les Chaises*), französische Uraufführung am 22. April 1952 in Paris.

[6] Wolfgang Hildesheimer an Gerhard Szczesny

Poschiavo, 6. Januar [1958]

Herrn
Dr. G. Szczesny
Sonderprogramm
Bayerischer Rundfunk
München

Lieber Herr Doktor Szczesny,

ich hoffe inständigst, dass Sie dieser Brief nicht erbost. Aber es bleibt mir nichts übrig, als es darauf ankommen zu lassen. Ich kann die Sache über ›Die Mentalität des Surrealisten‹ nicht schreiben, weder bis zum 25. Januar noch überhaupt.

Bitte glauben Sie mir, dass diese Absage nicht leichtfertig gegeben und das Resultat reiflicher Überlegung ist. Ich hatte mich Anfang des vorigen Monats mit diesem Thema schon intensiv beschäftigt, viele Seiten mit Aufzeichnungen bedeckt und viel gelesen. Aber bei dieser Lektüre kam es mir zuerst stichelnd ins Bewusstsein, dass der Surrealismus nicht nur tot sondern auch heute völlig uninteressant ist. Fast gleichzeitig mit Ihrem Telegramm traf aus England das Standardwerk von Herbert Read[1] ein, und bis gestern hat sich der Verdacht gefestigt und bestätigt. Ich könnte Ihnen nun des längeren auseinandersetzen, warum ich dachte, er sei nicht tot und noch aktuell, aber das ist jetzt nicht so wichtig, da wir über einen Ersatz korrespondieren und, wenn nötig, sprechen müssen.

Dazu mache ich Ihnen die folgenden Vorschläge, die a l l e einander nicht ausschliessen, d. h. ich könnte sie alle nacheinander – wenn auch nicht in unmittelbarer Folge – realisieren, aber ich fürchte, nicht bis zum 25. Januar.

1. ein Portrait des italienischen Malers Giorgio Morandi[2], der vielleicht im Ausland weniger bekannt ist, als die meisten seiner schwächeren Kompatrioten, aber einer der bedeutendsten und seltsamsten Maler der Gegenwart ist, wie Ihnen jeder Kenner bestätigen wird. Er lebt in Bologna, verlässt Bologna nie und malt fast ausschliesslich Flaschen aus seiner grossen Flaschensammlung, denen er die unglaublichsten metaphysischen Aspekte gibt. Ich möchte ihn besuchen, ein Gespräch mit ihm führen, seine Flaschen und sein Atelier sehen, und dann ein Modellportrait von ihm schreiben, mit Seitenblicken auf die ganze pittura metafisica. Es wäre zu überlegen, ob eine ganze Serie solcher Portraits entstehen sollte, ich meine keine Kunstgeschichte der Gegenwart, sondern Berichte persönlicher Zusammentreffen und subjektiver Kommentare. An diesen Portraits könnten sich später auch Andere beteiligen (Grass, Enzensberger[3], vielleicht Andersch?) Diese Arbeit könnte etwa bis Mitte Februar fertig sein, denn das Interview müsste sorgfältig eingefädelt werden, ich muss mir Fragen methodisch zurechtlegen, und zwar in meinem noch im Werden begriffenen Italienisch.

2. eine Geschichte[4]. Ich habe seit vielen Monaten eine im Kopf. Aber ich bin, obgleich ich Gelegenheit haben werde, sie

sofort zu veröffentlichen, noch nicht dazu gekommen, sie zu schreiben. Selbstverständlich würde ich sie Ihnen zuerst geben.

3. ein Hörspiel, das Sie aber eventuell mit Andersch teilen müssten. Auch darüber möchte ich noch nichts Näheres sagen, kann Ihnen aber auf Wunsch die ersten zehn Seiten liefern und, falls der Termin – wie es in diesem Falle wohl wäre – nicht eilt, könnten Sie in etwa vierzehn Tagen das ganze Hörspiel haben.

Bitte seien Sie mir nicht böse. Ich hatte die Dali-sche paranoische Seite des Surrealismus im Kopf, und seine urkomischen Abwandlungen, als ich Ihnen von meiner Idee schrieb. Erst später habe ich dann feststellen müssen, dass die diversen Manifeste völlig langweilig und humorlos sind, und vor allem: dass sie in ihren Intentionen nicht das geringste mit dem zu tun haben, was man heute als eine Manifestation des Surrealismus bezeichnen würde.

Falls Sie aber doch böse o d e r mit keinem meiner Vorschläge einverstanden sind, so müssten wir uns eben demnächst unterhalten, (wie wär's überhaupt, wenn Sie uns besuchen kämen?!) und in diesem Fall wäre ich selbstverständlich bereit, den Vorschuss zurückzuzahlen.

Am meisten würde mich zunächst Vorschlag 1 begeistern.

Mit herzlichen Grüssen,
Ihr
W. Hildesheimer

Typoskript; Historisches Archiv des Bayerischen Rundfunks; AZ: 154, Nr. HF 6204.

1 Es handelt sich wahrscheinlich um Herbert Read (Hg.), *Surrealism*, London: Faber and Faber 1936.

2 Giorgio Morandi (1890-1964), italienischer Maler und Grafiker.

3 Vgl. auch den Briefwechsel zwischen Wolfgang Hildesheimer und Hans Magnus Enzensberger in diesem Band.

4 Vermutlich handelt es sich um die Geschichte *Der Brei auf unserem Herd*; siehe Szczesnys Anmerkung in Brief 12.

[7] Gerhard Szczesny an Wolfgang Hildesheimer

Herrn
Wolfgang Hildesheimer
Devon House
Poschiavo (Gr.)	Sonderprogramm
Schweiz

23. Januar 1958

Lieber Herr Hildesheimer!

Ich bedaure es natürlich sehr, dass Sie uns nichts über die Mentalität der Surrealisten schreiben wollen. Aber wenn es nicht geht, geht es eben nicht. Ich verstehe durchaus, dass so etwas einmal passieren kann. Wir werden anstelle Ihrer schon im Programm stehenden Sendung etwas anderes bringen.

Was nun Ihre neuen Vorschläge angeht, so würde ich gern ein Portrait des von Ihnen genannten italienischen Malers Morandi bringen. Bitte machen Sie also die Sendung, sobald es Ihnen möglich ist. Die Länge sollte nicht mehr als 30 Minuten betragen. Auch an einer neuen Geschichte oder einem neuen Hörspiel von Ihnen bin ich natürlich immer interessiert und würde mich freuen, wenn Sie mich die diesbezüglichen Manuskripte zuerst sehen liessen. Das Honorar für den Surrealismus verrechnen wir dann auf eine dieser Sendungen.

Im übrigen habe ich Ihren Brief vom 5. Dezember nicht mehr beantworten können, da ich gerade in diesen Tagen auf Urlaub ging und erst Anfang dieses Monats wieder meine Arbeit im Bayerischen Rundfunk aufnahm. Wie man mir sagte, ist die Produktion der »Zeit für Kakao« recht gut geworden. Ausserdem hörte ich von Herrn Schmitthenner, dass Sie Ihre Einleitung abgeändert haben. Mein Vorschlag wäre gewesen, sie ganz wegzulassen.

Dies für heute.

Mit herzlichen Grüssen, auch an Ihre Frau
Ihr

Typoskript; Historisches Archiv des Bayerischen Rundfunks; AZ: 154, Nr. HF 6204.

[8] Gerhard Szczesny an Wolfgang Hildesheimer

Herrn
Wolfgang Hildesheimer
Devon House
Poschiavo/Gr. (Schweiz)

Sonderprogramm

12. Februar 1958

Lieber Herr Hildesheimer!

Wir wollen in den Sommermonaten im Sonderprogramm eine Reihe von etwa 10 Sendungen bringen, die den vorläufigen Titel »Autoren lesen ihre Lieblingsautoren« trägt. Ich stelle mir dabei vor, dass der jeweilige Sprecher irgendeine oder auch mehrere Stellen aus einem Werk liest, das für ihn besondere Bedeutung hat. Bevor er diese Zitate bringt, sollte er etwas über die Gründe erzählen, die ihn veranlasst haben, gerade diesen Autor, dieses Werk und diese Stelle auszuwählen.

Im übrigen kann es natürlich sowohl etwas Klassisches als auch Modernes, sowohl Belletristik als auch Philosophie oder Wissenschaft sein. Die zur Verfügung stehende Sendezeit würde 15 Minuten betragen.

Ich würde mich sehr freuen, wenn Sie sich bereitfänden, bei dieser Veranstaltung mitzuwirken und bitte um einen baldigen Bescheid, da ich die Namen der Autoren in unserem Sommerprospekt, den wir bereits jetzt fertigzustellen im Begriffe sind, abdrucken möchten.

Mit herzlichen Grüssen
Ihr

(Dr. Gerhard Szczesny)

P. S.: Ich schicke Ihnen diesen Schemabrief, damit das, was wir ja bereits mündlich verabredet haben, nicht in Vergessenheit gerät.

Typoskript; Historisches Archiv des Bayerischen Rundfunks; AZ: 154, Nr. HF 6204.

[9] Wolfgang Hildesheimer an Gerhard Szczesny

WOLFGANG HILDESHEIMER · POSCHIAVO

16. Februar 1958

Herrn
Dr. Szczesny,
Bayerischer Rundfunk
München

Lieber Herr Doktor Szczesny,

besten Dank für den Schemabrief. Ja, ich mache gern mit. Lassen Sie mich wissen, wann! Ende April oder Anfang Mai würde am besten passen, aber auch andere Monate.

S e h r gern würde ich – lieber noch als Beckett Joyce lesen, aber n u r in Englisch. Geht das? Erläuterungen selbstverständlich in Deutsch. Dazu ist zu sagen, dass ich zweisprachig bin und es vielleicht ganz interessant für den Hörer wäre, den wirklichen Rhythmus Joyce's zu hören und nicht den der Übersetzung. Ich würde einen Auszug aus Ulysses lesen.

Herzliche Grüsse,

Ihr
Hildesheimer

Typoskript; Historisches Archiv des Bayerischen Rundfunks; AZ: 154, Nr. HF 6204.

[10] Gerhard Szczesny an Wolfgang Hildesheimer

Herrn
Wolfgang Hildesheimer
Poschiavo (Gr.)/Schweiz
Sonderprogramm

7. März 1958

Lieber Herr Hildesheimer!
Ich habe noch Ihren Brief vom 14. Februar zu bestätigen. Das Gespräch mit Morandi[1] werde ich also erst ins Programm setzen, wenn ich Ihr Manuskript habe.

Ihr Hörspiel »Die Uhren«[2] habe ich inzwischen gelesen. Ich werde mir eine Kopie der Stuttgarter Aufnahme kommen lassen, sobald sie vorliegt. Ich halte es für wesentlich besser als die »Zeit für Kakao«, aber mir ist – wenn ich dieses sagen darf – nicht sehr wohl bei dem Gedanken, dass Sie entschlossen sind, nunmehr nur noch Hörspiele dieser Art zu schreiben. Ich finde, solche Stücke kann man zu seiner eigenen Erholung und zur Erholung der Hörer zwischendurch einmal schreiben. Aber man kann nicht seine literarische Produktion damit bestreiten.

Für die Anregung, mich mit Walter Jens[3] in Verbindung zu setzen, bedanke ich mich. Ich werde ihm schreiben.

Herzliche Grüsse
Ihr

Typoskript; Historisches Archiv des Bayerischen Rundfunks; AZ: 154, Nr. HF 6204.

1 Vgl. Brief 6.

2 *Die Uhren*, Erstsendung: Süddeutscher Rundfunk, 30. Mai 1958, Regie: Gert Westphal.
3 Walter Jens (1923-2013), Philologe und Schriftsteller, war ein enger Freund Hildesheimers.

[11] Wolfgang Hildesheimer an Gerhard Szczesny

WOLFGANG HILDESHEIMER · POSCHIAVO

11. März 1958

Herrn
Dr. G. Szczesny
Sonderprogramm
Bayerischer Rundfunk
München

Lieber Herr Doktor Szczesny,

besten Dank für Ihren Brief. Allmählich beginnt es, mich zu beunruhigen, dass Sie, von dessen Urteil ich so viel halte, wachsende Bedenken gegen meine neuesten Arbeiten haben. Wenn wir uns wiedersehen, müssen wir uns doch nochmal darüber unterhalten. Im Herbst erscheinen meine ›Drei Spiele, in denen es dunkel wird‹[1] bei Neske, Pfullingen, die Bühnenversion der ›Uhren‹ wird im September im Württembergischen Staatstheater[2], die des ›Pastorale‹[3] zur Dramaturgentagung in den Münchner Kammerspielen uraufgeführt. Ich schreibe das nicht, um zu demonstrieren, dass Andere anders denken sondern in der Hoffnung, dass Sie vielleicht bei diesen Gelegenheiten die Arbeiten noch einmal prüfen können, wenn es Ihnen die Sache wert ist. Ich muss Ihnen nämlich sagen, dass ich alles, was ich vor dem ›Pastorale‹ geschrieben habe, für dummes Zeug halte. – Aber, wie gesagt, darüber müssen wir sprechen.

Das war aber nicht der Grund meines Briefes. Der Grund ist, dass Sie mir eine Frage noch nicht beantwortet haben, nämlich ob ich als meinen Lieblingsautor Joyce auf Englisch lesen darf. (Wenn nicht, lese ich ihn auf Deutsch, obgleich er da nicht mein Lieblingsautor ist) Wenn ja, müsste ich mich ein wenig vorbereiten. Falls ja, und die Serie ist schon spruchreif, könnte man nämlich den Termin verabreden. Ich bin

Dienstag, den 15., und Mittwoch, den 16. April

in München. Dies für den Fall, dass ich vorlesen soll. Aber auch wenn nicht, komme ich zu Ihnen. Die Morandi-sache müssen wir leider bis Herbst aufschieben, weil er wahrscheinlich vorher nicht da sein wird.

Mit herzlichen Grüssen,

Ihr
Wolfgang Hildesheimer

Typoskript; Historisches Archiv des Bayerischen Rundfunks; AZ: 154, Nr. HF 6204.

1 Wolfgang Hildesheimer, *Spiele, in denen es dunkel wird*, Pfullingen: Neske 1958. Enthalten sind die drei Theaterstücke *Pastorale oder die Zeit für Kakao*, *Landschaft mit Figuren* und *Die Uhren*.
2 Die Uraufführung von *Die Uhren* fand tatsächlich in Celle statt: Schlosstheater Celle, 18. April 1959, Regie: Hannes Razum.
3 *Pastorale oder die Zeit für Kakao*, Uraufführung: Kammerspiele München, 18. November 1958, Regie: August Everding.

[12] Gerhard Szczesny an Wolfgang Hildesheimer

Herrn
Wolfgang Hildesheimer
Poschiavo (Gr.)/Schweiz Sonderprogramm

21. März 1958

Lieber Herr Hildesheimer!
Heute nur ganz kurz eine Nachricht bezüglich Joyce. Ich glaube nicht, dass es sinnvoll ist, Joyce auf Englisch zu lesen, würde Sie also bitten, sich auf den deutschen Text einzustellen, wenn Sie bei Ihrer Wahl bleiben wollen.

Wir werden für den 15. oder 16. April einen Aufnahmetermin für Sie vorsehen.

Herzliche Grüsse
Ihr

P.S.
Ihre Geschichte »Der Brei auf unserem Herd«[1] ist wunderschön. Bitte lassen Sie sie mir, wir werden sie so bald wie möglich ins Programm setzen und Sie müssten sie dann bitte Mitte April sprechen.

Typoskript; Historisches Archiv des Bayerischen Rundfunks; AZ: 154, Nr. HF 6204.

1 Hildesheimer hatte Szczesny die Geschichte in einem Brief vom 3. März geschickt. Wolfgang Hildesheimer, *Der Brei auf unserem Herd*, in: Akzente 5/1958, S. 482-492; auch in: GW I, S. 129-139.

[13] Wolfgang Hildesheimer an Gerhard Szczesny

WOLFGANG HILDESHEIMER · POSCHIAVO

26. März 1958

Herrn
Dr. G. Szczesny,
Sonderprogramm
Bayerischer Rundfunk
München

Lieber Herr Doktor Szczesny,

da aber ULYSSES auf Deutsch nicht mein Lieblingsbuch ist, – darf ich meine Lieblingsgedichte vorlesen, mit einer ganz persönlichen Einführung? (Ich lese Gedichte gut.) Es handelt sich um einen Stefan George (!), den einzig guten, dann zwei Eichs, zwei Enzensberger und einen Bachmann. Es handelt sich nämlich wirklich um meine Lieblingslektüre! Bücher, die auf meinem Nachttisch liegen. –

Die ›KÖCHE‹[1] lese ich auch gern, sie sind ja zum Vorlesen geschrieben, ein adjektivischer Rausch.

Ich hätte Zeit:
Dienstag, 15. April
Mittwoch, 16. April
beide Tage zwischen 9.30 und 13.30 und dann wieder ab 19 Uhr. Entschuldigen Sie bitte, dass ich diese Termine so diktiere, aber für diese Reise muss ich leider alles auf die Stunde genau festlegen.

Könnten Sie mir den Termin dann noch hierher bestätigen? Vor dem 12. April? Herzlichen Dank!

Mit den besten Grüssen,
Ihr
W. Hildesheimer

Typoskript; Historisches Archiv des Bayerischen Rundfunks; AZ: 154, Nr. HF 6204.

1 Anspielung auf Wolfgang Hildesheimers Geschichte *Der Brei auf unserem Herd*; vgl. Brief 12, Anm. 1.

[14] Wolfgang Hildesheimer an Gerhard Szczesny

WOLFGANG HILDESHEIMER POSCHIAVO

29. Januar 1959

Herrn
Dr. G. Szczesny
Sonderprogramm
Bayerischer Rundfunk
München

Lieber Herr Doktor Szczesny,
hier ist das Hörspiel DER SCHIEFE TURM VON PISA[1]. Hamburg hat es für irgendwann angenommen, und ich schicke es Ihnen mit der vagen Frage, ob Sie sich eventuell daran beteiligen möchten, da es ja – im übertragenen Sinne stets aktuell – nun auch durch die Pläne der Stabilisierung des Turms einige Aktualität gewonnen hat. Die Uraufführung der Bühnenfassung[2] ist in Celle im April, und es steht zu erwarten, dass es über einige Bühnen geht. Würden Sie mir entweder bei Gelegenheit darüber schreiben, oder: ich bin vermutlich in der zweiten Hälfte des Februars ein paar Tage in München. Dann können wir darüber – und vielleicht auch über anderes? – sprechen.

Mit herzlichen Grüssen, auch an Ihre Frau

Ihr
Wolfgang Hildesheimer

Typoskript; Historisches Archiv des Bayerischen Rundfunks; AZ: 154, Nr. HF 6209.

1 Wolfgang Hildesheimer, *Der schiefe Turm von Pisa*, Erstsendung: Südwestfunk, 8. September 1959, Regie: Walter Knaus.
2 Wolfgang Hildesheimer, *Der schiefe Turm von Pisa*, Uraufführung: Schlosstheater Celle, 18. April 1959, Regie: Hannes Razum.

[15] Gerhard Szczesny an Wolfgang Hildesheimer

Herrn
Wolfgang Hildesheimer

Sonderprogramm

Poschiavo (GR.) Schweiz

26. Februar 1959

Lieber Herr Hildesheimer!

Schönen Dank für Ihren Brief vom 21. Februar. Inzwischen habe ich auch das Hörspiel »Der schiefe Turm von Pisa« gelesen. Wie Sie wahrscheinlich schon vermuten, befinde ich mich nach der Lektüre auch dieses Stückes wiederum in der recht verzweifelten Situation, Ihnen einerseits bescheinigen zu müssen, dass Sie ein grossartiger Stilist sind und wirklich brillante Dialoge schreiben können, dass mir aber andererseits der literarische Aufwand, den Sie dem Stück zuteil werden lassen, in keinem Verhältnis zu der Substanz des Stückes steht.

Wahrscheinlich werden wir uns darüber niemals recht einigen können, aber ich muss einfach gestehen, dass ich am Ende enttäuscht bin.

Aber das mag wirklich an mir liegen.

Was die Aufnahme Ihres Stückes im Sonderprogramm betrifft, so würde ich Sie bitten, mir für eine Entscheidung Zeit zu lassen, bis die Hamburger Aufnahme vorliegt und ich sie abgehört habe.

Ihr Titelvorschlag[1] für die Kommentarreihe[2] erscheint mir gut. Ich würde vielleicht folgende Endformulierung vorschlagen: »Auf den zweiten Blick – Unpolitische Betrachtungen eines Zeitgenossen, vorgetragen von Wolfgang Hildesheimer«. Inzwischen ist mir noch eingefallen, ob man nicht vielleicht sowohl Ihren Kommentar als auch den von Alfred Andersch unter einem gemeinsamen Obertitel bringen sollte. Denn im Grunde sind es natürlich doch sehr ähnliche Dinge und es wirkt vielleicht ein wenig manieriert, wenn wir den einen Kommentar als »Denkzettel für Kulturkonsumenten« und den anderen als »Unpolitische Betrachtungen eines Zeitgenossen« ankündigen. Aber ich bin mir noch nicht schlüssig, wie wir das Problem am besten lösen. Jedenfalls würde ich gern bis spätestens Mitte April Ihren ersten Kommentar haben. Darf ich Sie sodann bitten, mir sobald wie möglich eine kleine Notiz zu schicken, die ich für unseren Sommerprospekt verwenden kann.

Herzliche Grüsse
Ihr

(Dr. Gerhard Szczesny)

Anlage: Manuskript

Typoskript; Historisches Archiv des Bayerischen Rundfunks; AZ: 154, Nr. HF 6209.

1 Wolfgang Hildesheimer schrieb in einem Brief vom 21. Februar 1959 an Gerhard Szczesny: »Der Titel: Was halten Sie von AUF DEN ZWEITEN BLICK? Er trifft vor allem dort zu, wo es sich um Revision bestehender Urteile handeln soll. Aber ich finde ihn auch sonst ganz gut, sehe aber gern Gegenvorschlägen entgegen, da ich nie ein sehr guter Titelfinder gewesen bin. Als Untertitel dachte ich an ZEITKRITISCHE BETRACHTUNGEN OHNE POLITIK oder UNPOLITISCHE BETRACHTUNGEN ZUR ZEIT!. Was halten Sie davon?«, in: Historisches Archiv des Bayerischen Rundfunks, auch in: *Briefe*, S. 87f.
2 Diese Sendereihe des Bayerischen Rundfunks (Sonderprogramm) war

ein kritisches Feuilleton. Hildesheimer schrieb Kommentare für diese Reihe in den Jahren 1959-1961; vgl. auch GW VII, S. 583-620.

[16] Wolfgang Hildesheimer an Gerhard Szczesny

WOLFGANG HILDESHEIMER · POSCHIAVO

1. März 1959

Herrn
Dr. G. Szczesny
Sonderprogramm
Bayerischer Rundfunk
München

Lieber Herr Doktor Szczesny,

herzlichen Dank für Ihren Brief. Es tut mir leid, dass Ihnen die Stücke nicht gefallen, aber Sie sind nicht der einzige. Einige meiner Freunde sind ganz böse geworden, fast hätten sie sich mit mir verkracht. Aber das wollen wir nicht tun. S o Deutsch sind wir doch nicht.

Ihr Titelvorschlag, vielmehr Untertitelvorschlag, ist gut. Lassen wir es dabei. Eine Notiz über die Absicht der Reihe schicke ich Ihnen nächste Woche, und der erste Vortrag kommt bis spätestens Mitte April. Die Zeit für die ersten beiden Vorträge muss ich mir nämlich erst stehlen, da ich bis Ende Mai an dieser übermenschlich-schweren Übersetzung[1] sitze. Danach aber kann ich der Sache zunächst einmal meine ganze Zeit widmen, d. h. auch Dinge auf längere Sicht vorbereiten.

Herzliche Grüsse, auch an Ihre Frau,

Ihr
Hildesheimer

Typoskript; Historisches Archiv des Bayerischen Rundfunks; AZ: 154, Nr. HF 6209.

1 Djuna Barnes, *Nachtgewächs*. Roman. Ins Deutsche übertragen von Wolfgang Hildesheimer, Pfullingen: Neske 1959.

HELMUT HEISSENBÜTTEL

»Hamlet in den Titel zu bringen, finde ich – für den Funk – eine sehr gute Idee«, schreibt Wolfgang Hildesheimer am 20. Juli 1962 an Helmut Heißenbüttel, und gleich im nächsten Satz: »Nein (ich lese es gerade noch einmal durch) vielleicht d o c h nicht? […] Aber darüber können wir ja noch korrespondieren.« Heißenbüttel, der seit 1961 den »Radio-Essay« beim Süddeutschen Rundfunk in Stuttgart leitete, hatte den Titelvorschlag für eine Sendung von Hildesheimers Prosastück *Vergebliche Aufzeichnungen* gemacht – der Gedanke eines feinsinnigen, kenntnisreichen, kreativen Lesers. Hildesheimer erkennt dies, stimmt zu, um dann doch innezuhalten und womöglich umzukehren mit einem Fragezeichen und der Bitte um weiteres korrespondierendes Nachdenken. Jene Figur des »Ja! – Nein, doch nicht?« zieht sich wie ein Leitmotiv durch den Briefwechsel der beiden Autoren. Sie ist allerdings keine Figur des Missverstehens und auch keine Caprice, sondern ein Ausdruck von Offenheit, ja eine Einladung, eine gewisse Unsicherheit und ein Zögern zu teilen. »Im Drüberreden, im Ausmalen, im Skizzieren war alles offen und interessant«, schildert Heißenbüttel ein Radiogespräch mit Hildesheimer.[1] Es scheint der Raum des Skizzierens, der entstehenden Verwandlung zu sein, zu dem auch die Übertragung gehört, in dem sich beide Autoren auf besondere Weise begegneten.

Helmut Heißenbüttel (21. Juni 1921 Rüstringen – 19. September 1996 Glückstadt) betrat die literarische Bühne nicht als Radio-Redakteur, sondern als Autor mit seinen Gedichtbänden *Kombinationen* (1954) und *Topographien* (1956). Sie eröffnen ein poetisches sowie zeithistorisch-politisches Programm: die Sprache *nach 1945* zu inspizieren, ihre Fragmente collagierend neu zu ordnen und im Bewusstsein des Geschehenen neue, spezifische Ausdrucksmöglichkeiten zu erkunden. Ein Programm, für das auch Autoren der Konkreten Poesie wie Eugen Gomringer, Franz Mon und Reinhard Döhl stehen. Heißenbüttels Texte experimentieren mit Wortspielen, Reihungen, Listen. Sie beleben das – vom Totalitarismus verfemte – Projekt der Moderne und der Avantgarden wieder: Denken und Schreiben als sich entwerfende Konstellationen, Assoziationen, Erfahrungen dynamischer Freiheit.

Heißenbüttel war als zwanzigjähriger Soldat in Russland verwundet und dann ›ausgemustert‹ worden, nachdem ihm der linke Arm amputiert worden war. Von Beginn an nehmen seine formal herausfordernden Texte auch politisch kein Blatt vor den Mund, sie verhandeln »K. Z.s« und »die Erinnerung an die Stimme Adolf Hitlers im Radio«, die sogenannte *Endlösung* und *Kalkulation über was alle gewußt haben*.[2] Der frühe Zyklus *Überschriften* beginnt mit der Zeile »das Sagbare sagen« und endet mit »das nicht Beendbare nicht beenden«.[3] Jene poetisch-politischen Erkundungen setzte Heißenbüttel zugespitzt mit seinem *Textbuch*-Projekt fort, dessen erste sechs Bände zwischen 1960 und 1970 erschienen und sich somit zeitlich mit Hildesheimers Arbeit am *Tynset/Masante*-Material überschneiden.

1969 wurde Heißenbüttel mit dem Georg-Büchner-Preis ausgezeichnet, zwei Jahre später erhielt er den Hörspielpreis der Kriegsblinden, seit Mitte der 1950er-Jahre nahm er regelmäßig an den Treffen der Gruppe 47 teil. Er ist einer der prägenden Autoren der deutschsprachigen Literatur nach 1945. Hierzu hat auch sein kritisch-essayistisches Werk maßgeblich beigetragen. Heißenbüttels *Frankfurter Vorlesungen*, seine *13 Thesen über Literatur und Wissenschaft*, seine Essays zu Walter Benjamin und Georg Christoph Lichtenberg belebten mit ihrem Scharfsinn und ihrer Nachdenklichkeit die theoretischen Debatten um zeitgenössische Literatur.[4] Trotz fundamental skeptischer Haltung schreibt Heißenbüttel seiner Poetik das Bekenntnis ein: »In dem aber, worauf die Tätigkeit des Schreibens gerichtet ist, in dem Engagement der Erkenntnis, bleibt keine Wahl.«[5]

Bereits im Jahr bevor Heißenbüttel 1959 die Leitung des »Radio-Essay« übernahm, hatte er als Redakteur des Süddeutschen Rundfunks mit Hildesheimer korrespondiert. Beide waren sich seit Mitte der 1950er-Jahre bei Treffen der Gruppe 47 begegnet.

Nun bestimmte der Kontext des Rundfunks die Themen und den Ton des Gesprächs. Vier Prosaarbeiten Hildesheimers bilden den Kern der hier ausgewählten Briefe zwischen 1961 und 1968. Darunter die Werkgruppe um *Vergebliche Aufzeichnungen* (1963), *Tynset* (1965) und *Meona/Masante* (1968/73): Hildesheimers literarische Antworten auf die Nachwirkungen des NS-Regimes.

Die Briefe erlauben unmittelbaren Einblick etwa in den Entstehungsprozess von *Tynset*, dessen erste 30 Manuskriptseiten im April 1963 per Post an Heißenbüttel gehen. Hildesheimer lässt ihn wissen: »Auf jeden Fall würde mich Ihre Kritik interessieren.« Heißenbüttel antwortet, später auch in einer veröffentlichten Kritik und so luzide wie kaum ein zeitgenössischer Leser: »diese Erzählung befindet sich in einem vollkommenen Gleichgewicht zwischen dem, was sie aus sich, aus ihren Wörtern und Sätzen heraus sein kann«, und dem, was sich »auf eine reale, sinnlich wahrnehmbar vorhandene Welt beziehen läßt«.[6] Diese erzählte und wahrgenommene Welt entstehe aus den Beschreibungen eines nicht nur psychologischen Ich, sondern vielmehr eines erweiterten Ego, das von Schlaflosigkeit heimgesucht werde, weil »etwas Allgemeines es verstört hat«, so Heißenbüttel: »Dies Allgemeine hat mit den Greueln zu tun, die in jüngster Zeit geschehen sind.« Dass Hildesheimer die Erzählung dennoch nicht allegorisch verflache, sondern sie als Verstörung in der Schwebe halte, zeichne *Tynset* als »Literatur [im] höchsten Sinne« aus.

Einige Jahre später wird Hildesheimer auch sein *Masante*-Material dem Leser Heißenbüttel in frühem Stadium anvertrauen. Die Anfänge seines zweiten großen Prosawerks habe »buchstäblich noch niemand gesehen«, fügt Hildesheimer seiner Manuskriptsendung im Februar 1968 hinzu: »Würden Sie mir darüber schreiben?« Der Briefwechsel dokumentiert Heißenbüttels faszinierende Antwort.

Helmut Heißenbüttels Korrespondenz mit Hildesheimer fand zur selben Zeit statt wie seine Begegnung und Zusammenarbeit mit einem weiteren Autor: Jean Améry. Die beiden hatten sich Anfang 1964 in Brüssel kennengelernt, wo

Améry nach seiner Befreiung aus dem KZ Bergen-Belsen wieder lebte. Vor dem Krieg war er vor den Nazis aus Wien nach Belgien geflohen. In Fort Breendonk zwischen Brüssel und Antwerpen hatte er seine »Tortur« erlitten. Im Dezember 1963 waren die sogenannten Auschwitz-Prozesse eröffnet worden. Es sei nun für ihn, den Überlebenden, an der Zeit gewesen: Améry bot Heißenbüttel einen »Rundfunkvortrag zum Thema Auschwitz« an.[7] Der Redakteur des »Radio-Essay« wird die einzelnen Kapitel von Amérys epochaler Trilogie *Jenseits von Schuld und Sühne* (1966), *Über das Altern* (1968) und *Unmeisterliche Wanderjahre* (1971) allesamt vorab im Rundfunk senden. Die Honorare dafür und Übernahmen durch andere Sender schufen die materielle Grundlage, auf der Améry, der als freier Autor lebte, ein solch langwieriges Schreibprojekt überhaupt realisieren konnte. Existentiell waren für ihn zugleich die Rückmeldungen des Redakteurs und Autors Heißenbüttel. Wie ein Ritual erinnert Améry daran, wenn er wieder ein Manuskriptteil an Heißenbüttel gesandt hatte, »dass ich auf Ihr Urteil als das erste und für mich ganz besonders wichtige« warte.[8] Im Sommer 1978, wenige Monate vor seinem Freitod, erklärte Améry in einem Fernsehinterview, Helmut Heißenbüttel sei »die Schlüsselfigur für meine ganze schriftstellerische Existenz« gewesen.[9]

Dies sind der Kontext und die Dimension, die Helmut Heißenbüttels Korrespondenz mit Wolfgang Hildesheimer konturieren: die Arbeit an einer Literatur, ohne die unsere Auseinandersetzung mit dem Nationalsozialismus und der Shoah undenkbar wäre.

1 Helmut Heißenbüttel, »Die Puppe in der Puppe oder Der Hildesheimer im Marbot«, in: Volker Jehle (Hg.), *Wolfgang Hildesheimer*, Frankfurt am Main: Suhrkamp 1989 (suhrkamp taschenbuch materialien), S. 302-305, hier: S. 304.

2 Ders., *Kombinationen. Topographien*, München: Buch und Media 2000 [Erstausgabe: *Topographien. Gedichte 1954/55*, Esslingen: Bechtle 1956], S. 106, und ders., *Textbuch 5. 3 × 13 mehr oder weniger Geschichten,* Olten und Freiburg im Breisgau: Walter 1965, S. 10-13 und S. 52.

3 Ders., *Kombinationen. Topographien*, S. 69.

4 Vgl. u. a. ders., *Über Literatur. Aufsätze und Frankfurter Vorlesungen*, München: dtv 1970 [1966]; ders., *Über Benjamin*, hg. v. Thomas Combrink, Frankfurt am Main: Suhrkamp 2008; ders., *»Neue Blicke durch die alten Löcher«. Essays über Georg Christoph Lichtenberg*, hg. v. Thomas Combrink, Göttingen: Wallstein 2007.

5 Ders., »Spekulation über eine Literatur von übermorgen«, in: ders., *Über Literatur*, S. 107-115, hier: S. 115.

6 Ders., »Nur Erfindung, nur Täuschung?«, in: *Die Welt der Literatur*, 18. März 1965. Vgl. auch Jehle, *Wolfgang Hildesheimer*, S. 212-215. Vgl. die folgenden Zitate ebd.

7 Vgl. Jean Améry an Helmut Heißenbüttel, 1. Februar 1964, in: Jean Améry, *Werke*, Bd. 8, *Ausgewählte Briefe 1945-1978*, hg. v. Gerhard Scheit, Stuttgart: Klett-Cotta 2007, S. 102.

8 Jean Améry an Helmut Heißenbüttel, 18. Dezember 1969, in: ebd., S. 324.

9 »Jean Améry: In einem Fernsehgespräch, aufgezeichnet am 20. Juli 1978«, in: *Hermannstraße 14*. Sonderheft Jean Améry, hg. v. Helmut Heißenbüttel und Bernd Jentzsch, Stuttgart: Klett-Cotta 1979, S. 45-48, hier: S. 48. – Vgl. auch Thomas Wild, »›Unberechenbar‹. Gomringer, Heißenbüttel, Améry: Eine Konstellation poetischen und politischen Schreibens«, in: Christoph Zeller (Hg.), *Literarische Experimente*, Heidelberg: Universitätsverlag C. Winter 2012, S. 211-227.

[1] Alfred Andersch an Helmut Heißenbüttel

alfred andersch berzona (val onsernone) ticino telefon locarno 8 02 33
11.6.1961

Herrn
Helmut Heissenbüttel
c/o Süddeutscher Rundfunk
Redaktion Radio-Essay
Stuttgart
Neckarstr. 145

Lieber Helmut,

ich hatte gestern Gelegenheit, eine kurze Studie unseres Freundes Wolfgang Hildesheimer über seine Wahlheimat, den Puschlav, zu lesen, die ich so ausgezeichnet fand, dass ich ihn spontan anrief und ihm riet, mehr Prosa zu schreiben.[1] Da ich mich ausserdem seiner älteren Arbeit über St. Moritz erinnerte, regte ich ihn an, die beiden Schilderungen durch zwei oder drei weitere Stücke in der gleichen Länge oder eine umfangreichere Deskription zu ergänzen und für uns zu einem Bukett ›Bündner Bilder‹ zu arrangieren. Er ging, (mit Recht) geschmeichelt, darauf ein, und hat versprochen, das Manuskript im Laufe Oktober abzuliefern.[2]

Damit wäre dann das Problem unserer Dezember-Sendung gelöst, vorausgesetzt, Du stimmtest Thema wie Autor zu. Wenn das der Fall ist, so bitte ich Dich, die Abmachung nach Poschiavo zu bestätigen, nicht ohne dem beliebten Schriftsteller mit den äussersten Sanktionen zu drohen, falls er sie nicht einhält. Ich glaube, dass er sie einhalten wird, weil ja der Umfang der von ihm noch zu leistenden Arbeit gering ist und er das ›Material‹ quasi parat hat.

Wir brechen übermorgen auf und freuen uns darauf, Dir und Ida[3] in Juist (oder sagt man »auf Juist«?) zu begegnen. Unsere Tochter Annette befindet sich dort im Kinderheim Weberhof –

vielleicht gelingt es Dir, sie vor gelegentlich herannahenden Nordseequallen zu retten.

Herzliche Grüsse, auch an Frau Dahl und Irmfried,[4]

Dein Fred

Kopie an Wolfgang Hildesheimer

Typoskript; Archiv des SWR; 19/12465.

1 Zuerst erschienen unter dem Titel *Erlebnis des Unerwarteten*, in: *Merian* 14/1961, Heft 8, S. 31-34; siehe auch GW VII, S. 657-663.
2 Vgl. Brief 3, Anm. 1.
3 Ida Heißenbüttel (1922-2013), Ehefrau von Helmut Heißenbüttel.
4 Nicht ermittelbar.

[2] Helmut Heißenbüttel an Wolfgang Hildesheimer

Herrn
Wolfgang Hildesheimer
Poschiavo/Schweiz
Devon House

Radio-Essay

16.6.61

Lieber Herr Hildesheimer,

Herr Andersch schrieb mir, daß er mit Ihnen telefoniert hat wegen der Prosastücke, und ich schließe mich seinem Vorschlag in vollem Umfang an. Es handelt sich also um eine Zusammenfassung von Einzelstücken, die innerhalb eines bestimmten Rahmens bleiben. Ich finde das sehr reizvoll und glaube, daß man daraus eine gute Sendung machen kann. Wichtig wäre natür-

lich, daß ich weiß, wann ich mit dem Ganzen wirklich rechnen kann. Herr Andersch gibt den Oktober an als Ablieferungstermin. Mir wäre es noch lieber, wenn ich mit dem 15.9. rechnen könnte.
Bitte versuchen Sie es.

Mit herzlichem Gruß
Ihr

(Helmut Heißenbüttel)

Typoskript; Archiv des SWR; 19/12465.

[3] Wolfgang Hildesheimer an Helmut Heißenbüttel

wolfgang hildesheimer, poschiavo (graubünden)
17. November 1961

Herrn
Helmut Heissenbüttel
Radio-Essay
Süddeutscher Rundfunk
Stuttgart

Lieber Herr Heissenbüttel,

ein kurzer Zwischenbericht. Das Manuskript haben Sie spätestens in vierzehn Tagen. Es heisst: HINTER DEM BERG UND DAVOR (oder, ein Alternativtitel: WO ICH WOHNE, UND WO ICH NICHT WOHNE, – ich überlasse die Wahl Ihnen. Untertitel: ›Zur Topographie meiner Wahlheimat und ihrer Umgebung‹. Geht das?[1]
Soll ich es selbst sprechen? Ich würde sagen: ja. Soll ich es dann hier aufnehmen? Ich habe es in den letzten Jahren bei Margina-

lien[2] und anderen Vorträgen (›Diskothek‹ für Radio Bremen, Einleitung für die ›Turandot‹ im NDR) immer hier gemacht, und es wurde immer gut. Schreiben Sie mir bei Gelegenheit darüber? Natürlich schicke ich Ihnen zuerst das Manuskript ein.

Ihre Verallgemeinerungen sind mir noch wohltuend im Gedächtnis. Es war einer der – alas, allzu wenigen! – Höhepunkte der Tagung.[3]

Mit herzlichen Grüssen, auch von meiner Frau von Ihrem
hildesheimer

Typoskript; Archiv des SWR; 19/12465.

1 Wolfgang Hildesheimers Radio-Essay wurde unter dem Titel »Hinter dem Berg und davor – zur Topographie meiner Wahlheimat und ihrer Umgebung« am 10. April 1962 im Süddeutschen Rundfunk gesendet.
2 Von 1959 bis 1961 verfasste Hildesheimer unter dem Titel »Auf den zweiten Blick. Marginalien« glossenartige Kommentare für den Bayerischen Rundfunk; vgl. auch GW VII, S. 583-620, sowie in diesem Band S. 101 f.
3 Die Gruppe 47, bei deren Treffen im Jahr 1955 sich Hildesheimer und Heißenbüttel erstmals begegnet waren, tagte vom 27. bis zum 29. Oktober 1961 im Jagdschloss Göhrde bei Lüneburg.

[4] Helmut Heißenbüttel an Wolfgang Hildesheimer

Herrn
Wolfgang Hildesheimer
Poschiavo/Schweiz
Devon House

Radio-Essay

21. 11. 61

Lieber Herr Hildesheimer,

Dank für Ihren Zwischenbericht.

Es freut mich wirklich sehr, daß Sie an der Arbeit sind. Momentan gefällt mir Ihr Titel »Hinter dem Berg und davor« am besten. Ich denke auch, daß es gewiß gut wäre, wenn Sie selber sprechen würden.

In welchem Studio der Schweizer Rundspruch-Gesellschaft haben Sie das gemacht? Meine Erfahrungen in Lugano waren nicht immer erfreulich.

Mit herzlichen Grüßen, auch an Ihre Frau,

Ihr

Typoskript; Archiv des SWR; 19/12465.

[5] Wolfgang Hildesheimer an Helmut Heißenbüttel

wolfgang hildesheimer, poschiavo (graubünden)

27. November 1961

Herrn
Helmut Heissenbüttel
Radio-Essay
Süddeutscher Rundfunk
Stuttgart

Lieber Herr Heissenbüttel,

hier der Bericht. Hoffentlich ist er nicht zu kurz geraten. Ich lese daran – ich habe soeben eine Mikrophonprobe gemacht – etwa 50 Minuten. Natürlich könnte ich ihn verlängern, aber nicht allzu gern. Das Material ist hierin erschöpft. Wenn Sie ihn so wie er ist gebrauchen können, dürfen Sie natürlich gern im Honorar der Tatsache mangelnden Umfangs Rechnung tragen.
Mit ›hier lesen‹ meinte ich natürlich hier, in meinem Arbeitszimmer in Poschiavo, wie ich es schon oft getan habe. Die Bänder werden tadellos. Sie haben ganz recht: Lugano ist völlig unmöglich. Ich habe das TK 35-Gerät, das ja von den Funkanstalten empfohlen wird.
Sollten Sie aber Bedenken haben, so schlage ich Ihnen vor, dass ich Ihnen das Band erst einmal einsende. Sollte es Ihren Erwartungen nicht entsprechen, so mache ich die Sache in Zürich. Ist Ihnen das recht?

Mit herzlichen Grüssen, auch von meiner Frau, bin ich

Ihr hildesheimer

PS. Dies ist der Durchschlag. Das Original käme dann mit dem Band. Es enthält dann die nötigen Hinweise für die Cutterin.
[handschr.:] Wichtig! Das Manuskript darf nicht verbreitet werden!!

Typoskript; Archiv des SWR; 19/12465.

[6] Wolfgang Hildesheimer an Helmut Heißenbüttel

wolfgang hildesheimer, poschiavo (graubünden)

8. Juli 1962

Herrn
Helmut Heissenbüttel
Radio-Essay
Süddeutscher Rundfunk

Lieber Herr Heissenbüttel,

ich schicke Ihnen hiermit ganz unverbindlich eine Prosaarbeit ein, mit der Frage, ob Sie Interesse daran haben. Sie war ursprünglich nicht zur Veröffentlichung gedacht, es war eine Fingerübung für eine grössere Prosaarbeit, die ich vorhabe.[1] Aber nun hatte ich immer Leonhardt[2] von der ZEIT ein Stück Prosa versprochen und habe ihm das eingeschickt. Er möchte es sehr gern machen, will sich nur noch überlegen, wie er eine Sache von diesem Umfang, (die überdies, meiner Meinung nach, keine Zäsur verträgt) am besten bringen kann.[3] Falls Sie interessiert sind – ich würde es dann gern selbst lesen, würde dazu auch nach Stuttgart kommen – würde ich selbstverständlich die Zeit-veröffentlichung so lange hinausschieben, bis es bei Ihnen gekommen ist, (wenn Leonhardt einverstanden ist.) Würden Sie mir kurz darüber schreiben?

Haben Sie die Neuausgabe der ›Lieblosen Legenden‹ schon vom Verlag bekommen?[4]
Wenn nicht, schicke ich sie Ihnen zu.

Mit herzlichen Grüssen bin ich Ihr
hildesheimer

Typoskript; Archiv des SWR; 19/12467.

1 Hildesheimer spielt hier auf seine *Vergeblichen Aufzeichnungen* (1962) an, die gemeinsam mit den späteren Prosawerken *Tynset* (1965), *Zeiten in Cornwall* (1971) und *Masante* (1973) den Kern seiner expliziten Auseinandersetzung mit den Nachwirkungen des NS-Regimes und der Shoah bilden.
2 Rudolf Walter Leonhardt (1921-2003), Journalist und Autor, von 1957 bis 1973 Leiter des Feuilleton-Ressorts bei der Wochenzeitung *Die Zeit*.
3 Hildesheimers *Vergebliche Aufzeichnungen* erschienen in der Ausgabe der *Zeit* vom 16. November 1962.
4 Wolfgang Hildesheimer, *Lieblose Legenden*, Frankfurt am Main: Suhrkamp 1962 (Bibliothek Suhrkamp 84).

[7] Helmut Heißenbüttel an Wolfgang Hildesheimer

Herrn Wolfgang Hildesheimer
Poschiavo/Graubünden
Schweiz

Radio-Essay

19.7.62

Lieber Herr Hildesheimer,

herzlichen Dank für Ihre »Vergeblichen Aufzeichnungen«, die auch ich sehr gut finde und gern für unser Programm annehmen möchte. Auf Ihre Karte hin schicke ich Ihnen beiliegend das Manuskript noch einmal und hoffe nur, daß Sie es mir recht bald wiedergeben, da ich es eventuell hier schon vor der Produktion gebrauche.

Jetzt wäre nur die Frage, wie wir einen Termin arrangieren können. Ich habe vor Oktober nichts mehr frei und weiß noch nicht, wann ich im Oktober einen Termin bekomme, da unsere Sendezeiten neu geregelt sind und die endgültige Festlegung noch besprochen werden muß. Würde Oktober generell passen?[1]

Leider muß ich im Moment sehr darauf sehen, daß die Arbeit nicht vor der Sendung gedruckt wird, da eben ein derartiger Zwischenfall hier wieder Aufsehen erregt hat. Bitte sagen Sie mir doch offen, wie es am besten einzurichten wäre.

Dann noch eine Frage: Der Hintergrund Ihres Textes öffnet sich ja zum Ende immer mehr. Und gerade dort steht meiner Auffassung nach durchaus beabsichtigt Hamlet. Wäre es möglich, daß man in einer vorsichtigen Anspielung diesen Bezug für den Rundfunkgebrauch mit in den Titel nimmt? Denn der Rundfunk ist ja generell etwas gröber in solchen Dingen, und es wäre vielleicht für den Hörer ein Anreiz und ein Hinweis, wenn er voraus schon einmal auf diesen Punkt gestoßen würde.

Mit sehr herzlichen Grüßen
Ihr
H.

Anlage

Typoskript; Archiv des SWR; 19/12467.

1 Eine Hörfassung der *Vergeblichen Aufzeichnungen* ist letztlich nicht entstanden.

[8] Wolfgang Hildesheimer an Helmut Heißenbüttel

wolfgang hildesheimer, poschiavo (graubünden)

20. Juli 1962

Herrn
Helmut Heissenbüttel
Radio-Essay
Süddeutscher Rundfunk
Stuttgart

Lieber Herr Heissenbüttel,

vielen Dank für Ihren Brief. Hier ist das Manuskript zurück. Die Hauptkorrekturen waren auf den Seiten 13, 20 und 21. Diese Seiten habe ich erneuert und ausgewechselt.

Oktober passt mir sehr gut, am besten wäre es sogar nicht vor Mitte Oktober, denn ich möchte, wenn möglich, nicht vorher verreisen, möchte die Geschichte aber selbst lesen. Wäre das möglich? Nicht vor dem 15.?

Selbstverständlich werde ich den Text vorher nicht drucken lassen. Darauf können Sie sich verlassen. Leonhardt möchte es sehr gern machen, aber er wird es auch bringen, wenn es bei Ihnen schon gesendet ist, und ich bezweifle überhaupt, dass er einen solchen Riesentext in der ZEIT unterbringen kann.[1] Ich freue mich auch, endlich einmal wieder etwas bei einer Tagung der Gruppe 47 zum Lesen zu haben. Auch das könnte ich nicht, wenn es vorher gedruckt wäre. (Die Tagung ist übrigens, wie Sie vielleicht noch nicht wissen, vom 25. bis 28. Oktober in Berlin. Hans Richter hat mich gebeten, das zu verbreiten, denn die Einladungen werden erst im September geschickt.)[2] Ich möchte dann später aus diesem Text und einem noch nicht fertigen Einakter einen Suhrkamp-text machen, zu dem Walter Jens das Nachwort schreiben will.[3]

Hamlet in den Titel zu bringen, finde ich – für den Funk – eine sehr gute Idee. – Nein (ich lese es gerade noch einmal durch) vielleicht doch nicht? Denn wenn der Name Hamlet bereits im Titel auftaucht, weiss der Hörer vom Moment des Schädelfundes an schon, wohin es führt. Ich würde es lassen. Ich dachte an den Untertitel: Variationen über kein Thema. Aber darüber können wir ja noch korrespondieren.

Mit herzlichen Grüssen, auch
von meiner Frau

Ihr
hildesheimer

[handschriftl.:] P. S. Wäre es möglich, schon jetzt das Annahmehonorar zu bekommen? Gelesen dauert das Ganze 55 Minuten.

Typoskript; Archiv des SWR; 19/12467.

1 Vgl. Brief 6, Anm. 2 und 3.
2 Die erwähnte Tagung der Gruppe 47 fand vom 26. bis zum 28. Oktober 1962 im »Alten Casino« am Berliner Wannsee statt. Hildesheimer nahm an der Tagung allerdings nicht teil, und die geplante Lesung aus den *Vergeblichen Aufzeichnungen* für den Süddeutschen Rundfunk kam ebenfalls nicht zustande.
3 Hildesheimers *Vergebliche Aufzeichnungen* erschienen im Jahr 1963 zusammen mit *Nachtstück* als Band 23 der edition suhrkamp (Frankfurt am Main), allerdings mit einem Nachwort von Karl Markus Michel.

[9] Wolfgang Hildesheimer an Helmut Heißenbüttel

wolfgang hildesheimer, poschiavo (graubünden)

Poschiavo (GR) Schweiz
5. April 1963

Herrn
Helmut Heissenbüttel
Radio-Essay
Süddeutscher Rundfunk
Stuttgart

Lieber Herr Heissenbüttel,

ich sitze seit vorigem Herbst an einem (Nicht-)Roman,[1] (d. h. wenn ich die Zeit zusammenrechne, die ich schon vorher daran sass, so sitze ich schon um mindestens ein halbes Jahr länger.) Er soll im nächsten Herbst (1964) bei Suhrkamp erscheinen,[2] aber im Augenblick sehe ich mich noch nicht bis zum Frühling 1964 fertig werden.

Nun möchte ich nach Möglichkeit dazwischen nichts anderes tun, d. h. ich würde mir gern die Möglichkeit schaffen, lieber Teile des Romans finanziell auszuwerten als an anderem zu arbeiten. Deshalb möchte ich Sie hiermit fragen, ob ich für Radio-Essay eine Stunde daraus vorlesen könnte. Wenn ja, würde ich sogar, wenn es Ihnen recht ist, Schnabel[3] fragen, ob er sich auch daran beteiligen würde. Ich hoffe, dass Sie das nicht falsch verstehen. Es ist ja nicht so, dass ich nach bewährtem Muster einen Stoff in verschiedenen Verarbeitungen anbiete. Es handelt sich eindeutig um die erste und einzige Fassung. Ich habe einige Nachdruck-Angebote, die ich aber erst kurz vor Erscheinen wahrnehmen darf. (Natürlich würde Unseld mir auch Vorschuss geben, aber das will ich mir aufsparen.)

Ich schicke Ihnen also hiermit 20 Seiten ein. Das ist alles, was ich vom Anfang in Reinschrift habe. Ich habe aus der Mitte weitere 20 Seiten Reinschrift und im ganzen etwa 70 Seiten Rohfassung. Das Buch heisst

TYNSET ODER EIN FRÜHER WINTER.
EIN BERICHT
hat zwei Teile: 1. Ein früher Winter, 2. Tynset
Aus dem Teil, den ich Ihnen schicke, kommt meiner Meinung nach die Episode von Seite 9 (Nummer 9) bis Seite 19 (Ende des Absatzes vor Nummer 14) in Frage. Das sind aber nur zehn Seiten. Ich habe aber im Lauf der nächsten Wochen weitere 15 Seiten Reinschrift fertig, aus denen eine weitere Episode in Frage käme.

Ich wollte es hiermit nur erst einmal anmelden, damit Sie es, falls Sie es geeignet finden, ins Programm einsetzen. Was man dann wählt – darüber könnte man sich ja noch besprechen. Vielleicht halten Sie auch alles für ganz ungeeignet. Auf jeden Fall würde mich Ihre Kritik interessieren.

Mit herzlichen Grüssen, auch von meiner Frau an Sie beide,
Ihr

Hildesheimer
[handschriftl.:] Würden Sie mir auf jeden Fall das Ms. zurückschicken. Ich würde dann Leseversionen machen.

Typoskript; Archiv des SWR; 19/12468.

1 Anspielung auf das Prosawerk *Tynset*, vgl. auch Brief 6, Anm. 1.
2 Vgl. auch den Brief von Wolfgang Hildesheimer an Siegfried Unseld vom 8. April 1963 in diesem Band, S. 252 ff.
3 Ernst Schnabel (1913-1986), deutscher Schriftsteller und Übersetzer, förderte die deutsche Literatur der Gegenwart nach 1945 durch seine einflussreiche Tätigkeit in verschiedenen Rundfunkanstalten, zwischen 1962 und 1965 u. a. als Mitarbeiter im Dritten Programm des Norddeutschen Rundfunks. Als Intendant des Hamburger Funkhauses des NWDR hatte Schnabel Anfang der 1950er-Jahre das Zustandekommen der Funkoper *Das Ende einer Welt* (1953), einer Kooperation zwischen Wolfgang Hildesheimer und Hans Werner Henze, entscheidend ermöglicht.

[10] Wolfgang Hildesheimer an Helmut Heißenbüttel

wolfgang hildesheimer, poschiavo (graubünden)

8. Juni 1963

Herrn Helmut Heissenbüttel
Radio-Essay
Süddeutscher Rundfunk
Stuttgart

Lieber Herr Heissenbüttel,

vielen Dank für Ihren Brief. Ich hatte Ihnen das Ms nur geschickt, um Ihnen einen Einblick zu geben, und um Ihnen dann später einen geeigneteren Teil anzubieten. Denn die Wüstenepisode kommt ja schon im Juni im MERKUR.[1] Nun hatte ich, als Sie nicht antworteten, Schnabel dasselbe Ms zugeschickt, und er will es auch machen. Aber all dies ist nun insofern gar nicht mehr aktuell, als ich beschlossen habe, alles zu ändern. Ich finde den Text, so wie ich ihn bis jetzt geschrieben habe, nicht gut, voller Brüche, schlechter Sprünge, dann wieder konventionell so wie die Wüstenperiode und anderes.

Wir wollen es also vorläufig lassen, bis zum Herbst, dann habe ich den grössten Teil des Buches fertig. Allerdings habe ich Schnabel, der mehrere Sendungen daraus machen kann und möchte, auch etwas versprochen, (wenn auch keine ›Vorlese‹ wie bei Walter Jens!)[2] soll ich es dann aufteilen oder soll ich versuchen, Schnabel dazu zu bewegen, die Lesung für Sie unter den seinen unterzubringen? Ihre käme dann natürlich zuerst.

Mit herzlichen Grüssen, Ihr
hildesheimer

Typoskript; Archiv des SWR; 19/12468.

1 Hildesheimer spielt auf seinen Text »Der Ruf in der Wüste« an, der zum Prosakomplex um *Tynset* und *Masante* gehört und 1963 geschrieben wurde, jedoch nicht im *Merkur*, sondern erst in den 1970er-Jahren in Buchform erschien (zuerst in Marcel Reich-Ranicki [Hg.], *Verteidigung der Zukunft. Deutsche Geschichten seit 1960*, München: Piper 1972, S. 101-112; vgl. auch GW II, S. 369-380).

2 Walter Jens (1923-2013), klassischer Philologe, Schriftsteller, Übersetzer und Literaturkritiker, lehrte seit 1956 als Professor an der Universität Tübingen, seit 1963 als Inhaber des neu eingerichteten Lehrstuhls für Allgemeine Rhetorik. Jens gilt als eine der einflussreichsten Stimmen der intellektuellen Öffentlichkeit und des literarischen Feldes der Bundesrepublik Deutschland. – Vgl. auch Anm. 1 zum Brief von Hildesheimer an Siegfried Unseld vom 16. November 1963, in diesem Band S. 258f.

[11] Wolfgang Hildesheimer an Helmut Heißenbüttel

wolfgang hildesheimer, poschiavo (graubünden)

14. Juli 1963

Herrn
Helmut Heissenbüttel
Radio-Essay
Süddeutscher Rundfunk
Stuttgart

Lieber Herr Heissenbüttel,

wir scheinen immer aneinander vorbeizuschreiben. Ich beschränke mich daher hiermit auf Sachverhalt und – unverbindlichen – Vorschlag.

Die Rohfassung meiner Prosaarbeit TYNSET ODER EIN FRÜHER WINTER ist vor drei Tagen fertig geworden. Da ich von der Arbeit ziemlich mitgenommen bin, möchte ich sie jetzt zunächst einmal in der Schublade ruhen lassen, bevor ich mich an die endgültige Fassung mache. Daher kann ich Ihnen jetzt kein Manuskript einsenden. Das kann ich erst Ende August, vielleicht erst Anfang September. Ich hatte mir vorgestellt, dass der Text, den ich Ihnen schon einmal eingesandt hatte, als Angabe dessen was Sie zu erwarten haben genüge, aber so ist es nicht, und natürlich haben Sie ganz recht, wenn Sie ohne endgültiges Manuskript nicht disponieren möchten.

Ich schlage daher das folgende vor: Sie setzen noch keinen Termin an. Ich schicke Ihnen unverbindlich das Manuskript, wenn es fertig ist, und wenn es Ihnen gefällt, verabreden wir einen Lesetermin, und zwar – für mich – am besten Ende Oktober-Anfang November.

Mit herzlichen Grüssen
Ihr
hildesheimer

Typoskript; Archiv des SWR; 19/12468.

[12] Wolfgang Hildesheimer an Helmut Heißenbüttel

wolfgang hildesheimer, poschiavo (graubünden)

14. September 1963

Herrn
Helmut Heissenbüttel, Radio-Essay
Süddeutscher Rundfunk
Stuttgart

Lieber Herr Heissenbüttel,

hiermit schicke ich Ihnen das Manuskript. Ich weiss natürlich nicht, ob Sie es in dieser Fassung überhaupt haben wollen: es ist jetzt eben buchstäblich der Anfang von 250 Seiten zusam-

menhängender Aufzeichnungen. Ich muss auch ehrlich sagen, dass ich es selbst im Augenblick nicht recht beurteilen kann, es fehlt mir der Abstand, ich habe sehr schwer an diesem und einigen anderen Textpassagen des Buches gearbeitet.
Wenn Sie es bringen, so müssten wir es wohl um zwei Seiten etwa kürzen. Ich glaube, es ist länger als eine Stunde.
Der Titel des Buches lautet TYNSET ODER EIN FRÜHER WINTER. Ich weiss nun nicht, wie man die Sendung nennen sollte. Hätten Sie Vorschläge?

Mit herzlichen Grüssen, Ihr
hildesheimer

Typoskript; Archiv des SWR; 19/12468.

[13] Helmut Heißenbüttel an Wolfgang Hildesheimer

Herrn
Wolfgang Hildesheimer
Devon House

Poschiavo/Schweiz Radio-Essay

23.9.1963

Lieber Herr Hildesheimer!

Herzlichen Dank für Ihr Manuskript, das, glaube ich, ganz so bleiben kann. Ich denke nicht, daß wir mehr als eine Stunde brauchen und wenn, könnte man doch ein paar kleine vorsichtige Schnitte anbringen.

Über die Qualität brauche ich Ihnen, glaube ich, nichts zu sagen. Stoff und Methode sind hier zu einer Einheit geworden, die es unmöglich macht, zwischen beiden zu unterscheiden.

Der Termin liegt auf dem 24.11.63. Ich bin im Moment geneigt, die Sache lieber mit einem Sprecher aufzunehmen. Wir ersparen Ihnen dann auch die Mühe. Kommen Sie nach Saulgau?[1]

Mit herzlichem Gruß, auch an Ihre Frau,
Ihr

Typoskript; Archiv des SWR; 19/12468.

1 Im württembergischen Saulgau tagte im Hotel »Kleber-Post« vom 25. bis zum 27. Oktober 1963 die Gruppe 47. Wolfgang und Silvia Hildesheimer nahmen an der Tagung teil, bei der Wolfgang Hildesheimer aus *Tynset* vorlas.

[14] Wolfgang Hildesheimer an Helmut Heißenbüttel

wolfgang hildesheimer 7742 poschiavo (grigioni)
7. Februar 1968

Herrn
Helmut Heissenbüttel

Süddeutscher Rundfunk
Postfach 837
7000 Stuttgart

Lieber Herr Heissenbüttel,

hiermit schicke ich Ihnen einen in sich selbst abgeschlossenen Text aus meinem nächsten Buch »Meona«,[1] das wohl im nächsten Frühjahr abgeschlossen sein wird. Käme dieser Text als Lesung für Ihr Radio-Essay in Frage?[2] Falls ja, würde ich ihn gern selbst lesen, aber das könnten wir ja noch verabreden. Auf jeden Fall wäre es mir lieb, wenn Sie ihn nicht allzuvielen Leuten zeigen würden. Auf keinen Fall soll er vervielfältigt verbreitet werden. Es hat ihn buchstäblich noch niemand gesehen. Würden Sie mir darüber schreiben? Und wenn Sie ihn nicht brauchen können, ihn mir wieder zurück schicken.

Ich hoffe, wir sehen uns einmal. Ich fahre nächste Woche auf eine mehrwöchige Lesereise durch Deutschland, aber leider sind Reutlingen und Karlsruhe die nächsten Orte bei Stuttgart, in denen ich bin. Kommen Sie doch einmal hierher.

Mit herzlichen Grüssen bin ich
Ihr hildesheimer

[angeklebter Zusatz:]
wolfgang hildesheimer 7742 poschiavo (grigioni)

Zum diktierten Brief noch ein Zusatz: ich stelle fest, dass dieser Text seine endgültige Form noch nicht hat. Er hat Härten, dünne Stellen, ist korrekturbedürftig. Trotzdem schicke ich ihn ein, so dass Sie, falls er Ihnen als ganzes gefällt, disponieren können. Würden Sie ihn mir aber dann auf jeden Fall zurückschicken? – Ich bin, wie immer, sehr unsicher.

Herzlichst Hildesheimer

Typoskript; Archiv des SWR; 19/12476.

1 *Meona* lautete anfänglich der Titel von Hildesheimers Prosaarbeit *Masante* (1973). In einem Gespräch, das ebenfalls 1968 geführt wurde, beschrieb Hildesheimer das Projekt folgendermaßen: »Heute – ich schreibe an einem neuen Buch *Meona*, da sind die Gefahren der Jetztzeit, die Gefahren und die Schrecknisse, die potentiellen Schrecknisse [...] verarbeitet. [...] so setzt sich der Ich-Erzähler [aus *Tynset*], also die Figur, meine Identifikation, in *Meona* fort [...] in einer anderen, einer späteren Zeit.« Vgl. Wolfgang Hildesheimer und Walter Jens, »Selbstanzeige«, in: Jehle, *Wolfgang Hildesheimer*, S. 228-239, hier: S. 229.

2 Welchen Textausschnitt des *Meona*/*Masante*-Materials Hildesheimer seinem Brief an Heißenbüttel beigelegt hatte, ist nicht überliefert. Allerdings sendete der Süddeutsche Rundfunk das Stück *Maxine*, das auf

Material aus demselben Prosakomplex beruht (Maxine ist der Name einer Hauptfigur aus *Masante*), am 8. Januar 1969 in der Regie von Fritz Schröder-Jahn (Kooperation zwischen Norddeutschem Rundfunk und Sender Freies Berlin).

[15] Wolfgang Hildesheimer an Helmut Heißenbüttel

wolfgang hildesheimer 7742 poschiavo (grigioni)

Herrn 24.3.68
Helmut Heissenbüttel
Radio Essay
Süddeutscher Rundfunk
Stuttgart

Lieber Herr Heissenbüttel,

nachdem ich den MEONA-Text nun mehrmals öffentlich gelesen habe, bin ich, trotz zustimmender Kritik, auf seine Schwächen gestossen: die beiden Häscher sind wohl in ihrer Schilderung zu direkt, da fehlt eine Dimension. Ich muss also noch einmal dran arbeiten und bitte Sie mir, das Manuskript zurückzuschicken. Vermutlich werde ich die Fabel dieses Textes im Context auflösen müssen, aber dafür schicke ich Ihnen, sobald ich einen habe, gern einen neuen Text.

Viele herzliche Grüsse,
Ihr
hildesheimer

Typoskript; Archiv des SWR; 19/12476.

[16] Helmut Heißenbüttel an Wolfgang Hildesheimer

Herrn
Wolfgang Hildesheimer
Devon House
Poschiavo
Schweiz

24.3.68 27.3.68

Lieber Herr Hildesheimer,

Dank für Ihren Brief vom 24.3. Ich schicke Ihnen das Manuskript beiliegend wieder zurück, möchte Sie aber doch sehr herzlich bitten, auch bei der eventuellen Umarbeitung an mich zu denken. Herr Gneuss[1] in Hannover wollte auch mitmachen.

Ob die Häscher zu direkt sind, weiß ich nicht. Ich würde sagen – wenn das verständlich genug ausgedrückt ist – daß das Identifikationsfeld, unter dem der Leser diese Häscher sieht, etwas eng ist. Die Schwierigkeit, so scheint mir, liegt darin, daß man diese beiden Figuren deutlich sehen muß, und daß sie deswegen durch wenige Charakteristika als selbstständige Figuren erkennbar sein sollten, daß aber das, was man mit ihnen in Verbindung bringt, einen relativ breiten Spielraum haben müßte. Ich denke mir, daß es sich gar nicht um eine Einarbeitung in einen Kontext handeln müßte, sondern um wenige Details, die zu finden Sie natürlich auch einfach eine glückliche Stunde brauchen. Es wäre sehr schade, wenn das Ganze in der Anlage aufgelöst würde.

Mir fällt noch etwas ein: Beide Figuren sind sozusagen an der Perspektive ihrer Funktion innerhalb des Erzähl-Zusammenhangs gesehen. Vielleicht genügen Details, die sie nur so ganz nebenbei als selbständig zeigen. Das könnten entweder realistische psychologische Details sein oder aber ganz eindeutig Traumdetails. Ich meine etwas, was doch oft Traumfiguren haben, wenn man sie nachträglich zu beschreiben versucht: Man hat die Figur einmal in dem ganz bestimmten Blickfeld dieses

Traums. Zugleich hat aber eine solche Figur etwas, was in dieses Blickfeld gar nicht recht einzupassen ist, einem aber doch, wenn man über den Traum nachdenkt, außerordentlich wichtig vorkommt.[2]

So viel Meinung eines Lesers. Vielleicht können Sie es mit verwenden.

Herzliche Grüße

Ihr

Typoskript; Archiv des SWR; 19/12476.

1 Walter Christian Gneuss (geb. 1924), Journalist, ab 1961 Leiter der Abteilung »Kulturelles Wort« im Funkhaus Hannover des N(W)DR, von 1970 bis 1987 dann Leiter der Hauptabteilung »Wort« beim Norddeutschen Rundfunk in Hamburg.

2 Traum als ›anderer‹ Modus des Denkens und der Darstellung bildet ein Leitmotiv in Heißenbüttels dichterischem und kritischem Werk. In seinem Essay »Über die Erweiterung der Vernunft. Georg Christoph Lichtenberg. Aufklärer und Träumer«, den Heißenbüttel wie Hildesheimer wegen seines kreativ-assoziativen Denkens schätzte, schrieb er etwa: »Traum, Traumreflexion, Traumerzählung stehen im Werk Lichtenbergs stellvertretend für eine Erweiterung der Vernunft. Eine Erweiterung nicht ins Unerkannte, Magische, Irrationale, sondern in eine neue Art der Kombinatorik, der Verbindung von begrifflichem und bildhaftem Denken, eine Erweiterung auch in eine neue Dimension der Erfahrung, in der die Neugier sich freier entfalten kann, als im nüchternen Alltag des Registrierten. […] Traum und Träumen spielen bei Lichtenberg eine so exemplarische Rolle, weil die Übertragung (die Transposition) wie die Verwandlung (die Metamorphose) des Traums für ihn offenbar so etwas wie eine Demonstrationsmöglichkeit war. Lange vor Freud hat er das entdeckt, was Freud spekulativ das unbewußte Denken genannt hat.« Helmut Heißenbüttel, »Über die Erweiterung der Vernunft. Georg Christoph Lichtenberg. Aufklärer und Träumer«, in: ders., *»Neue Blicke durch die alten Löcher«*, S. 90-104, hier: S. 97.

[17] Wolfgang Hildesheimer an Helmut Heißenbüttel

wolfgang hildesheimer 7742 poschiavo (grigioni)
2. April 1968

Herrn
H. Heissenbüttel
Süddeutscher Rundfunk
Postfach 837
7000 Stuttgart 1

Lieber Herr Heissenbüttel,

herzlichen Dank für Ihren Brief. Vielen Dank dafür, dass Sie sich mit meinen Manuskripten solche Mühe gemacht haben. Ich verstehe genau was Sie meinen, denn meine und W. Jens Kritik liefen ja mehr oder weniger auf dasselbe hinaus. Ich kann im Augenblick noch nicht sagen, ob dieser Text nach Bearbeitung als abgeschlossenes Ganzes dasteht, aber wenn ja, schicke ich ihn Ihnen sofort. Falls nicht, bekommen Sie einen guten anderen Text, der im Augenblick allerdings erst als Rohtext besteht.[1]

Mit vielen herzlichen Grüssen
Ihr
hildesheimer

Typoskript; Archiv des SWR; 19/12476.

1 Vgl. Brief 14, Anm. 2.

DJUNA BARNES

»Djuna Barnes hat mir eine Dimension eröffnet für das, was man machen kann«, sagt Wolfgang Hildesheimer in einem Gespräch über sein Schreiben.[1] Kennengelernt hatte er Barnes nie persönlich, und zugleich kam er ihr vielleicht näher, als eine persönliche Begegnung es je erlaubt hätte. Hildesheimer übertrug Barnes' große Prosadichtung *Nightwood* (1936) ins Deutsche: Eine Feier und ein Manifest der westlichen Moderne, eine wilde, wuchernde Revue unterschiedlich geformter Erzählstücke, die von den verbrennenden Liebesbeziehungen einer Figur namens Robin zu verschiedenen Männern und Frauen handeln, vor allem zu Nora, die an der Unmöglichkeit, für diese Liebe eine Form im Leben zu finden, beinahe zerbricht. Hinzu kommt ein weise versponnener Doktor, der mit all diesen Figuren nächtliche Gespräche führt. »Das Generalthema«, schreibt Hildesheimer 1959 im Nachwort der deutschen Buchausgabe, »ist die Nacht um uns und in uns, der wir, obgleich zum Teil von uns geschaffen, ausgeliefert sind.«[2]

Djuna Barnes, 1892 im Hudson Valley nördlich von New York City geboren, war eine der schillerndsten Figuren des 20. Jahrhunderts. So öffentlich wie kaum jemand lebte sie in Liebesbeziehungen zu Männern und Frauen, wurde zur Ikone weiblicher Bisexualität. Als Reporterin amerikanischer Journale berichtete Barnes in den 1920er-Jahren vom jeweils letzten Schrei der Mode, der Literatur, des Klatsches aus Europa. Zurück in den USA, lebte sie fünf Jahrzehnte lang bis zu ihrem Tod im Jahr 1982 fast völlig isoliert von der Öffentlichkeit in einem winzigen Apartment im Greenwich Village von New York City. »Ich bin die berühmteste Unbekannte meiner Zeit«, sagte sie einmal über sich selbst. Im Paris der 1920er-Jahre war sie mit James Joyce, Ezra Pound, T. S. Eliot und Gertrude Stein befreundet. Sie alle schätzten und verehrten Barnes' dichterische Kraft und ihren humorvollen Scharfsinn.

Mehrfach bekräftigt Hildesheimer, er halte Djuna Barnes – neben Joyce und Kafka – für die bedeutendste Autorin des 20. Jahrhunderts und *Nightwood* für das womöglich größte Prosawerk unserer Zeit.[3] Seine Übersetzung *Nachtgewächs* gestaltet sich geradezu als euphorische Zusammenarbeit: Hildesheimer schickt detaillierte Übersetzungsfragen, Barnes antwortet umgehend und kollegial. Die Korrespondenz und Kooperation mit Hildesheimer wirkt für Barnes wie ein Anker ins Leben und in die Lebendigkeit, nachdem 1959 in kurzer Folge drei ihrer engsten Vertrauten gestorben waren. Er habe ja sicher gehört, dass sie nie Gäste empfange, schreibt Barnes einmal, aber wenn Hildesheimer zur Gruppe-47-Tagung nach Princeton und damit in die Nähe von New York käme, wolle sie ihn unbedingt treffen. Zu einer Begegnung kam es nie. Dennoch öffnet Barnes sich dem fast 25 Jahre jüngeren Autor auf für sie vollkommen außergewöhnliche Weise. Sie erfindet und variiert eine für sie ungewöhnliche Grußformel: »I wish the best for us both.«

In Deutschland kannte man Djuna Barnes' Namen, aber Anerkennung, ja Begeisterung bei der Kritik und eine breitere Leserschaft erlangte sie erst mit dem Erscheinen von Hildesheimers *Nightwood*-Übersetzung im Herbst 1959. Dies Datum steht mit dem Erscheinen von Johnsons *Mutmassungen über Jakob*, Grass' *Blechtrommel* und Walsers *Halbzeit* oft für einen Aufbruch der deutschen Literatur aus der Nachkriegszeit in die nachholende Moderne der 1960er-Jahre – von der ihm eigenen Stellung am Rand hat *Nachtgewächs* mitgeschrieben an diesem Wendepunkt.

Aus der Euphorie über die gelungene Zusammenarbeit gibt Barnes auch die Übersetzung für ihr zweites Hauptwerk an Hildesheimer, das Versdrama einer englischen Familie ihrer Epoche im Jahr 1939, *The Antiphon* (englisch 1958). Hildesheimer sagt zu, aber eher widerwillig. Für die Korrespondenz beginnt ein zähes Jahrzehnt des Verschiebens, Verzögerns, Nicht-Antwortens. Andere Übersetzer werden ins Spiel gebracht. Mal heißt es, es sei schon eine Aufführung an einem Theater geplant. Dann wieder monatelanges Schweigen. Allmählich werde es absurd, meint Barnes im siebten Jahr nach Vertragsabschluss. Lange kommt es nicht zum Bruch. Erstaunlicherweise. Beim harten, auch traurigen, verstummenden Ende des Briefwechsels hat Hildesheimer das letzte Wort.

Die rätselhafte Unmöglichkeit um *Antiphon* prägt die Korrespondenz und das Verhältnis zwischen Barnes und Hildesheimer ebenso wie die sagenhaften Möglichkeiten im Zusammenhang mit *Nightwood.* Diese Überlagerungen auflösen zu wollen wäre verfehlt. Der Briefwechsel scheint vielmehr die Frage zu stellen, welche Geschichte von Unauflösbarkeit zwischen Möglichem und Unmöglichem hier erzählt wird. Und inwieweit sich diese Geschichte in der Sprache zwischen Hildesheimer und Barnes abspielt – im Englischen *und* in der Tätigkeit des Übersetzens.

Hildesheimer bewegte sich frei im Englischen, es war für ihn, der jahrelang in England und im britischen Mandatsgebiet in Palästina lebte, wie eine zweite Muttersprache. Englisch war aber zugleich die Sprache, in die Hildesheimer drei Jahre lang während der Nürnberger Prozesse die Täteraussagen zu beispiellos grausamen Verbrechen simultan übersetzte. Seit Ende der 1950er-Jahre litt Hildesheimer an posttraumatischen Auswirkungen seiner Übersetzertätigkeit – schwere Depressionen, Schaffens- und Schreibblockaden. Auch während und nach der Arbeit mit Barnes' *Nightwood* treten die Symptome auf – vielleicht nicht aus diesem Grund, aber dennoch zur selben Zeit. Vermied Hildesheimer deshalb, sich ähnlich intensiv auf *Antiphon* einzulassen?

In einem Brief vom Mai 1962 bittet er Djuna Barnes um Nachsicht für ein längeres Schweigen: »I was suffering – as I often do – from a terrible depression and found myself unable to do anything. Even writing a letter seemed an unsurmountable problem. All I can do during these periods is travelling« (14. Mai 1962). Barnes, selbst erfahren in schweren psychischen Erkrankungen verschiedener Art, zeigt Mitgefühl für Hildesheimer und nimmt's mit Humor: »How fortunate you are that you can travel, even tho' it's horror that buys your tickets.« Und dann, unmittelbar anschließend, ohne Absatz: »Sorrow takes one abroad.« (29. Mai 1962)

Solche Sätze bekommt Hildesheimer von den Briefen mit Barnes geschenkt: »Sorrow takes one abroad.« Abroad – dorthin, so könnte man es lesen, bricht er auf mit dieser Korrespondenz. Einiges kann er mitnehmen, anderes nicht. Zurück bleibt, unter anderem, Djuna Barnes. Zuerst will er ihr ein Theaterstück widmen, später seinen Roman *Tynset*, aber letzten Endes trägt keines seiner Bücher eine Widmung für sie. Hildesheimers Hinwendung an die Autorin von *Nightwood* bleibt dennoch lesbar.

All seine großen Nachttexte und -monologe entstehen im direkten zeitlichen Umfeld von *Nachtgewächs* und dem Briefwechsel mit Barnes: Vom »Hamlet«-Fragment (1961) und den *Vergeblichen Aufzeichnungen* (1962) über das *Nachtstück* (1963) und vor allem *Tynset* (1965) bis hin zu *Masante* (1973), dessen Figur der Maxine er ohne Kenntnis des Doktors aus *Nightwood* nicht hätte schreiben können, wie er einmal sagte.[4] Sie markieren (nach den *Lieblosen Legenden* und ihren Erkundungen des Absurden) einen Wendepunkt in Wolfgang Hildesheimers Schreiben: einen zweiten Beginn seines Schreibens *nach der Shoah*.

Sind jene Schriften lesbar als die Eröffnung einer »Dimension dessen, was man machen kann«? Sie versetzen Autor und Leser in die Begegnung mit einer anderen »Nacht um uns und in uns, der wir, obgleich zum Teil von uns geschaffen, ausgeliefert sind«. Hildesheimer lässt ihr in seinen Nachttexten jener Zeit eine Figur begegnen, die auch mit dem Briefwechsel mit Barnes zu tun hat: *Schlaflosigkeit* – das Bild für *ein Können, das aus Unvermögen* besteht.[5]

Die hier abgedruckten Dokumente stellen eine Auswahl aus den ingesamt 93 erhalten gebliebenen Schriftstücken – Briefen, Postkarten, Telegrammen – der Korrespondenz zwischen Wolfgang Hildesheimer und Djuna Barnes dar. Barnes und Hildesheimer, beide nicht nur den Nachtseiten der Existenz, sondern auch den kreativen Kräften des Unbewussten zugewandt, hinterließen Briefdokumente mit teils bemerkenswerten, sprechenden Tippfehlern; einige wurden hier in den Anmerkungen nachgewiesen und kommentiert.

1 »Wolfgang Hildesheimer im Gespräch mit Dierk Rodewald«, in: Dierk Rodewald (Hg.), *Über Wolfgang Hildesheimer*, Frankfurt am Main: Suhrkamp 1971, S. 159.

2 Wolfgang Hildesheimer, »Nachwort zu Djuna Barnes' ›Nachtgewächs‹«, in: GW VII, S. 355-358, hier: S. 358.

3 Vgl. etwa die Briefe 2 und 12.

4 Vgl. Wolfgang Hildesheimer, *Ich werde nun schweigen*, Göttingen: Lamuv 1993, S. 85.

5 Vgl. Emmanuel Lévinas, »Die Spur des Anderen«, in: ders., *Die Spur des Anderen. Untersuchungen zur Phänomenologie und Sozialphilosophie*, Freiburg und München: Alber 2007, S. 209-235, hier: S. 225 f.

[1] Djuna Barnes an Wolfgang Hildesheimer

Five Patchin Place, N. Y. II. N. Y.
5, Jan[uary], 1959

Herr Wolfgang Hildesheimer,
Care Verlag Günther Neske,
Pfullingen, Kloster,
Germany.

My dear Herr Hildesheimer,

If you have any questions you wish to put me regarding my novel Nightwood,[1] which Verlag G. Neske tells me you are translating into the German, you can reach me at the above address. And if you wish a photograph of me I am sure Faber and Faber, who are my agents in the matter, will be more than happy to send you one. I trust that you will not find the translating too difficult, and of course I shall be most happy to give you what assistance I can.

Sincerely yours,
[Djuna Barnes]

Typoskript; Djuna Barnes Papers, University of Maryland/Washington, D.C.

1 Im Spätsommer 1958 hatte Wolfgang Hildesheimer für den Verlag Günther Neske eine Probeübersetzung von Djuna Barnes' Roman *Nightwood*, zuerst erschienen 1936 im Londoner Verlag Faber & Faber, angefertigt. Im Herbst stimmte das englische Verlagshaus der Auftragsvergabe zu. Hildesheimer nutzte für seine Übersetzung die zweite Auflage von Barnes' Roman aus dem Jahr 1950.

[2] Wolfgang Hildesheimer an Djuna Barnes

Poschiavo, I Grigioni, Switzerland
7th March 1959

Dear Miss Barnes,

I have now translated about one third of NIGHTWOOD (which I more and more believe to be the greatest work of fiction of this century) I hope to have finished the work by the beginning of June so that the book can come out in September.[1] It will cause quite a sensation in literary Germany, as many people know a b o u t the book but have never been able to read it.
Here then is my first list of questions. I hope this does not bother you. There are about two more to follow, the same size.

The first two questions concern words which I had no difficulty in translating; it is only that I want to make sure that there is no idiomatic meaning to them.
1. Is a ›rambling desk‹ (page 17, line 4 from the bottom) a fixed term?
2. " " ›falling arc‹ (page 19, line 2 from top) " " "?
(I thought the latter might have something to do with the Spanish Riding School, but I hope not.)

The next question is more difficult. It concerns Page 38, the paragraph beginning: ›The one House ....‹ I am right, am I not, in assuming that the two Houses are the two religions? But can you help me to understand the ›hard-‹ness of the ›gift of gab‹? – ›You can blame no man for anything ....‹ – concerning what? – ›.... and you can't like them at all.‹
Whom? I must confess that I am rather at a loss concerning this.

Page 43 and the following: ›cab‹ – do you want this translated ›Droschke‹ or is it a taxi?

Page 44, lines 15 and 16. ›.... He always takes in the show.‹ Does this refer to the circus or is there any idiomatic meaning to this?

Page 124 lines 7 to 6 from the bottom: ›..... and you go far away backward by the crown ....‹ What does ›by the crown‹ mean? ›.... your conscience belly out and shaking.‹ If you had to put a verb after ›belly out‹, what would the verb be?

Page 162 line 3 from the bottom: ›the horse who knew too much‹. May I translate the horse ›Stute‹? (mare) Or does the ›She‹ (last line) no longer refer to the horse but only to Robin?

That is all, for the present.

I hope you don't mind my having left out (page 47 line 3 from the bottom) ›in bad German‹. If I hadn't I would have had to translate the following ›The lady will pay‹ into bad German which is difficult with so short a sentence. Also, in this case the ›bad German‹ would have been unnecessary. So I just had to give him the benefit of good German.

With best wishes
Sincerely yours
Wolfgang Hildesheimer

Typoskript; Djuna Barnes Papers, University of Maryland/Washington, D.C.

1 Wolfgang Hildesheimers Übersetzung von Djuna Barnes' *Nightwood* erschien im Herbst 1959 im Verlag Günther Neske unter dem Titel *Nachtgewächs*. In der Zeitschrift *Merkur* erschien in Heft 13 (1959) ein Vorabdruck des Kapitels »Wächter, was spricht die Nacht?« mit einer Einführung Hildesheimers.

[3] Djuna Barnes an Wolfgang Hildesheimer

Five Patchin Place, N. Y. II. N. Y.
11, March, 1959

Wolfgang Hildesheimer
Poschiavo, I Grigioni
Switzerland.

Dear Herr Hildesheimer,

First, thank you for your appreciation of NIGHTWOOD, I hope your public enjoys it, when it comes out.

Now for the [question] on page 17 – »rambling desk[«] means a large, rangy, ample affair.
Page 19 – Does not a falling arc explain itself? – caught in a prancing leap – nothing to do with the Spanish riding school. But why do you hope not?

Page 38: Yes, »The one house –« the two religions. The one house »is hard« – the Protestant (or any other »house« not the Catholic was to the doctor »a hard house«), the »soft,« the Catholic – »the gift of gab« is hard because you get tired of listening to anyone who goes on talking endlessly … perhaps you do not have the phrase »a gift of gab«? It is usually applied to Irishmen. »You can blame no man for anything –« it means what it says, in short the doctor[']s opinion for fate and the devil, and going with it the certainty that »you can't like men at all. You can't approve of them.[«]

Page 43: – a cab is a carriage, a hack, usually four wheeled, but it does not matter. It could be a Taxi. It [Wort nicht entzifferbar] carriage.

Page 44: »He always takes in the show« – Frau Mann is of the circus, he takes in »the show« – the circus.

Page 124: – »And you go far backward to the crown–« Crown, what does it mean? The crown of the head. Don't you have that in German? »your conscience belly out and shaking-« metaphorically your terror, and your general fears belly out and shaking« – the already mentioned »startled bell in the stomach« – in short, terror, with the turmoil in the stomach consequent upon it.

Page 162: How can you ask this question? The horse is spoken of as a she, therefore of course you may use the word mare for her; and how could the line »by the way she stood, that something lay between her hooves« refer to Robin!!!! He is talking about a horse, the mare, who, in shock of the war, gave premature birth.

When you ask a question like this you give me considerable concern, for this passage seems clear, compared perhaps to other passages in the book.
Regarding »Bad German«, so long as the idea of letting »the lady pay« is left in, it should be well enough.

I would like to draw your attention to one point on page 89 that has been misread by some, I particularly wish it to be understood; lines ten and part of eleven – »my foot stubborn on the cast of your grave« – the picture of Robin's rising from her grave, leaving a ring of earth about the spot, as worms leave the cast of their egress; the earth thrown up by their rising.

Do please feel at liberty to ask me any question regarding the translation. I want it to be as nearly perfect as you must.

And I thank you for all the painstaking effort you are putting into the work. I wish the best for us both. By the by, have you seen my last work, The Antiphon, a play in verse, out last February?[1]

Sincerely,
D. B.

Typoskript; Djuna Barnes Papers, University of Maryland/Washington, D.C.

1 Djuna Barnes, *The Antiphon*, London: Faber & Faber 1958.

[4] Wolfgang Hildesheimer an Djuna Barnes

Poschiavo
17th March [1959]

Dear Miss Barnes,

thank you very much indeed for your immediate reply.

But you need not worry: I did not think that something lay between Robin's hooves. I have lost my own letter but I must have expressed myself very stupidly. To anyone who understands the book at all it will come out clearly enough that the mare gave premature birth.

Unfortunately we have no ›crown of the head‹ in German and here I confess that my circumscription of this passage was very clumsy. But now, I am sure, I shall come to a satisfactory solution.

I am glad to say that otherwise I did not have to change anything after having received your letter. Of course, the ›falling arc‹ explains itself. I only wanted to make certain that this self-explanatory meaning was right.

Thank you very much for drawing my attention to page 89, lines 10 and 11. I have not translated this chapter yet, but I will remember what you say when I come to it.

My next list of questions concerning the chapters five and seven will come shortly. But if there are other passages you want to draw my attention to without my asking – I should be very glad if you did, and very grateful. Translating NIGHTWOOD is very difficult, and, naturally, I want it to be as perfect as you do.

Indeed, I have read ›THE ANTIPHON‹ and I greatly admire it. Perhaps I shall translate this, too, one day.[1]

Sincerely yours
Wolfgang Hildesheimer

Typoskript; Djuna Barnes Papers, University of Maryland/Washington, D.C.

1 Hildesheimers Absicht, Barnes' *The Antiphon* zu übersetzen, blieb für seinen Briefwechsel mit der Autorin bis zu dessen Ende im Jahr 1972 bedeutsam.

[5] Wolfgang Hildesheimer an Djuna Barnes

Poschiavo
1st June 1959

Dear Miss Barnes,
What are ›moth-orchids‹ (page 144, line 14) and how do you ›rate‹ them?
What does ›hent‹ (page 149, line 10) mean?
What would you use as a synonym for ›quarters‹ as used on page 178, line 13?
Who is ›Brech‹? (page 179, line 13)
What does ›to her end‹ (same page, line 5 from the bottom) mean here?

What is ›papelero‹? (page 180), line 4, from the bottom)
Page 181, ›that grim horse with ample glue in every hoof to post up my deeds when I'm dropped in and sealed with earth!‹ The French Translation says:
›ce farouche cheval qui a bien assez de colle à chacun de ses sabots pour expédier mes actions par la poste quand on m'aura laissé tomber dans la boîte aux lettres et cachet de terre.‹
Is this correct?

What is a Bannybrook umbrella? (page 133, line 5)

With best regards,
Yours sincerely,
Wolfgang Hildesheimer

Typoskript; Djuna Barnes Papers, University of Maryland/Washington, D.C.

[6] Djuna Barnes an Wolfgang Hildesheimer

5th of June, 1959
[New York]

Wolfgang Hildesheimer,
Poschiavo,
Switzerland.

[handschriftl.:] I can[']t ask the doctor – he died this year.[1]

My dear Herr Hildesheimer:

Page 144___ I have not the slightest idea, at this point in time what moth-orchids are, it was the doctors word for some special sort of orchid which may or may not have had such a name in proper (tho its possible) He had a way of saying things like that, remember? The word ›rated‹ as used here, means ›considered as worthy‹ of a corbeille of this particular style of orchid, or win success, as the dictionary has it, deserving

Page 179___ ›lookin at her quarters‹ ...at her parts, privy external organs of sex.

Page 149 (line 10) ›hent to heaven‹ ..probably an archaism, you see I can not go over now all the lost books I've read, notes forgotten, and memorys [sic] lost. It not only would take too long, but I am not well enough to go to such a labour. But I should imagine simply gone off to heaven, will do.

As for papelero, that is another lost word, something in my reading now forgotten, some dictionary, in some language, some foreign book, I do not know, and if you don't either just leave it as one of the doctors strange exclamations[2]; no one else had asked about it.

Page 181: ›that grim horse with ample glue in every hoof to post up my deeds when I'm dropped in and sealed with earth‹ – the grim horse is death, the ample glue is referring to the glue made of horses hoofs, and this horse that he will ride will also supply the glue necessary for sticking up an account of the doctor when he is buried is what it means.
A Bannybrook umbrella (page 133, line 5) sounds like a Scottish sort of affair, one more of the doctors flights of fancy. Tartan?[3]

D. B.

Typoskript; Djuna Barnes Papers, University of Maryland/Washington, D. C.

1 Barnes notierte diese Zeile per Hand auf die rechte obere Ecke des maschinenschriftlichen Briefes.

2 Korrigiert aus Barnes' ursprünglicher Schreibung »exclimations« – ein Tippfehler, welcher der Merkwürdigkeit der Ausrufe und Redeweisen des Doktors ein »Klima« mit einschreibt.
3 »Tartan?« handschriftlich ergänzt. Tartan ist ein hochwertiger, traditionell in Schottland gefertigter Stoff, der typischerweise in (rot-)karierten Mustern für Decken, Schals und Krawatten verwendet wird.

[7] Djuna Barnes an Wolfgang Hildesheimer

24th April, 1961.
[New York]

Mr. Wolfgang Hildesheimer
Poschiavo (Graubünden)
Switzerland.

Dear Mr. Hildesheimer:

I've just signed the contract with Suhrkamp (with you named as translator) for The Antiphon.[1] I am more than happy with the really wonderful reports from Germany re[garding] the translation of NIGHTWOOD, they could not have been more generous;[2] I am praying therefore that though you say you are »not a poet«, you will prove to be (with the help, you say, of two friends?),[3] and turn out as fine a translation as NIGHTWOOD.[4] I know poetry »can't be translated«.

I want you to see some passages from the report from Sweden. The play had its premiere on the 17th of February, and with but two exceptions the press was, I'm told, enthusiastic.[5] It is also quite obvious that The Antiphon is a difficult poem. And I am sending you just as soon as it is in order, a corrected copy of The Antiphon for you to translate from. A new edition is coming out here in the autumn with the errors out (some mine some printers) and with rearrangement of verse in places that I

have decided were probably to obscure.[6] So please wait for this copy before taking off on the job, and delighted I am that we could secure your gifts.
How has your new play gone?[7] I have not heard of it here yet. Look forward to news of it. Your life in the country (even if you are a small age, 45!) and the orchard, sound delightful; and you say music and paining [sic][8]. Perfect..except for the six weeks lecture tour ...

Muir dead[9], and Ernst Robert Curtius dead[10]...
Always sincerely
D. B.

Typoskript; Djuna Barnes Papers, University of Maryland/Washington, D. C.

1 Wolfgang Hildesheimer war Anfang 1960 zum Suhrkamp Verlag gewechselt. Da Djuna Barnes unbedingt ihn als Übersetzer von *The Antiphon* haben wollte, veranlasste sie den Vertragsabschluss mit Suhrkamp, obwohl zunächst der S. Fischer Verlag als Erscheinungsort für die deutsche Übersetzung ihres lyrischen Dramas vorgesehen war.
2 Vgl. Adolf Frisé, »Portrait der verlorenen Generation«, in: *Süddeutsche Zeitung*, 5./6. März 1960; Wolfgang Koeppen, »Kaum gelesen, gepriesen und verdammt«, in: *Die Zeit*, 8. April 1960.
3 Nicht ermittelbar.
4 Djuna Barnes ersetzte hier das ursprünglich getippte Wort »possible« handschriftlich durch »NIGHTWOOD«.
5 Djuna Barnes' *The Antiphon* feierte am 16. Feburar 1961 Welturaufführung am Royal Dramatic Theater in Stockholm. Das lyrische Drama wurde dort – wahrscheinlich unter der Regie von Karl Ragna Gierow – in der schwedischen Übersetzung von Gierow und Dag Hammarskjöld auf die Bühne gebracht.
6 Die revidierte Fassung von *Antiphon* erschien im Rahmen von Djuna Barnes, *Selected works: Spillway, The Antiphon, Nightwood*, New York: Farrar, Straus & Cudahy 1962.
7 *Die Verspätung*, siehe Brief 8, Anm. 5.
8 Djuna Barnes wollte vermutlich »painting« (Malerei) tippen, wobei ihr Tippfehler phonetisch und buchstabengetreu der Musik den »Schmerz« (pain) zur Seite stellte. Vgl. hierzu Brief 14.

9 Der schottische Dichter Edwin Muir (1887-1959) hatte als Außengutachter für Faber & Faber sowohl Barnes' *Nightwood* als auch *The Antiphon* mit großem Nachdruck gefördert und auch durch seine Freundschaft mit T. S. Eliot für den Erfolg beider Bücher eine wichtige Rolle gespielt.

10 Ernst Robert Curtius (1886-1956), deutscher Philologe und Romanist, der neben seinen Forschungen zum lateinischen Mittelalter auch enge Verbindungen zu zeitgenössischen Autoren wie T. S. Eliot unterhielt.

[8] Wolfgang Hildesheimer an Djuna Barnes

Poschiavo, 4. Mai 1961

Dear Miss Barnes,

many thanks for your kind letter. Yes, I shall start some time this year on THE ANTIPHON. How long it will take me, I really do not know yet. I believe that there is already a rough translation in existence: a Djuna-Barnes-enthusiast – a young woman I do not know but who is supposed to be very clever, English Scholar, employed as a dramaturg (an untranslatable term: what a reader is to a publishing firm, a ›Dramaturg‹ is to the theatre) at the very good and reputed theatre of Darmstadt – has tried her hand at it.[1] If I can use this rough translation as a basis of my own I might save time. I shall let you know about the progress when the time comes.

Enclosed I am sending you a cut-out from the German Theatre magazine THEATER HEUTE. Your play – in Stockholm – is very favourably reviewed by one of the bestknown German critics: Siegfried (!) Melchinger.[2] But it is obvious that he does not understand it. The two fotografs do not look t o o good to me. I should have imagined something more impressively stylized. I wonder what the productions will be like in Germany!! Why is this play not being done in the States or in England?

My last play was a flop![3] But I saw a good performance of one of my former plays in Belgium. And I have just written a new one which is coming in Düsseldorf, probably in June.[4] I did want to write prose again (I have written one short novel and a book of short stories[5]) but after having read – and translated – NIGHTWOOD I am discouraged, and I think so should everybody. I still believe it to be the best prose of our century.

Yours very sincerely
hildesheimer

Typoskript; Djuna Barnes Papers, University of Maryland/Washington, D.C.

1 Nicht ermittelbar.
2 Siegfried Melchinger (1906-1988) leitete ab 1952 für ein Jahrzehnt das Feuilleton der *Stuttgarter Zeitung*, wurde anschließend Professor für Theater-Theorie und gilt als einer der einflussreichsten Theaterkritiker der Nachkriegszeit; vgl. die erwähnte Kritik unter dem Titel »Wechselgesang« in: *Theater heute* 4/1961, S. 20ff.
3 Die Premiere von *Landschaft mit Figuren* am 29. September 1959 an der Tribüne Berlin (West) im Rahmen der Berliner Festspiele. Die Presse urteilte niederschmetternd: »Nur Ionesco kann so etwas« (*Die Welt*, 2. Oktober 1959), »Nur ein überkandidelter Quatsch mit Soße« (*Der Abend*, 30. September 1959).
4 Am 14. September 1961 wurde Hildesheimers Stück *Die Verspätung* in den Düsseldorfer Kammerspielen (Regie: Hansjörg Utzerath) uraufgeführt.
5 Hildesheimers Roman *Paradies der falschen Vögel* war 1953 erschienen, im Jahr davor seine Kurzprosasammlung *Lieblose Legenden*.

[9] Djuna Barnes an Wolfgang Hildesheimer

17th May, 1961
[New York]

Mr. Wolfgang Hildesheimer
Poschiavo [handschriftl.:] (GR)
Switzerland.

Dear Mr. Hildesheimer:

I was very glad to hear from you, and to have the clipping form the Theatre magazine on The Antiphon,[1] tho I can't read it, a most aggrevating thing for me, as I have a really extraordinary large number of clippings from my German publisher on Nightwood, all (or most) of which, they tell me, are extraordinarily appreciative, none more so than your most kind evaluation of my prose. But do not be discouraged, what you have to say can only be said by you ... one can be discouraged..I have been many times..when reading someone particularly admired..it goes into the blood, but (if you can wait long enough!), it is eaten, and then there you are!

That »one of your best known critic«, Siegfried Melchinger, does not »understand« The Antiphon is not extraordinary,[2] – I don't think anyone has understood it without some study, even Muir who loved it almost beyond anything in the poetry of our time, took some weeks before he came to that conclusion. I have tried in my present corrections of the play to make the line more regular – which was not at first intended – and to make some points more easily understandable, because after all it was monumental good fortune that he, Muir, met Mr. Hammerskjöld[3] just when he did, in Cambridge, and that, when His Excellency[4] was visited by his friend Dr. Gierow[5], both of them had read it and came about, the one and the other, to translate it, and the theatre Royal to produce it. The Germans have also shown interest, as you know, but America & England! – they are not so daring, at least, not as yet.

Indeed no one was more surprised than I when my Swedish translators decided to produce the play. When I wrote it, and after I had written, I had a notion that it might not even get printed, and indeed, it took Faber and Faber about two years and a half before they did print it. Only two other people, as far as I know recall, a Hollywood (of all things) producer and Mr. James Reeves[6], the English poet and critic, thought it would play. I am hoping your German translation will be as happily received as was your translation of NIGHTWOOD. The Germans did like that one, didn't they. I think you like Nightwood better than the play?

We will have to have a number of letters going back and forth with this project, – I was not as helpful, perhaps, as I should have been with the Swedish translation – I was upset when asked to explain exactly what the plot was, what the meaning was. I felt I did not know how to go about it; that I'd have to write another play to explain the play. Judging from the fine reviews of the translation as such, and the production as a whole, it would seem that everything came out as well as could be. I of course can't judge of the Swedish, nor of the production as I was not there. I read, or I think I do, from your clippings, that the very excellently astonishing looking Mr. Olle Hilding,[7] read his line with distinction, I could wish that Sif Rudd (Augusta)[8] had been an older woman (which of course she doesn't!), there is nothing I more abominate than grease paint to make years, it never works – and she should have been gaunt – but one can't have actors to order, and no author, it is said, is ever satisfied with anything at all! Well, be that as it may, I am more than satisfied, and honoured by the courage and kindness shown me by the Secretary General and Dr. Gierow and the Royal Theatres director[9], and their cast. I couldn't be more pleased, though a little sorry that the play as a whole, was not totally comprehended. I have to admit, had it been it would have been a wonder. I'll do my best to explain to you everything that you question, and please do question everything, no matter how small, which you do not »get«. I fear it is a very difficult play.

This young lady (whom you do »not know«) who is she?[10] And how, why, what was she intending, in translating the play? I never had a word from her, or from Darmstadt. .how did you hear about it? You sound dejected – where are those two poets you mentioned as friends you were intending to call in if necessary?[11]

I am so sorry your play was a »flop«. What kind are your plays? Shall you be in Düsseldorf for your new play, in June? What a pleasant, ghastly excitement for you! A »good performance in one of your plays in Belgium« – how I envy you in being able to so easily get about. I suffer frightful attacks of asthma, which has finally got to me to a point where I look upon travel with a jaundiced eye. .tho I flirt with the idea, from time to time.

Good luck to us all –
Sincerely,
[Djuna Barnes]

P. S. By the way, did you see the London Times Supplement full middle page review of The Antiphon? The reviewer did not understand all of it [handschr.:] (The Antiphon) either, tho very friendly toward it, he thought that Miranda was »degraded« – good heavens! And he has somewhat too much of a notion that it was based on the Greek, which it is not; but he had a last line very gratifying (tho somewhat checked by the word <u>eccentric</u>) »it is probable that there will always be one or two eccentrics who think that it gives its author the first place among women who have written verse in the English language.«. . and just before that he remarks »The Antiphon, because of its uncompromising bitterness and its equally uncompromising language, is even less likely than Nightwood to prove popular.« The paperback Nightwood is just out, I think it is in its 9th edition in English[12], and Nightwood, The Antiphon, and ten short stories will appear in one volume (I don't like one volume editions) this fall.[13]

Typoskript; Djuna Barnes Papers, University of Maryland/Washington, D.C.

1 Siehe Brief 8.
2 Siehe Brief 8.
3 Dag Hammarskjöld (1905-1961), schwedischer Politiker und Diplomat, seit 1953 Generalsekretär der Vereinten Nationen, bewunderte Barnes' Versdrama *Antiphon*, er fertigte gemeinsam mit dem Dichter und Theaterintendanten Karl Ragna Gierow eine Übersetzung ins Schwedische an und veranlasste die Uraufführung des Stücks am Königlichen Theater in Stockholm. Hammarskjöld kam im September 1961 bei einem Flugzeugabsturz in Sambia ums Leben. Vgl. Roger Lipsey, *Hammarskjöld. A life*, Ann Arbor: University of Michigan Press 2013.
4 Gustav VI. Adolf, König von Schweden (1882-1973).
5 Der schwedische Dichter und Regisseur Karl Ragna Gierow (1904-1982) leitete von 1951 bis 1963 das Königliche Theater in Stockholm, präsentierte seit 1961 in seiner Funktion als Sekretär der Königlichen Akademie die Nobelpreise und galt als Spezialist für die Werke des amerikanischen Dramatikers Eugene O'Neill. Vgl. auch Brief 7, Anm. 5.
6 James Reeves (1909-1978), britischer Dichter und Kinderbuchautor.
7 Olle Hilding (1898-1983), schwedischer Theater- und Filmschauspieler.
8 Sif Ruud (1916-2011), schwedische (Film-)Schauspielerin und Darstellerin der Augusta in der Stockholmer Erstaufführung von *The Antiphon* im Februar 1961.
9 Ab 1960 arbeitete auch der legendäre Filmemacher Ingmar Bergman (1918-2007) als Regisseur am Königlichen Theater, dessen Leitung er 1963 für drei Jahre übernahm.
10 Siehe Brief 8.
11 Siehe Brief 7.
12 Den Einschub »I think it is in its 9th edition in English« hat Barnes handschriftlich vorgenommen.
13 Barnes, *Selected works*.

[10] Wolfgang Hildesheimer an Djuna Barnes

Poschiavo (Graubünden)
[handschr.] January 1962[1]

Dear Miss Barnes,

many thanks for your lovely card and the galleys which I received yesterday.[2] I am travelling south for two months next week and I shall take them with me.

Let me on this occasion wish you a very happy new year. I very much hope that you are better again and have recovered from your asthma. I have not given up hope that we might meet one day – we are vaguely planning to visit the States next year –.

I have a question to ask: my new play (called DIE VERSPÄTUNG)[3] was and still is a considerable success. It is coming out as a book in spring. May I dedicate it to you?[4] (You are, to me, one of the three greatest writers of this century.)

Yours sincerely
[handschriftl.:] hildesheimer

Typoskript; Djuna Barnes Papers, University of Maryland/Washington, D.C.

1 Auf Hildesheimers Brief ist (vermutlich von Djuna Barnes) handschriftlich notiert »Somewhere around January 1962«.
2 Am 30. November 1961 hatte Barnes nach Poschiavo geschrieben: »Dear Herr Hildesheimer: Is everything well with you? I am beginning to worry in earnest ... you have failed to say whether or no you received the corrected galley-proofs of The Antiphon, or to answer two letters [...]. I am having my winter asthma now, making work very difficult ... please do let me know that you have received the proofs, and what you

want me to do about getting you the last corrections. / I hope all is well with you, / Sincerely«.

3 Siehe Brief 8, Anm. 4.

4 Die Buchfassung von Hildesheimers Stück *Die Verspätung* erschien 1963 als Band 13 der edition suhrkamp (Frankfurt am Main) ohne Widmung an Djuna Barnes. Siehe auch Brief 12.

[11] Djuna Barnes an Wolfgang Hildesheimer

10th January, 1962.
[New York]

Dear Herr Hildesheimer:

Thank you for your kind note, (no date!) which I received yesterday. I am glad you got the galley-proofs before you left for what you say will be two months in the south. May you enjoy a warm winter – it has set in to be very chilly in New York.

How nice of you to want to dedicate your play, DIE VERSPÄTUNG, to me; it is an honour, and I wish it as much success in book form as it enjoys in stage production.

Might I ask, who are the other two writers you approve? This is natural curiosity.

You have never told me what you think of (and why) The Antiphon? Some like it better than Nightwood, some like it much less; certainly the two works are not similar.

Did you see the Neske publication of my short stories (written a very long time ago) translated by (I have no idea whether well or ill) Joachim Uhlmann, titled Eine Nacht Mit Den Pferden.[1]

I have reviews, but can't read German!

Do let me know if you do come to New York.

Yours sincerely,
[Djuna Barnes]

Typoskript; Djuna Barnes Papers, University of Maryland/Washington, D.C.

1 Djuna Barnes, *Eine Nacht mit den Pferden*, übersetzt von Joachim Uhlmann, Pfullingen: Neske 1961. Der Dichter und Übersetzer Joachim Uhlmann (geb. 1925) übertrug in den 1960er-Jahren unter anderem Bücher von Katherine Anne Porter, Samuel Johnson und Ambrose Bierce aus dem Englischen ins Deutsche. Siehe auch Brief 12.

[12] Wolfgang Hildesheimer an Djuna Barnes

Poschiavo (Graubünden)
16th January 1962[1]

Dear Miss Barnes,

thank you very much for your kind letter and for your agreement to my dedication. I am just wondering whether a book edition of a play is representative enough for such a dedication or whether I should wait with it until my novel is out (which would not be before autumn 1963.)[2] By then the ANTIPHON would be out, too. And probably put on the stage too. About the possibility of a theatre production, I shall know more in March, when I am back.

I think the ANTIPHON is a very great play. Whether I prefer it to NIGHTWOOD I shall not know until I have translated it. In translating your work it reveals itself best. The reason why you are, today, a writer for a happy few only is that people don't read you carefully enough. But I am quite sure that one day you will be recognised as one of the great literary figures of this century. It is only now – at least in the non-English-speaking countries – that Joyce begins to be recognised. He, incidentally is one of the three I meant, and the third is Kafka. I am sure that this does not surprise you.

EINE NACHT MIT DEN PFERDEN is well translated.[3] Not as well – although I say it myself – as NIGHTWOOD. But one must consider that most translations are somewhere between bad and unspeakable.

You are right: the dissimilarity between the ANTIPHON and NIGHTWOOD is absolutely striking. But they are similar in the great, vast, terrifying imagination.

Yours sincerely
hildesheimer

[handschriftl.:] and many thanks for the lovely christmas card!!

Typoskript; Djuna Barnes Papers, University of Maryland/Washington, D.C.

1 Jahreszahl handschriftlich (vermutlich von Djuna Barnes) zum maschinenschriftlichen Datum auf Hildesheimers Brief hinzugefügt.
2 Hildesheimer bezieht sich hier auf seinen Roman *Tynset*, der letztlich im Jahr 1965 – ohne Widmung – beim Suhrkamp Verlag erschien.
3 Siehe Brief 11, Anm. 1.

[13] Djuna Barnes an Wolfgang Hildesheimer

30th January 1962.
[New York]

Mr. Wolfgang Hildesheimer,
Poschiavo,
Switzerland.

Dear Mr. Hildesheimer:

Your letter of the 16th of January gave me great pleasure. One Swedish review spoke of The Antiphon as »for the rich in spirit«, and you speak of »the happy few«, as against a public that does not read »carefully enough«, generously putting me with Joyce and Kafka in some more happier future. I hope it may be so. Though why say that, when I shall not live to know anything of it! The public, as a rule, wants a prolific writer (tho T. S. Eliot became a furore on seventeen pages of a manuscript »The Waste Land«): and the public want a »public« figure; one must play the publicity game, one must – but then, you must know what it is that one »must«, and I am an hermit. And then the compliment of the matter of the dedication. You must do what you think best, play or book, and I shall be delighted.

Is there any work of yours in English?[1]

I am mailing you a paperback copy of NIGHTWOOD in case Suhrkamp wants to use any part of the information on back cover and front inner leaf.[2] And by the by, if you want copy some of the Swedish reviews on the translation of The Antiphon by Mr. Hammerskjöld and Karl Ragnar Gierow, just after its Stockholm production, I can mail them to you.

Hoping for the very best for both of us,
Yours sincerely,
[Djuna Barnes]

N. B. Some of my remarks here are misleading: I am »private« by nature, and suspect. .in ever increasing measure. . the frantic praise of the general public.

Typoskript; Djuna Barnes Papers, University of Maryland/Washington, D. C.

1 Zu diesem Zeitpunkt existierten keine englischen Übersetzungen von Hildesheimers Werken.
2 Hildesheimers zuerst 1959 im Verlag Günther Neske erschienene Übersetzung von Barnes' *Nightwood* wurde zunächst 1963 als Band 544 der Fischer-Bücherei (Frankfurt am Main und Hamburg) nachgedruckt, bevor es 1971 als Band 293 der Bibliothek Suhrkamp herauskam.

[14] Wolfgang Hildesheimer an Djuna Barnes

Poschiavo (Graubünden)
14. May 1962

Dear Miss Barnes,

please forgive me for not having written before. I was suffering – as I often do – from a terrible depression and found myself unable to do anything. Even writing a letter seemed an unsurmountable problem. All I can do during these periods is travelling.[1]

But now I am better, and the translation of the ANTIPHON is under way. I am afraid it will take a long time as there are always other things I have to do in between. I am not a professional translator and I can only dedicate half of my time to the ANTIPHON! I have wondered whether this is fair to you. But, on the other hand, if the ANTIPHON were in the hands of a professional translator the translation would come out so much worse.

Another thing is: I have never translated verse yet. At the moment I am working on the literal prose translation. But I am sure that I will have great difficulties when it comes to the final verse translation. I may need help then or, at least, advice. But I am almost sure that I can do it. I shall let you know about the progress and I am afraid that there will be a great many questions to ask.

Thank you very much for the book. I am very glad that your work has come out in a ›handy‹ edition.[2] One cannot help wishing that you had written more. Are you working on something new?

The first Theatre to do the ANTIPHON in German is the Landestheater in Darmstadt, a very good theatre. They have an excellent producer who is very keen on doing it. I am pretty sure that there will be other theatres to follow. Much depends of course on the casting of the two leading women. It may not be easy to cast Miranda a n d Augusta well. We shall see.[3]

You will hear from me again soon.

Yours sincerely
[handschriftl., sic:] Whildesheimer

Typoskript; Djuna Barnes Papers, University of Maryland/Washington, D.C.; auch abgedruckt in: *Briefe*, S. 113 f.

1 Hildesheimer hielt sich zu Beginn des Jahres 1962 mehrere Wochen in Israel auf. Am 18. Februar 1962 sandte er eine handschriftliche Postkarte, auf deren Bildseite die Moschee von Akko an der Küste nördlich von Haifa abgebildet war, nach New York: »Dear Miss Barnes, thank you for your letter. I am in Israel, at present, and I shall write explicitly as soon as I am back, in March, also about the planned stage production of the ANTIPHON. I do hope that you are well and that this year will be a better one for you than the last was./Yours sincerely/W. Hildesheimer«.

2 Barnes, *Selected works*.

3 Die deutsche Erstaufführung von *Antiphon* fand erst am 4. November 1992 am Frankfurter Schauspiel (Regie: Peter Eschberg) statt. Die Rolle der Miranda wurde dabei von Elisabeth Trissenaar, die Rolle der Augusta von Carmen Renate Köper gespielt.

[15] Djuna Barnes an Wolfgang Hildesheimer

29th May, 1962.
[New York]

Mr. Wolfgang Hildesheimer,
Poschiavo,
Switzerland.

Dear Mr. Hildesheimer:

I have your letter of May the 14th. I am sorry to hear that you have been suffering from a state of depression, and found writing letters to be an »unsurmountable problem«! I can't stand writing letters! In my case it's age, but in yours? How fortunate you are that you can travel, even tho it's horror that buys your tickets. Sorrow takes one abroad. I am glad however to hear that you are somewhat recovered, and trying to get The Antiphon into German. Of course I await news of it with the greatest interest, and how the verse translation comes.

How do you know of the Landestheater of Darmstadt wanting to do it? You said there were other theatres interested too. I don't understand this part of the matter. No one but you have told me of these offers?

I am sorry that I have »not written more«; one does what one can.[1] Am I working on something new? »Never send to know for whom the bell tolls«![2]
All very best wishes, and sympathy,

Typoskript; Djuna Barnes Papers, University of Maryland/Washington, D.C.; auch abgedruckt in: *Briefe*, S. 114f.

1 Siehe Brief 20, Anm. 2.
2 Das Zitat stammt aus John Donnes (1572-1631) XVII. Meditation seiner *Devotions upon emergent occasions* (1623): »No man is an island, entire of itself; every man is a piece of the continent, a part of the main. If a clod be washed away by the sea, Europe is the less, as well as if a promontory were, as well as if a manor of thy friend's or of thine own were: any man's death diminishes me, because I am involved in mankind, and therefore never send to know for whom the bell tolls; it tolls for thee.« Vgl. John Donne, *Devotions upon emergent occasions. Together with death's duell* [ohne Hg.], Ann Arbor: University of Michigan Press 1959, S. 108f.

[16] Djuna Barnes an Wolfgang Hildesheimer

28th January, 1963
[New York]

Herr Wolfgang Hildesheimer
Poschiavo (GR)
Switzerland.

Dear Herr Hildesheimer:

Your long silence worries me:[1] It worries me both for you and The Antiphon.

I have had a very hard winter of it, ill and in hospital, and ill again; the asthma increases, life does not; therefore it is doubly hard to hear nothing from you about the translation. I wrote you once before, but had no answer. I am sure I do not need to tell you that the life of a recluse is abominable without ones work, or news of ones work.

I hear that you have been doing a bit of travelling. Is it good news for you and your own writing? [handschr.] I hope so.

Always,
D. B.

Typoskript; Djuna Barnes Papers, University of Maryland/Washington, D.C.

1 Bereits am 23. Oktober 1962 hatte Djuna Barnes an Wolfgang Hildesheimer geschrieben: »Dear Herr Hildesheimer: Is everything all right with you? I wonder not having been asked any questions in regard to The Antiphon. / Personally, I have just come back from hospital ... complication of bad cold, heart and asthma, better now, but wondering about the fate of that play in German! Always sincerely, [D. B.]«.

[17] Wolfgang Hildesheimer an Djuna Barnes

[Postkarte aus Montegrotto;
vermutlich 11. Februar 1963]

Miss Djuna Barnes
Five Patchin Place
New York 11, N. Y.
U. S. A

Dear Miss Barnes, I am very sorry to hear that you have spent a bad winter. I do hope that you will have a good summer so that you can cope with all the questions which I shall have to ask you. Meanwhile I hope to meet Mr. du Sautoy next week in London.[1] I think he knows your work well and he can give me a few hints of general information. I do not want to bother you too much. I gave the Darmstadt Theater some pages of rough translation a few months ago and I am glad to say that they like it very much.

I shall write soon again
Yours hildesheimer

Typoskript; Djuna Barnes Papers, University of Maryland/Washington, D.C.

1 Peter du Sautoy (1912-1995) leitete von 1946 bis zu seinem Ruhestand im Jahr 1977 den Verlag Faber & Faber in London. Im Februar 1963 hatte Wolfgang Hildesheimer mit du Sautoy in London zusammentreffen wollen, um in Absprache mit Siegfried Unseld über eine Übersetzung von Djuna Barnes' *Antiphon*, deren Rechte bei Faber & Faber lagen, zu verhandeln. Die Begegnung kam nicht zustande. Vgl. auch Hildesheimers Briefe vom 4. März 1963 an Walter Boehlich und vom 11. März 1963 an Siegfried Unseld in diesem Band S. 247 ff. und S. 251 f.

[18] Djuna Barnes an Wolfgang Hildesheimer

First of March, 1965

Herr Wolfgang Hildesheimer,
Poschiavo (GR) Switzerland.

Dear Herr Hildesheimer,

You really have let me down. Years have passed away on the contract for a German translation of THE ANTIPHON, with you as the translator. You have left me entirely in the dark. I now hear that someone named Schnorr (and who is he?) is suggested by Suhrkamp in your place.[1] What does this mean?

Sometime in the past you said that you might not be able to translate the play, as you had never done anything in verse,[2] and if so, you knew someone who could help you. You also said you had given a partial translation to some theatre in Germany to look over, and that they had been interested in its production.

Then silence.

Please explain what is happening. If you really had as high a regard for my work as you professed to have, why are you afraid to be frank with me regarding this obligation, and your apparent inability to cope with it?

Please let me hear as soon as you can. You still have your time, mine is running out.

Sincerely,
[Djuna Barnes]

Typoskript; Djuna Barnes Papers, University of Maryland/Washington, D.C.

1 Robert Schnorr (1920-2001), Übersetzer, Autor, Dramaturg.
2 Wolfgang Hildesheimer schrieb auf einer handschriftlichen Postkarte aus Poschiavo im Jahr 1963 oder 1964 (Datum nicht entzifferbar):
»My dear Miss Barnes,
it is so terribly difficult. I am almost certain that I shall be able to finish the translation before next summer. You must realize that I have never translated verse. And your verse ...!!!
Yours hildesheimer«

[19] Wolfgang Hildesheimer an Djuna Barnes

Poschiavo (Graubünden)
[ohne Datum; März 1965][1]

Dear Miss Barnes,

no, I have not let you down. On the contrary: I would have let you down if I had proceeded with the translation of your play. I did not let you know before because I have tried again and again until I came to the result that a translation of your play would not have the same quality as the translation of NIGHTWOOD. That does not mean that my regard of your work is not as high as I professed. It means the opposite.

Also, I wanted to find you the perfect translator. Schnorr – who is an excellent translator was not my choice. I did not know about that arrangement. The translation is now being done – if Faber & Faber and (naturally) you agree – by Klaus Reichert who helped me with the translation of NIGHTWOOD.[2] The translation will then be looked through by Erich Fried who is a great poet and translator. (His new translations of Shakespeare are a great success on the German stage.)[3] I shall go through the final version myself.

Klaus Reichert has – as far as I know – started on his translation. I shall see him end of April in Frankfurt. I shall also see the people in Darmstadt who are putting your play on stage. (The fact that they liked the few pages of my rough translation does not mean that it was good.) As soon as I know more I shall let you know.

Sincerely yours
hildesheimer

Typoskript; Djuna Barnes Papers, University of Maryland/Washington, D.C.

1 Barnes notierte handschriftlich auf Hildesheimers Brief: »(Mailed around 14 of March, 1965 – H. does not date it)«.
2 Wolfgang Hildesheimer lernte Klaus Reichert (geb. 1938) höchstwahrscheinlich am Rande seiner Lesung am 20. November 1958 auf Einladung des »Vereins der Freunde des Theaters Gießen« kennen; Reichert studierte zu dieser Zeit Philosophie und Sprachen. In der Folge befasste er Reichert mit der Aufgabe, von einigen Kapiteln von Barnes' *Nightwood* eine Rohübersetzung anzufertigen (vgl. *Briefe*, S. 84ff., S. 88ff.). Seitdem blieben sie zeitlebens in Kontakt und erörterten wiederholt vor allem Übersetzungsprobleme.
3 Erich Fried (1921-1988) war 1938 aus Wien nach London emigriert, wo auch Hildesheimer zwischen 1937 und 1939 gelebt hatte. Wahrscheinlich trafen sich die beiden Autoren jedoch erstmals im Oktober 1963 bei der 27. Tagung der Gruppe 47 in Saulgau, auf der Hildesheimer aus seinem *Tynset*-Manuskript vortrug. »Wirklich gut« lernten sie sich – einer Aussage Frieds zufolge (*Briefe*, S. 156) – nicht kennen. Frieds Shakespeare-Übersetzungen erschienen ab 1969 im Wagenbach Verlag; als erstes Stück in Frieds Übersetzung war *Ein Sommernachtstraum* im Mai 1963 in Bremen aufgeführt worden.

[20] Djuna Barnes an Wolfgang Hildesheimer

[New York]
25th March, 1965.

How is your own work progressing?[1]

My dear Mr. Hildesheimer,

I was very glad to hear from you at last, tho I can't be happy about your long silence. Why didn't you tell me before, when I wrote asking you, that something was being done about the Antiphon? Well, never mind, so long that something is being done at last. I thank you for being so frank about everything now, and for your trouble in trying to find a translator for the poetry as good as you must have been with the prose of NIGHTWOOD. I say ›must‹, as I do not know German, but a great number of the critics of that translation gave you great praise. I regret my ignorance of the German tongue. I do hope you and your friend Klaus Reichert and the sharp eye of Erich Fried, and your own attention to the result, will see the play in that happy state that will bring it to production by ›the people in Darmstadt‹ (Who are they?)

I told Faber and Faber about your letter, and the present plan, and I think they will be pleased. I await further news from them. I'll let you know, if Suhrkamp does not, so soon as I hear.

Since that play was written, there have been sad happenings for me: the death of Dag Hammarskjöld, now the death of T.S. Eliot, and before that, the death of Edwin Muir. And the general deaths of one's people and one's own age running headlong at you ... what does one do? One reads Proust, last volume ›The Time Recaptured‹, or one writes poetry, which I am doing now, but very slowly, an art requiring as much strength as a seven day bicyclist.[2] And if you have not got that strength? Then a strength even more capricious?

Having a word of a lively move about the Antiphon is refreshing.
All very best wishes to you,
Sincerely,
[Djuna Barnes]

Typoskript; Djuna Barnes Papers, University of Maryland/Washington, D.C.

1 Handschriftl. Ergänzung von Barnes rechts oben auf dem Briefblatt.
2 Djuna Barnes, *Collected poems. With notes toward the memoirs*, hg. v. Phillip Herring und Osias Stutman, Madison: The University of Wisconsin Press 2005. Der Band enthält über 70 unpublizierte Gedichte aus Barnes' späten Jahren (1950-1982).

[21] Djuna Barnes an Wolfgang Hildesheimer

[New York, ohne Datum: 1968][1]

Dear Herr Hildesheimer:

First of all things, a very happy Christmas to you and your wife.

Secondly, who and what are the Misses Christine Koschel and Inge von Weidenbaum?[2] I hear they have taken on the translation of The Antiphon (it's beginning to be absurd!) to be produced at Zürich, end of 1969. Where goes Klaus Reichert? What of Düsseldorfer Kammerspiel? And did you know that Suhrkamp's lease on the play has lapsed (long since, I should think) and that the two ladies herein mentioned have now to sign on for the new one.

Do you know all this? Do you approve?

I'm completely lost – – an island floating away over the horizon. How can Sartre be so interested in himself!! I got »Words« because you told me it was your (one of your) – favorite books. There's something about that man that I find entirely unsympathetic. Proust (the monster) wonderful.

Of Tynset I've never seen or heard a word. Has it come into an English translation?[3]
You are quite right. Listen to the quadrigals of Gesualdo – – who was, I believe said to be I believe, a murderer.[4] The rest of everything gone to the dogs of fair.

Swirl of interest being shown over the discovery of the lost pages of the Waste Land among the Quinn papers.[5] Just had the exhaustive duty to finding (among millions of papers.) Eliot's letters to me, they to be published (I mean his letters in general) next winter, or somewhere about that time.[6] Otherwise not the

Italian critics regard NIGHTWOOD as »decadent«, »like a Chinese egg, buried seven thousand years« – – Montale: that it is translated splendidly by Filippo Donini, and is »a Bible of decadence« and remarks, as a side swipe, that The Antiphon most certainly will not be either translated or performed in Italy.«[7] (gets some of Nightwood's facts wrong) but speaks of the »genius of the poetry[«] – and so on, and so on.

Here everyone and everybody, striking – this time no heat, and the Hong Kong flu about.

As for the rest of the planet and its people – – back to the madrigals.

I am still trying to get something like right about my notes and poetry for them, and I would send them to you, except I keep re-writing. It's even worse with me than it was with Yeats.[8]

All best wishes,
Sincerely,
[Djuna Barnes]

Typoskript; Djuna Barnes Papers, University of Maryland/Washington, D.C.

1 Zwischen 1965 und 1968 bemühten sich Hildesheimer und Barnes in einem guten Dutzend Briefe weiter um das Zustandekommen einer Übersetzung von *The Antiphon* – allerdings ohne Erfolg.
2 Die Dichterin Christine Koschel (geb. 1936) lebt und arbeitet seit den 1960er-Jahren in Rom. Gemeinsam mit Clemens Münster und der Literaturwissenschaftlerin Inge von Weidenbaum (geb. 1934) gab sie 1978 die vierbändige Werkausgabe Ingeborg Bachmanns heraus.
3 Zu diesem Zeitpunkt lagen keine englischen Übersetzungen von Hildesheimers Werken vor.
4 Carlo Gesualdo (1566-1613), italienischer Fürst und Komponist zahlreicher Madrigale, soll aus Eifersucht seine Ehefrau und deren Lieb-

haber ermordet oder dessen Ermordung veranlasst haben. Der Erzähler in Wolfgang Hildesheimers Roman *Tynset* kommt ebenfalls auf die Geschichte dieses Mordes zu sprechen.

5 Ende der 1960er-Jahre tauchte im Nachlass von John Quinn (1870-1924), einem New Yorker Rechtsanwalt und Förderer T.S. Eliots (1888-1965), eine frühe, von Gerüchten umwobene, aber bislang der Öffentlichkeit unbekannte Fassung von Eliots Poem *The Waste Land* (1922) auf, das der spätere Nobelpreisträger (1948) an Ezra Pound geschickt und auf dessen Hinweise hin umgearbeitet hatte. Im Jahr 1971 gab die Witwe Valerie Eliot *The Waste Land. A facsimile and transcript of the original drafts, Including the annotations of Ezra Pound* im New Yorker Verlag Harcourt and Brace heraus. (Vgl. James Wood, »The First Waste Land II«, in: *New York Review of Books* 18. November 1971.) – T.S. Eliot, dessen Werke ebenfalls bei Faber & Faber verlegt wurden, hatte für Djuna Barnes' Erstausgabe von *Nightwood* (1936) ein Vorwort geschrieben, das dem Roman sogleich zu großer öffentlicher Aufmerksamkeit verhalf.

6 Der erste Band von T.S. Eliots gesammelten Briefen erschien letztlich erst 1988. Vgl. *The letters of T. S. Eliot*, hg. v. Hugh Haughton, John Haffenden und Valerie Eliot, 6 Bde., New Haven: Yale University Press 1988-2016.

7 Vgl. hierzu auch Phillip Herring, *Djuna. The life and work of Djuna Barnes*, New York: Penguin 1996, S. 259. – Der italienische Schriftsteller und spätere Literatur-Nobelpreisträger (1975) Eugenio Montale (1896-1981) hatte 1958 eine Kritik von Djuna Barnes' *The Antiphon* publiziert; Barnes' *Nightwood* war 1962 im Mailänder Verlag Bompiani unter dem Titel *Bosco di notte* in der Übersetzung von Filippo Donini erschienen.

8 Der irische Dichter William Butler Yeats (1865-1939) war bekannt dafür, seine Gedichte vielfach umgeschrieben und variiert zu haben. Eine Auswahl dieser Entwürfe und Notizen erschien als *The variorum edition of the poems of W. B. Yeats* im Jahr 1987 (hg. v. Peter Allt und Russell King Alspach; Ann Arbor: University of Michigan Press). Ann Lauterbach ist herzlich für diesen Hinweis zu danken.

[22] Wolfgang Hildesheimer an Djuna Barnes

Poschiavo (Graubünden)
27.12.68

Dear Miss Barnes,

many thanks for your letter. Your letters are amongst my treasures. – And a happy new year to you (if this letter does not arrive too late.)

I don't know these two young women. All I know is that
a) my friend Klaus Reichert, English reader at Suhrkamp, thinks highly of them.
b) Christine Koschel has written poetry which is very promising and Inge von Weidenbaum knows English very well, having lived, I believe, in England,[1]
c) they are young and said to be attractive.

I have talked about the Antiphon to my publisher who was here over Christmas. He promised to inform me about the state of translation as soon as he is back in Frankfurt (it should be almost finished) and to let me have the translation as soon as it is finished so that I can go through it. – Yes, it is true: the Zürich Schauspielhaus wants to produce the play end of 1969. After New Year I shall know more details, and I shall let you know immediately.

It is a pity that TYNSET has not been translated into English yet. It has been translated into practically all other languages. I could let you have it in French or Italian, (or in Slovenian or Japanese for that matter.) The French translation is good, the Italian almost excellent, I was lucky.[2]

I have your ›Bosco di notte‹, naturally. The translation is very good, I think better than the French.[3] It was very well received by the Connoisseurs but was not a popular success, it couldn't be. I should love to do something about it, but unfortunately my Italian is not quite good enough for me to talk about the book on the radio, ›il testo più leggendario dell' avanguardia internazionale‹.

You are not coming to Europe, I take it. My wife and I should be most happy to guide you through this dying world.

Best wishes from us both
Yours sincerely
Wolfgang Hildesheimer

[handschriftl.:] Have you known Ezra Pound?
Did you (do you) like him?[4]

Typoskript; Djuna Barnes Papers, University of Maryland/Washington, D.C.

1 Vgl. Brief 21, Anm. 2.
2 Vgl. die Nachweise der *Tynset*-Übersetzungen in: Rodewald, *Über Wolfgang Hildesheimer*, S. 187.
3 Vgl. Brief 21, Anm. 7. *L'Arbre de la nuit*, übersetzt von Pierre Leyris, erschien 1957 im Pariser Verlag Éditions du Seuil.
4 In ihrem Brief an Hildesheimer vom 8. Juni 1969 antwortet Barnes schlicht: »But of course I knew Pound.« Sie hatte Ezra Pound (1885-1972) in den 1920er-Jahren für das Magazin *Vanity Fair* porträtiert, und beide hatten gemeinsame Freunde aus ebenjener Zeit, als Barnes in Paris lebte. Zu den gemeinsamen Freunden zählten T.S. Eliot und dessen Frau Valerie, mit der zusammen Barnes den von Alter und Krankheit gezeichneten Pound am 12. Juni 1969, nur vier Tage nach ihrem Brief an Hildesheimer, in New York zum letzten Mal sah. Laut Valerie Eliot mochten sich Barnes und Pound, obwohl Letzterer sich abschätzig über *Nightwood* und Barnes' Prosa geäußert hatte. Möglicherweise hatte Barnes' knappe Antwort an Hildesheimer mit jener Ambivalenz zu tun. Vgl. Herring, *Djuna*, S. 234f. und S. 289ff. Hildesheimer wiederum stellte die Literatur Ezra Pounds in seiner zweiten Frankfurter Poetik-Vorlesung (5. Juli 1967) neben der T.S. Eliots als Beispiel der »Wirklichkeit der Reaktionäre« vor und wies sich selbst als »bestürz-

te[n] Zeugen mancher Wandlung« (GW VII, S. 61) aus. Hildesheimer markierte mit Nachdruck Pounds »krankhaften Antisemitismus« (S. 74). Wiederholt setzte Hildesheimer sich mit Pounds Forderung nach politischem Aktivismus des Schriftstellers kritisch auseinander – auch in Bezug auf die antiautoritäre Bewegung der 1960er- und ihre Ausläufer während der 1970er-Jahre. – Während eines Restaurant-Aufenthalts in Ferrara 1966 oder 1967 konnte Hildesheimer Pound zufällig an einem Nebentisch beobachten und fertigte darüber ein präzises Notat an (GW VII, S. 675 ff.).

[23] Wolfgang Hildesheimer an Djuna Barnes

Poschiavo
24.2.70

Dear Miss Barnes,

four months I have been working on the 19 pages of ANNA LIVIA PLURABELLE from FINNEGANS WAKE and have written no letters at all. Now it is finished and I am exhausted.[1]

I know that I should have written to you but I did not know how to. The fact is that I did n o t find the translation of ANTIPHON good enough to be published or performed. I am in a very difficult position now. I have obligations towards you <u>and</u> the publishers <u>and</u> the girls. They have tried very hard. There are a few mistakes in the translation which can naturally be corrected. But I had the feeling that they lack understanding for the imagery. However, even that I can explain to them. The main mistake is that they have ›decoded‹ (so to speak), they have ›interpreted‹ – mostly rightly – but they have failed to re-encode it, so that their lines have become too long, and the meter absolutely uncontrolled.

I have told them, and, naturally, they are very much upset, especially since they have worked very hard and h a v e managed to reproduce the meaning. You can imagine that I feel terrible about this – as you probably do too –. We don't know quite yet what to do. Tomorrow Inge v. W. is coming here to Poschiavo. We shall go through the text together – I have a few examples of my own translation, just to show them how I imagine it to be – and then they will have to start again. I shall ask I. v. W. to send me a sample of their renewed effort as soon as possible, that is to say: just a few pages from which I hope to be able to judge whether they can bring it off at all. If not, I shall have to do it.

But the trouble is: I could not do it now. I shall h a v e to finish my own play on which I have not worked for two years.[2] It is due for production during the next season, I have promised. It will take me four months to finish. I could start on ANTIPHON in summer. I could use the existing translation as a rough, so it would take me three to four months. But I still h o p e for the girls' sake that they can do it.

Naturally I did not rely on my own opinion entirely: I have spoken to the ›dramaturg‹ of the Zürich Schauspielhaus[3], who said that it reads like a rough translation, and to the English reader at Suhrkamp[4] who said it reads like prose. As I did not want the girls to think that these two are party – in fact they are not – I have asked them to have one of t h e i r friends read it. I don't know whether they have done so but shall find out tomorrow.

This is the ANTIPHON situation. The ALMANACK will be published in a bilingual edition with your illustrations.[5] RYDER I have not have time to read yet,[6] I h a d to concentrate on ALP and – in spare nights – on going through ANTIPHON.

Yours
[handschriftl.:] Wolfgang Hildesheimer

Typoskript; Djuna Barnes Papers, University of Maryland/Washington, D.C.

1 Hildesheimers *Übersetzung und Interpretation einer Passage aus »Finnegans Wake« von James Joyce* erschien zuerst im Band 297 der edition suhrkamp: Wolfgang Hildesheimer, *Interpretationen: James Joyce. Georg Büchner. Zwei Frankfurter Vorlesungen*, Frankfurt am Main: Suhrkamp 1969, S. 5-29. Hildesheimers Übersetzung ohne die Interpretation erschien als Band 253 der Bibliothek Suhrkamp in: James Joyce, *Anna Livia Plurabelle*, Frankfurt am Main: Suhrkamp 1970. Für weitere Angaben siehe GW VII, S. 773 f.
2 Hildesheimer bezieht sich hier vermutlich auf sein Stück *Mary Stuart*, das am 15. Dezember 1970 an den Düsseldorfer Kammerspielen uraufgeführt wurde (Regie: Konrad Swinarski). Laut einem Brief Hildesheimers an Christopher Holme vom Mai 1970 arbeitete Hildesheimer an *Mary Stuart* seit 1965.
3 Nicht ermittelbar.
4 Klaus Reichert; vgl. Brief 22.
5 Djuna Barnes, *Ladies almanack. Written and illustrated by a lady of fashion*, New York: Harper & Row 1972. Im Jahr 1928 war in Dijon/Frankreich ein Privatdruck des *Almanack* erschienen. Eine zweisprachige, illustrierte Ausgabe, wie von Hildesheimer angedeutet, ließ sich nicht ermitteln. Eine illustrierte deutsche Ausgabe des *Ladies almanack* erschien 1985 in der Übertragung von Karin Kersten im Berliner Wagenbach Verlag.
6 Djuna Barnes, *Ryder*, New York: Boni & Liveright 1928.

[24] Djuna Barnes an Wolfgang Hildesheimer[1]

January, 23, 1972.
[New York]

Herr Wolfgang Hildesheimer,
7742 Poschiavo (Grigioni)
Switzerland.

Dear Herr Hildesheimer:

Waiting for you ultimatum on the Roman translation of THE ANTIPHON.

I wonder, do you know all that has been going on with my works and Dr. Unseld?

I beg of you (who have been so kind regarding my work) to stop all production or printing of the THE ANTIPHON is, as I have heard, the young ladies of Roma have done a splendid factual translation of the play, but with all the poetry left out. That won't do. I've said so before but Dr. Unseld does not listen. You know, I presume, that he has put NIGHTWOOD out, without a contract?[2] In general, over some ten years, I've had a devil of a time with the publishing house of [handschriftl.:] Suhrkamp.

Typoskript; Djuna Barnes Papers, University of Maryland/Washington, D.C.

1 Dieser Brief ist in Djuna Barnes' Nachlass in zwei praktisch identischen Fassungen überliefert, wobei auf der Rückseite jeweils handschriftlich notiert ist »Not Mailed«; bisher ließ sich nicht ermitteln, ob Wolfgang Hildesheimer den Brief dennoch erhielt oder ob Barnes ihn tatsächlich nicht abgeschickt hatte; im selben Umfeld findet sich ein auf den 3. Februar 1972 datierter, zweiseitiger Brief von Barnes an Hildesheimer, der quer über die Seiten durchgestrichen ist, so dass sich die Notizen auch oder nur auf jenen Brief beziehen können.

2 Am 20. Mai 1972 schrieb Hildesheimer an Barnes: »Dear Miss Barnes, [...] I am afraid, you misunderstand the legal situation concerning NIGHTWOOD. Dr. Unseld has bought the rights from Neske which is perfectly in order. You will admit that he has made a much better book of it, moreover at a much more reasonable price. Could you specify your objection to this new edition? As far as I can see, it is a great literary success. And so it should be.«

[25] Wolfgang Hildesheimer an Djuna Barnes

Poschiavo
13.7.72

Dear Miss Barnes,

as I understand from Dr. Unseld you have not yet released the German translation of THE ANTIPHON for publication. I must say that I completely fail to understand your attitude in this matter. I wrote to you about six weeks ago to say that the translation was very good.[1] Meanwhile Faber's have put a reader on the translation, and I understand that he found it excellent. (It seems however that he was at a loss over some passages, as he did not know that the Roman ladies had used the new version; but that, I believe, has been cleared up.)

If you did not want the play to be translated and published in German, I can't help feeling that you might have said so before. You would have saved a number of people a great deal of trouble and money, especially Mrs. von Weidenbaum and Miss Koschel who have – literally – sacrificed a number of years to the translation of your play.[2]

I am afraid this is all I have to say to this matter,

Yours
[handschriftl.:] Wolfgang Hildesheimer

Typoskript; Djuna Barnes Papers, University of Maryland/Washington, D.C.

1 Am 20. Mai 1972 schrieb Hildesheimer an Barnes: »Dear Miss Barnes, many thanks for your letter to Dr. Unseld. It made me feel very guilty. I must have failed to tell you that the translation of THE ANTIPHONE [Hildesheimer buchstabierte den Titel des Stücks häufig auf diese Weise falsch, so dass »Antiphon« ein negiertes Ferngespräch eingeschrieben wurde] was very good. I do remember however having written to say that Reichert – who is a better judge of verse translation than I – would certainly not have passed it on for publication if it had not been good. At your request the sale of the book has been stopped. I cannot help regretting your decision, as I am sure that your public in Germany has been waiting for this book.«

2 Kurze Zeit später beendete Hildesheimer das Verhältnis zu Weidenbaum und Koschel. Am 4. August 1972 schrieb er aus Poschiavo:
»Liebe Frau von Weidenbaum,
wie ich höre, haben Sie auch dem Suhrkamp Verlag gegenüber zu verstehen gegeben, dass Sie mich als an der verzögerten Auslieferung des ANTIPHON schuldig betrachten.
Dazu möchte ich – abschliessend – folgendes sagen: zwar wusste ich, dass DB auf mein Urteil Wert legt, wusste aber n i c h t , dass sie das Erscheinen Ihrer Übersetzung tatsächlich davon abhängig mache.
Dennoch habe ich mich, als ich das Buch drei oder vier Wochen nachdem ich es erhalten hatte, las und gut fand, bei ihr für die Verzögerung entschuldigt. Das Lesen war seinerzeit für mich ein grosses Opfer, denn ich sass selbst an der letzten Fassung meines eigenen Buches und musste meine Arbeit unterbrechen.
Immerhin war das der 20. Mai, wie Ihnen der Verlag, dem ich einen Durchschlag geschickt habe, bestätigen kann. D.B.'s Genehmigung hätte also schon am 25. Mai da sein können. Anstattdessen hat sie – wie Inge Nachmann mir am Telefon sagte – Ihnen einen ungehaltenen Brief geschrieben. Daraufhin schrieb ich ihr sofort noch einmal, diesmal selbst ungehalten, und habe S i e (I. v. W./Ch. K.) verteidigt. Sofort darauf hat DB telegrafisch ihre Genehmigung gegeben.
Und nun nehmen Sie DB in Schutz, indem Sie mir den schwarzen Peter hinschieben. Ich halte das für unverdient und betrachte mich als von Ihnen zu Unrecht beschuldigt. Das wollte ich hiermit feststellen, und dass ich unsere Beziehungen als abgebrochen betrachte.
Mit bestem Gruss
W. H.«
(Suhrkamp-Archiv/DLA)

HANS MAGNUS ENZENSBERGER

»daß ein besseres und biegsameres und genaueres deutsch heute keiner von uns schreibt, ich erwähns nicht um dich zu peinigen, sondern nur der ordnung halber, weil es leute gibt die das nicht wissen.« (5. März 1965) Dieses Urteil über Wolfgang Hildesheimers *Tynset* ergänzte Hans Magnus Enzensberger nur wenige Monate später durch die Beobachtung: »du verbirgst es gemeinhin, daß du mehr von politik verstehst als die meisten die den ganzen tag davon reden« (1. November 1965). Diese knappen Charakterisierungen deuten auf die Gründe der Anziehung, die Hildesheimer auf den rund 13 Jahre Jüngeren ausübte: eine Verbindung von literarischer Exzellenz und politischer Intelligenz, die Mitte der 1950er-Jahre im westdeutschen Literaturbetrieb eine Ausnahme bildete. Hildesheimer dagegen traf in Enzensberger auf einen Kollegen, dessen unbändige Neugier diesen nicht nur mit weiten Teilen auch nichtdeutschsprachiger Literatur, sondern insbesondere auch mit klassischer und zeitgenössischer Moderne vertraut gemacht hatte. Auch diese Expertise besaß in den 50er-Jahren in Westdeutschland Seltenheitswert.

Hans Magnus Enzensberger (geb. 11. November 1929 Kaufbeuren) und Wolfgang Hildesheimer sind einander spätestens im Oktober 1955 auf der Tagung der Gruppe 47 in Bebenhausen begegnet. Zu diesem Zeitpunkt hatte Enzensberger gerade über Brentanos Poetik promoviert; in Bebenhausen stellte er sich erstmals als Schriftsteller vor. Schon wenig später setzte ein Briefwechsel ein, der mit Unterbrechungen über viele Jahre anhielt. Hildesheimer empfiehlt den jungen Kollegen an den *Merkur*-Herausgeber Joachim Moras, liest seine Gedichte im Rundfunk (»Autoren lesen ihre Lieblingsautoren«), sucht ihn für den Neske-Verlag abzuwerben und lädt ihn nach Poschiavo ein; sie schicken einander ihre neuesten Werke zu; schon bald sucht Enzensberger Hildesheimers – wohl überschätzten – Einfluss auf Hans Werner Richters Einladungspolitik für die Gruppe 47 zu nutzen; und immer wieder dreht sich die Korrespondenz um den schwierigen Versuch, Begegnungen entweder in Poschiavo oder aber in Enzensbergers abgelegenem norwegischen Wohnort herbeizuführen.

Die besondere Signatur dieses Briefwechsels besteht in dem eigentümlich ironischen und spielerischen Tonfall der Dokumente. Dafür sind die Anreden und die Absenderangaben hoch symptomatisch. Von »meister! Lieber wolfgang« geht es über »lieber tuborg«, »mein guter Gesell« und »Mein lieber Bruder in Christo« bis zu »Lieber Postumus«, »Lieber Karajan« und »Leber Tran«, als Absender finden wir »Karl Theodor«, »dein humpperdinck«, »Dein Malatesta«, »Ernst der Fromme«, »Samuel gutzgaudi«, »fra angelico«, »genius loci«, »carlsberg«, »Sieburg« oder »Dein graf luckner, geb. zeppelin«. Dass es sich keineswegs um gänzlich willkürliche Spielereien handelt, legen Namen wie »Sieburg« oder auch »Alfred G. Prufrock« offen[1], doch sind die Referenzräume, auf die sich die Namen jeweils beziehen mögen, in den meisten Fällen nicht mehr zu entschlüsseln. Dass bei heutiger Lektüre der Eindruck entsteht, der jeweilige Adressat habe möglicherweise schon seinerzeit keineswegs immer jede Anspielung exakt verstanden, deutet auf das Vertrauensverhältnis, das die Voraussetzung solcher Ungenauigkeiten erst bildet. Die gemeinsame Basis dieser Adressierungen, aber auch des oftmals ironisch-formellen Duktus der Briefe bildet das kategorial gebrochene Verhältnis beider Autoren zu einem bildungsbürgerlichen Habitus, dessen kulturelles Erbe zu *name-dropping* und teils unterwürfiger, teils autoritärer Floskelrede verkommen war. Was auf den ersten Blick als fast ununterbrochene Reihung von Kalauern erscheinen mag, war der – notwendigerweise sehr spezifische – Ausdruck einer gleichsam subkulturell geübten Dissidenz zu einem Kulturbetrieb, mit dem beide Autoren durch ihre tägliche Arbeit eng verbunden waren.

Wie ernst sie gleichzeitig diese Arbeit nahmen, legen jene Briefe offen, in denen sie einander in ihrer jeweiligen Profession begegnen. Die detaillierte Diskussion über die Neuausgabe der

Lieblosen Legenden verhehlt weder Enzensbergers Funktion als Lektor für den Suhrkamp Verlag seit 1960 noch die Hildesheimers als Urheber der Texte. Dass aber gerade der Wunsch des Lektors nach einer aktuellen Ergänzung (»Neue Geschichte auf jeden Fall«, Brief 14) in Hildesheimers »Schläferung – für h. m. e.« mündet, demonstriert eindrücklich, wie ein freundschaftliches Verhältnis nicht nur in der professionellen Kooperation bewahrt, sondern selbst zu einer unmittelbaren Produktivkraft werden kann. Dieselbe Ernsthaftigkeit zeigt sich im Brief vom 5. März 1965, in dem Enzensberger seine Würdigung von *Tynset* mit einem Hinweis verknüpft, der den archimedischen Punkt des Buches – die Allgegenwart der NS-Vergangenheit – so sorgfältig wie instinktsicher aufgreift: mit der Episode um Hermann Patzschke, einstigem Leiter der Gestapo in Norwegen und nachmaligem Geschäftsführer des später von Suhrkamp aufgekauften Lutzeyer-Verlags.

Nicht zuletzt daran, dass das Spiel mit Anreden und Absendern aufgegeben wird, deutet sich seit Mitte der 1960er-Jahre eine Lockerung des Kontaktes an. Ob Enzensbergers Weigerung, »eine israelnummer zu machen« (Brief 27) – seit dem Sechs-Tage-Krieg war Hildesheimer sehr an einer öffentlichen Diskussion in Westdeutschland über die politischen Verhältnisse im Nahen Osten gelegen –, zu dieser Lockerung beitrug, bleibt Spekulation. In seiner Frankfurter Poetik-Vorlesung 1967 sprach Hildesheimer achtungsvoll über Enzensbergers »schläferung«.[2] Dessen Rede vom Tod der Literatur im Kursbuch 15 hingegen wurde von ihm sofort mit Sorge registriert,[3] und noch viele Jahre später äußert er in einem Interview die Gewissheit, dass Enzensberger es »heute [...] zurücknehmen würde«[4]. Bei derselben Gelegenheit stellte er klar, »daß das, was ich mit dem Ende der Literatur, der Belletristik, der Fiktion meine, nichts mit dem zu tun hat, was Enzensberger damals [...] als ›Tod der Literatur‹ bezeichnete.«[5] Tatsächlich benannte Hildesheimer hier die maßgebliche Wegscheide. Während das von Enzensberger 1968 markierte Ende der Literatur für diesen kein Hindernis bildete, auch in den anschließenden Jahrzehnten in den verschiedensten Genres und mit großem Erfolg zu publizieren, mündete die von Hildesheimer wahrgenommene Zäsur in das »Ende der Fiktionen«, schließlich das Ende jeder Aktivität als Schriftsteller. Die Übereinstimmung im Poetischen wie im Politischen, die den besonderen Ton der Korrespondenz beider Autoren in den Jahren zwischen 1956 und 1966 begründet, war aufgebraucht.

1 Vgl. Briefe 21 und 17.
2 Vgl. GW VII, S. 57.
3 Vgl. Brief an Chawa und Ernst Teltsch, Dezember 1968 (WHA 668).
4 Hanjo Kesting im Gespräch mit Wolfgang Hildesheimer, »Das Ende der Fiktion«, in: Hanjo Kesting, *Dichter ohne Vaterland. Aufsätze zur Literatur*, Berlin und Bonn: Dietz 1982, S. 52-68, hier: S. 63.
5 Ebd.

[1] Hans Magnus Enzensberger an Wolfgang Hildesheimer

23 märz 1956
Dobelstraße 5
Stuttgart

lieber & verehrter herr hildesheimer
ich schulde Ihnen dank dafür, daß sie herrn moras[1] auf meine poemata hin gewiesen haben. er hat mir sehr zustimmend geschrieben & will einiges im »jahresring«, anderes im »merkur«[2] bringen. so geht das: man hält sich in seiner moritzwelt für subversiv und entdeckt auf einmal billigung. Nun, zu denjenigen, die gelegentlicher beifall ganz vernichtet, gehöre ich nicht – und deshalb, wie gesagt, meinen dank.

wir freuen uns auf »mozart«[3] und auf weitere postkarten, lässig eingeworfen in lissabon,[4] oder nantucket. Hier gibts viel ärger – zu beneiden sind immer nur andere, wie man sattsam weiß.

mit meinen complimenten für[5]
ihr enzensberger

Handschriftlich; Akademie der Künste Berlin, WHA 1091881344.

1 Joachim Moras (1902-1961), Publizist und Übersetzer, hatte 1947 zusammen mit Hans Paeschke (1911-1991) den *Merkur – Zeitschrift für europäisches Denken* gegründet, den er seither mit ihm herausgab. Ebenso war Moras Redakteur des *Jahresring*, einer Anthologie des Kulturkreises der Deutschen Wirtschaft.

2 Vgl. Anm. 1. – Im *Jahresring* 56/57/1956, S. 147-152, erschienen »larisa«, »il faut finir par cultiver son jardin«, »rätsel« und »für lot, einen makedonischen hirten«. Im *Merkur* 9/1956, S. 853-855, erschienen »schläferung«, »anrufung des fisches«, »ratschlag auf höchster ebene« und »klage um ingo ledermann«.

3 1956 wurde vom Süddeutschen Rundfunk Wolfgang Hildesheimers Radio-Essay »Dionysos – nicht Apollon« ausgestrahlt. Vgl. dazu auch in diesem Band. S. 43 ff. Ferner erschienen seine »Aufzeichnungen über Mozart« im *Merkur* 10/1956, S. 1033-1053.

4 Es folgt eine unleserliche Ortsangabe.

5 Es folgt ein unleserliches Wort.

[2] Wolfgang Hildesheimer an Hans Magnus Enzensberger

Liebe dagrun[1] tanaquil[2], aus unserem schönen Vaterlande sende ich Dir hiermit die herzlichsten Glückwünsche zur Geburt. Mögen Dir die unzähligen lieben Gesichter an Deiner Wiege lachen und eventuell auch Deinen lieben Vater von etwaigen subversiven Wegen abhalten. Was liest Du übrigens bei der Herbsttagung der Gruppe 47?[3]
Grüsse Deine Eltern herzlich von mir, und besuch uns mal.
Ab Ende Juli: DEVON HOUSE · POSCHIAVO · GRAUBÜNDEN · SCHWEIZ.
Dein alter Onkel Wolfgang (und Tante Silvia)[4]

Postkarte handschriftlich, Poststempel 12.6.1958; Deutsches Literaturarchiv Marbach.

1 Hans Magnus Enzensberger hatte 1957 die Norwegerin Dagrun Averaa, geborene Kristensen, geheiratet.
2 Tanaquil, die gemeinsame Tochter von Hans Magnus und Dagrun Enzensberger, wurde am 6. Juni 1957 geboren.
3 Die Gruppe 47 tagte vom 31. Oktober bis zum 2. November 1958 in Großholzleute im Allgäu. Hildesheimer und Enzensberger nahmen teil. Enzensberger las Gedichte, Hildesheimer »Der Brei auf unserem Herd«.
4 Silvia Hildesheimer, Wolfgang Hildesheimers Ehefrau.

[3] Wolfgang Hildesheimer an Hans Magnus Enzensberger

[1958]

WOLFGANG HILDESHEIMER · POSCHIAVO

lieber hme,

erst neulich haben wir, böll, anderschs und eben wir, an den Gestaden des Lago maggiore sitzend, in recht hohen tönen von Dir gesprochen, und jetzt denke ich mir: wie geht es Dir wohl? Wann reist Du südwärts, und über Poschiavo[1]? Wir würden uns vor Oktober freuen, nachher würden wir es bedauern, da wir dann nicht hier sind, es sei denn man sähe sich irgendwo in Italien. Ende Oktober ist Premiere (Einakter: Pastorale, der schiefe Turm von Pisa) in München,[2] vielleicht auch dann? Denn es ist sehr wahrscheinlich, dass um diese Zeit mal wieder eine Tagung der Gruppe 47 sein wird[3], es wird Zeit, wer weiss, wie lange noch?

übrigens lese ich in der reihe ›Autoren lesen ihre Lieblingsautoren‹ im Bayerischen Rundfunk drei Gedichte von dir. Candide, schläferung und ›Rast und Gedenken‹[4]. (Ausserdem lese ich noch drei von Günter Eich und zwei von Ingeborg Bachmann. Sie hat übrigens mit unbekanntem Ziel München verlassen, Eichs dagegen sind bis Herbst an der Nordsee, Böll wieder in Irland, Fred[5] in seinem Gebirgsnest[6] wo Giselas[7] Erdbeeren bereits reifen. Unsere noch nicht, dafür Petersilie, Basilikum, Buschbohnen und Radieschen.)

Und nun doch: hat es irgendeinen Zweck, Dich Deinem Verlag[8] abzuwerben, so dass ich Dich Neske[9] zuführen kann, oder ist das sinnlos? Ich dachte nur, weil Suhrkamp sich doch gewiss selbst bald zurückziehen wird und man mit Neske so gut auskommt und er die Bücher so schön macht. (Gegen meinen Band Stücke, der im September kommt[10], ist die Suhrkampsche Brecht-ausgabe – typographisch gesehen – Stümperei.)

Silvia lässt herzlichst grüssen. Sie korrigiert gerade ein paar Seiten Probeübersetzung aus NIGHTWOOD von Djuna

Barnes[11]. Kennst Du es? Up-hill-work, kann ich Dir sagen, dagegen ist ULYSSES Kinderspiel. Was tust Du?
Grüsse Dagrun und Tanaquil unbekannterweise,
[handschriftl.:] Dein Wolfgang

Typoskript, ohne Datum; Deutsches Literaturarchiv Marbach.

1 Der Ort im schweizerischen Kanton Graubünden war seit 1957 der Wohnort von Wolfgang und Silvia Hildesheimer.
2 Wolfgang Hildesheimers *Pastorale* hatte am 18. November 1958 an den Kammerspielen München in der Regie von August Everding Premiere. Sein Stück *Der schiefe Turm von Pisa* wurde dagegen nicht in München, sondern am Schlosstheater Celle am 18. April 1959 in der Regie von Hannes Razum uraufgeführt.
3 Vgl. Brief 2, Anm. 3.
4 Vgl. Hans Magnus Enzensberger, *verteidigung der wölfe*, Frankfurt am Main: Suhrkamp 1957, S. 22f., 10, 55.
5 Alfred Andersch (1914-1980): siehe auch in diesem Band S. 38-77.
6 Alfred Andersch wohnte seit 1958 in Berzona im schweizerischen Tessin.
7 Gisela Andersch (1913-1987), Alfred Anderschs Ehefrau, Malerin und Graphikerin.
8 Hans Magnus Enzensberger war seit seiner Veröffentlichung von *verteidigung der wölfe* (1957) Autor des Suhrkamp Verlages.
9 Verlag Günther Neske, Pfullingen.
10 Wolfgang Hildesheimer, *Spiele, in denen es dunkel wird*, Pfullingen: Neske 1958.
11 Wolfgang Hildesheimer übersetzte *Nightwood* von Djuna Barnes für den Neske-Verlag (Djuna Barnes, *Nachtgewächs*. Roman. Ins Deutsche übertragen von Wolfgang Hildesheimer, Pfullingen: Neske 1959).

[4] Hans Magnus Enzensberger an Wolfgang Hildesheimer

meister! lieber wolfgang,
wie labend war dein brief! er kam gerade in einer woche, wo keine fallschirmjäger unterwegs waren, und so lasen wir ihn mit ungetrübter freude. es itcht mich sehr, zu reisen, ich habe gar keine lust mehr, hier in meinem niefelheim zu sitzen, während ihr trauben und pfirsiche speist. wir fahren am kommenden Sonntag, allerdings nicht nach rom, sondern bloß nach heidelberg. (der römische aufenthalt, den wir im sinn haben, soll sich auf ungefähr ein halbes jahr ausdehnen, und aus einem unkraut von gründen haben wir ihn auf 1959 verschoben.) ich muß allerhand in bibliotheken arbeiten, eine kommodität, die es hier nicht gibt, und das übliche an redaktionen und verlagen »abwickeln«.

dank für deine anregung, zu neske[1] zu desertieren. in diesem fall möchte ich es aber bleiben lassen, der alte[2] hat sich nämlich sehr gut benommen. (warum eigentlich nicht umgekehrt? es würde ein schöner schuh daraus!) außerdem habe ich immer noch nichts gescheites geschrieben (unter etwas gescheitem verstehe ich ein stück oder eine umfangreiche prosaarbeit, um das anstößige wort roman zu vermeiden) und bin daher über keinem »objekt«. mein letztes werk heißt »ehre sei der sellerie«.[3]

wir bleiben zwei monate in deutschland, für die münchner premiere wird's also nicht mehr reichen. ich hoffe sehr, daß es zu einer tagung 47 kommt, aber ich glaube nicht mehr recht daran. richter[4] reagiert auf anfragen nicht. wir bedanken uns sehr, daß ihr uns in poschiavo sehen wollt. ich weiß noch nicht recht, ob das geht oder zuviel geld kostet, aber wir werden jedenfalls versuchen, ob wir ein paar tage schweiz schaffen können – auch a. a.[5] würden wir gerne sehen, und berzona[6] und poschiavo, das ist ja dann doch gehupft wie gesprungen.

an nightwood[7] haben schon viele leute ihre zähne ausgebissen, unter anderen koval[8], der ein guter übersetzer ist. eine großartige pièce noir, mit einem schuß violett drin. und du hast also einen BAND stücke![9] ich will sie sehen. uns gehts gut, hoch sollt ihr leben,

[handschriftl.:] dein h. m.e

[handschriftl.:] wenn wir kommen, dann nicht wie die parachutisten aus heiterem himmel, sondern schicklich angesagt.

Typoskript, ohne Datum; Akademie der Künste Berlin, WHA 10919881340.

1 Vgl. Brief 3.
2 Peter Suhrkamp (1891-1959) hatte 1950 den nach ihm benannten Verlag gegründet.
3 Hans Magnus Enzensberger, »ehre sei der sellerie«, in: ders., *landessprache*, Frankfurt am Main: Suhrkamp 1962, S. 62 f.
4 Hans Werner Richter (1908-1993), Schriftsteller und Mitbegründer der Gruppe 47. Von seiner Initiative hing wesentlich die Organisation der regelmäßigen Zusammenkünfte ab.
5 Alfred Andersch.
6 Anderschs Wohnort, vgl. Brief 3, Anm. 6.
7 Djuna Barnes' *Nightwood*, vgl. Brief 3, Anm. 11.
8 Alexander Koval (1922-1986), Essayist und Übersetzer, u. a. von Henry Miller, Robert Lowry und Tennessee Williams.
9 Vgl. Brief 3, Anm. 10.

[5] Wolfgang Hildesheimer an Hans Magnus Enzensberger

WOLFGANG HILDESHEIMER · POSCHIAVO

lieber hme,

welche enttäuschung! das huhn brodelte bereits im topf, der veltliner war warmgestellt, manches feuchtfröhliche war mit otl[1] und inge[2] geplant, dann kam die trauerbotschaft. nun schimpfen wir auf andersch. (aber nicht ihm ins gesicht, dann wird er immer böse, deshalb habe ich auch nie gewagt, ihm zu sagen, dass ich arno schmidt[3] für einen unterrockfreudigen provinzarchivaren halte. however ...)

könnt ihr nicht doch bis zur tagung im – für eure verhältnisse – süden bleiben? premiere ist um dieselbe zeit, entweder kurz davor oder kurz danach. man würde sich doch gern wiedersehen, von mancher wahnsinnsidee sprechen, auch kommt manch einer zur tagung, den zu treffen es sich lohnt. –

vielen dank übrigens für quoat-quoat[4]. hervorragendes stück, hervorragend übersetzt. ich habe es in münchen – sehr gut! gesehen[5], dort wo auch mein pastorale[6] kommt. auch das bühnenexemplar hatte ich schon, stauffacher[7] hatte es mir geschickt, ich bin nämlich dabei, zu ihm überzugehen.

mit gleicher post, oder vielmehr drucksache, fahren die SPIELE IN DENEN ES DUNKEL WIRD, (neske, pfullingen, erscheint in etwa vierzehn tagen). selbstverständlich schicke ich dir dann auch das – sehr schön werdende! – buch zu. wohin? nürnberg?

herzlichst,

dein [handschriftl.:] Karl Theodor

Typoskript, ohne Datum; Deutsches Literaturarchiv Marbach.

1 Otto Aicher, genannt Otl (1922-1991), Grafikdesigner, 1953 Mitgründer der Hochschule für Gestaltung Ulm.
2 Inge Aicher-Scholl (1917-1998), Ehefrau Otto Aichers und Mitgründerin der Hochschule für Gestaltung Ulm. Zu ihren fünf Geschwistern zählten Hans und Sophie Scholl, die wegen Aktivitäten in der Widerstandsgruppe Weiße Rose im Februar 1943 hingerichtet worden waren.
3 Arno Schmidt (1914-1979), Schriftsteller. Bis 1958 waren von ihm u.a. *Leviathan*, *Brand's Haide*, *Die Umsiedler*, *Aus dem Leben eines Fauns* und *Seelandschaft mit Pocahontas* erschienen.
4 Drama von Jacques Audiberti (1899-1965), übersetzt von Hans Magnus Enzensberger und Hans-J. Weitz. Die deutschsprachige Erstaufführung fand im Januar 1957 an den Bühnen der Stadt Köln statt.
5 Nicht ermittelbar.
6 Vgl. Brief 3, Anm. 2.
7 Ein Züricher Bühnenverlag.

[6] Hans Magnus Enzensberger an Wolfgang Hildesheimer

Enzensberger keßlerstraße 1 nürnberg tel 54317 1 oktober 58

lieber wolfgang
vielen dank für die fahnen der stücke! was für eine lektüre. wir haben uns gebogen, besonders beim pastorale, ich finde es das beste, weil es am komischsten ist, weil am meisten mimus und theater drinsteckt. und das buch, ich habe es auf der messe gesehen, ist fabelhaft gesetzt, gedruckt und gebunden. dazu kann man nur gratulieren: hiermit nämlich.

ich habe eine deprimierende, auf hochtouren laufende funk-manuskript-fabrik hier auf machen müssen, wie langweilig, dazu noch 1 buchmesse, dazu nürnberg, dazu germany: im tessin wär's weiß gott schöner gewesen. andersch ist an allem schuld! übrigens sehen wir uns sehen wir uns sehen wir uns, nämlich bei heilbronn (?) ende oktober chez 4711[1]. wie soll ichs nur bis dahin aushalten. zähne zusammengebissen wie ein plakat für die bundeswehr. schick mir bitte noch eine offz. einladung[2], damit ich weiß wo, wann etc. kommt grass? kommt walser? dreessen[3]? eich? mit ihm habe ich geredet (ihm zu-). ich rede allen guten leuten zu. wenn doch koeppen einmal käme![4] fred[5] ziert sich. willst du mir einen gefallen tun, vergiß nicht: klaus roehler[6], iffeldorf/obb, postfach; gert kalow[7], im alten brückentor, heidelberg; villy sörensen[8], höjbovej 7, köbenhavn, valby, danmark. [x)]

es ist entsetzlich viel schreibkram für dich, ich weiß ich weiß, das grüpplein müßte dir eine sekretärin engagieren. ich würde gerne helfen, aber von hier aus macht sich das wohl schlecht. wage es nicht ohne sylvia zu kommen. ingeborg[9] treffe ich nächstens in münchen, werde ihr sagen, daß sie nicht umhin könne.

dein biedrer ober- und unterfertigter
[handschriftl.:] hme

x) [handschriftl. Einfügung:] ferner unseld, suhrkamp-verlag; friedrich[10], fischer bücherei ... uswswsw

Typoskript; Akademie der Künste Berlin, WHA 1091881345.

1 Tagung der Gruppe 47 in Großholzleute, vgl. Brief 2, Anm. 3.
2 Über die Einladungen zu den Tagungen der Gruppe 47 entschied Hans Werner Richter, der sich dazu von verschiedenen Kollegen beraten ließ. Enzensberger scheint in diesem Brief den Einfluss Hildesheimers auf die Gästeliste zu überschätzen.
3 Wahrscheinlich Peter Dreesen, Journalist und Dokumentarfilmer, u.a. für den NWDR tätig.
4 Wolfgang Koeppen (1906-1996) nahm, einer Auskunft des Schriftstellers gegenüber Artur Nickel zufolge, an der Gruppentagung im Oktober 1954 auf Burg Rothenfels am Main teil (Artur Nickel, *Hans Werner Richter – Ziehvater der Gruppe 47. Eine Analyse im Spiegel ausgewählter Zeitungs- und Zeitschriftenartikel*, Stuttgart: Heinz 1994, S. 352); weitere Teilnahmen sind nicht bezeugt.
5 Alfred Andersch.
6 Klaus Roehler (1929-2000), Schriftsteller. Er hatte bereits im Oktober 1955 ein erfolgreiches Debüt bei der Gruppe 47 gegeben.
7 Gert Kalow (1921-1991), Schriftsteller, seit 1954 auch Dozent an der Hochschule für Gestaltung Ulm.
8 Villy Sørensen (1929-2001), dänischer Schriftsteller, Übersetzer und Kritiker.
9 Ingeborg Bachmann (1926-1973).
10 Heinz Friedrich (1922-2004), seit 1956 Cheflektor der Fischer-Bücherei im S. Fischer Verlag.

[7] Hans Magnus Enzensberger an Wolfgang Hildesheimer

enzensberger stranda norwegen 16 november 1958

lieber wolfgang
im ernst gesprochen: wollt ihr euch nicht im nächsten sommer zwei monate lang hierzulande niederlassen? die beste zeit ist juli-august. wir können gern für euch unsre fühler ausstrecken. hier in dieser gegend ist urbanes & komfortables kaum zu finden, dafür wird sich eine hütte am berg oder eine wohnung in einem ort wohlfeil auftreiben lassen. sind (wie ich fürchte) eure

ansprüche höher, so wird man in einer osloer zeitung inserieren müssen, um ein landhaus mit dem nötigen chic zu finden.

dies nur um zu zeigen, daß ich dich beim wort zu nehmen gesonnen bin, und weil man bereits möglichst anfang kommenden jahrs sich nach einem arrangement umsehen sollte. wichtig ist in jedem fall eine möglichst genaue spezifikation eurer wünsche.

schön wär's ja, insonderheit die aussicht darauf, daß wir ohngefähr die einzigen wären, eure ruhe zu stören. möge diese labsal eine wechselseitige sein!

bitte zögern sie nicht, mein herr, die bescheidnen dienste des unterfertigten gefälligst in anspruch zu nehmen.

gehorsamer diener, handkuß & empfehlung an frau gemahlin,
[handschriftl.:] dein humpperdinck

Typoskript; Akademie der Künste Berlin, WHA 1091881346.

[8] Wolfgang Hildesheimer an Hans Magnus Enzensberger

wolfgang hildesheimer, poschiavo (graubünden)

8. August 1961

Herrn Dr. Enzensberger
Suhrkamp Verlag
Frankfurt am Main

Liebster hme,

es handelt sich um folgendes: am 12. Oktober habe ich eine Premiere in Münster[1], zu der wir fahren. Am 27. Oktober beginnt, wie Du wohl weisst, die Tagung in der Lüneberger Heide.[2] Es lohnt sich kaum, in der Zwischenzeit nach Poschiavo zurückzufahren, und so spiele ich mit dem Gedanken, mal – was ich schon seit langem möchte – kurz nach Norden zu fahren, aus rein atmosphärischen Gründen, (ausserdem zeichne ich seit neuestem wieder und begeistere mich – seit dem Guricht[3] – an bird watching.) Meine Frage: wohnt Ihr dann schon in Norwegen, ist Euer Wohnsitz mit dem Auto erreichbar, gibt es ein Hotel in der Nähe und stört es Euch, wenn wir drei Tage oder vier in Eurer Nähe sind? Nach einem besuchsreichen Sommer wäre ein solcher Szenenwechsel just what the doctor ordered.

Bitte Grüsse Dagrun und Tanaquil von uns beiden und Dich auch

Herzlichst
[handschriftl.:] Dein Malatesta

Typoskript; Deutsches Literaturarchiv Marbach.

1 Am 18. Oktober 1961 hatte *Rivalen – Ein Lustspiel in zwei Akten nach Sheridan* auf den Städtischen Bühnen Münster in der Regie von Alfred Erich Sistig Premiere. Hildesheimer hatte das Stück des irischen Dramatikers Richard Brinsley Sheridan (1751-1816) für den Suhrkamp Verlag ins Deutsche übertragen.

2 Vom 27. bis zum 29. Oktober 1961 tagte die Gruppe 47 im Jagdschloss Göhrde in der Lüneburger Heide. Sowohl Enzensberger als auch Hildesheimer waren anwesend. Enzensberger trug aus dem Theaterstück *Die Schildkröte* vor; Hildesheimer las nicht. Enzensberger war mit der Lesung durchgefallen. Einer Erinnerung Hans Werner Richters zufolge hatte Hildesheimer während der Aussprache nur einen Satz gesagt: »›Schmeiß es in den Papierkorb.‹« (Hans Werner Richter, *Im Etablissement der Schmetterlinge. Einundzwanzig Portraits aus der Gruppe 47*, München und Wien: Hanser 1986, S. 141).

3 Ein – mutmaßlich vogelähnliches – Wesen in Wolfgang Hildesheimers Theaterstück *Die Verspätung* (1961). Der Name bzw. die Bezeichnung fällt jedoch auch schon in Hildesheimers wahrscheinlich 1939 entstandenem Gedicht »Pansuun«.

[9] Hans Magnus Enzensberger an Wolfgang Hildesheimer

lieber nobiscum,
das ist eine ausgezeichnete idee. seit dem gurícht[1] ist dir nicht besseres eingefallen. wir wohnen bis da hin, und zwar schon vom 15. septembris an, in norwegen. wir haben dort die lapidare adresse:
enzensberger, tjöme, norwegen.
tjöme ist eine insel im oslofjord, zwei autostunden von oslo entfernt, über eine brücke zu erreichen, und zwar entweder
1. von oslo aus über drammen und tönsberg, oder
2. vom kontinent aus direkt über frederikshavn (dänemark) – autofähre larvik – jarlsberg – tönsberg.

auf tjöme kennt uns bis dahin jedes kind, unser haus liegt gleich neben dem prestegaard, wenn dir der ein begriff ist. die insel hat hunderte von betten auszuweisen, schlummer-probleme gibt es nicht. birds fürs watching werde ich rechtzeitig bestellen.

es herrscht große freude über eure existenz und eure tollkühnheit, in dasjenige vorzustoßen, was die leute ringsum uns grusliger- und sinnloserweise den »hohen norden« zu nennen belieben.

alle möglichen grüße, herzlich auch dagrun sagts,
dein
[handschriftl.:] ernst der fromme

Typoskript, ohne Datum; Akademie der Künste Berlin, WHA 1091881349.

1 Vgl. Brief 8, Anm. 3.

[10] Wolfgang Hildesheimer an Hans Magnus Enzensberger

wolfgang hildesheimer, poschiavo (graubünden)

Herrn
Dr. H. M. Enzensberger
Suhrkamp Verlag
Frankfurt am Main

Lieber Tuborg,

vielen Dank für Deinen Brief. Wir werden uns also beim norwegischen Reisebüro – hoffentlich gibt es ein solches – in Zürich erkundigen, gegebenenfalls schon einen Platz auf der Autofähre bestellen, zu Euch kommen, und kaum in Tjöme angekommen ein xbeliebiges Kind fragen, wo Ihr wohnt. An Euch wird es sein, zwei von den hundert Betten der Insel – möglichst nebeneinander – für uns zu bestellen.

Wenn bis zum 12. Oktober die Welt nicht untergegangen sein sollte – ein Fall, mit dem man rechnen muss – würden wir am 13. Okt. Münster verlassen und auf gemütlichem Wege via Hamburg und andere Vogelreservate nordwärts fahren. So etwa – genaueres später – am 18. Okt. wären wir in Tjöme, wahrscheinlicher aber noch am 17. und würden am 24. – hoffentlich unter Mitnahme Deiner Person – und Dagrun??! – wieder in Richtung Heide[1] abfahren. Wie wär das?

Ich nehme an, es lohnt sich, das Auto mitzunehmen? Man könnte doch mal nach Oslo (oder ist es dort scheusslich?) Oder nach Lyngdal Skotselv (des Namens wegen.)

Als birds for watching ziehe ich Kormorane[2] anderen Vögeln vor. Bitte eine ganze Landzunge voll bestellen! Das sollte nicht schwierig sein. Auch möchte ich gern mit Dir Hans Werners Verlagsidee[3] durchsprechen. Ich sehe die Sache nur halb-sonnig. Und du? Ich fürchte, er umgibt sich da mit zweitrangigen Leuten!

Feier einen schönen Abschied von Frankfürt, Silvia lässt schönstens grüssen, und nimmt es dem Verlag nicht übel, dass er sie Sylvia genannt hat.

Dein
[handschriftl.:] Carlsberg

Typoskript, ohne Datum; Deutsches Literaturarchiv Marbach.

1 Vgl. Brief 8, Anm. 2.
2 Kormorane werden ausführlich geschildert in Wolfgang Hildesheimer, *Zeiten in Cornwall*, Frankfurt am Main: Suhrkamp 1971, S. 67 ff. Im selben Buch bildet auch eine der Graphiken des Autors einen Kormoran ab: S. 69.
3 Im Sommer 1961 hatte Richter zusammen mit Fritz J. Raddatz die Idee entwickelt, einen genossenschaftlich strukturierten Verlag der Autoren zu gründen. Dieser Idee hatte Hildesheimer begeistert zugestimmt, doch schon Ende August hatte Richter diesen Plan aufgegeben. Stattdessen verfolgte er bald darauf das Projekt, zusammen mit dem Schriftsteller und Verleger Georg Lentz (geb. 1928) einen eigenen Verlag zu etablieren, der am 26. Januar 1962 feierlich als Rheinsberg Verlag eröffnet wurde. – Richters in diesem Brief erwähnte »Verlagsidee« bezieht sich wohl auf dessen Kurs Richtung Rheinsberg Verlag. Vgl. Hans Werner Richter, *Briefe*, hg. v. Sabine Cofalla, München und Wien: Hanser 1997, S. 350 f., 361 f., 394.

[11] Wolfgang Hildesheimer an Hans Magnus Enzensberger

Poschiavo, 7. August

Lieber Goetz[1],

wahrscheinlich hast Du schon meinen ersten Brief nicht bekommen, in dem wir Dir mitteilen, dass wir Dich besuchen wollten. Indem Du nun wohl auch diesen nicht bekommst, in dem wir nun wieder absagen, gleicht sich die Sache aus, und Du hast ein paar Wochen in Ahnungslosigkeit des Glücks verbracht, das wir Dir durch unseren Besuch bereiten wollten. Das heisst, Du bekommst ja wohl auch diesen nicht, Du dämmerst also in fortgesetzter Ahnungslosigkeit dahin, bis dieser durch die Tagung[2] ein jähes Ende bereitet wird.

Wie dem Vorangegangenen zu entnehmen ist, kommen wir nicht nach Tjöme. Dass es Tjöme wahrscheinlich gar nicht gibt, ist dabei weniger ausschlaggebend als die Tatsache dass die Premiere in Münster um drei Tage verschoben[3] ist, wir also die Fähre, die es wahrscheinlich auch nicht gibt, weder mit Hängen noch mit Würgen erreicht hätten. Es tut uns sehr leid, denn wir sind so gern in nicht-existierenden Orten, nun werden wir uns wohl die Woche in Holland um die Ohren schlagen und an die süsse Tanaquil denken, wie sie leise Weisen von Grieg[4] summend, Muscheln suchend im Nebel nicht existierender Strände einherläuft.

Lass Dir deinen Rentierbraten dennoch schmecken. Eines Tages kommen wir doch. Dies als Trost in den Wind geschrieben, denn diesen Brief bekommst Du gewiss nie.

Stets Dein

[handschriftl.:] Curd

Typoskript; Deutsches Literaturarchiv Marbach.

1 Kombiniert mit dem Namen des Unterzeichneten ergibt sich eine Anspielung auf den Schriftsteller und Schauspieler Curt Goetz (1888-1960), der Ende der 1950er-Jahre mit populären Stücken wie *Dr. med. Hiob Prätorius* (Verfilmung für das Fernsehen 1958) große Publikumserfolge feierte.

2 Vgl. Brief 8, Anm. 2.

3 Vgl. Brief 8, Anm. 1.

4 Edvard Grieg (1843-1907), norwegischer Komponist.

[12] Wolfgang Hildesheimer an Hans Magnus Enzensberger

wolfgang hildesheimer, poschiavo (graubünden)

Mein guter Gesell,

mit völlig getrennter Post gehen Dir zwei Bände Humor aus meiner Feder zu. Bist Du also bereit, Verlagspflicht zu genügen, mir gleichzeitig Freundschaftsdienst zu erweisen, und Nichtiges darin blosszulegen? Hinzufügen möchte ich freilich, dass alles darin stilistisch überarbeitet wird. Schliesslich sind die ›Legenden‹ zehn Jahre alt[1].

Das wärs. Und sonst? Hier ists recht grau, vom Gebirge sieht man nur die nicht eben hoffnungsträchtigen Ansätze, und ich frage mich, wies dir wohl gehen mag, der du ja noch nicht einmal die Ansätze siehst. Gegen Depressionen helfen Thymoleptica, deren harmlosestes das ›Librium‹ ist. Es macht gleichzeitig ein wenig dumm und ein wenig weise. Dürrenmatt behauptet, auch Goethe habe das schon genommen, das erklärt natürlich vieles, wenn auch nicht alles. Sei dennoch unverzagt (Fleming[2]).

Herzliche Grüsse, auch von Silvien, die gerade die Wohnung einrichtet, in der – schrieb ichs schon? – wir ein grosses Gastzimmer haben[3], und auch an Dagrun und Tanaquil,

ewg,
[handschriftl.:] Dein Bruder

Typoskript, ohne Datum; Deutsches Literaturarchiv Marbach.

1 Die erste Ausgabe von Wolfgang Hildesheimers *Lieblosen Legenden* erschien 1952 in der Deutschen Verlags-Anstalt.

2 Paul Fleming (1609-1640), Lyriker des Barock. Mit den Worten »Sei dennoch unverzagt!« beginnt sein Gedicht »An sich«.

3 Ende November 1961 zogen Wolfgang und Silvia Hildesheimer innerhalb Poschiavos in eine geräumigere Wohnung in der Casa Gay, Via dal Cunvent, um.

[13] Hans Magnus Enzensberger an Wolfgang Hildesheimer

tjöme, am kalten Sonntag

lieber schwager barthlomä,

hertz-inniglichen [sic] dank für das unbeschädigt hier eingegangene collis mit 2 stck. humor. habe nicht widerstehen können und 1-2 abende auf biegen und brechen gelesen. und es kommt heraus, daß sich die langen stücke, mit einer ausnahme, allesamt sehr gut halten. als ausnahme will mir schier das tagebuch[1] gelten, weil es themen, die anderwärts tiefer, mit einem wort: glücklicher zuschanden gemacht werden, in den vordergrund des allzuleicht parodischen zerrt. »zeitalter der ausrufe« verwürfe ich, da es, obgleich nicht ohne vorzüge, den großen pilz zu beeinträchtigen geeignet ist. »der riese« wirkt allzusehr als fremdkörper, ragt gewissermaßen heraus aus dem buch, wir müssen vielleicht auf ihn verzichten. »die dachwohnung« hat, als deine, freilich souveräne antwort auf die trümmerliteratur mit dieser an interesse verloren. auch pudel cassius und gregor rutz würde ich opfern, vielleicht auch, obwohl weniger gern, die anschaffung: da diese geschichten etwas vom zeitungs-feuilleton, um es böse auszudrücken: von der humoreske an sich haben. aufs eindringlichste aber möchte ich vor der sucher nach der wahrheit warnen. es ist das schlechteste stück von allen. bliebe ein schöner band von 150 seiten zurück: eulen, brei, pilz, weltende, findemichzurecht, atelierfest, dichterbildnis, zweiseelen, nachtigall, westcotte, urlaub (möglichst stark erneuert), kurpromenade, frühlingsmantel (mit neuen knöpfen versehen), versicherungsagent, weyerswyl (up to date gebracht), kein kafkabuch (ditto). die composition des ganzen wäre noch zu überlegen, und eine schlechterdings neue geschichte würde den band heben, als deckweißauflage. schließlich: bei der durchforstung der texte achte man sorgfältig darauf, daß wiederholungen mir nichts dir nichts ausgeschieden werden – ich meine mikrowiederholungen wie e.g. den vermerk »wie man sagt«. ich gebe

der hoffnung raum, dich mit soviel pedanterie nicht anzuöden
und verbleibe
als dein ergiebiger schwipp-bruder
[handschriftl.:] Samuel gutzgaudi

Typoskript, ohne Datum; Akademie der Künste Berlin, WHA 1091881333.

1 »das tagebuch« sowie alle weiteren in diesem Brief angeführten Stich- und Schlagworte sind Kurztitel *Liebloser Legenden*, die Wolfgang Hildesheimer seit 1950 verfasst hatte.

[14] Wolfgang Hildesheimer an Hans Magnus Enzensberger

wolfgang hildesheimer, poschiavo (graubünden)

Mein lieber Bruder in Christo,

vielen Dank für. Zum grösseren Teil teile ich Deine Meinung. Tagebuch – meinetwegen raus, ich hänge nicht daran. Zeitalter der ausrufe – ungern. Riese – ungern. Dachwohnung – meinetwegen. Pudel Cassius und gregor Rutz – auf jeden Fall raus. Anschaffung – weniger gern wie auch Du trotz der Ähnlichkeit mit Feuilleton (die Feuilletonisten sollten sich das mal einfallen lassen), aber meinetwegen. Suche nach der Wahrheit – auf jeden Fall raus. Kurpromenade und Frühlingsmantel hätte ich rausgesetzt. Weyerswyl ebenfalls, bist Du da sicher? Neue Geschichte auf jeden Fall. Alles wird up to date gebracht – vornehmlich stilistisch. Vielen Dank für das Opfer eines oder zweier Abende, für das Biegen sowie für das Brechen.

ists bei Euch auch so kalt? weihnachtets schon und adventelts? und Dagrun und Tanaquil? Bei uns glitzert die Sonne, verschwindet aber um halb drei, und dann siehts immer nach Allerseelen aus, und wer dann kein Haus hat, baut sich keines mehr.[1]

Ich wünsche Dir und den Deinen einen warmen Herd, und eine gute Suppe zum Nachtmahl+

Ewig Dein
[handschriftl.:] Proporz
+und Deinem kranken Nachbarn auch.

Typoskript, ohne Datum; Deutsches Literaturarchiv Marbach.

1 »Wer jetzt kein Haus hat, baut sich keines mehr« ist eine populäre Zeile aus Rainer Maria Rilkes 1902 entstandenem Gedicht »Herbsttag«.

[15] Wolfgang Hildesheimer an Hans Magnus Enzensberger

wolfgang hildesheimer, poschiavo (graubünden) 1962, twelfth night

Lieber famulus,

in der Anlage findest du meine Legendenvorschläge. Ich hoffe, dass Dich die potentielle Nichtberücksichtigung zweier Deiner Vorschläge (nur zwei!) nicht in Weiss- bezw. Rotglut versetzt und Du Deine geballten Fäuste gen Süden schüttelst und mir zum 1. Februar die Freundschaft kündigst. Solltest Du, was mich freuen würde, das Verlangen verspüren, Dich zur Reihenfolge zu äussern – volontieri! Aber das eilt ja alles nicht.

Wie geht es Euch? Was schreibst du? Auch ich wäre jederzeit mit Begeisterung bereit, eine zwar unmassgebliche aber wohl gemeinte Meinung über Unfertiges Deinerseits abzugeben. Allerdings fahren wir Ende des Monats nach Süden, um zunächst in den euganeischen Hügeln ein wenig Rheuma zu pflegen, (und, wie immer, Petrarcas Sterbestuhl zu besichtigen.)

Silvia sendet Liebe, sie beschäftigt sich mit Ungaretti[1], den ich ganz abscheulich finde, dagegen finde ich den neuen Suhrkamp-dramatiker Wünsche[2] in höchstem Grade beachtlich. Du auch? Ich kann immer weniger gedrucktes lesen, und stelle fest, dass das Leben dadurch um wesentliches vereinfacht wird. Die beste Prosa, die ich letzthin gelesen habe, ist die Gebrauchsanweisung zu einem Steinbaukasten aus dem Jahre 1898. Aber das ist ein weites Gebiet. Give my love to Dagrun and Tanaquil, I have the honour to be, Sir, your obedient servant

[handschriftl.:] fra angelico

Typoskript; Deutsches Literaturarchiv Marbach.

[Anlage]

auf jeden Fall:
eule nach athen 10
brei auf unserem herd 15
ein pilzjahr 15
ende einer welt 10
ich finde mich zurecht 10
atelierfest 15
bildnis eines dichters 4
zwei seelen 6
nachtigall 8

ferner:
westcotte 15
der urlaub 12
kurpromenade 3
frühlingsmantel 4
versicherungsagent 4
weyerswyl 6
kein kafkabuch 3

lieber nicht:
tagebuch 15

suche nach wahrheit 3
anschaffung? 3
gregor rutz 3
pudel cassius 3
der riese? 3

dachwohnung 5
zeitalter der ausrufe (pilz!) 5

Typoskript; Deutsches Literaturarchiv Marbach.

1 Giuseppe Ungaretti (1888-1970), italienischer Journalist und Schriftsteller.
2 Von Konrad Wünsche (1928-2012) waren 1962 die beiden Dramen *Über den Gartenzaun. Vor der Klagemauer* im Suhrkamp Verlag erschienen.

[16] Hans Magnus Enzensberger an Wolfgang Hildesheimer

tjöme den 19 juni 1962

lieber capodistria
dein werk[1] liegt auf meinem tisch, immer noch unbedankt. das ist ja jämmerlich, nur weil ich ein buch zu ende schrieb, ein langweiliges zähes ärgerliches buch.[2] davon will ich nichts mehr hören, jetzt sind die drucker an der arbeit, sollen sich andere daran ärgern, ich halte sommerschlaf. das bringt mich zum thema. ich schlafe besser, seit ich deine geschichte gelesen habe; und das will etwas heißen, denn ich bin ein hervorragender schläfer.[3] ich schlafe weit besser als ich schreibe. von der ungewöhnlichen länge und tiefe meines schlafes spreche ich gar nicht. aber an schierer wucht wird es so leicht keiner mit mir aufnehmen. diese meine (einzige) geniale begabung also hast du nun noch weiter entfalten helfen. komme mir also in zukunft keiner und sage, man könne auch ohne literatur gut leben. leben schon, aber

schlafen? daran wollen wir gemeinsam zweifeln und jeden widerspruch verlachen.
die beste eigenschaft der geschichte ist ihre, dem gegenstande angemessene, strenge. hätte ich also mitzureden, so würde ich von einigen worten, die darin vorkommen, abraten: beispielsweise »knabbern« (von der zeit gesagt), »ein kleiner akt«, »ein wenig geprobt«, »ein wenig bekümmert«; auch sähe ich gern das bänkchen in eine bank verwandelt. es steht zuviel auf dem spiel, als daß wir uns diminutive leisten könnten! – wie gesagt, das sind ausnahmen, verschwindende. übrigens hat mich die geschichte ergriffen. ich billige deine wahl. keine frage, daß die drei damen albert schweitzer bei weitem vorzuziehen sind. ich danke dir für die sorgfalt und genauigkeit deines vorgehens.

ansonsten ist zu berichten: gegen die schäbige publikation der verspätung[4] habe ich energisch, und nicht erfolglos, protestiert. ein angemessenes buch soll vorbereitet[5], das schluder-heft aus dem verkehr gezogen werden. nicht mehr als billig, und obendrein recht.

wir sehen uns, wenn anders du nicht entsagst, im schwarzwald, ende oktober, zum danaiden-kongreß.[6] ich kann ihm, nach vorjährigem debakel,[7] nicht fernbleiben: das wäre schlechter stil. kämet ihr auch, so lüde ich mich am liebsten, nachher, auf zwei tage nach poschiavo ein; denn anfang november soll ich nach italien. sag mir doch, wie sich das mit euern, ohnzweifelhaft triftigen plänen vertrüge. und sei gelobt, und seid gegrüßt.
[handschriftl.] dein pater corbinian, s. j.

Typoskript; Akademie der Künste Berlin, WHA.

1 Hildesheimers Erzählung »Schläferung«, die er Enzensberger gewidmet hatte und die die geplante Neuausgabe der *Lieblosen Legenden* abschloss.

2 Um welches Werk es sich handelt, ist nicht eindeutig zu entscheiden. Im Jahr 1962 erschienen von Hans Magnus Enzensberger im Suhrkamp Verlag die Bände *Einzelheiten*, *Gedichte. Die Entstehung eines Gedichts*, vier Folgen in der von ihm herausgegebenen Reihe *Poesie* (David Rokeah,

Gunnar Ekelöf, Fernando Pessoa und Giorgos Seferis) sowie der ebenfalls von ihm herausgegebene Band *Vorzeichen. Fünf neue deutsche Autoren.*

3 Anspielung auf »Schläferung« (vgl. Anm. 1).

4 Es handelt sich um die Ausgabe Wolfgang Hildesheimer, *Die Verspätung. Ein Stück in zwei Teilen*, Frankfurt am Main: Suhrkamp 1961 (Im Dialog. Neues deutsches Theater).

5 1963 erschien eine Neuausgabe der *Verspätung* (edition suhrkamp 13).

6 Die Gruppe 47 kam vom 26. bis zum 28. Oktober 1962 nicht im Schwarzwald, sondern im »Alten Casino« am Wannsee, Berlin/West, zusammen. Enzensberger, der, anders als Hildesheimer, an der Zusammenkunft teilnahm, las nicht vor.

7 Vgl. Brief 8, Anm. 2.

[17] Wolfgang Hildesheimer an Hans Magnus Enzensberger

wolfgang hildesheimer, poschiavo (graubünden)

Liebster Alfred G. Prufrock[1],

wahrscheinlich bist Du zwar gerade in Nyassaland[2] und schüttelst des Herrn Nyereres[3] schwarze Hände, dennoch schreibe ich Dir ins heimische Tjöme, um Dir zum Preise der Darmstädter Akademie[4] zu gratulieren und meiner Genugtuung darüber Ausdruck zu verleihen, dass nun auch subversive Elemente preisgekrönt werden. Bitte nimm es mir nicht übel, wenn ich – als Mitglied dieses Vereins – nicht nach Darmstadt komme. Ein Frühstück mit solchen Herren Karasek[5] und anderen, von denen ich noch nie gehört habe: es wäre ein zu hoher Preis. Gern allerdings hätte ich die laudatio gehalten, aber dazu wurde ich leider nicht aufgefordert.

Dennoch habe ich die Hoffnung auf ein nicht allzu fernes Wiedersehen nicht aufgegeben. Wir haben beschlossen, es doch noch einmal mit der Tagung zu versuchen – Saulgau klingt gut[6], so alttestamentarisch – und ich würde mich sehr freuen, wenn Du ein gleiches tätest. Oder bist Du etwa Ende Oktober zufällig in Osnabrück[7]?

Mit den allerbesten Wünschen auch von Silvien und an die Deinen, soweit sie noch Dein sind,
Dein
[handschriftl.:] Ash vednesday[8]

Typoskript, ohne Datum; Deutsches Literaturarchiv Marbach.

1 Anspielung auf T.S. Eliots Gedicht »The Love Song of J. Alfred Prufrock«, erschienen 1915. Vgl. Wolfgang Hildesheimers Frankfurter Poetik-Vorlesung, Teil 2 (»Die Wirklichkeit der Reaktionäre«), GW VII, S. 63 f., sowie Anm. 8.
2 Kolonialname von Malawi, das, seit 1891 britische Kolonie, 1964 die Unabhängigkeit erlangte.
3 Julius Nyerere (1922-1999), 1962 zum Staatspräsidenten des bis 1961 britischen Tanganjika gewählt.
4 1963 erhielt Hans Magnus Enzensberger den Georg-Büchner-Preis der Deutschen Akademie für Sprache und Dichtung mit Sitz in Darmstadt.
5 Hellmuth Karasek (1934-2015) war Anfang der 1960er-Jahre als Literaturkritiker für die *Stuttgarter Zeitung* tätig.
6 Vom 25. bis zum 27. Oktober 1963 kam die Gruppe 47 im Hotel »Kleber-Post« in Saulgau in Baden-Württemberg zusammen. Sowohl Enzensberger als auch Hildesheimer nahmen teil. Enzensberger trug Gedichte vor, Hildesheimer las den Anfang aus *Tynset.*
7 Anlass nicht ermittelt.
8 Anspielung auf *Ash Wednesday. Six Poems* von T.S. Eliot, erschien 1930.

[18] Wolfgang Hildesheimer an Hans Magnus Enzensberger

wolfgang hildesheimer poschiavo (graubünden)

Lieber Postumus,
dank für deinen Brief. Ich bitte Dich, Dich mit Deinem ganzen Gewicht dafür einzusetzen, dass Tynset k e i n e Schnellzugstation wird. Ich dachte, Du seist in Italien, ich bekam da wieder eine Aufforderung wie, glaube ich, jedes Jahr, irgendeiner unità beizutreten, zu deren Präsidenten Du und Ungaretti gehören,

ich habs nun getan. Oder hätte ich es gerade nicht tun sollen? Man weiss nie. Ich will es Dir nicht verhehlen, dass ich im Januar in Skandinavien bin, Premieren- und Lesungshalber[1], weiss aber noch nicht, ob Norge auf dem Programm steht. Wir fahren mit der Bahn, also wäre Tjöme wohl noch schwieriger als Tynset, aber sollte ich in der literarischen Gesellschaft Tjöme lesen, so wirst Du es gewiss rechtzeitig erfahren und dich an dem Abend in Deinem Haus verrammeln. Sei mit Dagrun und Tanaquil gegrüsst von Silvia und mir

ewig Dein

[handschriftl.:] genius loci

modus vivendi

Typoskript, ohne Datum; Deutsches Literaturarchiv Marbach.

1 Nicht ermittelbar.

[19] Hans Magnus Enzensberger an Wolfgang Hildesheimer

herrn wolfgang hildesheimer
poschiavo
graubünden
sveits

[Poststempel: 30.12.63]

einladung

lieber seel.wwe.nachf.[1] – es ist erreicht! tynset wird nicht schnellzugstation. das hat mich saure arbeit gekostet, aber es gibt ein sprüchwort vom schweiß der edlen,[2] auf das ich in diesem zusammenhang verweise. bis zum 12. januar bin ich hier, dann hauptpostlagernd teheran. aber dagrun würde sich nicht weniger freuen als euer

[handschriftl.:] ditto.

Postkarte, braunes Papier, verschiedene Lochungen, Typoskript; Akademie der Künste Berlin, WHA 1091881354.

1 Kürzel, das darauf hinweist, dass die Hinterbliebene eines Verstorbenen dessen Geschäfte weiterführt.
2 Zitat aus Klopstocks Ode »Der Zürchersee«.

[20] Wolfgang Hildesheimer an Hans Magnus Enzensberger

Lieber Karajan, nec pietas moram rugis et instanti senectae afferet indomitaeque morti[1] – aber das nur nebenbei. Das brauchst Du mir wahrhaftig gar nicht erst zu schreiben, dass Du genau an dem Datum, da wir nach Skandinavien fahren, eiligst die Flucht in den mittleren Osten ergreifst. Aber Teheran! S o weit hätte es ja gar nicht zu sein brauchen. Zur Strafe lassen wir Norwegen ganz aus, diesmal. Wir möchten aber irgendwann doch nach Norwegen, um unser Scherflein zur absoluten Isolation von Tynset beizutragen, ihm eventuell sogar das Krankenhaus zu entziehen.

Bitte schreib uns, wenn Du in den fernen Osten oder nach Neu-Seeland fährst so dass wir disponieren können. Bis dahin und darüber hinaus bleibe ich
Dein
[handschriftl.:] h. c.

Typoskript, ohne Datum; Deutsches Literaturarchiv Marbach.

1 Nec pietas moram rugis ...: Vers aus Horaz' *Liber secundus*, in der Übersetzung von Eduard Mörike: »Frömmigkeit hält umsonst das Alter, das die Schläfe furchet, hält den unbändigen Tod umsonst auf.«

[21] Wolfgang Hildesheimer an Hans Magnus Enzensberger

wolfgang hildesheimer poschiavo (graubünden)

Leber Tran,

ich denke, da Du uns nun wieder sicher im Süden weisst, dass Du in Dein Nibelheim zurückgekehrt sein wirst. Recht so.

TYNSET macht Fortschritte, es soll bis Ende September fertig sein, (daher auch dieses Jahr niente Tagung per me[1]) und nun wollte ich Dich hiermit fragen, ob Du dann Zeit hast und bereit bist, es zu lesen. Ich würde Wert darauf legen. Wir selbst wollen nach getaner Arbeit auf der südlichen Peloponnes gut ruhn, eventuell bis in den November hinein, aber sollten sich Änderungen ergeben, werden wir rechtzeitig zur Stelle sein, das Ding soll ja im März erscheinen[2],

dies Deiner werten Kenntnis unterbreitet habend zeichne ich
[handschriftl.:] Sieburg[3]
Marchese Ugo Montagna

Typoskript, ohne Datum; Deutsches Literaturarchiv Marbach.

1 An der Tagung der Gruppe 47 vom 9. bis zum 13. September 1964 im schwedischen Sigtuna nahm Wolfgang Hildesheimer nicht teil. Außer zu Beginn der Planungen angeführten zeitlichen Gründen nannte Hildesheimer im Briefwechsel mit Hans Werner Richter grundsätzliche politische Vorbehalte gegen die geplante Auslandstagung.

2 *Tynset* erschien am 1. März 1965.

3 Friedrich Sieburg (1893-1964) war nicht nur ein einflussreicher Journalist in der Bundesrepublik der 50er-Jahre, sondern hatte den Unterzeichnern einer u. a. von Hildesheimer und Enzensberger 1960 initiierten Solidaritätsadresse mit den Verfassern des französischen »Manifests der 121« vorgeworfen, ein »Plädoyer für Landesverrat – in einem anderen Lande!« gehalten zu haben (vgl. Klaus Wagenbach, Winfried Stephan und Michael Krüger [Hg.], *Vaterland, Muttersprache – Deutsche Schriftsteller und ihr Staat seit 1945*, Berlin [West]: Wagenbach 1979, S. 176f.).

[22] Wolfgang Hildesheimer an Hans Magnus Enzensberger

wolfgang hildesheimer poschiavo (graubünden)

Lieber Umberto,

ich lese viel Blindenschrift[1] und denke mit Silvia öfters und gern an Dich und die Deinen und den gelben Saal. Schreib mir doch bei Gelegenheit ehrlichst, wie Du Tynset findest. Das Leseexemplar wird ja wohl auf Deinem Büchertisch liegen, hoffentlich nicht zuunterst. Wann bist Du wieder im Süden? Als Du in Palermo warst, waren wir in Rom, wir spürten Dich einen Moment lang über uns. Vielleicht bekommen wir im Herbst für ein paar Monate ein Haus in Urbino[2]. Wie wär es damit, wenn Du schon Poschiavo verschmähst?

Noch einmal zu Zanzotto[3]: ich lege einen Brief von ihm bei, an mich, ebenso die leider schlampige Auswahl von Helga Böhmer[4] – vielleicht kann sie sogar übersetzen, aber diesen Proben nach scheint sie eine von denen zu sein, die niemals recht fertig werden – und, wenn Du willst, schicke ich Dir auch die Originale. Ich halte sehr viel von Z. Käme er nicht für die Poesie[5] in Frage? Oder machst Du das gar nicht mehr?

Wie geht es der Zeitschrift[6]? – Ich bin mit Saint Joan[7] fertig und arbeite an einigen sehr schönen blauen nostalgischen Collages und habe mir beim Schlittschuhlaufen den Fuss gebrochen und bin winterlich entrückt, Silvia blüht und bestellt neue Apfelbäume.

Mit grossen Grüssen an Dagrun und vielen kleinen an Tanaquil,
dein [handschriftl.:] Giuseppe Ungaretti
Joszef Magyarhetely

Typoskript, ohne Datum; Deutsches Literaturarchiv Marbach.

1 1964 erschien Hans Magnus Enzensbergers Gedichtsammlung *blindenschrift* im Suhrkamp Verlag.

2 Wolfgang und Silvia Hildesheimers Interesse an Urbino verdichtete sich wenige Jahre später im Erwerb eines Bauernhauses, Cal Masante, in der Nähe der italienischen Universitätsstadt.
3 Andrea Zanzotto (1921-2011), italienischer Schriftsteller.
4 Nicht ermittelbar.
5 Seit 1962 gab Enzensberger in einer *Poesie* betitelten Reihe im Suhrkamp Verlag nichtdeutschsprachige Lyriker in zweisprachigen Ausgaben heraus (u. a. David Rokeah, Fernando Pessoa, Franco Fortini, Vicente Huidobro). Die Reihe lief 1966 aus.
6 Höchstwahrscheinlich das seit 1965 von Enzensberger herausgegebene *Kursbuch*.
7 Hildesheimer übersetzte für den Suhrkamp Verlag George Bernard Shaws *Saint Joan*: George Bernard Shaw, *Die heilige Johanna. Dramatische Chronik in sechs Szenen und einem Epilog*. Deutsch von Wolfgang Hildesheimer, Frankfurt am Main: Suhrkamp 1965 (edition suhrkamp 127).

[23] Wolfgang Hildesheimer an Hans Magnus Enzensberger

Lieber Stegreif,
Griechenland ist abgeblasen, wegen einer Italienreise, und da ich hoffe mit umseitigem Titel – Entwurf alles andere als endgültig – schon Anfang September fertig zu sein, so besteht die Möglichkeit, dass wir doch zur Tagung kommen[1], aber eben doch nur die Möglichkeit. Jedenfalls sind wir zwischen dem 15. und 22. September in Helsinki und nun komme ich in medias res, wir wollen mit dem fiat 1500 dann über Umea oder vielmehr Üümeoo Sundsvall Riksgränsen Trondheim TYNSET Röros etc südlich fahren, und solltest du so um den Anfang Oktober herum in Tjöme sein, verriegele Dein Haus, schütze die Deinen, der Wolf geht um. Aber da Du gewiss um diese Zeit alles andere als in Tjöme bist sondern vielmehr in der Gegend von Poschiavo (GR) dürfte dieses Schreiben wohl müssig sein. Solltest Du nicht vielleicht doch Zanzotto in Deine Pösje[2]-Reihe aufnehmen? Er ist besser als Fortini[3], der natürlich in hmedeutsch grossartig ist. Was meinst Du?
Herzliche Grüsse,
Dein
[handschriftl.] Finzi-Contini[4]

Typoskript, ohne Datum; Deutsches Literaturarchiv Marbach.

1 Vgl. Brief 21, Anm. 1.
2 Vgl. Brief 22, Anm. 3 und 5.
3 Franco Fortini (1917-1994), italienischer Lyriker und Übersetzer.
4 Anspielung auf Giorgio Bassani, *Il giardino dei Finzi-Contini* (1962). Der Roman erzählt das Schicksal einer jüdisch-italienischen Familie in Ferrara zur Zeit von Faschismus und Zweitem Weltkrieg.

[24] Hans Magnus Enzensberger an Wolfgang Hildesheimer

5.3.65

liber bartolomeu porfirio diaz,
meine reise nach tynset[1] hat sich verzögert, durch unbegreifliche aber freilich nicht überraschende schlamperei der druckfirma suhrkamp & co, die von der übersendung eines lese-expl abgesehen hatte. jetzt aber bin ich, sind wir beide, unterwegs, hauptsächlich nachts, versteht sich, und im bett liegend daß es dein bestes buch ist, bei weitem, brauche ich dir so spät nicht mehr zu sagen, wüßtest du es nicht, so könntest dus dem geheul der kritiker entnehmen. ich will dir, zuallererst, eine vermutung bestätigen; was nämlich deine recherchen im telefonbuch betrifft – so weiß ich nicht ob du inzwischen davon gehört hast, von der geschichte eines herrn namens patschke, ehemals geschäftsführer des lutzmeyer verlages (a branch of the worldwide unseld syndicate), ehemals, noch ehemaliger aber, unter dem namen reinhardt, ss-obergruppenführer in norwegen, ohne jeden zweifel auch zuständig für tynset[2] – kurzum, was, unter manch anderm, deinen bericht auszeichnet, ist triftigster sinn fürs reale: herr patschke-reinhardt sitzt im gefängnis zu karlsruhe und erwartet sein – seien wir da unbesorgt – mildes urteil.[3]

daß ein besseres und biegsameres und genaueres deutsch heute keiner von uns schreibt, ich erwähns nicht um dich zu peinigen, sondern nur der ordnung halber, weil es leute gibt die das nicht wissen.[4]

ich habe drei skandinavischen verlegern eben dies und manches andere gesagt, die auf mich zu hören behaupten. ich glaube freilich nicht daran, wer hört schon auf einen.

gestern war fred andersch hier, hat mir die trübselige antwort gezeigt, welche dir von sozialdemokratischer seite zuteil geworden ist.[5] wir haben auch über lustige sachen gesprochen. es ist schade, daß fred sich um leute kümmert, die reich-radetzki[6] oder so ähnlich heißen, ich habe versucht ihm das auszureden. wir sehen uns im sommer, in der weiteren umgebung von tynset, denke ich.

ich danke für zanzotte. das ist in der tat sehr gut, es ist weit besser als fortini, trotz des »hohen« hymnischen tons (der in deutscher version etwas an hölderlin-nachfolge erinnert) oder auch deswegen. aber ich kann mir die reihe poesie, die mir unendlich viel arbeit eingebracht hat und sonst nichts, kaum länger leisten; ich habe fürs kommende jahr noch vier titel abgemacht und besorgt, und mag nicht weiter denken. da ich aber z kaum kenne, würdest du ihm das schreiben? und ihm sagen, daß es keine einwände gegen seine poesie sind, die da den ausschlag geben, sondern daß der platz geräumt wird, auf dem sie hätte erscheinen können?

lieber wolfgang, ich habe kein gutes gefühl, ich kenne die fachleute, die sich in deutscher zunge oder was sie dafür halten, mit büchern befassen, ja befassen ist das rechte wort. mich werden diese leute nicht mehr verdrießen, nicht einmal letztvergangenen herbst ist ihnen das gelungen. deshalb bitte ich dich: sei unverdrossen, oder wenn verdrossen, dann durch sie nicht.

Dein graf luckner, geb. zeppelin

wangenküsse für silvia, und von dagrun

Typoskript; Akademie der Künste Berlin, WHA.

1 Tynset war nicht nur der Titel des 1965 erschienenen Buches von Wolfgang Hildesheimer, sondern zugleich der Name einer realen norwegischen Gemeinde in der Provinz Hedmark.
2 Hermann Gustav Hellmuth Reinhard Patzschke (1911-?) hatte nach einer Karriere in verschiedenen NS-Gliederungen als Leiter der Gestapo in Norwegen führend an der Deportation der norwegischen Juden nach Auschwitz mitgewirkt. Ende der 30-Jahre hatte er seinen Namen in Hellmuth Reinhard geändert. Nachdem er nach Kriegsende für tot erklärt worden war, gelang es ihm, unter seinem alten Namen eine neue Identität zu führen. Er wurde Leiter des auf juristische Fachliteratur spezialisierten August Lutzeyer (nicht: Lutzmeyer)-Verlages in Baden-Baden. Dieser Verlag wurde 1963 von den Gesellschaftern des Suhrkamp Verlages aufgekauft und 1964 in Nomos Verlag umbenannt.
3 Nachdem Patzschke vom Schwurgericht Baden-Baden zu fünf Jahren Haft verurteilt worden war, hob der Bundesgerichtshof das Urteil 1969 auf. Das Landgericht Karlsruhe sprach Patzschke 1970 frei.
4 Am 3. März 1965 war eine sehr kritische Rezension von Reinhard Baumgart unter dem Titel »Schlaflos schluchzend« im *Spiegel* erschienen. Vgl. in diesem Band, S. 285 f.
5 Bezug nicht ermittelt.
6 Marcel Reich-Ranicki (1920-2013), seit 1958 regelmäßiger Besucher der Gruppe-47-Zusammenkünfte und allein von daher Enzensberger wohlbekannt.

[25] Hans Magnus Enzensberger an Wolfgang Hildesheimer

[handschriftl.:] Enzensberger an H. 1'11'65

lieber rosenplüth-throttlebottom

was für ein nicht himmelschreiender sondern stillschweigender skandal. dein brief unbeantwortet[1], efeu überm schreibtisch. das macht, ich war viele wochen über see, im südlichen amerika,[2] einem erdteile von unglaublicher schönheit und merkwürdiger beschaffenheit. ich hoffe, daß dir diese Beschreibung vorerst genügt.

bitte haltet uns über eure wohnsitze auf dem laufenden wie

auch wir euch über die unsrigen. urbino[3], da wollte ich schon immer hin. aber wo wollte ich nicht immer schon hin, und wohin hat mich das gebracht?
ich frage ja nur.

diese art briefe zu schreiben hat aber den nachteil und den vorteil daß sie so tut als würde in der welt nicht gedruckt redigiert verlegt und was dergleichen unfug mehr. z b über das kursbuch haben wir nie, nie, nie so gesprochen als existiere es, was jedoch der fall ist.
lieber wolfgang bitte gib mir was für diese zeitschrift. bitte gib mir nicht die neue fassung deines stücks denn soviel platz habe ich nicht und bloß einen akt, also nein, man soll dich nicht mit dem messer redigieren, geschweige denn mit der schere. sag, hast du nicht für mich eine prose? das nächste heft, nummer vier, wird ein abgesang auf deutschland[4] werden, ich möchte das gern hinter mir haben, wie du wohl verstehst. wenn je dich die lust ankommen sollte, eine zweifelhafte lust, etwas politisches über die lippe und über die hand zu bringen, dann aber bitte hier und jetzt. in zukunft verschone ich dich mit solchen ansinnen; aber spätestens seit deinem brief an richter (in sachen stockholm)[5] weiß ich, denn du verbirgst es gemeinhin, daß du mehr von politik verstehst als die meisten die den ganzen tag davon reden. dies also sage ich jetzt, ausnahmsweise, im ernst.

wenn deine prosa aber nichts dergleichen im sinn hat ist dies, wie ich nur allzu gut weiß kein schaden und werde ich mich nicht weniger freuen sie gefälligst zu lesen & zu drucken.
die unverschämheit, die ich mit diesen bitten begehe, liegt darin, daß ich gern bald eine nachricht von dir hätte. das ist sehr unhöflich. ich habe jetzt begriffen warum redakteure so schlechte manieren haben. ich bin keine ausnahme.

[handschriftl.] sondern grüße dich herzlich & herzlich grüße ich silvien. dein nitedals impregnete sikkerhets-fyrstikker-fabrik.[6]

Typoskript, Unterstreichungen handschriftlich; Akademie der Künste Berlin, WHA; Abdruck in: *Briefe*, S. 135 f.

1 Dieser Brief konnte nicht ermittelt werden.
2 Enzensbergers erste Südamerika-Reise (1965).
3 Vgl. Brief 22, Anm. 2.
4 *Kursbuch* 4 erschien unter dem Titel »Katechismus zur deutschen Frage« mit Beiträgen u. a. von Enzensberger, Volker Braun, Fritz Rudolf Fries, Franco Fortini, Martin Walser und Karl Markus Michel.
5 In einem Brief an Hans Werner Richter vom 28. Oktober 1964, den Hildesheimer in Kopie mindestens auch Alfred Andersch zugänglich gemacht hatte, charakterisierte er Richters Projekt einer Tagung der Gruppe 47 im schwedischen Sigtuna als »Verwirklichung eines kleinbürgerlichen Wunschtraumes«, als »bedenkliches Zeichen einer Eingliederung« und als Beschädigung »persönlicher Integrität« (vgl. Richter, *Briefe*, S. 535 f.).
6 Sicherheits-Zündhölzer-Fabrik.

[26] Hans Magnus Enzensberger an Wolfgang Hildesheimer

Enzensberger

Fregestraße 19
Berlin 41, den 1.4.66

Lieber Wolfgang,

verzeih diesen besonders ausgekochten Trick bei der Anrede. Du gehst also nicht nach Princeton.[1] Du bist hartnäckig. Du bist böse auf mich. Die Poesie [Unterstreichung handschriftl.] stirbt.[2] Ich muß nur noch das Einkaufsnetz vom vergangenen Jahr ausleeren. Du schickst mir nichts. Was ist aus Deiner Deutschland-Reise geworden. Jetzt treibst Du Sklavenhandel.[3] Auch davon hätte ich gern Deine Notizen, wie ich überhaupt von allem gern Notiz nehme, was Du notierst. Nur den Postzug nach Poschiavo kann ich nicht besteigen, zwischen ihn und mich schieben sich unabsehbare Kulissen und Widrigkeiten.

Dies beteuert
[handschriftl.:] dein birger müsli[4]

Typoskript; Akademie der Künste Berlin, WHA.

1 Die Gruppe 47 tagte vom 21. bis zum 24. April 1966 in Princeton, NJ. Im Gegensatz zu Wolfgang Hildesheimer nahm Enzensberger an der Zusammenkunft zwar teil, las aber nicht vor.
2 Vgl. Brief 22, Anm. 5.
3 Anspielung nicht ermittelbar.
4 Anspielung auf das Schweizer Produkt »Bircher Müsli«.

[27] Hans Magnus Enzensberger an Wolfgang Hildesheimer

lieber wolfgang,
verzeih daß ich wieder mit verspätung antworte – immer diese mobilität!

das unglück mit dem kursbuch ist, daß es auf viele monate im voraus geplant werden muß. nr 10 ist fertig umbrochen. nr 11 handelt von studentenbewegungen in der ganzen welt. nr 12 hat zum thema: kritik der zukunft. also bis zum märz '68 keine offenen möglichkeiten mehr. danach wird es vielleicht zu spät sein, um eine israelnummer zu machen.[1] ich möchte im kommenden jahr aber unbedingt einen text von dir haben. es ist ein skandal, daß du bisher gefehlt hast.

wildberger[2] habe ich getroffen, einen sehr sympathischen mann. an »whispers of immortality«[3] bin ich bisher gescheitert.

hier in berlin ist von literatur nicht mehr viel zu spüren. alle reden von der revolution, und das seltsame ist – nicht nur nonsense. manche gedanken, die einem bei der aktion (und wäre es die mutigste aktion) kommen, haben doch hand & fuß. aber das ist schwer zu erklären, in ein paar Zeilen.

lebet wohl

herzlich
Dein hme

18'8'67

Handschriftl.; Akademie der Künste Berlin, WHA.

1 Nach dem Sechstagekrieg 1967 zwischen Israel und den arabischen Anrainerstaaten, der eine öffentliche Auseinandersetzung zwischen Hildesheimer auf der einen, Peter Weiss und Erich Fried auf der anderen Seite zur Folge hatte, war Hildesheimer sehr daran gelegen, in der bundesdeutschen Öffentlichkeit Aufklärung über die politischen und sozialen Verhältnisse im Nahen Osten sowie über die Nahost-Politik der Sowjetunion zu betreiben. In diesem Zusammenhang hatte er offenkundig die von Enzensberger emphatisch ausgesprochene Einladung, am *Kursbuch* mitzuwirken (vgl. Brief 25), dazu genutzt, ein entsprechendes Themenheft vorzuschlagen.
2 Jacques Wildberger (1922-2006), Schweizer Komponist.
3 Ein 1919 erstveröffentlichtes Gedicht T.S. Eliots.

[28] Hans Magnus Enzensberger an Wolfgang Hildesheimer

15.11.69

lieber wolfgang
so angenehm etwas von euch zu hören, und so lange seit dem letzten mal. das war wirklich eine freude. hauptsächlich meine schuld natürlich daß wir so wenig voneinander wissen – ich war sehr aushäusig, amerika, cuba, rußland.[1] erst seit 3 monaten wieder berlin, und auch dort eher exzentrisch (von der literatur aus gesehen). außerdem pendle ich zwischen berlin und [schwer leserlich, wahrscheinlich:] london wo mascha[2] lebt & arbeitet.

ja das kursbuch lebt immer noch, überlebt sogar meine follies[3]; der nachteil der zeitschrift ist die kehrseite ihrer vorwürfe; sie ist nicht flexibel, weil jedes heft thematisch ist; diese themen muß ich meist 9-12 monate vorher fixieren, sonst schießt nichts zusammen. Katholizismus wäre vielleicht ein zu eng gefaßtes thema. aber ich habe dran gedacht, ein heft über religion zu machen. nur: wann? vier hefte sind jetzt in verschiedenen stadien der planung, und weiter kann ich nicht gucken. wenn es aber dazu kommt, dann sage ich dir sehr rechtzeitig bescheid, und wir überlegen uns was du, genauer bestimmt, freigeben kannst & willst. ich hätte so gern etwas von dir – – seid ihr einsiedler? zweisiedler? vergnügt? voller guter ideen? malt ihr? seid ihr beinahe glücklich? dieses wünscht & hofft,

[su affetvoso?][4] servider hme.

Handschriftlich; Akademie der Künste Berlin, WHA 1091881333.

1 Dem Abbruch eines Fellowship am Center for Advanced Studies der Wesleyan University in Connecticut, USA, hatte Enzensberger einen längeren Aufenthalt in Kuba angeschlossen. Russland hatte Enzensberger seit einem ersten Aufenthalt 1963 wiederholt besucht.
2 Maria Alexandrowna Makarowa, Literaturwissenschaftlerin und Übersetzerin, Tochter des russischen Schriftstellers Alexander Fadejew. Makarowa und Enzensberger hatten 1967 geheiratet. Seit 1969 lebte Makarowa in London.
3 An diese Bemerkung erinnert sich Hildesheimer noch rund acht Jahre später in einem Interview mit Hanjo Kesting und bezieht sie auf die Rede vom Tod der Literatur: »Ich erinnere mich, daß er mir viel später einen Brief geschrieben hat, worin – auf englisch – das Wort ›my follies‹, also ›meine Torheiten‹ fiel. So war es am Ende doch nicht.« (Hanjo Kesting im Gespräch mit Wolfgang Hildesheimer, »Das Ende der Fiktion«, in: Kesting, *Dichter ohne Vaterland*, S. 52-68, hier: S. 63).
4 Affetuoso (it.): liebevoll.

SIEGFRIED UNSELD, KARLHEINZ BRAUN

Wolfgang Hildesheimer wählte den Suhrkamp Verlag als Ort für sein Lebenswerk. Aber es war nicht sein erster Verlag. Fast ein Jahrzehnt vor der Einigung mit Suhrkamp erschienen die *Lieblosen Legenden* 1952 in der Deutschen Verlags-Anstalt Stuttgart und vier Jahre später nochmals in einer illustrierten Version bei Diogenes in Zürich. Die Funkoper *das ende einer welt* (1953), zu der Hildesheimer das Libretto und Hans Werner Henze die Musik geschrieben hatte, kam in der Frankfurter Verlagsanstalt heraus, und mehrere Hörspiele erschienen in der Europäischen Verlagsanstalt. Hildesheimers frühe Theaterstücke wie *Der Drachenthron* (1955) wurden vom Kurt Desch Verlag und die Sammlung *Spiele, in denen es dunkel wird* (1958) von Günther Neske in Pfullingen verlegt.

Ende der 1950er-Jahre beginnt Hildesheimer sich nach einem Verlag umzusehen, der sein verzweigtes Werk in seiner Gesamtheit betreuen könnte. Er berät sich mit befreundeten Autoren. Zusammen mit Walter Jens verlässt er Anfang 1960 den Verlag Günther Neske, hoffend, dass »die Freundschaft bleibt, aber er ist nicht der richtige Verleger für uns, da er ein Amateur ist und bleibt, wenn auch ein sehr Liebenswerter«.[1] Schon früher war Hildesheimer mit Peter Suhrkamp in Kontakt. Diesen Faden nimmt er nun wieder auf. Es ist eine Entscheidung für Personen. »Ich hatte unglaublich verlockende Angebote, und aus all denen habe ich Suhrkamp gewählt«, schreibt Hildesheimer im Januar 1960. Dies sei erstens wegen der Persönlichkeit des Verlagsgründers geschehen, »zweitens ist mir Unseld, trotz seiner etwas polternden Art sehr sympathisch, er ist vordergründig, kein Intrigant, offenherzig und kollegial«.[2] Außerdem gehöre »– was nicht zu unterschätzen ist! –« Hans Magnus Enzensberger, entschiedener Advokat der literarischen Moderne und des kritischen öffentlichen Dialogs, zu Suhrkamp, ebenso wie der Dramaturg Karlheinz Braun, der sich als Chef des Frankfurter Studententheaters neue bühne bereits für Hildesheimers Stücke eingesetzt hatte: »Es ist günstig und gut, alles – Prosa und Theater – bei ein und demselben Verlag zu haben: vor allem gerade jetzt, da ich mit meinem Hamlet-roman nun endlich anfangen will.«

Der Übergang vollzieht sich schrittweise. Das früheste Dokument der Korrespondenz zwischen Hildesheimer und Suhrkamp stammt vom 7. Januar 1960: ein Geschäftsbrief Karlheinz Brauns, in dem Details zu Hildesheimers Hörspiel *Herrn Walsers Raben* besprochen werden. Kein symbolischer, feierlicher Auftakt, vielmehr sogleich *in medias res* gehend – und in dieser Hinsicht typisch für die mehreren tausend Blatt der Korrespondenz aus den folgenden drei Jahrzehnten bis 1991. »Sie werden ja in der letzten Zeit mit Briefen von mir geradezu bestürmt. Der Grund ist: Vorbereitung zum Vollzug des endgültigen Verlagswechsels«, schreibt Hildesheimer am 27. Januar 1960 an Braun. Anfang März reist er nach München, um im persönlichen Gespräch »die Bande mit Desch nun offiziell zu lösen«, wie er seinem künftigen Verleger mitteilt.[3] Wenige Wochen später erhält er einen Entwurf zur Formalisierung des Arbeitsverhältnisses, und am 11. April 1960 schickt Wolfgang Hildesheimer den unterzeichneten Vertrag an den Suhrkamp Verlag nach Frankfurt am Main.

Der erste hier ausgewählte Brief vom 25. Januar 1960, der drei einzeilig getippte Seiten umfasst, steht stellvertretend für die Korrespondenz der ersten Jahre: Hildesheimer wendet sich an den »Herrn Generaldirektor« Unseld und spricht über ihn die weitere »Firma Enzensberger & Braun« an. Siegfried Unseld und Karlheinz Braun sind über all die Jahre die Hauptadressaten; zu bestimmten Zeiten kommen Hans Magnus Enzensberger, Walter Boehlich und Karl Markus Michel hinzu. Nicht selten treffen zwei bis drei Sendungen pro Woche aus Poschiavo ein, manchmal schreibt Hildesheimer mehrere Briefnotizen am selben Tag an den Verlag. Brieflich entwirft er die Gestalt seines Werks – und indirekt auch die des Verlags. Hildesheimers Ton ist selbstbewusst und entschieden, verbindlich und konzentriert, stets erkundet er den Raum für Entwürfe. Zwei

Projekte, die Suhrkamp ihm vorgeschlagen hatte, lehnt er ab – beides Übersetzungen aus dem Englischen. Später wird Hildesheimer mehrfach englischsprachige Literatur für den Verlag übersetzen. Er wolle eine »gedankenfördernde Jahreszeit« für seine eigene Prosa abwarten und zum Auftakt das Bestmögliche »mit in die Ehe bringen«. Das familiäre Vokabular hat eine scherzhafte Note, doch fügt Hildesheimer seinen Briefen an Unseld oder Braun häufig auch durchaus ernstgemeinte Grüße »an Ihre liebe Frau« oder gleich »an Familie und Verlag« hinzu.

Siegfried Unselds erstes Antwortschreiben kann ebenfalls stellvertretend für die Korrespondenz der folgenden Jahre stehen. Er reagiert postwendend, geht auf Hildesheimers Vorschläge ein, ist verbindlich und nahezu freundschaftlich im Ton, ohne den geschäftlichen Anlass des Verhältnisses aus den Augen zu verlieren: »Ich freue mich, die Beziehung des Verlages zu Ihnen nun auch materiell bekunden zu können« (28. Januar und 2. Februar 1960). Hildesheimers Verzicht auf die Übersetzungsangebote respektiert Unseld besonders »im Hinblick auf Ihre eigenen Pläne« und stellt unmittelbar »eine Optionszahlung« auf »Ihren Hamlet-Roman« in Aussicht: »Ich hoffe, Sie können weiter über dieser Arbeit bleiben.«

Siegfried Unseld, Karlheinz Braun und der Suhrkamp Verlag werden in den folgenden Jahrzehnten für Hildesheimer zu unverzichtbaren Gesprächspartnern bei der Entstehung seiner Werke. Zwei Beispiele sollen dies veranschaulichen: zum einen die Briefe zu *Tynset* aus den Jahren 1962 bis 1965, zum anderen die zu *Masante* aus den frühen 1970er-Jahren. Beide Prosabücher bilden Hildesheimers Ansicht nach die Gravitationszentren seiner Auseinandersetzung mit den »Häschern« und den Nachwirkungen des NS-Regimes im 20. Jahrhundert. »Schreibst Du mir darüber?«, bittet er einmal seinen Verleger am Ende eines solchen paradigmatischen Briefes. Dieselbe Frage könnte als Motto über den Briefen Unselds und des Verlags insgesamt stehen. Hildesheimer antwortete darauf – mit seinem Werk.

Tynset, so Hildesheimer im Jahr 1963, ist »nicht mein diesjähriger Beitrag zur Literatur sondern mein Roman schlechthin«. Beim Schreiben sei er »abhängig von einer gewissen Resonanz« und habe das »Bedürfnis, mich durch das Urteil derer, die für meine Prosa empfänglich sind, kontrollieren zu lassen« (16. November und 8. April 1963). Praktische Erwägungen spielen gewiss auch eine Rolle: Auf diese Weise argumentiert er für die Verschiebung eines Erscheinungstermins sowie für die Notwendigkeit von Vorabdrucken. Sein Verleger geht darauf ein. *Tynset* erscheint erst 1965, ein Jahr später als ursprünglich vereinbart, und der Verlag lizenziert den Zeitschriften *Akzente* und *Merkur,* Ausschnitte des Manuskripts vorab zu publizieren. Darüber hinaus – oder vor allem – entspricht Unseld Hildesheimers emphatischem Wunsch nach kritischer Kooperation. Seite für Seite arbeiten sich Unseld und Lektor Karl Markus Michel durch das Manuskript von *Tynset*, teilen Vorbehalte mit, senden Anregungen, durchdenken die Komposition und kontrollieren die Kommasetzung (»Ich bin mir ja auch oft in der Interpunktion nicht sicher [und] möchte nicht, dass sie falsch ist«, so Hildesheimer, der einen Großteil seines Lebens in nichtdeutschsprachigen Ländern verbrachte.) Er habe sich in den vergangenen Tagen »konzentriert mit *Tynset*« beschäftigt, schreibt Unseld im Sommer 1964: »Ich beglückwünsche Sie zum Abschluß dieser Arbeit. Sie ist ein echter Hildesheimer und vermutlich auch der beste Hildesheimer. Ich sehe, was Sie in sie investiert haben an Erfahrung und Erkenntnis, es ist ein ebenso heiterer wie bitterböser Text.« (19. August 1964) In diesem Stadium hatte Hildesheimer zwei längere, jeweils rund 15 Manuskriptseiten umfassende Passagen aus dem Manuskript herausgelöst. Unseld bittet jedoch, »nochmals zu bedenken, ob man die ›Bettfuge‹ nicht doch wieder dem größeren Text einfügen sollte.« Die »Bett-Fuge« ist erzählerisch und kompositorisch ein Herzstück des publizierten Monologbuches – ohne sie wäre *Tynset* heute unvorstellbar. Wie maßgeblich die Gestalt von Hildesheimers »Roman schlechthin« aus dem Dialog mit dem Verlag hervorgeht, wird hier erstmals deutlich.

An dieser Stelle sei eine Zwischenbemerkung erlaubt. Nach dem Erscheinen von *Tynset* schickte Hildesheimer dem Verlag im Frühjahr 1965 eine private Liste mit fünfzehn Namen von Freunden und Bekannten, die ein Exemplar des Buches erhalten sollten.[4] Es handelt sich um Adressen in Köln, München, Ulm und Hamburg sowie in Haifa, London, Arlington/USA, Oderzo/Italien und Farsta/Schweden. Das Dokument lässt die polyglotte Welt aufscheinen, in der Hildesheimer lebte und in der sein Werk existiert; die Ortsnamen verweisen zudem auf Welten des – jüdischen – Exils, sie skizzieren Spuren der Vertreibung und Vernichtung und des Überlebens im 20. Jahrhundert nach der Shoah. Haben all diese Welten gleichsam als Adressaten an *Tynset* mitgeschrieben? Die Weitverzweigtheit dieser Spuren wäre überhaupt erst noch zu lesen. Wozu die Briefe dieses Bandes womöglich einen Anlass geben.

Das Offengebliebene, Unabschließbare aus *Tynset* setzt Hildesheimer gewissermaßen mit *Masante* fort. Als das Manuskript des zweiten Monologbuches im Frühjahr 1972 »so gut wie *fertig*« ist, zieht Hildesheimer seinem Verleger gegenüber Bilanz und verknüpft die beiden Projekte mit einer markanten Geste der Datierung: »Ich habe nun tatsächlich innerhalb sieben Jahren – seit 1965 – über vier Jahre an dem Buch gearbeitet. Nicht, dass mir die Einfälle oder der gesamte Duktus nicht leicht gekommen wären – oft ging das nur allzu leicht – aber es war ein dauerndes Entstehen und wieder Verwerfen, zweimal, 1968 und 1970, hatte das Buch bereits einen wesentlich grösseren Umfang als jetzt (etwa 280 Seiten)« (4. April 1972). Wieviel »persönliches engagement darin liegt, spüre ich jetzt an meinen vegetativen Störungen«, gesteht Hildesheimer. Gemeinsam mit seiner Frau habe er an diesem Schreibprojekt mit einer Intensität »gearbeitet wie, glaube ich, noch nie«. Ob das Buch gelungen sei, könne er mangels Abstand noch nicht beurteilen, »aber sicher ist, dass es wie kein anderes Buch ist, auch nicht wie Tynset«. Hildesheimer stellt mit *Masante* sein bisheriges Schreiben radikal in Frage – und erfindet es zugleich neu. Und wieder spielt Unseld dabei eine erstaunliche Rolle. In einem Moment fundamentaler Krise bittet Hildesheimer um die Verschiebung des Erscheinungstermins von *Masante* ins nächste Programmjahr. Für Unseld ist dies zwar eine »arge Enttäuschung«, aber immerhin habe er so die Chance, das Manuskript »noch im statu nascendi« kennenzulernen und aktiv »in den Arbeitsprozeß eingeschaltet« zu sein. Die »wirkliche Vollendung eines Werkes« sei dem Verleger »wichtiger als der Termin seines Erscheinens«, also »verschieben wir das gemeinsame Unternehmen« (27. April 1972). Hildesheimer ist erleichtert und verblüfft über seinen Verleger, »dass Du Deine Enttäuschung so objektivieren konntest«: »Das nenne ich Freundschaft!« (5. Mai 1972) Wie diese freundschaftliche, und das heißt keineswegs reibungslose Zusammenarbeit über mehr als ein Jahr hinweg die Fertigstellung von Hildesheimers zweitem »Roman schlechthin« ermöglichte, dokumentieren die hier ausgewählten Briefe. Wie alle anderen Korrespondenzen zwischen Autor und Verlag sind sie, von vereinzelten Ausnahmen abgesehen, bislang unbekannt und unveröffentlicht.

Die drei Jahrzehnte andauernde Zusammenarbeit verläuft freilich nicht ohne Spannungen. Die finanziellen Nöte eines Lebens als freier Autor setzen Hildesheimer immer wieder unter Druck, sich mit Forderungen an den Verlag zu wenden und jene Aufmerksamkeit für das eigene Werk einzufordern, die ihm angemessen und notwendig erscheint. Hier kehren Leitmotive wieder, die auch aus Unselds Briefwechseln mit Uwe Johnson, Thomas Bernhard oder Wolfgang Koeppen bekannt sind. Hildesheimers Briefstimme gegenüber dem Verlag ist in der Regel klar und bestimmt, gelegentlich forsch, zugleich nuanciert und nicht selten sanft, aber niemals scheu oder gar unterwürfig. Als einmal ein dringend benötigter, fälliger Geldbetrag nicht eintrifft und der Verlag nur schleppend reagiert, zieht Hildesheimer alle Register, bis hin zu einem spätabendlichen Anruf bei Karl Markus Michel zu Hause. Nachdem sich die Situation geklärt hat, schreibt er voller Anerkennung: »Für einen Autoren jedenfalls ist es ein gutes Gefühl, dass ein Lektor, wenn es sein muss, auch Nachtdienst hat.« (22. Oktober 1964)

Im Mai 1987, ein halbes Jahr nach seinem siebzigsten Geburtstag, vollzieht Hildesheimer einen entscheidenden Schritt. Gemeinsam mit seiner Frau Silvia fasst er den Entschluss, wie er Unseld schlicht und dennoch feierlich mitteilt, »Euch die

Rechte an meinem ›Werk‹ zu hinterlassen« (17. Mai 1987). Die vertraglichen Details können rasch geklärt werden. Von nun an vertritt der Suhrkamp Verlag die Urheberrechte an Hildesheimers sämtlichen literarischen Werken – 70 Jahre über den Tod des Autors hinaus.

Im Juni 1991 besprechen Hildesheimer und Unseld brieflich einige Termine zum anstehenden Jubiläum von Mozarts 200. Todestag. »Ich möchte mich in keine Diskussion einmischen, aber doch das letzte Wort zum Mozartjahr behalten«, scherzt Hildesheimer, dessen *Mozart*-Biographie bis heute als Standardwerk gilt; er habe bereits »zwei Veranstaltungen im Dezember zugesagt«. Im Dezember 1991 steht auch Hildesheimers 75. Geburtstag an. Wegen des Winterwetters, und um den weit verstreuten Freunden Reisestrapazen zu ersparen, habe er sich entschlossen, kein Fest zu veranstalten. »Aber ihr könnt natürlich jederzeit kommen und bei uns wohnen«, so Hildesheimers freundschaftliche Einladung an Unseld und dessen Frau, »auch zu anderen Jahreszeiten, nur nicht im August, dann sind wir ausgebucht.« (22. Juni 1991)

Am 21. August 1991 stirbt Wolfgang Hildesheimer in seinem Haus in Poschiavo. Siegfried Unseld reist umgehend zur Beerdigung ins Tessin. In seiner Reisenotiz schreibt er am 23. August: »Noch einmal der Bericht über den so raschen Eintritt des Todes, eigentlich erfolgte er in Sekundenschnelle. Man kann es sich ja nicht schöner wünschen.«[5] Die öffentliche Stellungnahme des Suhrkamp Verlages am Todestag von Wolfgang Hildesheimer endet mit den Worten: »In seiner ›Nachlese‹ ist der Satz zu lesen: ›Mild und leise treibe ich mein Unwesen vor mir her über weite Zwiespälte und triftige Gründe.‹ Zu seinem 75. Geburtstag am 9. Dezember dieses Jahres bereitet der Suhrkamp Verlag seine ›Gesammelten Werke in sieben Bänden‹ vor, die Ausgabe wird jetzt erscheinen; das in seiner Vielfalt hervorragende Werk wird damit durchschaubar gemacht.«

1 Wolfgang Hildesheimer an Hans Paeschke, 27. Januar 1960 (DLA, Merkur/Hildesheimer, Mappe I, 80.3).

2 Ebd.; wie auch alle weiteren Zitate dieses Absatzes.

3 Wolfgang Hildesheimer an Siegfried Unseld, 4. Februar 1960 (Suhrkamp-Archiv/DLA).
4 Siehe Brief 28a.
5 Typoskript (Suhrkamp-Archiv/DLA).

[1] Wolfgang Hildesheimer an Siegfried Unseld

wolfgang hildesheimer, poschiavo (graubünden) 25. Januar 1960

Herrn
Dr. S. Unseld
Suhrkamp Verlag
Frankfurt am Main

Lieber Herr Doktor Unseld,

diesmal schreibe ich an *Sie*.[1] Da dieser Brief nämlich sowohl Dramaturgie als auch Lektorat angeht, wusste ich nicht, an wen ich ihn adressieren sollte, und so wird es mir vielleicht die Firma Enzensberger & Braun[2] nicht verübeln, dass ich – obgleich dieser Brief ihr gilt – an den Herrn Generaldirektor schreibe. Geschäftsgewandt wie ich bin, schicke ich einen Durchschlag mit, so dass der Brief zweimal abgelegt werden kann. – Aber genug der Einleitung.
1. (Enzensberger) Beggar's Opera.[3] Ich habe mich entschlossen, das *nicht* zu übersetzen. Das Exemplar – wunderbar! – geht morgen ebenso eingeschrieben wieder an ihn zurück, wie er es mir geschickt hat. Literarisch ist die Sache natürlich bezaubernd, dramatisch – meiner Meinung nach – weniger anregend, zumal man doch hier, um einen wirklichen Kontrast zu Brecht's Bearbeitung zu bekommen, die Musiknummern streichen oder zu Prosa verarbeiten müsste. Tut man das nicht, so steigt die Angelegenheit als ein Konkurrenzunternehmen zur Dreigroschenoper auf die Bühne und wird es schwer haben, selbst wenn der Text geistreicher ist. Aber, wie gesagt, als reines Prosastück gibt es dramatisch nicht genug her. Ich mag mich irren, auf jeden Fall sollte noch ein anderer Lektor es lesen.[4] *Wahrscheinlich* irre ich mich sogar, und ich finde auch, dass man es *unbedingt* machen sollte. Nur habe *ich* keine rechte Lust! Ich tendiere mehr zum Manierismus als zum Realismus! Aber ich springe einfach nicht so recht darauf an, und dann würde es mit der Übersetzung auch bestimmt schief gehen. That's that.

2. (Braun) THE DOUBLE-DEALER[5] ist *kein* sehr gutes Stück, ausser dass es einen gewissen Reiz des obszönen hat, der aber meiner Meinung nach nicht ausreicht, um das Stück überzeugend zu machen. Es ist entsetzlich konstruiert. Also auch hier würde ich sagen: nein. Ob man später einmal das – wesentlich stärkere – Stück ›Love for Love‹ in Angriff nehmen sollte, wäre zu überlegen.[6] Aber ich habe folgenden Gegenvorschlag: da ich

a) keine Lust habe, mich jetzt an ein neues Fernsehspiel zu machen,

b) mit der Prosa eine gedankenfördernde Jahreszeit abwarten möchte,

c) ich ein gutes ›Objekt‹ mit in die Ehe bringen möchte

hätte ich Lust, mich jetzt an Sheridan's ›The Rivals‹ zu machen, ein gutes, ›zügiges‹ Stück, ein wenig schwächer vielleicht als die ›School for Scandal‹, aber das würde hoffentlich in der Bearbeitung nicht mehr zu merken sein.[7] (Ich muss betonen, dass ich auch in der ›School for Scandal‹ eine bei Sheridan arg zu kurz gekommene Rolle erst richtig aufgebaut habe.) Ich glaube, hier wäre uns ein Erfolg sicher. Nur:

möchte ich nicht, dass die Sache vor *Juni* bekannt würde, obgleich ich bis dahin längst fertig bin. Und zwar aus dem folgenden Grund: es würde dem ›run‹ des ersten Sheridan schaden, wenn man schon so bald die Auswahl zwischen zwei Stücken hat, und davon hätten weder Sie etwas noch ich. Wir wollen also die Uraufführung des ersten Sheridan im Mai abwarten – dann können wir auch die Erfolgsmöglichkeiten des Zweiten berechnen – und wenn sich dann einige Theater dafür gemeldet haben, stellen wir die neue Bearbeitung in Aussicht. Davor, dass es uns ein anderer wegschnappen könnte, habe ich *überhaupt* keine Angst. Vor zwei Jahren, als bekannt wurde, dass ich Congreves ›The Way of the World‹[8] bearbeite, haben *alle* Bühnen die beiden existierenden Bearbeitungen – beide neu! – von Klinger und Mittler liegen lassen, um auf meine zu warten.[9] Ich habe es dann *nicht* gemacht, und keine der beiden anderen wurde gespielt. Als es jetzt hiess, dass ich den Sheridan mache, hat Grüb[10] seinen Versuch sofort liegen lassen, den er für die

Schwetzinger Festspiele machen wollte. Was halten Sie davon? Ich fange inzwischen an!
3. (Unseld und Braun) Es hat inzwischen ein Ansturm der Verlage auf mich eingesetzt, der mir beinah unerklärlich ist. Es ist aber alles gebannt und erklärt, bis auf *eine* Sache, die mir erwähnenswert scheint und auf einem Irrtum beruht: Neske (der noch nichts von meiner neuen Bindung weiss, sich aber auch keine Hoffnung macht) teilt mir mit, dass der S. Fischer-Verlag in seinem Vertrag mit Faber & Faber über THE ANTIPHON *mich* als Übersetzer angegeben hat.[11] Das – das möchte ich betonen – ist ein absolutes Missverständnis, denn ich habe Frau Hunzinger[12] *keine* Hoffnungen gemacht, im Gegenteil, ihr gegenüber habe ich meine Suhrkamp-bindung erwähnt. In diesem Sinne habe ich denn auch Neske geschrieben, hielt es aber nicht für nötig, auch noch Frau Hunzinger zu schreiben, da ich ja mit diesem Missverständnis nichts zu tun habe. Nun bemüht sich Neske, der noch auf die Buchausgabe hofft, um einen neuen Übersetzer. Einen guten wird er nicht finden, es sei denn, er bekäme, was ich vorgeschlagen hatte aber für ausgeschlossen halte, Georg von der Vring.[13]
Nun bestünde der *sehr* schwache Hoffnungsschimmer, dass sich Faber and Faber – vor allem über Djuna selbst, die *sehr* eigen ist – mit einem anderen Übersetzer nicht einverstanden erklärt. Sollte das so sein und *sollten Sie* darauf nochmals den Versuch wagen können, sich Ihrerseits um den ANTIPHON zu bemühen, dann wäre ich eventuell doch bereit, *nach* meinem Roman[14] die Übersetzung zu machen, vorausgesetzt, dass ich dann ein Jahr Zeit hätte. Sehr viel Hoffnung habe ich ja nicht, da mir Frau Hunzinger am Telefon sagte, sie habe die Bühnenrechte bereits ›gekauft‹, aber vielleicht sollte man es doch versuchen. Man sollte ruhig erwähnen, dass ich als Übersetzer nur für Suhrkamp in Frage komme.
Das ist alles für heute.

Mit herzlichen Grüßen an Ihre liebe Frau und alle Beteiligten,
Ihr
hildesheimer

Typoskript; Deutsches Literaturarchiv Marbach; SUA: Suhrkamp/01 Verlagsleitung/Autorenkonvolut/Hildesheimer.

1 Hildesheimers erster überlieferter Brief an den Suhrkamp Verlag datiert vom 11. Januar 1960; Hildesheimer antwortet darin Karlheinz Braun auf dessen Brief vom 7. Januar 1960, das früheste erhalten gebliebene Dokument der Korrespondenz zwischen Hildesheimer und dem Suhrkamp Verlag.

2 Der Autor Hans Magnus Enzensberger (geb. 1929) arbeitete im Jahr 1960 als Lektor im Suhrkamp Verlag. Siehe auch den Briefwechsel in diesem Band, S. 180-220. Der Literaturwissenschaftler Karlheinz Braun (geb. 1932) trat 1959 in den Verlag ein und leitete darin bis 1969 den Theaterverlag.

3 *The beggar's opera* war in Deutschland vor allem durch die Übersetzung und Bearbeitung von Elisabeth Hauptmann, Bertolt Brecht und Kurt Weill (*Dreigroschenoper*; Uraufführung 1928) bekannt geworden. Für das 1728 in London uraufgeführte Original hatten John Gay den Text und Johann Christoph Pepusch die Musik verfasst.

4 Die drei folgenden Sätze hat Hildesheimer handschriftlich am Blattrand notiert und mit einem ›x‹ als Einfügung markiert.

5 *The double dealer* ist eine 1693 uraufgeführte Komödie des englischen Dichters und Theaterautors William Congreve (1670-1729).

6 *Love for love* ist ebenfalls eine Komödie aus der Feder von William Congreve und wurde 1695 uraufgeführt.

7 Richard Brinsley Sheridans (1751-1816) Lustspiel *School for scandal* (1777) erschien in Wolfgang Hildesheimers freier Bearbeitung unter dem Titel *Die Lästerschule* 1962 im Theaterverlag Desch (München, Wien und Basel). Erstaufführung: Landestheater Hannover, 5. Juni 1960. Hildesheimers Vorwort zu seiner Übersetzung findet sich wiederabgedruckt in: GW VII, S. 295-297.

8 Congreves Komödie *The way of the world* feierte im Jahr 1700 in London Premiere.

9 Kurt Klinger (1928-2003), österreichischer Autor und Dramaturg, arbeitete in den 1950er- und 1960er-Jahren an zahlreichen Bühnen in Österreich, Deutschland und der Schweiz. Seine Bearbeitung *Der Lauf der Welt. Eine Komödie nach William Congreve* datiert aus dem Jahr 1957. – Leo Mittler (1893-1958) arbeitete als Schauspieler, Übersetzer, Drehbuchautor und Regisseur für verschiedene deutschsprachige Theaterhäuser. Seine Congreve-Übersetzung *Der Lauf der Welt. Komödie in sechs Bildern* war 1958 in einem Bühnenverlag erschienen und wurde im April 1960 im Stadttheater Saarbrücken erstmals aufgeführt. – Wolfgang Hildesheimers Fassung von Congreves Stück, *Der Lauf der Welt.*

Eine lieblose Komödie, erschien erstmals 1982 als suhrkamp theatertext, wurde am 18. Mai 1985 am Schauspielhaus Zürich uraufgeführt und kam als Buchfassung 1986 im Insel Verlag heraus. Vgl. Bärbel Czennia, »Soziale und theatralische Konventionen der Restaurationskomödie als Übersetzungsproblem. William Congreves *The way of the world* und vier deutsche Fassungen«, in: Ulrike Jekutsch, *Komödie und Tragödie – übersetzt und bearbeitet*, Tübingen: Gunter Narr 1994, S. 21-102, hier: S. 40 und S. 30.

10 Willy Grüb (1912-1998), deutscher Schriftsteller, Hörspielautor und Dramaturg, Programmchef beim Süddeutschen Rundfunk und künstlerischer Beirat der Schwetzinger Festspiele.

11 Vgl. die Korrespondenz zwischen Wolfgang Hildesheimer und Djuna Barnes in diesem Band, S. 132-179, besonders S. 142 ff.

12 Stefani Hunzinger (1913-2006), langjährige Leiterin der Theaterabteilung des Frankfurter S. Fischer Verlages sowie Verlegerin des Homburger Hunzinger Bühnenverlages.

13 Georg von der Vring (1889-1968), deutscher Schriftsteller, Übersetzer und Maler. 1958 war im Insel Verlag eine Auswahl mit Gedichten von William Blake in der Übersetzung von Georg von der Vring erschienen.

14 Hildesheimers Projekt eines Hamlet-Romans; vgl. hierzu auch Brief 3. Im Brief an Karlheinz Braun hatte Hildesheimer am 11. Januar 1960 geschrieben, ab Ende Februar stehe in seinem Arbeitsplan »mein Roman, an dem ich das ganze Jahr zu arbeiten gedenke, bis auf die – schon gewohnten – Depressionspausen, wenn mich meine Lebenslust verlässt: das sind die Perioden für ›Nachvollzugsarbeiten‹«.

[2] Siegfried Unseld an Wolfgang Hildesheimer

28. Januar 1960

Lieber Herr Hildesheimer,

ich bin eben auf dem Sprung zur Premiere Eliot »Ein verdienter Staatsmann« nach Köln, möchte Ihnen aber vorher noch für Ihren liebenswerten Brief vom 25. Januar danken. Ich kann es kurz machen, weil ich annehme, daß die Direktoren der von Ihnen freundlich zitierten Firma Enzensberger & Braun sicherlich Ihnen von sich aus schreiben werden. Ich habe mit größter Freude vernommen, daß Sie Ihren Fernsehplan jetzt in den

Schornstein warfen. Glücklicherweise wissen die Manager des Fernsehens nicht, wieviel ich ihnen schon verdorben habe. Auch Koeppen habe ich entschieden von einem Fernsehspiel abgeraten. Die Verhältnisse beim Fernsehen sind gegenwärtig derart, daß man wirklich jedem abraten muß, sich in irgendeiner Form zu engagieren.

Es sollte mich also sehr freuen, wenn Sie jetzt an eine Bearbeitung von Sheridan »The Rivals« gingen. Ich selbst kenne das Stück nicht, Herr Boehlich hat mich jedoch dahingehend instruiert, daß wir sicher sein könnten, daß das Stück in Ihrer Bearbeitung aufs neue erblühe. Selbstverständlich sichern wir Ihnen zu, diese Tatsache keinesfalls vor Juni bekanntzugeben. Irgendwelche Konkurrenz brauchen wir ja wirklich nicht zu fürchten. Ohnehin wird die Tatsache, daß Ihre Bearbeitung dann bei uns erscheint, schon Furore machen.

Ich werfe aber jetzt doch wiederum die materielle Seite unserer Verbindung auf: denn nun können Sie ja mit den Fernseheinnahmen nicht rechnen. Bitte schreiben Sie mir, ob Sie einen Vorschuß auf diese Bearbeitung haben möchten oder ob Ihnen eine monatliche Zahlung, die dann auf andere Arbeiten angerechnet würde, lieber wäre.

Bei Djuna Barnes »The Antiphon« werden wir ganz nach Ihrem Vorschlag verfahren. Es mag sein, daß ich im Laufe des Februars nach London reisen muß. Ich nehme dann Gelegenheit, dies an Ort und Stelle mit Faber and Faber zu besprechen. Freilich sehe ich, nachdem der S. Fischer Verlag die Aufführungsrechte schon erworben hat, wenig Möglichkeit des Eingreifens.

Ihren Verzicht auf die Übersetzung von »The Beggar's Opera« respektiere ich, vor allem natürlich im Hinblick auf Ihre eigenen Pläne. Ich nehme an, daß Ihnen darüber aber Enzensberger nochmals schreiben wird.

So viel für heute. Ich bin mit herzlichen Grüßen
Ihr
[Siegfried Unseld]

Typoskript; Deutsches Literaturarchiv Marbach; SUA: Suhrkamp/01 Verlagsleitung/Autorenkonvolut/Hildesheimer.

[3] Siegfried Unseld an Wolfgang Hildesheimer

2. Februar 1960

Lieber Herr Hildesheimer,

recht herzlichen Dank für Ihren Brief vom 29. Januar. Ich habe jetzt vorsichtig andeutend an Faber and Faber geschrieben. Es ergab sich ein günstiger Anlaß. Ich bin gespannt, welche Antwort ich erhalte.

Ich freue mich, die Beziehung des Verlages zu Ihnen nun auch materiell bekunden zu können. Gern überweisen wir Ihnen die erbetenen DM 1500,– auf Ihr Churer Bankkonto. Die Überweisung wird heute vorgenommen. Ich hoffe, sie trifft bald bei Ihnen ein. Der Betrag ist als Vorschuß des Theater-Verlages Suhrkamp auf Ihre Bearbeitung von Sheridans »Rivalen« gedacht, dann aber gleichzeitig auch als eine Optionszahlung auf den generellen Vertrag, den wir dann, wie vereinbart, nach einer ersten Einsicht in Ihren Hamlet-Roman miteinander schließen wollen.

Ich hoffe, Sie können weiter über dieser Arbeit bleiben.
Ich freue mich sehr, daß wir sie bald erwarten dürfen.

Mit besten Grüßen
Ihr
[Siegfried Unseld]

Typoskript; Deutsches Literaturarchiv Marbach; SUA: Suhrkamp/01 Verlagsleitung/Autorenkonvolut/Hildesheimer.

[4] Wolfgang Hildesheimer an Karlheinz Braun

wolfgang hildesheimer, poschiavo (graubünden)

[ohne Datum, zwischen 12. Oktober und 13. November 1962]

Herrn
Dr. Karlheinz Braun
Suhrkamp Verlag
Frankfurt am Main

Lieber Herr Doktor Braun,

seit vorgestern sind wir also wieder von unserer Reise zurück, diesmal wunderbar erholt. Trotz der verschiedenen Krisen,[1] durch die wir hindurchfuhren und von denen wir erst viel später erfuhren, weil wir kaum Zeitung lasen, war es eine herrliche Reise, richtiger Urlaub, morgens wussten wir noch nicht, wo wir abends sein würden, und auf diese Weise kamen wir, allerdings von Göteborg mit der Bahn, bis an den Polarkreis, wo es ganz mild war. Erst auf der Rückreise in Deutschland wurde uns übel, und übel bleibt es uns, wenn wir an Deutschland in der Nacht denken.[2]

Übrigens bin ich unter den Kopenhagener Tischlern und Architekten meinem Entschluss, mit dem Schreiben nun bald aufzuhören – ich erzählte Ihnen wohl schon davon? – wieder sehr viel näher gerückt.[3]

Ich würde gern bald anfangen, mich dem industrial design zu widmen. Wenn ich bedenke, wie verschwindend klein der Kreis der Leute ist, die meine opera lesen oder gar auf dem Theater sehen wollen (mit dem Hören ist es allerdings anders), dann denke ich, dass ich den doch immer wiederkehrenden Zwang, zu schreiben, stärker bekämpfen sollte. Natürlich könnte ich auch anders schreiben, ich will aber nicht, was ich geschrieben habe, hat mich selbst immer überzeugt und tut es nach wie vor. Nur scheint es eben Andere weniger zu überzeugen. – Unter den entsetzlichen Bergen von Post, die ich hier vorfand, waren auch zwei Mitteilungen von ›Verschiebungen‹. Zimmertheater Hamburg hat die ›Verspätung‹ und die Komödie Basel hat das ›Nachtstück‹ ›verschoben‹. Zufall? –

Und das bringt mich in medias res. Düsseldorf möchte das ›Nachtstück‹ zwischen Weihnachten und Neujahr uraufführen.[4] Liesse sich dieser Termin nicht um eine Woche verschieben, nun da ja Basel nicht mehr mitmacht? Ich würde so ungern gerade zu dieser Zeit nach Düsseldorf fahren. Könnten Sie nochmals mit Hauck[5] darüber sprechen? Hinfahren muss ich, denn das Hamburger dritte Programm möchte dreiviertel Stunden mitschneiden, und ich muss da einen[xx] verbindenden Text sprechen.

2. Ich habe dieser Tage, wie Sie wohl wissen, bei Ihnen angerufen. Es handelte sich um die Fernsehrechte von HERRN WALSERS RABEN, nach der ich von verschiedenen Seiten gefragt worden bin.[6] Ich habe alle Frager an Sie verwiesen und wollte nun wissen, ob sie sich gemeldet haben. – Es scheinen jetzt alle meine Hörspiele im Fernsehen zu kommen, die TURANDOT bearbeite ich selbst, für den SWF. Westphal führt Regie.[7]

Sonst gibt es hier nichts neues. Zu unserem frohen Erstaunen gab es trotz fortschreitender Jahreszeit im Garten immer noch Kräuter,[8] was natürlich ausschliesslich meinem züchterischen Können zuzuschreiben ist.

Die Ungaretti-Übersetzerin sitzt frisch und erholt an ihrer Arbeit,[9] ich muss noch tagelang Korrespondenz machen. Dies ist etwa Brief Nr. 49.

Mit herzlichen Grüssen an Familie und Verlag

Ihr

[xx] [handschriftl.:] Natürlich komme ich, wenn es sein muss, auch zu dieser Zeit.

Typoskript; Deutsches Literaturarchiv Marbach; SUA: Suhrkamp/01 Verlagsleitung/Autorenkonvolut/Hildesheimer.

1 Anspielung auf die sogenannte Kuba-Krise im Oktober 1962. Durch die Stationierung amerikanischer Mittelstreckenraketen im Juli in der Türkei und die Stationierung sowjetischer Mittelstreckenraketen im Oktober auf Kuba erreichte der Kalte Krieg eine neue Eskalationsstufe. US-Präsident J.F. Kennedy drohte im Oktober, notfalls Atomwaffen einzusetzen. Während die akute Krise beigelegt werden konnte, prägte die damit aufgetretene Option des Atomkrieges nachhaltig die politische Wirklichkeit und internationale Ordnung im Kalten Krieg. Vgl. auch die folgende Anmerkung.

2 Anspielung auf die sogenannte *Spiegel*-Affäre im Oktober 1962. Nach einem kritischen Artikel zur militärischen Verteidigungskapazität der Bundesrepublik Deutschland veranlasste das Verteidigungsministerium eine Durchsuchung der Redaktion des Hamburger Nachrichtenmagazins wegen des Verdachts auf Landesverrat; gegen mehrere Redakteure, darunter Herausgeber Rudolf Augstein, wurde Haftbefehl erlassen. Die *Spiegel*-Affäre löste eine weitreichende politische Krise um die Pressefreiheit in Nachkriegsdeutschland aus. Mitglieder der Gruppe 47 veröffentlichten umgehend eine Protesterklärung, in der sie Augsteins Freilassung und den Rücktritt von Verteidigungsminister Franz Josef Strauß forderten. Im Januar 1963 bezeichnete der Geschäftsführende Vorsitzende der CDU, Josef Hermann Dufhues, die Gruppe 47 als »geheime Reichsschrifttumskammer«. Zahlreiche Journalisten, Schriftsteller und andere Intellektuelle gerieten im Zuge der Debatte unter Generalverdacht. Trotz dieser Rückschläge für die kritische Öffentlichkeit wurde die Meinungs- und Pressefreiheit auch gestärkt. Aufgrund der *Spiegel*-Affäre mussten Verteidigungsminister Strauß und mehrere Staatssekretäre ihre Ämter aufgeben. Die Formulierung »an Deutschland in der Nacht denken« spielt auf die sprichwörtlich gewordenen Anfangsverse aus Heinrich Heines Gedicht »Nachtgedanken« in dessen Zyklus *Zeitgedichte* (1844) an: »Denk ich an Deutschland in der Nacht/Dann bin ich um den Schlaf gebracht.«

3 Hildesheimer hatte Mitte der 1930er-Jahre eine Tischlerlehre in Jerusalem absolviert. Mit dem Gedanken, das Schreiben zugunsten einer anderen Tätigkeit aufzugeben, spielte Hildesheimer leitmotivisch während seines gesamten künstlerischen Lebens und setzte ihn von Zeit zu Zeit in die Tat um.

4 Wolfgang Hildesheimer: *Nachtstück*. Uraufführung: Kammerspiele Düsseldorf, 28. Februar 1963. Regie: Hansjörg Utzerath. – Siehe auch die folgenden Briefe der Korrespondenz mit dem Suhrkamp Verlag.

5 Herbert Hauck (1930-2014), deutscher Theaterregisseur, Dramaturg und Intendant.

6 *Herrn Walsers Raben* (Hörspiel). Erstsendung: Norddeutscher Rundfunk am 16. März 1960 und Bayerischer Rundfunk am 8. März 1960. Regie: Fritz Schröder-Jahn.

7 *Turandot* (Fernsehspiel). Erstsendung: 22. Oktober 1963. Regie: Gert Westphal. Siehe den für die Fernsehfassung veränderten Schluss des Stücks und Hörspiels in: GW VI, S. 829-838.

8 Von seinem »Kräutergarten« spricht Wolfgang Hildesheimer auch in einem Interview, das er 1963 vor der Uraufführung seines *Nachtstücks* gab, welches im vorliegenden Brief mit Braun ebenso Erwähnung findet wie eingangs das Übelkeit erzeugende Denken an »Deutschland in der Nacht«: *Nachtstück* sei ein Bekenntnisstück, so Hildesheimer im Interview, er habe darin versucht, »die Würde eines Scheiternden nachzuvollziehen. [...] Ich selbst schlafe miserabel, die Schlafmittel, die im Stück genannt werden, kenne ich aus eigener Erfahrung. Immer wenn ich Zeitung gelesen habe, packt mich die Schlaflosigkeit. Wer kann schlafen, wenn er über Deutschland liest. [...] Zwar ist es die Gegenwart, die mich nicht schlafen läßt, aber natürlich lebe ich nicht in dauernder Qual. Ich habe mein Haus, meinen Kräutergarten. [...] Und Pessimismus ist wohl auch kein seelischer Zustand, sondern eine Ansicht«. Zitiert nach: Henning Rischbieter, »Der Schlaflose. Gespräch mit Wolfgang Hildesheimer«, in: *Theater heute* 4/4/1963, S. 15; siehe auch GW VI, S. 862.

9 Silvia Hildesheimer, Wolfgang Hildesheimers Ehefrau, übersetzte Giuseppe Ungarettis *Reisebilder*, die 1963 im Suhrkamp Verlag erschienen.

[5] Karlheinz Braun an Wolfgang Hildesheimer

Neue Telefonnummer des
Theaterverlages
332395

14. November 1962

Lieber Herr Hildesheimer,

wir dachten schon, Sie seien verschollen! Herzlichen Dank für Ihren Brief, für das Lebenszeichen, daß Sie sich gut erholt und alle Krisen gut überstanden haben. Wir überstehen sie zwar hier auch, aber es geht halt konsequent und mit allem immer weiter den Berg hinunter. Bleiben Sie in Ihrem Kräutergarten, über den Bernina-Paß wird der Strauß so bald nicht kommen.

Gestern habe ich mit Herbert Hauck gesprochen. Die Besetzung der Hauptrolle im NACHTSTÜCK steht immer noch nicht ganz fest, da Utz noch in Lübeck ist, und dort inszeniert; aber in den nächsten Tagen wird er zurückkommen und alles wird dann definitiv feststehen. Feststand allerdings schon der Premierentermin zwischen Weihnachten und Neujahr, ich werde jedoch versuchen, daß wir es in die ersten Januartage verschieben können.[1]

Von Basel habe ich noch keine Nachricht über eine Verschiebung des NACHTSTÜCKES. Bis zu Ihrem Brief glaubte ich an die gemeinsame Uraufführung. Ich werde sofort recherchieren.[2]

DIE VERSPÄTUNG in Hamburg kommt im Frühjahr, ebenso wie in Stuttgart.

Wegen der Fernsehrechte von HERRN WALSERS RABEN verhandeln wir bereits. Bis jetzt werden noch die Honorare von Fräulein Ritzerfeld[3] ausgehandelt. Gestern schrieb uns Mindszenty,[4] daß es ihm widerstrebt, die in dem Fischer-Hörspielband abgedruckte Fassung des Stückes zur Grundlage der Fernsehsendung zu machen, und er bittet uns, die ursprüngliche Fassung des Textes ihm in dreifacher Ausfertigung zuzuschicken, da dieser Text – abweichend von der Fischer-Fassung – bereits Ansätze für eine Fernsehübertragung aufweisen dürfte. Mir ist das alles ziemlich schleierhaft. Gibt es denn mehrere Fassungen des Hörspiels?[5] Wenn ja, wissen Sie, welche er meint? Und wenn Sie es wissen, können Sie mir dann einen Text schicken?

Über die endgültigen Termine des NACHTSTÜCKES in Düsseldorf und in Basel schreibe ich Ihnen, sobald ich Genaues weiß.[6]

Und was Sie über die Tischlerei schreiben, und daß Sie die Schreibmaschine einschließen wollen – könnten Sie es wirklich? Übrigens: morgen, 15. November ist Stichtag für den Roman.[7] 15 Uhr. Nicht vergessen!

Herzliche Grüße, ganz besonders an Ihre Frau, von Ihrem

Typoskript; Deutsches Literaturarchiv Marbach; SUA: Suhrkamp/01 Verlagsleitung/Autorenkonvolut/Hildesheimer.

1 Vgl. Brief 4, Anm. 4.
2 Siehe voranstehenden Brief von Wolfgang Hildesheimer an Braun.
3 Helene Ritzerfeld (1914-2000), Leiterin der Abteilung Rechte und Lizenzen.
4 Eventuell Gustav Aurel Mindszenty, österreichischer Regisseur, ab 1933 im englischen Exil.
5 Vgl. Brief 6, in dem Hildesheimer bestätigt: »Von HERRN WALSERS RABEN existiert nur dieser eine Text«.
6 Vgl. Brief 4, Anm. 4.
7 Der »Roman« bezieht sich zu diesem Zeitpunkt noch auf den Fragment gebliebenen Entwurf eines Hamlet-Romans, aus dessen Kontext Hildesheimers *Vergebliche Aufzeichnungen* (1962) und der Prosamonolog *Tynset* (1965) hervorgingen, die beide im Suhrkamp Verlag erschienen. Vgl. auch Hildesheimers Ausführungen in Brief 6.

[6] Wolfgang Hildesheimer an Karlheinz Braun

wolfgang hildesheimer, poschiavo (graubünden)

16. November 1962

Herrn
Dr. Karlheinz Braun
Theaterverlag Suhrkamp
Frankfurt am Main

Lieber Herr Doktor Braun,

es ist beinahe unheimlich, aber genau am 15. November, also gestern, um etwas drei Uhr nachmittags habe ich mich tatsächlich an den Roman gemacht, ohne dabei an das verabredete Datum gedacht zu haben. Ist das nicht seltsam? D. h. ich habe erst einmal meine diversen Aufzeichnungen gesichtet, Notizen entziffert und in etwas deutlichere Prosa umgesetzt, aber immerhin – –

Ich bin allerdings nicht sicher, ob es ein Roman wird, d. h. ich bin sicher, dass es k e i n e r wird. Es widerstrebt mir z u sehr, einen ›Roman‹ zu schreiben, ich glaube nicht an das Zeug. Was es dann schliesslich wird, weiss ich nicht, bin noch nicht einmal sicher, dass es ein ganz zusammenhängender Text wird. Jedenfalls, der augenblickliche Titel lautet ›Kursbuch der letzten Züge‹. ›Feierabend‹ wird damit für Michelsen frei. ›Stienz‹ hat mir übrigens ausserordentlich gut gefallen.[1]

Dann werden wir uns ja in Düsseldorf sehen.[2] Schwitzke und Schnabel vom NDR wollen eine Sendung darüber machen. Ich soll einen Text dazu schreiben.[3] Aber ich bin nicht sicher, ob es geht. Das visuelle Geschehen ist hier doch genau so wichtig, wie der Text. Wenn es wegfällt, dehnt sich das gesprochene aus, das scheint mir nicht gut. Aber ich will es mir nochmal überlegen. Auf jeden Fall möchten wir den Aufenthalt in Düsseldorf so kurz wie möglich machen. Wahrscheinlich kommen wir erst am Morgen der Aufführung an und fahren am nächsten Morgen wieder weg. Wäre es Ihnen möglich, zur Generalprobe zu gehen?

Von HERRN WALSERS RABEN existiert nur dieser eine Text, der auch im Fischer-band ist, d. h. ich kann mir nicht vorstellen, dass er dort gekürzt sein sollte. Sonst gibt es ihn ja auch in der Hans-Bredow-ausgabe.[4] Aber wenn die Midszenthys[5] es nicht machen wollen, sollen sie es lassen. Es gibt genug Interessenten.

Mit herzlichen Grüssen,

Ihr
hildesheimer

[handschriftl.:] Haben Sie die »Aufzeichnungen« in der ZEIT gesehen?[6] Ich finde, sie wirken ganz gut, im Zeitungsdruck. Die Illustrationen sind ein wenig zu stark vergrössert.

Typoskript; Deutsches Literaturarchiv Marbach; SUA: Suhrkamp/01 Verlagsleitung/Autorenkonvolut/Hildesheimer.

1 Der Schriftsteller und Offizierssohn Hans Günter Michelsen (1920-1994) beschäftigte sich in seinen Texten unter anderem mit den langen Schatten der (Soldaten-)Vergangenheit in Nachkriegsdeutschland. Sein Stück *Stienz* erschien 1963 im Suhrkamp Verlag.
2 Zur Uraufführung von Hildesheimers *Nachtstück* in den Düsseldorfer Kammerspielen am 28. Februar 1963.
3 Heinz Schwitzke (1908-1991) leitete vom Beginn der 1950er-Jahre bis 1971 die Abteilung Hörspiel des Norddeutschen Rundfunks (NDR). – Ernst Schnabel (1913-1986), deutscher Schriftsteller und Übersetzer, förderte die deutsche Literatur der Gegenwart nach 1945 durch seine einflussreiche Tätigkeit in verschiedenen Rundfunkanstalten, zwischen 1962 und 1965 als Mitarbeiter im Dritten Programm des Norddeutschen Rundfunks.
4 Wolfgang Hildesheimer, *Herrn Walsers Raben. Nachwort von Günter Eich*, Hamburg: Hans-Bredow-Institut 1960 (Hörwerke der Zeit 18).
5 Vgl. Brief 5, Anm. 4.
6 Wolfgang Hildesheimers Prosatext *Vergebliche Aufzeichnungen* wurde in der Ausgabe vom 16. November 1962 in der Wochenzeitung *Die Zeit* abgedruckt.

[7] Karlheinz Braun an Wolfgang Hildesheimer

Herrn Wolfgang Hildesheimer 19. November 1962
Poschiavo

Lieber Herr Hildesheimer,

herzlichen Dank für Ihren Brief vom 16. November und Glückwünsche zum Start der Prosa (die Bezeichnung Roman wird nicht mehr in den Mund genommen). »Kursbuch der letzten Züge« gefällt mir recht gut, gibt damit auch die epische Form an, die disparat und detailbesessen dem Kursbuch entsprechen kann, besonders, wenn es sich um einen der letzten Züge handelt.

Michelsen hat inzwischen sein Stück FEIERABEND betitelt, sogar FEIERABEND 1 und 2 – das aber alles, ohne von Ihrem Titel jemals gewußt zu haben. Ich habe ihm auch darüber nichts gesagt, und ich bitte Sie, es auch zukünftig nicht zu erwähnen. Es ist ja sein Titel so gut wie Ihrer – ein merkwürdiges Zusammentreffen.[1]

Das Projekt für das III. Programm für den NDR scheint mir wirklich recht schwierig. Vielleicht läßt sich Ihr Kommentar als akustische Deutung des auf der Bühne nicht Sichtbaren in der Aufnahme der Theateraufführung einbauen, ungefähr so, wie ein Fußballreporter sein Spiel mit seinen Kommentaren begleitet.[2]

Wegen HERRN WALSERS RABEN werden wir noch einmal uns mit den Midszenthys in Verbindung setzen.

»Die vergeblichen Aufzeichnungen« machen in der Zeit einen ungeheuren Eindruck. Soviel war noch nie an einem Stück in der Zeit abgedruckt. Herrn Unseld gefielen die Zeichnungen sehr gut, und er fragte mich, ob man sie nicht in verkleinerter Form in das Buch aufnehmen sollte. Nun frage ich mich, ob nicht die Verkleinerung den Zeichnungen zu sehr schade, ob dann noch die eigentümliche Struktur der einzelnen Kleckse und Striche deutlich genug heraustreten. Schön wäre es, wenn es technisch möglich ist. Überlegen Sie sich das auch einmal?

Warum soll man in einem suhrkamp text, der ja den Autor in konzentrierter Form einem großen Publikum nahe bringen soll, nicht auch die Grafiken bringen, die zeigen, daß der Autor auch zeichnet und malt.[3]

Das Theater im Zimmer in Hamburg hat jetzt als übernächste Premiere DIE VERSPÄTUNG disponiert, sie wird wohl Anfang Januar sein, den genauen Termin schreibe ich Ihnen noch. Vielleicht können Sie es sich ansehen.

Hauck habe ich geschrieben, ob eine Verschiebung des NACHTSTÜCK auf die ersten Januartage möglich wäre.[4]

Herzliche Grüße für heute, auch für Ihre Frau, von Ihrem

Typoskript; Deutsches Literaturarchiv Marbach; SUA: Suhrkamp/01 Verlagsleitung/Autorenkonvolut/Hildesheimer.

1 Vgl. Hans Günter Michelsen, *Feierabend 1 und 2*, in: *Spectaculum 6*/ 1963. Uraufführung: 27. September 1963, Städtische Bühnen Freiburg; Regie: Claus Leininger.
2 Das Vorhaben dieses Kommentars zu Hildesheimers *Nachtstück* scheint nicht realisiert worden zu sein.
3 Die sieben Rastercollagen aus der *Zeit* wurden in die Buchfassung der *Vergeblichen Aufzeichnungen* aufgenommen, die erstmals 1963 gemeinsam mit *Nachtstück* als Band 23 in der edition suhrkamp erschien.
4 Vgl. Brief 4, Anm. 4.

[8] Wolfgang Hildesheimer an Siegfried Unseld

wolfgang hildesheimer, poschiavo (graubünden)

21. November 1962

Herrn
Dr. S. Unseld
Suhrkamp Verlag
Frankfurt am Main

Lieber Herr Doktor Unseld,

herzlichen Dank für Ihren Brief. Ich freue mich, dass Ihnen und Ihrer Frau die Illustrationen gefallen haben. Ich finde sie auch gut gelungen. Allerdings waren mir fünf davon in der ZEIT zu stark vergrössert, die Vergrösserung ging auf Kosten der Schwarz-Weiss-Übergänge. Ausser dem ›Narren‹ und dem ›Helden‹ (von Leonhardt[1] fälschlicherweise ›Der Held der Aufzeichnungen‹ genannt) sind die Originale wesentlich kleiner, und ich bin ziemlich sicher, dass sie in einen Suhrkamp-text passen. Ich würde das sehr begrüssen. Wenn der Sinn der Suhrkamp-texte der ist, einen Autor in seinen ganzen Ausdrucksmöglichkeiten vorzustellen, dann sollten die Zeichnungen nicht fehlen.

Ich hoffe, dass ich dieser Tage von der ZEIT die Originale zurückbekomme. Dann lasse ich ein paar Kontaktabzüge herstellen und mache einen lay-out, so wie ich ihn mir vorstellen würde. Wenn er Ihnen und dem Verlag gefällt, dann schicke ich Ihnen die Originalzeichnungen.

Mit herzlichen Grüssen (ich gratuliere Martin zum Gerhart-Hauptmann-Preis, obgleich ich wünschte, der Preis hiesse anders. Jedenfalls endlich jemand, der ihn verdient)[2]

Ihr
hildesheimer

Typoskript; Deutsches Literaturarchiv Marbach; SUA: Suhrkamp/01 Verlagsleitung/Autorenkonvolut/Hildesheimer.

1 Rudolf Walter Leonhardt (1921-2003), Journalist und Autor, von 1957 bis 1973 Leiter des Feuilletons bei der Wochenzeitung *Die Zeit*.
2 Martin Walser (geb. 1927), Hildesheimers Autorenkollege bei Suhrkamp, wurde 1962 mit dem Gerhart-Hauptmann-Preis für Dramatiker von der Freien Volksbühne Berlin ausgezeichnet. – Zu Gerhart Hauptmann schrieb Hildesheimer in einer Rezension von dessen postum ediertem Band *Die großen Erzählungen* am 22. Mai 1967 im *Spiegel*: »Hauptmann hat neben Thomas Mann Dekaden lang das literarische Leben beherrscht. Er war aber populärer als Mann, volkstümlicher. Sein ungebrochenes Selbstbewußtsein, das sich allmählich, von Stimmen aus aller Welt genährt, zum Sendungsbewußtsein steigerte, gefiel auch den Nationalsozialisten. ›Was wäre ein Dichter‹, so hat er gesagt, ›dessen Wesen nicht der gesteigerte Ausdruck der Volksseele ist!‹ Ein solcher Ausspruch läßt sich hören, er haftet weit eher als die Tatsache, daß er nicht stimmt.« Vgl. auch GW VII, S. 312-316, hier: S. 312.

[9] Wolfgang Hildesheimer an Walter Boehlich

wolfgang hildesheimer, poschiavo (graubünden)

4. März 1963

Herrn Walter Boehlich[1]
Suhrkamp Verlag
Frankfurt am Main

Lieber Herr Boehlich,

heute schreibe ich an Sie, weil ich nicht weiss, an wen ich schreiben soll. Dr. Braun sitzt weit weg und Dr. Unseld sitzt vielleicht im Insel-Verlag?

1. Das Zusammentreffen mit Herrn du Sautoy von Faber und Faber hat leider nicht geklappt.[2] Die beiden Montage, die ich ganztägig Zeit gehabt hätte, konnte er nicht. Ich wollte mit ihm lunch einnehmen. Er schlug vor, dass ich ihn am Donnerstag meines Anrufs vom Büro abhole und dass wir dann in einem

Pub einen drink nehmen. Das nahm ich an, aber später stellte ich fest, dass ich eine anderweitige Verabredung hatte, rief ihn an, er war weg, es wurde ihm ausgerichtet. Ich rief am nächsten Tag nochmal an, da war er in einer Sitzung, und am übernächsten Tag habe ich ihn nicht erreicht. Darauf habe ich es aufgesteckt. Aber es war ohnehin ganz offensichtlich, dass er an einem Zusammentreffen völlig uninteressiert war. Sonst hätte er nicht ein Pub vorgeschlagen, wo es immer unmöglich ist, sein eigenes Wort zu verstehen, geschweige denn ein Gespräch über Djuna Barnes' Intentionen zu führen. Das ist sehr schade, denn ich hatte einigen Aufschluss von ihm erhofft, da er ja Djuna gut kennt. Was mir ein wenig rätselhaft ist, ist der Mangel an Hilfsbereitschaft in einer Sache, die den Faber Verlag eigentlich viel mehr interessieren sollte als mich. Leider muss ich diesen Vorgang auch Djuna Barnes berichten, denn auch sie hatte sich einiges davon erhofft. Vielleicht hatte er Angst, dass ich ihm meine eigenen Werke aufdrehen wollte. Aber nichts hätte mir ferner gelegen.

2. Anbei ein Brief von Svenska Dagbladet.[3] Das Belegexemplar lag bei, ich habe es behalten. Nehmen Sie sich der Sache an?

3. Ich wusste nicht, ob sich Giambattista Vicari schon an Sie gewandt hat, wegen des Abdrucks einer Geschichte in ›il caffè‹. Nun möchte Paolo Corazza für ›Il Verri‹ (Feltrinelli)[4] ein noch unveröffentlichtes Prosamanuskript. Darf ich ihm ein Stück Roman geben?[5]

Sonst gibt es wohl nichts neues, (bitte entschuldigen Sie die vielen Fehler, aber ich schreibe soeben gerade eine neue Schreibmaschine ein, die noch nicht so will wie ich will.)
Herzlichst
hildesheimer

Typoskript; Deutsches Literaturarchiv Marbach; SUA: Suhrkamp/01 Verlagsleitung/Autorenkonvolut/Hildesheimer.

1 Vgl. zu Walter Boehlich sowie zu seinem Verhältnis zu Hildesheimer in diesem Band S. 472-480.

2 Peter du Sautoy (1912-1995) leitete von 1946 bis zu seinem Ruhestand im Jahr 1977 den Verlag Faber & Faber in London. In Absprache mit Siegfried Unseld sollte Hildesheimer mit du Sautoy über eine Übersetzung von Djuna Barnes' *Antiphon*, dessen Rechte bei Faber & Faber lagen, verhandeln. Vgl. zu den weiteren Hintergründen des Übersetzungsprojekts die Korrespondenz zwischen Hildesheimer und Barnes in diesem Band (u.a. Hildesheimers Postkarte an Barnes vom 11. Februar 1963, S. 163 f.), S. 132-179.

3 *Svenska Dagbladet* ist eine schwedische Tageszeitung, die in Stockholm erscheint. Womöglich hatte Hildesheimer den Beleg einer Rezension von Djuna Barnes' *Antiphon* beigelegt, das am 16. Februar 1961 in Stockholm uraufgeführt worden war.

4 1956 gegründete Literaturzeitschrift, die zunächst vierteljährlich erschien, seit 1989 alle vier Monate.

5 Giambattista Vicari (1909-1978), italienischer Schriftsteller, Journalist und Herausgeber, gründete 1953 die avantgardistische Literaturzeitschrift *Il Caffè*. 1965 wurde die Zeitschrift in *Il Caffè Letterario e Satirico* umbenannt; im Oktober 1967 erschien dort Hildesheimers »Bett-Fuge« in der Übersetzung von Paolo Corazza.

[10] Siegfried Unseld an Wolfgang Hildesheimer

6. März 1963

Lieber Herr Hildesheimer,

zunächst herzlichen Glückwunsch zur Premiere des »Nachtstücks«.[1] Herr Dr. Braun hat mir darüber berichtet. Ich bin überzeugt, daß sich danach doch noch Theater einschalten werden.

Besten Dank für Ihren Brief vom 4. März, den Herr Boehlich mir gab. Ich sitze keineswegs so lange im Insel Verlag wie Sie meinen. Im übrigen hoffe ich aber sehr, daß ich mit Ihnen einmal über diese Seite meiner Tätigkeit sprechen kann.

Ich bedauere sehr, daß Sie Mr. du Sautoy von Faber and Faber nicht getroffen haben. In der Einladung zu einem Pub wollen Sie keinesfalls ein Desinteresse sehen. Ganz im Gegenteil, höher gestellte Persönlichkeiten empfängt man nicht im Büro oder zu Hause, sondern eben in einem Pub. Unvergeßlich ist mir meine Begegnung mit Henry Green:[2] ich hatte kaum in seiner Wohnung meinen Mantel abgelegt, als er mich fragte, ob er mir ein Glas Bier anbieten dürfte. Ich bejahte es als Nichtbiertrinker aus Schüchternheit und zu meiner Überraschung standen wir auf und gingen eben in einen Pub. Mr. du Sautoy ist ein sehr enger Freund von Djuna Barnes und hätte sich sicher sehr gefreut, Sie kennenzulernen.

Den Brief vom Svenska Dagbladet haben wir entnommen.

Giambattista Vicari hat sich noch nicht an uns gewandt. So viel nur für heute.

Mit herzlichen Grüßen
Ihr
U

Typoskript; Deutsches Literaturarchiv Marbach; SUA: Suhrkamp/01 Verlagsleitung/Autorenkonvolut/Hildesheimer.

1 Siehe Brief 4, Anm. 4.

2 Henry Green (1905-1973), englischer Schriftsteller, dessen Romane *Dämmerung* (1953; original: *Concluding*, 1950), *Schwärmerei* (1954; original: *Doting*, 1952) und *Lieben* (1964; original: *Loving*, 1945) jeweils in der Übersetzung von Friedrich Burschell im Suhrkamp Verlag erschienen.

[11] Wolfgang Hildesheimer an Siegfried Unseld

wolfgang hildesheimer, poschiavo (graubünden)

11. März 1963

Herrn
Dr. S. Unseld
Suhrkamp Verlag
Frankfurt am Main

Lieber Herr Doktor Unseld,

herzlichen Dank für Ihren Brief. Ja, das mit Herrn du Sautoy ist schade. Ich treffe mich sehr gern mit Leuten im pub, und es vergeht n i e ein Tag in London, an dem wir uns nicht mit irgendjemandem im pub treffen. Aber ohne meine Notizen, auf Grund derer ich ihm Fragen stellen wollte, wäre ein Gespräch für uns beide Zeitverschwendung gewesen, und es ist unmöglich, im pub Notizen hervorzuziehen oder gar im Buch zu blättern. Die Sitte schreibt für derartiges lunch vor, und ich hätte ihn sehr gern zum lunch eingeladen, es gibt in der Nähe des Bedford Square zwei gute, aber er hatte an den zwei Montagen keine Zeit. Aber wer weiss, vielleicht hätte ein Gespräch auch nichts genützt. Ich werde Djuna Barnes selbst eines Tages eine Riesenliste mit Fragen vorlegen müssen. Wir kommen gegen Ende April – zwischen 25. und 28. – durch Frankfurt, und ich würde sehr gern ein wenig Tynset vorlesen – nur eine halbe Stunde – damit Sie und der Verlag wissen, woran Sie sind. Wäre das einzurichten?

Sonst gibt es nichts neues, ausser dass es soeben leider wieder schneit. Wir würden uns sehr freuen, wenn Sie – auf irgendeiner Ihrer Reisen in den Süden – uns einmal besuchen kämen. In unserem Obstgarten wird soeben ein sehr schönes Häuschen gebaut: ein Ausweichquartier für angesagten Besuch, sollte er hier mit unangesagtem kollidieren.

Mit herzlichen Grüssen an Ihre Frau und an den Verlag
Ihr
hildesheimer

Typoskript; Deutsches Literaturarchiv Marbach; SUA: Suhrkamp/01 Verlagsleitung/Autorenkonvolut/Hildesheimer.

[12] Wolfgang Hildesheimer an Siegfried Unseld

wolfgang hildesheimer, poschiavo (graubünden)

8. April 1963

Herrn
Dr. S. Unseld
Suhrkamp Verlag
Frankfurt

Lieber Herr Doktor Unseld,

soeben las ich noch einmal Ihren Brief vom 24. Januar, in welchem Sie grundsätzlich Ihr Einverständnis zu Vorabdrucken gaben aber meinten, dass man damit bis Frühjahr 1964 warten sollte.[1]

Diese Haltung verstehe ich natürlich sehr gut. Dennoch möchte ich Sie hiermit bitten, bei mir eine Ausnahme zu machen, (ganz abgesehen davon, dass ich es manchmal nicht für ausgeschlossen halte, dass ich vorher mit dem Roman fertig werde. D. h. vorige Woche dachte ich es, diese Woche denke ich, dass ich nie fertig werde, vielleicht ist nächste Woche wieder alles anders.)

Die Gründe:

1. wenn man so abseits wohnt wie ich – und ich muss abseits wohnen, um überhaupt arbeiten zu können – ist man vielleicht (und bin ich vielleicht besonders) abhängig von einer gewissen Resonnanz. Ich glaube, dass ich im allgemeinen weniger eitel und bestimmt weniger publicityfreudig bin als die meisten Autoren. Trotzdem, bei einem solchen Unterfangen wie einem Roman – und für mich ist es ein grosses Unterfangen – habe ich ein Bedürfnis, mich durch das Urteil derer, die für meine Prosa empfänglich sind, kontrollieren zu lassen. Ich fürchte,

dass wenn ich das nicht tue, mir der Impetus und damit die Puste ausgehen. So war es auch die unerwartet günstige Reaktion sehr vieler Leute auf die VERGEBLICHEN AUFZEICHNUNGEN, die mich überhaupt ermutigt hat, mich an einen Roman zu wagen. Und es könnte die Reaktion auf zehn Seiten Vorabdruck sein, die mich ermutigt, an dem Roman weiterzuschreiben.[2]

2. Der Roman wird ganz bestimmt kein Verkaufserfolg. Er wird vermutlich sogar ein Objekt der Ratlosigkeit. Die Chance, damit überhaupt etwas zu verdienen, liegt also in Sendungen und Vorabdrucken. Es wird, soweit ich es jetzt überblicken kann, drei einzelne Textsequenzen geben, die dafür in Frage kommen. Im ganzen sind das vielleicht 40 Seiten, mit denen ich dann disponieren könnte. Ich halte es für falsch, sie zur gleichen Zeit zu vergeben. So dachte ich an den Text für den Merkur jetzt, im Herbst an einen längeren Text für Heissenbüttel und Schnabel und den letzten bekäme Höllerer, (der ihn schon für die Jubiläumsnummer haben wollte.)[3]

3. Ich bin fest überzeugt, dass ein Vorabdruck dem Roman nur nützen könnte, indem es potentielle Freunde von TYNSET neugierig macht. Und selbst wenn das Buch erst länger nach dem Abdruck erscheint, – dann bleiben die Leute eben länger neugierig.

Darf ich Sie bitten, sich das zu überlegen?

Bitte entschuldigen Sie diese Schrift. Ich schreibe auf der Maschine meiner Frau, an die ich nicht gewöhnt bin. Ich warte seit Wochen auf meine Neue, die angefertigt werden muss, da es hier kein grosses Ü, Ö und Ä gibt.
Mit herzlichen Grüssen, Ihr
hildesheimer

Typoskript; Deutsches Literaturarchiv Marbach; SUA: Suhrkamp/01 Verlagsleitung/Autorenkonvolut/Hildesheimer.

1 Am 24. Januar 1963 schrieb Siegfried Unseld: »Lieber Herr Hildesheimer, […] Ihren Roman-Titel habe ich zur Kenntnis genommen. Dazu läßt sich ohne Kenntnis des ganzen nur sagen, daß es ein typischer Hildesheimer Titel ist und dabei bleibt es wohl. […] Ihren Termin halte ich fest. Wir wollen mit TYNSET im Herbst 64 als Erscheinungsjahr rechnen. Aus Ihrem Brief geht übrigens nicht klar hervor, was Sie vorabdrucken wollen […]. Ich nehme jedoch an, daß der Abdruck sich auf die Prosa bezieht. Ich wäre da nicht uneinverstanden, nur würde ich sagen, daß solche Drucke im Laufe des Frühjahrs 1964 erfolgen. Dies gilt auch für die Lesung bei Schnabel. Ich bin sicher, Sie haben dafür Verständnis, denn schließlich soll ja alles Ihrem Buch dienen. Mit herzlichen Grüßen, Ihr [Siegfried Unseld].« (Typoskript; Deutsches Literaturarchiv Marbach; SUA: Suhrkamp/01 Verlagsleitung/Autorenkonvolut/Hildesheimer.)

2 Vgl. etwa Brief 7.

3 Vgl. die Briefe von Wolfgang Hildesheimer an Hans Paeschke (*Merkur*) vom 31. März 1963 (DLA, Merkur/Hildesheimer, Mappe I, 80.3) und an Helmut Heißenbüttel vom 5. April 1963 (in diesem Band S. 120f.). Der Vorabdruck *Texte aus Tynset* erschien im Herbst des Jahres in der von Walter Höllerer herausgegebenen Zeitschrift *Akzente* 10/1963, S. 503-511.

[13] Wolfgang Hildesheimer an Siegfried Unseld

wolfgang hildesheimer, poschiavo (graubünden)

8. April 1963[1]

Herrn
Dr. S. Unseld
Suhrkamp Verlag
Frankfurt

Lieber Herr Doktor Unseld,
zunächst herzliche Gratulation zum neuen – eigenen – Haus. Ich bin sehr gespannt, wie es ist! Wir freuen uns schon auf Frankfurt.

Der Grund des Briefs: Paeschke war neulich hier und ich las ihm zehn Seiten TYNSET vor, die er sofort im MERKUR bringen möchte, am liebsten schon im Mai.[2] Darf ich sie ihm geben? Ich würde mich s e h r freuen, denn ich könnte eine sehr gute Illustration dazu machen, ganzseitig. Das hat der MERKUR noch nie gemacht, und ich denke, dass es dem Buch zuträglich wäre, oder nicht? Würden Sie mir darüber schreiben? Selbstverständlich geht das Honorar an den Suhrkamp Verlag.

Mit herzlichen Grüssen, auch von meiner Frau
Ihr
hildesheimer

[handschriftl.:] Selbstverständlich würde der Merkur den Hinweis bringen, dass der Text dem werdenden Roman entnommen ist, etc.

Typoskript; Deutsches Literaturarchiv Marbach; SUA: Suhrkamp/01 Verlagsleitung/Autorenkonvolut/Hildesheimer.

1 Das Briefdatum ist korrekt, Hildesheimer schrieb, was nicht selten vorkam, zwei Briefe an Unseld am selben Tag. Siehe den vorangehenden Brief 12.
2 Hildesheimers Vorabdruck »Bett-Fuge« erschien im folgenden Jahr in der Zeitschrift *Merkur* 18/1964, S. 958-970.

[14] Siegfried Unseld an Wolfgang Hildesheimer

am 22. April 1963

Lieber Herr Hildesheimer,

auf Ihre Briefe vom 8. April konnte ich nicht eher antworten, weil ich in Urlaub war; ich bedanke mich sehr für sie. Wenn der Vorabdruck der 10 Seiten »Tynset« im Merkur jetzt so wichtig ist, möchte ich keine weiteren Einwände vorbringen. Ich bin also mit dem Abdruck einverstanden; alles weitere können wir ja in Frankfurt besprechen. Wir erwarten Sie hier im Laufe des 28., bitte rufen Sie mich nach Ihrem Eintreffen unter der Nummer 55 28 67 an.

Die ersten 20 Bände der edition suhrkamp sind fertiggeworden und werden jetzt ausgeliefert. Darunter befindet sich die »Verspätung«, der wir hoffentlich im neuen Gewand nochmals ein Echo verschaffen können.[1] Wir schicken Ihnen diese 20 Bände zu. Verfügen Sie bitte über Freiexemplare Ihres Stückes.

Herzlich
Ihr
[Unseld]

Durchschlag-Typoskript; Deutsches Literaturarchiv Marbach; SUA: Suhrkamp/01 Verlagsleitung/Autorenkonvolut/Hildesheimer.

1 Wolfgang Hildesheimer, *Die Verspätung. Ein Stück in zwei Teilen*, Frankfurt am Main: Suhrkamp 1963 (edition suhrkamp 13).

[15] Wolfgang Hildesheimer an Siegfried Unseld

wolfgang hildesheimer, poschiavo (graubünden)
16. November 1963

Herrn
Dr. S. Unseld
Suhrkamp Verlag
Frankfurt am Main

Lieber Herr Doktor Unseld,

bitte entschuldigen Sie, dass ich erst heute Ihren Brief beantworte, aber wir sind erst gestern – mit drei Tagen Verspätung – in Poschiavo angekommen. Kurz hinter Frankfurt nämlich brach das Missgeschick los. An unserem Wagen riss ein Wasserschlauch und bis ich, bei diesem Autobahnverkehr, zum Stehen kam, hatten schon die Zylinder Schaden genommen, wir mussten abgeschleppt werden, den Wagen drei Tage in die Werkstatt eines Ortes namens Bürstadt geben, mussten mit der Bahn nach Ulm, hatten dann allerdings auch noch einen Tag Zeit für Jens in Tübingen,[1] dann zurück nach Bürstadt, 552 Mark Reparatur, stellten dann noch nachts an der Bergstrasse fest, dass die Gangschaltung, die schon immer sehr schwer ging, nachliess, und bis wir am nächsten Abend in Chur ankamen, konnten wir nicht mehr in den ersten und kaum noch in den zweiten Gang schalten, auch der dritte entbehrte schon seiner früheren Leichtigkeit, – jedenfalls steht der Wagen jetzt dort wo er herkommt, und ich will versuchen, die Händler dafür haftbar zu machen, was mir aber kaum gelingen dürfte, denn er hatte die Garantiekilometer überschritten. So war die Reise denn von diesem Standpunkt aus ein ziemliches Verlustgeschäft, sonst aber hat sie sich gelohnt. Die Lesungen haben sich sehr gelohnt, und ich glaube überall, ausser vielleicht in Osnabrück, ein paar neue Anhänger gewonnen zu haben, vor allem unter den Jüngeren. Vor allem aber hat sich der Besuch in Frankfurt gelohnt, indem – wie ich es sehe – sich ein beiderseitiges Missverständnis nicht geklärt, dafür aber wohl aus der Welt geschafft hat. Ich möchte mich hiermit, auch im Namen meiner Frau, bei Ihrer Frau und Ihnen herzlich für Ihre Gastfreundschaft bedanken. Wir haben den Abend sehr genossen, vor allem aber hat es mich gefreut, die Feststellung machen zu dürfen, dass die Mitglieder des Suhrkamp-Verlages, was Persönlichkeit und Artikuliertheit und Geist betrifft, der germanistischen Fakultät J-W-G-Universität um einiges überlegen sind.

Der Roman. Ich sehe das auch zuversichtlich, nachträglich freut es mich auch, dass ich bei der Tagung daraus gelesen habe.[2] Nun habe ich aus unserem Gespräch im Cafe den Eindruck gewonnen, dass es für Sie kein grosser Schlag wäre, wenn der Roman erst im Frühjahr 1964[3] erscheinen würde. Denn die Möglichkeit besteht natürlich, dass ich im Mai nicht fertig werde, zumal da mir immer alles besser gelingt, wenn ich es zwischendrin ein paar Wochen liegen lasse. Und gerade bei diesem Buch, das ja nicht mein diesjähriger Beitrag zur Literatur sondern mein Roman schlechthin werden soll – der erste und der letzte – möchte ich mir die grösste Mühe geben. Andrerseits möchte ich natürlich auch nicht durch den falschen Erscheinungstermin benachteiligt sein. Darf ich Sie bitten, mir noch einmal bei Gelegenheit – es eilt nicht – zu schreiben, wie das verlegerisch aussähe und ob nicht vielleicht mein Eindruck, dass es einem Buch unter Umständen sogar zugute kommen könnte, wenn es ausserhalb der Zeit allein erscheint, richtig ist. – Mit dem Shaw könnte ich dann übrigens in der Liegen-lasse-Periode anfangen.[4] Aber da ist ja auch noch Djuna. Herr Weitz hat mir gerade geschrieben!!

Nun aber etwas sehr beunruhigendes: ich hatte Buch nochmals um das Manuskript gebeten,[5] da ich es selbst lesen wollte, um festzustellen, ob ihm – was ich nicht glaube – doch Unrecht geschehen[6] sei. Ich stellte aber fest, dass ich nicht dazu kommen würde und habe es ihm aus Duisburg an den Verlag selbst zurückgeschickt. Sollte es verloren gegangen sein?! Das wäre ja furchtbar, w e n n es, was ich mir allerdings kaum vorstellen kann, wirklich das einzige Exemplar war. Das bedrückt mich sehr. Würden Sie da noch einmal nachforschen lassen?

Mit herzlichen Grüssen
Ihr hildesheimer

Typoskript; Deutsches Literaturarchiv Marbach; SUA: Suhrkamp/01 Verlagsleitung/Autorenkonvolut/Hildesheimer.

1 Walter Jens (1923-2013), klassischer Philologe, Schriftsteller, Übersetzer und Literaturkritiker, lehrte seit 1956 als Professor an der Universität Tübingen, seit 1963 als Inhaber des neu eingerichteten Lehrstuhls für Allgemeine Rhetorik. Jens gilt als eine der einflussreichsten Stimmen der intellektuellen Öffentlichkeit und des literarischen Feldes der Bundesrepublik Deutschland. Hildesheimers Werk begleitete Jens in zahlreichen Rezensionen und mit großer Wertschätzung seit den *Lieblosen Legenden* (1952) bis zu postumen Publikationen Mitte der 1990er-

Jahre. Hildesheimer wählte Jens als Laudator für den Büchner-Preis im Jahr 1966, und bedeutende Dokumente zu Hildesheimers Poetologie entstanden im Gespräch mit Walter Jens (vgl. z. B. »Selbstanzeige«, in: Volker Jehle [Hg.], *Wolfgang Hildesheimer*, Frankfurt am Main: Suhrkamp 1989 [suhrkamp taschenbuch materialien], S. 228-239). Seit Anfang der 1960er-Jahre war Jens für Hildesheimer ein *erster Leser* seiner entstehenden schriftstellerischen Arbeiten und verlässlicher Gesprächspartner sowie Ratgeber in literaturpolitischen Fragen. Vgl. auch Walter Jens, »Auf einen Schriftsteller: Wolfgang Hildesheimer zum 80. Geburtstag«, in: ders., *Macht der Erinnerung. Betrachtungen eines deutschen Europäers*, Düsseldorf und Zürich: Artemis und Winkler 1997, S. 227-240.

2 Die Gruppe 47 tagte vom 24. bis zum 28. Oktober 1963 im Hotel »Kleber-Post« in Saulgau, Baden-Württemberg.

3 Hildesheimer meinte vermutlich 1965.

4 Vermutlich Anspielung auf George Bernard Shaw, *Die heilige Johanna. Dramatische Chronik in sechs Szenen und einem Epilog*. Deutsch von Wolfgang Hildesheimer, Frankfurt am Main: Suhrkamp 1965.

5 Vermutlich Anspielung auf die Prosasammlung von Hans Christoph Buch, *Unerhörte Begebenheiten*, Frankfurt am Main: Suhrkamp 1966.

6 Nicht ermittelbar.

[16] Wolfgang Hildesheimer an Siegfried Unseld

wolfgang hildesheimer poschiavo (graubünden)

26. März 1964

Herrn
Dr. S. Unseld
Suhrkamp Verlag

Lieber Herr Doktor Unseld,

ich hatte Ihnen versprochen, sogleich nach meinem Besuch bei Ilse und Günter Eich anzurufen.[1] Aber der Besuch hat sich um einen Tag verschoben – wir mussten, da wir kein Visum zur

Durchfahrt durch die Ostzone hatten, einen Tag länger in Berlin bleiben und uns das Visum in Ostberlin holen – und ich wusste, dass Sie am nächsten Tag verreisen würden. So kommt dieser Brief immer noch rechtzeitig.

Ich hatte zuerst wenig Hoffnung, Ilse zum Suhrkamp Verlag überreden zu können, da ich ihr sehr starkes Loyalitätsgefühl kenne, erstens Fischers gegenüber, zweitens Wagenbach gegenüber, und als Freund musste – und muss – ich das ja auch respektieren.[2] Nun war sie aber meiner Werbung gegenüber doch viel zugänglicher als erwartet. Ich sprach von Ihrem grossen Interesse, von Boehlichs grossem Interesse (mit Boehlich kann sie gut, glaube ich) und nicht zuletzt von meiner Bereitschaft, – Sie wissen ja, dass Eichs unsere intimsten Freunde sind – ihr alles abzunehmen, was sie selbst nicht bewältigt, sozusagen als psychischer Betreuer zu fungieren, (denn als Korrespondentin ist sie ja nicht existent). Natürlich hat sie sich noch nicht entschieden. Sie wartet auch erst den Besuch des Herrn v. Musulin ab, der Dienstag kommen soll, dem ich aber nicht viele Chancen gebe.[3] Jedenfalls hält sie die neuen Geschichten, deren einige auch noch nicht ganz fertig sind, zurück, es geschieht zunächst gar nichts, und ich bin ziemlich sicher, dass ich als erster informiert werde, sollte ein Entschluss so weit sein, dass er in die Tat umgesetzt wird. Natürlich möchte ich auch vorher nicht locker lassen, aber man muss bei Ilse ja sehr vorsichtig vorgehen. Ich bin aber sicher, dass ich ihr klargemacht habe – obwohl ich keinen Hehl daraus gemacht habe, dass ich im Auftrag käme – dass ich fest davon überzeugt bin, in ihrem Interesse zu handeln. Wäre ich nicht fest davon überzeugt, dass sie im Suhrkamp Verlag am besten aufgehoben ist, so hätte ich ja auch niemals mit ihr darüber gesprochen. (Übrigens wollte Jens[4] sie auch für Piper haben, aber da können wir ganz beruhigt sein, denn Ilse kann Klaus Piper nicht ausstehen.) Mehr ist im Augenblick noch nicht dazu zu sagen. Wir wollen uns überlegen, was man als nächstes tut. Falls Sie über irgendetwas noch nicht im Klaren sind, rufen Sie mich bitte an?

Günter Eich war in guter Verfassung. Er las uns die grossartigen Einzeiler vor, und zwei Szenen aus einem neuen Hörspiel, das, wenn ich es richtig sehe, ausserordentlich wird, ein neuer Eich. Ich finde aber die Farben des Schutzumschlags zu seinem neuen Gedichtband scheusslich. Entschuldigen Sie bitte, dass ich das so sage, ihm habe ich es nicht gesagt. Schön ist der Umschlag der zweiten Auflage des vorigen Gedichtbandes.[5]

Wir sind nun froh, unsere – sehr anstrengende – Reise hinter uns zu haben. Ich glaube, die Lesungen sind im grossen und ganzen sehr gut angekommen, das Publikum ging sehr mit, nicht sicher bin ich allerdings bei der letzten Lesung (Berlin), wo ich den Äusserungen nichts entnehmen konnte. Mir schien es beinah, als sei das Publikum beinah so befremdet, wie es auch Ihre Lektoren zu sein schienen (es war derselbe Teil). Und gerade davon war Jens so hingerissen (und Eichs auch). Es ist manchmal schwer, sich zurechtzufinden. Vielleicht sollte man auch sicherer sein. Dagegen ist gerade die dritte Lesung (Hannover), vor der ich solche Angst hatte, und deren Text meiner Meinung nach noch immer nicht fertig ist, wunderbar angekommen. –

Last but not least möchten meine Frau und ich Ihnen nochmals herzlich für Ihre Gastfreundschaft danken (und selbstverständlich Ihrer Frau auch!). Wir haben uns sehr wohl bei Ihnen gefühlt, und mit den beiden verlorenen Schachpartieen habe ich mich schon abgefunden.

Mit herzlichen Grüssen,
Ihr
hildesheimer

Typoskript; Deutsches Literaturarchiv Marbach; SUA: Suhrkamp/01 Verlagsleitung/Autorenkonvolut/Hildesheimer.

1 Ilse Aichinger und Günter Eich. Beide Autoren waren für Hildesheimer lebenslange Freunde.

2 Wolfgang Hildesheimer hatte sich schon seit einiger Zeit dafür eingesetzt und verwendet, Ilse Aichinger zu einem Wechsel vom S. Fischer Verlag in den Suhrkamp Verlag zu bewegen. Am 11. August 1962 hatte er bereits an Siegfried Unseld geschrieben: Sei angesichts von Verände-

rungen im Fischer Verlag »jetzt nicht vielleicht der Moment gekommen, Ilse Aichinger zu Suhrkamp herüberzuziehen? Ich würde gerne mitziehen«. Denn Aichinger sei seiner Ansicht nach eine »Suhrkamp-Autorin par Exellance« (Typoskript. Suhrkamp-Archiv/DLA).

3 Janko Freiherr Musulin von Gomirje (1916-1978), österreichischer »Landwirt, Journalist und Schriftsteller« (Munzinger Archiv), arbeitete seit 1958 für den Frankfurter S. Fischer Verlag und fungierte bis 1964 zeitweise als dessen Geschäftsführer.

4 Walter Jens. Vgl. Brief 15, Anm. 1.

5 Siehe Günter Eich, *Stimmen*, Frankfurt am Main: Suhrkamp 1958 (zweite Auflage 1962), und Günter Eich, *Zu den Akten*, Frankfurt am Main: Suhrkamp 1964.

[17] Wolfgang Hildesheimer an Siegfried Unseld

wolfgang hildesheimer poschiavo (graubünden)

[ohne Datum]

Lieber Herr Doktor Unseld,
bitte entschuldigen Sie die Handschrift, aber die eine Schreibmaschine ist kaputt, und auf der anderen wird gerade TYNSET abgeschrieben.
Hans Werner Richter[1] ist gerade hier und schlug vor, das Buch nur TYNSET zu nennen und auf das: ODER EIN FRÜHER WINTER zu verzichten. Ich finde das eigentlich eine gute Idee. TYNSET prägt sich ein, die Oder-titel sind so modisch geworden, und ausserdem sähe der Umschlag besser aus. Man müsste nur die Grafik ein wenig nach hinten rücken. Möchten Sie sich das überlegen? Ich überlasse es Ihnen.
Herzlichst hildesheimer

Das Ms kommt etwa am 10. August.

Handschrift; Deutsches Literaturarchiv Marbach; SUA: Suhrkamp/01 Verlagsleitung/Autorenkonvolut/Hildesheimer.

1 Hans Werner Richter (1908-1993), Schriftsteller und Publizist, Mitbegründer der Gruppe 47. Richter und Hildesheimer hatten sich im Mai 1951 auf der Tagung der Gruppe in Bad Dürkheim kennengelernt.

[18] Wolfgang Hildesheimer an Siegfried Unseld

wolfgang hildesheimer poschiavo (graubünden)

3. August 1964

[Eingangsstempel: 5. August 1964]

Herrn
Dr. S. Unseld
Suhrkamp Verlag
Frankfurt

Lieber Herr Doktor Unseld,

heute geht also das Manuskript TYNSET an Sie ab. Wie gesagt, es tut mir leid, dass es nicht besser geschrieben ist, und ich hoffe nur, dass es sich einigermassen fliessend liest.

Es würde mich interessieren, wie Sie meine den Satzspiegel betreffenden Vorschläge aufgenommen haben. Das Ms hat 149 Seiten und eine halbe. Aber diese Länge täuscht. Normal geschrieben schätze ich es auf 180-190 Seiten.

Über die Sache selbst kann ich gar nichts sagen, mir fehlt im Augenblick jeglicher Abstand dazu, ich habe es nur mit Mühe noch einmal durchlesen können.

Nun etwas Anderes: Hans Werner Henze, den Sie ja kennen, möchte aus unserer gemeinsamen Funkoper DAS ENDE EINER WELT eine Bühnen- (und Fernseh-)oper machen.[1] Das erfordert auch eine Umarbeitung des Textes. Wir wollen uns im November treffen und die Sache besprechen.

Ich möchte nun, dass der Suhrkamp Verlag meine Recht Schott gegenüber vertritt.[2] Ist das zu machen? Ich wurde nämlich damals ziemlich übers Ohr gehauen, indem die erste Fassung ein Auftrag des damaligen NWDR war, ich aber nur von Schott meinen Anteil erhielt und nicht das Auftragshonorar, (obwohl i c h damals Henze als Komponist vorschlug.) Natürlich handelt es sich jetzt nicht mehr um einen Auftrag, aber ich habe den Eindruck, dass Schott in diesen Dingen nicht ganz einfach ist. Würden Sie mir darüber schreiben? Finanziell – meint Henze – sei da nämlich etwas drin.

Mit herzlichen Grüssen,
Ihr
Hildesheimer

Typoskript; Deutsches Literaturarchiv Marbach; SUA: Suhrkamp/01 Verlagsleitung/Autorenkonvolut/Hildesheimer.

1 *das ende einer welt. funk-oper*, Libretto: Wolfgang Hildesheimer, Musik: Hans Werner Henze, Illustrationen von Gisela Andersch, Frankfurt am Main: Frankfurter Verlagsanstalt 1953. Klavierauszug: Mainz: Schott 1953.
2 Schott Music GmbH ist ein renommierter, im Jahr 1770 von Bernhard Schott gegründeter Musik- und Musikbuchverlag. Siegfried Unseld bestätigte am 7. August 1964 auf Hildesheimers Anfrage: »Der Suhrkamp Verlag wird gerne Ihre Vertretung Schott gegenüber übernehmen.« (Typoskript; Suhrkamp-Archiv/DLA)

[19] Wolfgang Hildesheimer an Siegfried Unseld

wolfgang hildesheimer poschiavo (graubünden)

3. August 1964

[Eingangsstempel: 7. Aug. 1964]

Herrn
Dr. S. Unseld
Suhrkamp Verlag
Frankfurt

Lieber Herr Doktor Unseld,

vielen Dank für Ihren Brief. TYNSET werden Sie inzwischen erhalten haben. Nun folgt in wenigen Tagen IN DER WÜSTE / BETT FUGE für die edition. – Ja, über den Satz können wir uns in Ruhe verständigen.

Selbstverständlich erscheint die BETT FUGE in italienisch nicht vor dem deutschen Original. Die Merkur-version ist eine gemilderte Version. In den Notizen wird auf die edition ausführlich hingewiesen.[1]

ANTIPHON. Ja, ich glaube, ich k a n n es nicht übersetzen, ich traue es mir einfach nicht zu. Natürlich sähe ich das Stück gern für Suhrkamp erhalten, aber ich weiss wirklich nicht, w e r es übersetzen könnte, ausser Enzensberger, aber wird er es tun? Ich will noch einmal darüber nachdenken.

Wir werden um den 15. Oktober herum in Frankfurt sein, aber dann sind Sie gewiss nicht da. Aber wir sehen uns ja in Sigtuna.[2]

Mit herzlichen Grüssen,
Ihr
hildesheimer

Typoskript; Deutsches Literaturarchiv Marbach; SUA: Suhrkamp/01 Verlagsleitung/Autorenkonvolut/Hildesheimer.

1 Vgl. Brief 20: Die erwähnten Auszüge aus dem *Tynset*-Manuskript erschienen nicht als Band der edition suhrkamp. – Zur italienischen Übersetzung und zur Veröffentlichung im *Merkur* vgl. Brief 9, Anm. 5, und Brief 13, Anm. 2.

2 Vom 9. bis zum 13. September 1964 tagte die Gruppe 47 im schwedischen Sigtuna. Siegfried Unseld schrieb seinerseits am 7. August 1964 an Hildesheimer: »Wir sehen uns also in Sigtuna!« (Typoskript; Suhrkamp-Archiv/DLA)

[20] Siegfried Unseld an Wolfgang Hildesheimer

19. August 1964

Lieber Herr Hildesheimer,

in den letzten Tagen habe ich mich konzentriert mit Tynset und auch mit den beiden abgesplitterten Texten beschäftigt. Ich beglückwünsche Sie zum Abschluß dieser Arbeit. Sie ist ein echter Hildesheimer und vermutlich auch der beste Hildesheimer. Ich sehe, was Sie in sie investiert haben an Erfahrung und Erkenntnis, es ist ein ebenso heiterer wie bitterböser Text. Wie hierauf unsere Öffentlichkeit reagieren wird, vermag ich nicht zu sagen, aber wir werden uns jedenfalls viel Mühe geben, dem Buch zu einem angemessenen Echo zu verhelfen.

Lassen Sie mich noch einige Einzelheiten bemerken. Zunächst zum Titel: Tynset als alleiniger Titel scheint auch mir richtig zu sein. Wir sollten es also dabei lassen und auf den Doppeltitel verzichten.

Ich kann mir vorstellen, warum Sie den Text ›In der Wüste‹ aus dem Kontext herausgenommen haben, weniger verstehe ich es bei der ›Bettfuge‹. Sie hätte sich nahtlos in den Stil des ganzen gefügt und hätte dieses ganze weiterhin bereichert (hinzu kommt übrigens auch, daß aus diesen beiden Texten, die 17 und 16 Seiten umfassen, kein editions-Band zu machen ist, wir brauchen dazu ein Minimum vom 50 Manuskriptseiten). Ich bitte Sie, nochmals zu bedenken, ob man die ›Bettfuge‹ nicht doch wieder dem größeren Text einfügen sollte.

Herr Michel[1] hat ebenfalls das Manuskript gelesen. Er hat einen zentralen Einwand, der sich auf die zahlreichen Formeln des Infragestellens und der Affirmation bezieht; es wird in Ihrem Text ein Ausdruck gesetzt und sogleich widerrufen, oder es wird etwas gesagt und sofort nochmals betont wiederholt. Ich habe mir den Text daraufhin angesehen. Ich bin nicht ganz der Meinung von Herrn Michel, der natürlich auch weiß, daß diese Formeln Stilprinzip sind. Natürlich stagniert der epische Vorgang an diesen Stellen, und doch höre ich gerade hier den Ton des Erzählers Hildesheimer, das heißt ich stelle mir Sie als Erzähler vor, und von hieraus begreife ich auch diese Formeln. Aber vielleicht lassen Sie sich dies noch einmal durch den Kopf gehen. Ein anderes störte Michel wie mich. Das sind einige unglückliche Übergänge, so zum Beispiel auf Seite 62 mit den Zeitungen. Auf Seite 95 fragt man sich, wie Sie auf Claudel kommen. Auf Seite 146 scheint Michel und mir der Übergang auf Mozart unmotiviert. Michel stieß sich an dem abrupten Übergang auf die Regenschirme, ich habe dafür eher Verständnis. Dagegen habe ich persönlich gegen die Passage von S. 148 unten bis Seite 149 (Tynset oder ein früher Winter bis Sophistereien) starke Bedenken. Ich wäre dafür, diesen Abschnitt herauszulassen, er gibt der Kritik zu vordergründige Ansätze.

Ich wäre Ihnen dankbar, wenn Sie diese Fragen nochmals bedächten. Vielleicht können wir Sie auf schriftlichem Wege diskutieren, wenn irgend möglich gäbe ich das Manuskript gerne noch vor meiner Abreise nach Schweden in Satz. Wir könnten das Buch dann in Ruhe herstellen, uns noch über Korrekturen unterhalten, es dann aber doch für das frühe Frühjahr fertighaben. Ich lasse jetzt schon Probeseiten anfertigen.

Nochmal meinen Glückwunsch zum Abschluß dieser Arbeit.
Mit herzlichen Grüßen

U

Typoskript; Deutsches Literaturarchiv Marbach; SUA: Suhrkamp/01 Verlagsleitung/Autorenkonvolut/Hildesheimer.

1 Karl Markus Michel (1929-2000) arbeitete von 1961 bis 1976 als Lektor im Suhrkamp Verlag; von 1975 bis an sein Lebensende war er Mitherausgeber der Zeitschrift *Kursbuch*.

[21] Wolfgang Hildesheimer an Siegfried Unseld

wolfgang hildesheimer poschiavo (graubünden)

24. August 1964

Herrn
Dr. S. Unseld
Suhrkamp Verlag

Lieber Herr Doktor Unseld,

ich freue mich sehr, dass Ihnen TYNSET gefällt. Ausser Ihnen haben das Manuskript (als ›Freundschaftslektorat‹) Walter Jens und Wolfgang von Einsiedel gelesen.[1] Auch mit deren Meinung konnte ich sehr zufrieden sein. Ich bin also recht zuversichtlich. Wie es allerdings dann beim Publikum ankommt, das weiss ich auch nicht, aber das ist ja dann nicht mehr so wichtig. Ich bin jedenfalls froh, dass ich die Sache hinter mir habe.

Spätestens Donnerstag (27.) geht ein Durchschlag des Manuskriptes an Sie ab. Ich kann die verschiedenen Seitenzahlen der Änderungen nicht alle angeben, sie sind über das Ganze verstreut, aber Sie werden feststellen, dass ich beinah alle Ihre und Michels Änderungswünsche berücksichtigt habe. Die Affirmationen und Infragestellungen sind zum grösseren Teil gestrichen. Nicht alle. An einigen Stellen erscheinen sie mir wichtig. Auch der Übergang auf Seite 62, den auch ich nicht gut fand, ist geglättet. Es würde mich interessieren, ob Sie und Michel ihn nun besser finden. Regenschirme – Mozart dagegen ist stehen geblieben, ich finde diese Assoziation nach wie vor plausibel. Sie ist mir so eingefallen, wie sie dasteht. Das mag kein Kriterium sein, aber ich komme, auch bei näherer Prüfung, auf nichts anderes. Claudel ist gestrichen, und die Sophistereien am Schluss auch.

Die Bettfuge ist eingebaut. Jens' Einwand dabei bezog sich ja auch nicht auf die Qualität dieses Textes, sondern darauf, dass man auf diesen 16 Seiten den Erzähler ganz aus den Augen verliere, was – darin läge die Stärke – bei allen anderen Episoden nicht der Fall sei. Dem glaube ich nun abgeholfen zu haben: das Gesualdo-Bett bleibt das Winterbett, das Fugen-Bett ist das Sommerbett. Aber im Gegenteil zu der Geschichte, die dem Gesualdo-Bett anhaftet – und sie ist weitaus historischer, als es den Anschein hat, da seltsamerweise die Polizeiakten noch existieren! – ist, nach dem Schema des Max-Frisch-schen ›Ich stelle mir vor‹, die Fuge eine Fiktion, eine momentane Invention des Erzählers. Sie wird konstruiert, während er das Bett betrachtet. Ich habe es daraufhin ein wenig geändert, das meiste in den Präsens gesetzt.[2] Die Geschichte wird dem Leser jetzt durch die Interjektionen präsent, der Erzähler lässt sich gleichsam eine strenge siebenstimmige Fuge einfallen, als Intermezzo.

Wir fahren am 5. September hier ab und sind erst am 20. Oktober wieder hier. Auf dem Rückweg kommen wir zwischen dem 16. und dem 18. Oktober in Frankfurt vorbei. Sie werden dann vermutlich nicht dort sein? Aber vielleicht kann ich mit den Lektoren besprechen, was es zu besprechen gibt. Vielleicht kann ich dann auch die Fahnen alle auf einmal lesen. Ich würde dazu einen Tag länger in Frankfurt bleiben.

Mit herzlichen Grüssen,
Ihr
hildesheimer

Typoskript; Deutsches Literaturarchiv Marbach; SUA: Suhrkamp/01 Verlagsleitung/Autorenkonvolut/Hildesheimer; Abdruck in: *Briefe*, S. 127 f.

1 Wolfgang von Einsiedel (1903-1967), deutscher Schriftsteller und Literaturkritiker, Übersetzer aus dem Englischen und Begründer des Kindler-Literaturlexikons.

2 Hier mag das Italienische von Hildesheimers Lebensumgebung mitgeschrieben haben – das grammatische Geschlecht des Wortes für Präsens, il presente, ist im Italienischen männlich.

[22] Karl Markus Michel an Wolfgang Hildesheimer

8. Oktober 1964

Lieber Herr Hildesheimer,

hier kommt der angekündigte, angedrohte Brief mit meinen Mäkeleien, vielleicht wird er länger als Ihnen lieb ist. Es kommt mir natürlich nicht darauf an, daß Sie meine Fragen, Wünsche oder Einwände bei den Korrekturen brav berücksichtigen, vielmehr darauf, daß sie ausgesprochen werden; wenn Sie dann sagen: es soll so bleiben, wie es ist, bin ich zufrieden, weil ich dann das Bewußtsein habe, daß der Autor persönlich das Imprimatur erteilt hat. Dann ist der Lektor immer fein raus …

Ich fange an.

Sp. 7, Z. 1: Elternhaus blieb Quelle der Dankbarkeit – Quelle? Nicht viel mehr Ziel, Objekt?

31/19 v. u.: der Übergang von Genickschuß zu den Hähnen Attikas will mir nicht behagen, und zwar wegen der Formulierung: ›denke ich an anderes – – zum Beispiel …‹. Da spürt man gleichsam das Gelenk knacken. Für mein Gefühl wäre der Übergang vom einen zum anderen weit wirkungsvoller, wenn er ganz abrupt, quasi schmerzlich aufträte.

36/52: hierzu eine ganz allgemeine Bemerkung: schon nach Ihrer Lesung hier in Frankfurt habe ich es angedeutet, dann nochmals in meinem Gutachten für Herrn Unseld, daß ich überall dort, wo Sie von etwas Bestimmtem, Gegenständlichen erzählen, interessiert und gebannt bin, während ich bei vielen reflektierenden Partien, also dort, wo der Erzähler seine Fragen, Zweifel, Assoziationen, Dissoziationen (vor allem diese) vorträgt, relativ unbeteiligt bleibe, was wohl daran liegt, daß mir das Ich des Erzählers nicht gegenwärtig ist, so daß ich auch die Fragen und Sorgen und Süchte dieses Ich schwer teilen kann. Aber ich glaube, mein relatives Unbeteiligtsein hat noch einen anderen, viel manifesteren Grund: daß nämlich dieses Ich den Außenstehenden, den Leser gar nicht direkt an sich heranläßt sondern sich abschirmt, nämlich durch eine sehr weit gehende Stilisierung dessen, was es assoziiert. Sie haben in der überarbeiteten Fassung schon meinen Einwand gegen die meiner Meinung nach übertrieben angewandte Stilfigur der Affirmation beziehungsweise der Interrogation, die ständigen Ja- und Neinformeln, berücksichtigt. Und ich werde mich hüten, Ihnen in diesem Punkt weiterhin zuzusetzen. Dennoch finde ich immer wieder formelhafte Stellen, die mich stören – vielleicht nur deshalb, weil ich mir eine besondere Empfindlichkeit angezüchtet habe. Die Spalten 36-52 vor allem scheinen mir der heikle Teil des Manuskripts zu sein – freilich auch in einem immanenten Sinn: elf Uhr, die Krise der Nacht, und ich sehe natürlich ein, daß der Stil hier ein ganz bewußt angewandtes Mittel ist. Gleichwohl ein paar Hinweise, damit Sie wissen, was ich meine:

36/letzter Absatz: hier wird die Rhetorik, weil sie des bestimmten Objekts entbehrt, ein wenig schematisch; da werden zum Beispiel die Sehnsüchte in Frage gestellt, nachdem es schon hieß, daß ihr Objekt entschwunden sei; und ›das Sinnlose‹ am Schluß des Absatzes bleibt durchaus abstrakt nach allem, was schon konkret gesagt wurde.

37: hier gibt es, besonders in der Mitte, wiederum eine Häufung phraseologischer Formeln: doch, doch, ja und so weiter.

40/15 v. u.: ›ist das der Tod? Nein, das ist er nicht. Doch, das ist er Aber warum …‹ solche und ähnliche Stellen sind – vielleicht ganz bewußt – rhetorischer Leerlauf. Erst dadurch, daß diese Figuren wiederholt auftreten, wirken sie störend. Durch die Wiederholung nutzt sich die Funktion, die sie durchaus haben mögen, zunehmend ab, dagegen steigert sich in gleichem Maß ihre Selbstgefälligkeit:

Sie springen gleichsam aus dem Text heraus.

41/5 v. u.: ›es erinnert mich an nichts, das ist es, an nichts, ich habe derartiges noch nie gesehen –‹ – soweit gut, aber das folgende (›das ist neu‹) macht es schlecht, es ist eine Abschwächung. Und daher, rückwirkend, der Eindruck des Selbstgefälligen.

42: wenn der Absatz in der Mitte (›das bedeutet‹ bis ›Weltfremdheit‹) gestrichen würde, wäre das meiner Meinung nach ein Gewinn.

44/9 v. u.: ›das ich erworben und … gehängt habe‹ – möchten Sie nicht lieber auf ›erworben‹ verzichten? Kurz zuvor heißt es ja schon, daß ›angeschafft‹ wurde.

45/16 v. u.: ›ich ziehe das folgende hervor:‹ – das erscheint mir wie ein Stilbruch, ich könnte auch sagen: diese Formulierung ist unter Ihrem Niveau.

84/8 v. u.: ›vor einigen anspruchslosen Jahren‹ – sollte das nicht heißen: ›in anspruchsloseren Jahren‹?

95/10 v. u.: ein Ring aus Pappe: richtiger wäre, meine ich, eine Scheibe: Ring ist ja das Ergebnis der erst folgenden Manipulationen.

95/3 v. u.: – 96/2: würde – könne – könne: ich halte es mit der consecutio temporum, auch wenn sie im Deutschen ein schwer erziehbares Kind ist.

101/6 f.: hier häufen sich die Gedankenstriche, sie zerreißen den Text so sehr, daß man die Parenthesen nicht gleich erkennen kann. Ich schlage deshalb vor, die zweite Parenthese (›inzwischen …‹) in Klammern zu setzen. Oder aber die erste Parenthese (›ich sage letzten‹) nur durch Kommata abzutrennen.

102/10: ich schlage vor, die Wirtin, da sie ohnehin keine Fugenstimme hat, zu unterschlagen, jedenfalls wirkt die Stelle ein wenig gezwungen. Überhaupt würde ich die Anspielung auf die Fuge nicht so stark betonen und deshalb auch auf Spalte 108 die Zeile 11 v. u. streichen.

109/20 v. u.: ›er läßt von ihm ab, so daß er denkt, er schlafe, und sich nun … zuwendet‹ – wäre es möglich, zu verdeutlichen, wer jeweils ›er‹ ist? Der Leser merkt es nämlich erst, wenn er sich schon verlesen hat.

109/16 v.u.: ›die Müllerin, auf dem Rücken liegend, dabei, den Knaben auf sich ... zu ziehen‹ – auch hier ›verliest‹ man sich zunächst, weil man nicht gleich merkt, daß ›dabei‹ im Sinn von ›im Begriff‹ gebraucht wird.

110/3 v.u.; 1 v.u., 111/2 + 6: vier mal ›aber‹ – ein bißchen zu viel!

111/14ff.: ein Genitiv (der Kleider und dessen, was ...) wird abhängig gemacht von ›ausgeraubt‹, als hieße es ›beraubt‹; man schluckt es, aber nur, wenn man wohlwollend ist.

112/12: ›Hätten sie gelebt, so hätte ich mir ... etwas mitgeteilt‹ – vielleicht ist das ein Druckfehler; meiner Meinung nach müßte es heißen: so hätten sie mir.

112/10, v.u.ff.: diese sieben Zeilen sähe ich lieber zu einem geschlossenen Absatz zusammengezogen. Bei dieser Gelegenheit eine Bemerkung: die Leerzeilen verlieren, wenn sie zu oft auftreten, ihre Bedeutung; man liest schließlich darüber hinweg, als handle es sich um einfache Absätze. Vielleicht überlegen Sie sich beim Korrekturlesen, ob Sie nicht die eine oder andere dieser Leerzeilen streichen sollten.

116/19 v.u.: den Absatz über die Genitiv-Metapher empfinde ich als einen überflüssigen Schnörkel. Wenn Sie mir einen Gefallen tun wollen, dann verzichten Sie darauf.

129/2: hier zum Beispiel würde ich keine Leerzeile einschieben, und auch die nächste Leerzeile erscheint mir überflüssig.

135/5ff.: der Absatz erinnert mich an den Katechismus-Unterricht.

139: ich glaube, Herr Unseld hat Ihnen schon gesagt, daß ich dem Exkurs über Mozarts Begräbnis, erst recht dem über die Regenschirme und den niesenden Hamlet wenig abgewinnen kann. Jetzt, bei der Lektüre der Fahnen, die ja gegenüber dem Manuskript einen höheren Grad von ›Objektivität‹ besitzen, empfand ich es wieder, und verstärkt, daß die letzten Seiten schwächer sind, als Ihr Buch es verdient. Hier zum Schluß müßte eigentlich eine so großartige Geschichte wie etwa die über die attischen Hähne oder die Fahrt durch Wilhelmstadt oder die Bettfuge stehen, aber die läßt sich natürlich nicht aus dem Ärmel schütteln. Man könnte höchstens überlegen, ob nicht eine geschlossene Passage aus dem Text hierher verpflanzt werden sollte, aber das wird nicht leicht sein. Vielleicht sind Sie aber ganz anderer Meinung als ich, dann will ich nichts gesagt haben.

Das wärs. Mit sehr herzlichen Grüßen
[Karl Markus Michel]

Typoskript; Deutsches Literaturarchiv Marbach; SUA: Suhrkamp/03 Lektorate/Hildesheimer.

[23] Wolfgang Hildesheimer an Karl Markus Michel

wolfgang hildesheimer, poschiavo (graubünden)

Poschiavo (GR) 20. Oktober 1964

Herrn
Karl Markus Michel
Suhrkamp Verlag
Frankfurt

Lieber Herr Michel,

inzwischen haben meine Frau und ich die Fahnen je einmal gelesen, ich habe korrigiert, werde sie nun noch einmal lesen und sie morgen oder übermorgen zurückschicken. Ob dann alle Druckfehler ausgemerzt sind weiss ich nicht, aber ein Korrektor wird ja auf jeden Fall noch darangesetzt, nicht wahr? Ich bin mir ja auch oft in der Interpunktion nicht sicher, ich neige eher zu Über-Interpunktion, aber ich möchte nicht, dass sie falsch ist.

Zu Ihren Einwänden: ›Quelle der Dankbarkeit‹ habe ich nach reiflicher Überlegung n i c h t geändert. Überlegen Sie es sich noch einmal. Es stimmt. Nur ist es etwas anderes als ›Objekt der Dankbarkeit.‹

31/19 v.u. ›Denke ich an anderes‹ ist gestrichen. Sie haben recht, der Übergang ist unbeholfen, er kam später erst dazu.

Was Sie über die Seiten 36-52 sagen, kann ich durchaus nicht ›nachvollziehen‹. Ich glaube, im Gegenteil, dass die handfesten Episoden dieser Assoziationen und Dissoziationen geradezu bedürfen, ohne diese werden sie sinnlos, es ist der Erzähler, seine Eigenart, seine Flüchtigkeit, Exzentrizität, Melancholie, Erfahrung und seine Traumata, die die beiden Elemente zusammenhalten. Gleichwohl haben Sie im Detail oft recht, und ich habe manches geändert oder gestrichen. So die Zeile: ›Sehnsüchte! – Sehnsüchte? Nach was?‹ (36, letzter Abschnitt), während ich ›das Sinnlose‹ nicht gestrichen habe, da es meiner Meinung überhaupt nicht abstrakt ist. Es ist doch aus dem Kontext völlig evident, was da gemeint ist.

37. Auch hier ist nichts gestrichen. Betrachten Sie diese kurze Stelle ruhig als ein Stückchen innerer Monolog, der Erzähler versucht, ein visuelles Bild zusammenzusetzen.

40. Sie haben recht, ich habe eine Zeile gestrichen und den Text zusammengezogen.

41. v.u. Berücksichtigt.

42. Der Absatz ist gestrichen, Sie haben wohl recht.

44. Berücksichtigt.

45. Berücksichtigt.

84. Korrigiert.

95. "

101. Korrigiert. Ist es jetzt besser?

102. Korrigiert, Wirtin gestrichen, ebenso 108/11

109. Verdeutlicht. Sowohl 20 v.u. als auch 16 v.u.

110. Zwei ›aber‹ gestrichen.

> Hier stelle ich fest, dass ich Ihren Einwand 95/3 v.u. übersehen habe. Leider entgeht mir was Sie meinen. Die consecutio temporum ist doch gewahrt, oder nicht? Ich weiss nicht, was ich da korrigieren soll. Ich überlasse es Ihnen. Aber teilen Sie es mir bitte mit!

X würde, könne

111. Korrigiert.

112. ›so hätte <u>s</u>ich mir …‹ muss es heissen.

112. Korrigiert. Überhaupt habe ich einige Leerzeilen, Ihrem Wunsche entsprechend, gestrichen.
116. Genitiv-Metapher gestrichen, Sie haben recht.
129. Leerzeile gestrichen.
135. Ich habe zwar keinen Katechismus-unterricht gehabt, weiss daher nicht was Sie meinen, aber ich bestehe nicht auf diesem Absatz und habe ihn gestrichen. Oder war das nicht die Absicht?
139. hier bin ich wieder ganz entschieden anderer Ansicht. Hier darf keine Geschichte mehr kommen, hier sind nur noch fahrige Episoden, quasi Anekdoten am Platz, denn hier wird ja die Frustration des Ich-Erzählers überspielt. Nach ›Tynset‹ fällt ihm nun nichts mehr ein, er greift zu kleinen Erinnerungen und Assoziationen, findet hier etwas und dort etwas, und damit zerfasert der Monolog, er löst sich auf ›not with a bang but with a whimper.‹ Wie Sie sich erinnern, hatte ich ursprünglich noch die ›Don-Juan‹-Sophistereien darin. Nur leider waren sie schlecht. Aber mir schien, dass sie doch zu dem allgemeinen Eindruck der ›Desintegration‹ beitrugen, sie waren ein zusätzliches Element. Es mag sein, dass so etwas fehlt. Ich will mir die Sache heute und morgen noch einmal überlegen. Vielleicht kommen auch hier und dort noch kleine Korrekturen dazu.

Mit herzlichen Grüssen,
Ihr
hildesheimer

Typoskript; Deutsches Literaturarchiv Marbach; SUA: Suhrkamp/03 Lektorate/Hildesheimer.

[24] Wolfgang Hildesheimer an Siegfried Unseld

wolfgang hildesheimer, poschiavo (graubünden)

Poschiavo, 20. Oktober 1964
[Eingangsstempel: 22. Oktober 1964]

Herrn
Dr. S. Unseld, Suhrkamp Verlag
Frankfurt am Main

Lieber Herr Doktor Unseld,

Anfang September oder Ende August schrieb ich Ihnen einen Brief, in dem ich anfragte, ob es möglich sei, mir eine Vorauszahlung von dreitausend Mark zu schicken. Sie schoben damals die Antwort auf das folgende Wochenende hinaus. Dieses Wochenende ist bis heute nicht gekommen.

Ich kann nicht leugnen – und ich hoffe, dass Sie mir das nicht übelnehmen –, dass ich über diese Behandlung ein wenig unmutig war und bin. Schliesslich habe ich nach einer Arbeit von drei Jahren, während derer ich kaum an etwas anderem gearbeitet habe, ein Romanmanuskript abgeliefert, das, wenn auch vielleicht in gewissen Grenzen, ein ›Verlagsobjekt‹ ist. Gewiss hatte ich mehrmals Vorschüsse darauf, aber diese Vorschüsse haben sich, soweit ich es übersehe, immer bald, manchmal nach Tagen schon, ausgeglichen, wenn sie nicht gar zur Zeit der Zahlung schon durch anderes ausgeglichen waren. Es ist möglich, dass zur Zeit meiner Anfrage der Verlag über diese dreitausend Mark nicht verfügte, aber eine Zeile von Ihnen hätte genügt, um mir das mitzuteilen.

Ich schrieb damals absichtlich nichts von der Shaw-Übersetzung, denn erstens fand ich, dass das abgelieferte Manuskript genügen müsse, um meine Bitte zu rechtfertigen, zweitens sah es mir zu sehr nach einer sanften Erpressung aus.[1]

Zu dieser sanften Erpressung muss ich nun leider greifen. Ich komme von einer Reise zurück, die für mich s e h r wichtig, sogar notwendig, aber sehr teuer war, und es warten hier einige hohe und dringende Rechnungen. Das wird Sie zwar nicht interessieren, aber ich erwähne es, um die Dringlichkeit darzustellen. Ich brauche sechstausend Mark. Ich bin Ihnen auch jetzt nicht böse, wenn Sie mir dieses Geld nicht schicken oder nicht schicken können, aber ich würde Sie bitten, es mir mitzuteilen, wenn es nicht möglich ist, denn dann muss ich mir das Geld vom NDR/SWF geben lassen und muss dafür ein Hörspiel schreiben. Es tut mir leid, dies so krass sagen zu müssen, aber ich hatte Dr. Braun all dies schon vor Wochen auf einer Karte angedeutet, aber auch daraufhin geschah nichts, wo eine Mitteilung genügt hätte.[2]

Vielleicht ist die Shaw-Übersetzung gar nicht so eilig – in der Tat kann ich mir kaum vorstellen, dass die Bühnen so darauf warten sollten, wo sie nun seit Jahren die existierende Übersetzung gespielt haben –, vielleicht bräuchte ich auch mit einem Hörspiel für den NDR nicht sofort anzufangen –, aber ich habe keine grosse Lust, mich mit vermutlichen Sachverhalten und Konstellationen zu beschäftigen, ich brauche Geld und möchte an der Arbeit arbeiten, für die ich Geld bekommen habe, um danach etwas anderes zu tun.

Mit herzlichen Grüssen bin ich
Ihr
hildesheimer

Typoskript; Deutsches Literaturarchiv Marbach; SUA: Suhrkamp/03 Lektorate/Hildesheimer.

1 Vermutlich Anspielung auf Hildesheimers Übersetzung (1965) von Shaws *Saint Joan*. Vgl. Brief 15, Anm. 4.

2 Wolfgang Hildesheimer hatte Karlheinz Braun am 30. September 1964 per Postkarte mitgeteilt, er sehe sich veranlasst, einen Hörspielauftrag anzunehmen, da Siegfried Unseld versäumt habe, eine Summe von 3000 DM vereinbarungsgemäß zu überweisen.

[25] Wolfgang Hildesheimer an Karl Markus Michel

wolfgang hildesheimer poschiavo (graubünden)

22. Oktober 1964

Herrn
Karl Markus Michel
Suhrkamp Verlag
Frankfurt

Lieber Herr Michel,

hoffentlich haben Sie meinen Anruf gestern Abend nicht als einen Einbruch in Ihr Privatleben empfunden. Für einen Autoren jedenfalls ist es ein gutes Gefühl, dass ein Lektor, wenn es sein muss, auch Nachtdienst hat.

Morgen, Freitag, gehen die korrigierten Fahnen an Sie ab. Zu der am Telefon besprochenen Änderung an der Bedeutung Vanessas habe ich mich dann doch nicht entschliessen können. Gewiss wäre die Resignation des Ich-Erzählers um einen Grad plausibler geworden, aber dieser Grad war mir schon zu viel, der Anlass zu gross. Das Entsetzliche (Laternenpfähle in Hamar, Kabastas rote und blonde Hand, der deutsche Bastler in Schleswig-Holstein, der erschlagene Vater, Herr Jörka im Speisewagen) ist ja nur immer in Abständen hingetupft, und noch ein Element mehr hätte das Schema zu deutlich gemacht. Ich wollte neben dem dauernd wiederkehrenden Tynset, das den ganzen Text zu einem Rondo macht, nicht noch ein zweites Schema haben. Vanessas Haar habe ich etwas gebleicht, sie bleibt völlig im Nebel, sie ist ja auch nicht wichtig. Ich wollte neben Celestina, die, wenn ich es richtig sehe, eine wirkliche Figur geworden und trotzdem ein Geheimnis geblieben ist, nicht noch eine zweite Figur einfügen, auch nicht in der Retrospektive.

Aber ich brauche Ihnen das ja nicht zu erklären, worauf ich hinauswollte ist dies: ich kann das Zeug nun, nach dreijähriger Beschäftigung damit, nicht mehr sehen. Daher fehlt mir jetzt auch der rechte Abstand, und ich kann nicht mehr richtig beurteilen, ob die Korrekturen, die ich von mir aus eingefügt habe, richtig sind. Ich möchte daher, dass Sie es beurteilen.

Würden Sie mich anrufen, wenn Sie mit irgendetwas nicht einverstanden sind? Ich könnte mir aber vorstellen, dass ich auch in Ihrem Sinn korrigiert habe.

Was das Ende betrifft: ich habe es auch noch mit Jens durchgesprochen.[1] Er ist, wie ich, der Meinung, dass es so bleiben muss. Keine grosse Geschichte mehr, nur noch Nebensächliches.

Mit herzlichen Grüssen,
Ihr
hildesheimer

Typoskript; Deutsches Literaturarchiv Marbach; SUA: Suhrkamp/03 Lektorate/Hildesheimer.

1 Wahrscheinlich ist Walter Jens gemeint.

[26] Wolfgang Hildesheimer an Siegfried Unseld

wolfgang hildesheimer poschiavo (graubünden)

Poschiavo (GR) 23. Oktober 64

Herrn
Dr. S. Unseld,
Suhrkamp Verlag
Frankfurt

Lieber Herr Doktor Unseld,

heute mal was anderes, nicht ärgerliches – die Süddeutsche Zeitung möchte im Feuilleton ein Stück Tynset vorabdrucken. Ich habe – noch aus Norwegen – Goldschmit[1] geschrieben, dass ich nicht sicher wäre, ob Sie das erlauben, und wenn ja, dann wohl erst kurz vor dem Erscheinen. Nun fragt Goldschmit an, warum erst dann? Da ich nun keine Ahnung habe, ob ein Vorabdruck in der SZ gut oder schlecht ist, ob er früh oder spät kommen sollte, da ich auch gar kein besonderes Interesse daran habe ausser Gefälligkeit, möchte ich bei Ihnen anfragen, was ich in der Sache tun soll. –

Die korrigierten Fahnen sind heute abgegangen. Ich freue mich, jetzt eine Zeit lang von Tynset nichts zu hören, gegen Ende wurde mir die Beschäftigung damit schon sehr schwer. Haben Sie sich schon zu einer Farbe für den Schutzumschlag entschieden?

Aus einem Versehen ging das Geld für den Vorabdruck im Jahresring an mich, obgleich ich a u s d r ü c k l i c h geschrieben hatte, dass es an den Verlag zu gehen habe, (wie auch dem Merkur, von dem das Geld wohl inzwischen eingetroffen sein dürfte.) Ich weiss jetzt nicht mehr, wie viel es war, aber ich schreibe es, wenn meine Frau die Abrechnung wieder findet, so dass der Verlag es verrechnen kann.

Ich hoffe, in mancherlei Hinsicht, bald von Ihnen zu hören,
herzlichst
Ihr
hildesheimer

[handschriftl.:] Wie ich von Enzensberger und von Jens höre, soll die Tagung sehr schön gewesen sein.[2] Das freut mich sehr und hat mein Gewissen sehr entlastet.

Typoskript; Deutsches Literaturarchiv Marbach; SUA: Suhrkamp/01 Verlagsleitung/Autorenkonvolut/Hildesheimer.

1 Rudolf Goldschmit (1924-1979) war seit 1955 Redakteur der *Süddeutschen Zeitung* und von 1964 an ihr Feuilletonchef; 1973 wechselte er in die Redaktion der *SZ*-Wochenendbeilage.

2 Die Gruppe 47 tagte vom 9. bis zum 13. September 1964 im schwedischen Sigtuna. Hildesheimer hatte u. a. aus politischen Gründen seine Teilnahme abgesagt. Vgl. Stephan Braese, *Jenseits der Pässe: Wolfgang Hildesheimer – Eine Biographie*, Göttingen: Wallstein 2016, S. 278 ff.

[27] Siegfried Unseld an Wolfgang Hildesheimer

am 29. Oktober 1964

Lieber Herr Hildesheimer,

ich komme eben von einer Reise zurück. (Frisch war sehr aufgeregt; als er nach Rom zurückkehrte, war in seiner Wohnung der elektrische Strom ausgeschaltet, weil er Rechnungen nicht gezahlt hatte; er war aufgeregt, weil er meinte, in zwei Tagen für Sie nach Ihrer römischen Lesung nun einen Empfang im Dunkeln geben zu müssen – und wir überlegten schon, wie viele Kerzen notwendig gewesen wären; bei Tage besehen stellte sich heraus, daß sich Frisch dann doch um vier Wochen geirrt hatte, bis dahin hofft er dann doch wieder auf Elektrizität.) Ich finde Ihre beiden Briefe vom 20. und 23. Oktober vor. Resultieren diese nicht aus einem Mißverständnis? Ohnehin beobachte ich ja, daß gelegentlich Ihre Briefe an mich durch Telefonate, die Sie mit Dr. Braun oder dem Verlag führten, überholt sind. Auch jetzt berichtete mir Dr. Braun, er hätte mit Ihnen eine eindeutige Abmachung getroffen, wonach Sie mit der Zahlung von 3 000 DM einverstanden seien und nicht weitere 3 000 DM wollten. Er sagte mir ebenfalls zu meiner Freude, daß Sie bereits an der Übersetzung der »Johanna« arbeiteten.[1]

Ich erklärte Ihnen mehrfach meine Bereitschaft, Ihre Arbeiten zu fördern und Ihnen auch Vorschüsse zu leisten im Rahmen des sinnvoll Möglichen. Wir hatten uns in diesem Punkte gut verstanden – und Sie waren es doch auch, der mir sagte, daß die Überweisungen aus dem Hause Suhrkamp immer am raschesten kämen.

Zum Vorabdruck Tynset. Wir sollten die Bereitschaft von Goldschmitt in jedem Falle ausnutzen. Am besten wäre es natürlich, wenn die Süddeutsche Zeitung das machen würde, was sie auch aus Anlaß des Erscheinens des Romans von Johnson getan hat, nämlich am Tage des Erscheinens oder am Wochenende vorher Bild, Würdigung und Vorabdruck zu bringen.[2] Das hätte auch einen unmittelbaren Effekt für das Buch; je weiter der Termin des Vorabdrucks vor dem Erscheinen liegt, um so weniger ist seine Wirkung für das Buch. Ich meine also, wir sollten den Vorabdruck in diesem Jahr nicht gestatten. Wenn wir mit Goldschmitt keine Verständigung für den 27. Februar erzielen können, dann sollte der Abdruck im Januar erscheinen.[3]

Mit herzlichen Grüßen Ihr
U

Typoskript; Deutsches Literaturarchiv Marbach; SUA: Suhrkamp/01 Verlagsleitung/Autorenkonvolut/Hildesheimer.

1 Vgl. Hildesheimers Übersetzung (1965) von Shaws *Saint Joan*. Vgl. Brief 15, Anm. 4.
2 Vermutlich bezieht sich Unseld hier auf die Serie von Vorabdrucken aus Uwe Johnsons Roman *Das dritte Buch über Achim*, die zwischen März und Oktober 1961 (jeweils eingeleitet durch Reinhard Baumgart) in der *Süddeutschen Zeitung* erschienen waren.
3 Vgl. Brief 26, Anm. 1. – Letztlich kam kein Vorabdruck aus *Tynset* in der *Süddeutschen Zeitung* zustande.

[28] Wolfgang Hildesheimer an Siegfried Unseld

[ohne Datum; Eingangsstempel 15. März 1965]

wolfgang hildesheimer poschiavo (graubünden)

Herrn
Dr. S. Unseld
Suhrkamp Verlag
Frankfurt

Lieber Herr Doktor Unseld,

nochmals: meine Frau und ich haben uns über Ihren Besuch sehr gefreut. Das waren drei gut verbrachte Stunden, nur sind drei etwas zu wenig. Wie wir schon sagten: wenn Sie einmal Erholung brauchen – unser Gastzimmer, das wir Ihnen dann gar nicht mehr gezeigt haben – steht Ihnen und Ihrer Frau zur Verfügung, jederzeit.

Übrigens: kurz nach Ihrer Abfahrt kam ein Brief von Baumgart.[1] Er entschuldigte sich. Man habe ihm ohne sein Wissen den Titel – er hiess, soweit ich lesen kann ›Klagemauerwerk‹ was mir unverständlich ist – geändert. Er selbst fände ihn ›hämisch-dümmlich‹, etc. etc.

Es ist natürlich schade, dass Baumgart, den ich übrigens als Kritiker schätze, das Buch nicht besser fand, aber ich glaube, nach all den Briefen, die ich zu Tynset bekommen habe – heute von Enzensberger, von Eichs, Henze, Andersch, gestern noch ein Anruf von Marianne und Frisch, – dass in gewissem Sinne diese Kritik auf ihn selbst zurückfallen wird. Vielleicht hat er das schon geahnt, als er mir den Brief schrieb.

Weshalb ich schreibe: Enzensberger hat mir gerade die Zanzotto-gedichte zurückgeschickt. Er findet sie hervorragend, aber er will die Reihe aufgeben, nachdem nächstes Jahr noch einmal vier Bände erscheinen.[2] Es sei für ihn zuviel Arbeit. Sicher wissen Sie inzwischen davon. Nun wollte ich Sie fragen: sehen Sie die Möglichkeit, Zanzotto bei Ihnen in einer anderen Form herauszubringen. Sonst würde ich mich eventuell an Walter Jens wenden, ob er bei Piper eine Möglichkeit sieht. Ich bemühe mich deshalb, weil ich mit Zanzotto persönlich befreundet bin und ich ihn für einen grossen Lyriker halte, (und ich bin nicht der einzige.)[3]

Jetzt sitze ich an den Fragen für ›Dichten und Trachten‹.[4] Es wird mir ziemlich schwer, mich noch einmal mit Tynset zu beschäftigen, aber ich werde es schon schaffen. Ich hoffe, dass ich den Text Montag abschicken kann, spätestens Dienstag.

Ich weiss nicht, ob Braun schon mit Ihnen gesprochen hat. Ich muss unbedingt zwei Tage mit ihm an den letzten Seiten der Neufassung PASTORALE arbeiten,[5] die Utzerath zur Eröffnung der Spielzeit an den Düsseldorfer Kammerspielen bringt. Könnte er hierherkommen? Das wäre sehr gut. Sonst müsste ich nach Frankfurt kommen, denn brieflich ist es nicht zu machen.

Sonst gibt es nichts neues, wir haben uns ja auch gerade gesprochen.
Mit herzlichen Grüssen,
Ihr
hildesheimer

1 Reinhard Baumgart (1929-2003), der seit Mitte der 1950er-Jahre als Autor, Lektor, Mitglied der Gruppe 47, Essayist und Literaturkritiker zu den bedeutendsten Stimmen des literarischen Feldes der Bundesrepublik gehörte, hatte im *Spiegel* vom 3. März 1964 eine Besprechung zu *Tynset* veröffentlicht, in der es unter anderem heißt: »Gut ist der Name des Autors, gut der des Verlags. […] Das alles sieht aus wie fertig, wie ein Buch, und als wichtigstes erzählendes Buch eines deutschen Autors in diesem Frühjahr wurde es erwartet. Trotzdem meine ich, ein Manuskript gelesen zu haben, einen ersten, hochzielenden Entwurf, und das nicht etwa, weil im Text viel falsch zurechtgeschnitztes Deutsch stehengeblieben ist. Wie unfertig das hier Geplante noch ist, das zeigt sich erst im ratlosen Nebeneinander von Partien, die wie mühelos gelingen, und

anderen, die vorerst nichts als trockene Bemühtheit verraten, in ihrer Sprache, im Denken, in ihrem Bauplan. [...] Warum also hat ihm eine Klagemauer aus Geschichten nicht genügt, warum schickt er sich selbst als Maurer und schluchzend auf die Szene? Möglich, daß er der Aussagekraft von Geschichten nicht mehr traut [...]. Was ist nun ärgerlicher: ein schlechtes Buch oder eines, das den Umriß seiner großen Möglichkeiten nur andeutet?« Der Artikel war unter der Überschrift »Schlaflos schluchzend« erschienen.
Am 7. März 1965 sandte Baumgart aus Grünwald bei München folgenden Brief an Hildesheimer:
»Sehr geehrter Herr Hildesheimer,
ein paar Tage habe ich mir überlegt, ob ich Ihnen schreiben sollte. Man dürfte es, nach einer Rezension, nie nötig haben, sich erklärend an den Rezensierten zu wenden. Aber noch nie ist mir, wie diesmal in der Tynset-Kritik im ›Spiegel‹, ein so dominierender Teil wie der Titel nicht nur verändert, sondern ersetzt worden durch einen anderen Titel. (Meine Überschrift hieß KLAGEMAUERWERK – ›zu schwierig‹.) Ich war verreist, man hat mich nicht gefragt, was jetzt dort stand, scheint nicht nur nicht zutreffend, sondern auf eine dümmliche Weise hämisch. Jedenfalls vertritt dieser Titel nicht meine Meinung über Ihr Buch. Mich hat nicht belustigt, daß diese Arbeit, wie ich fand, nicht einlöst, was sie versprechen möchte.
Mit den besten Grüßen
Ihr Reinhard Baumgart«
(Typoskript; WHA 335 Am)

2 Seit 1962 gab Enzensberger in einer *Poesie* betitelten Reihe im Suhrkamp Verlag nichtdeutschsprachige Lyriker in zweisprachigen Ausgaben heraus (u.a. Fernando Pessoa, Franco Fortini). Die Reihe lief 1966 aus. Vgl. auch den Briefwechsel zwischen Enzensberger und Hildesheimer in diesem Band.

3 Andrea Zanzotto (1921-2011), italienischer Dichter und Übersetzer (u.a. von Michel Leiris und Georges Bataille). Zanzottos experimentelle Dichtung arbeitet an einer Neuerfindung der italienischen Sprache nach dem Faschismus und setzt sich intensiv mit der Psychoanalyse Jacques Lacans auseinander. Andrea Zanzotto sei, nach Eugenio Montale, »wohl der bedeutendste italienische Dichter«, schrieb Hildesheimer (Brief an Peter Huchel, 3. April 1974; DLA Marbach). Zanzotto schrieb auch einen Text zu Hildesheimers bildkünstlerischer Arbeit, vgl. Carlo Bò und Andrea Zanzotto, *Wolfgang Hildesheimer. Disegni e Collages*. Katalog zur Ausstellung in der Aula Magna del Collegio Raffaello, Urbino 23. Oktober bis 14. November 1976.

4 Wolfgang Hildesheimer, »Antworten über Tynset«, in: *Dichten und*

Trachten 25 / 1. Halbjahr 1965, S. 7-12. Wiederabgedruckt in: GW II, S. 384-387.

5 Ders., *Pastorale. Groteske in einem Akt*. Neufassung 1965, in: Karlheinz Braun (Hg.), *Deutsches Theater der Gegenwart*. Nachwort von Henning Rischbieter, Frankfurt am Main: Suhrkamp 1967, S. 293-349.

[28a] Anlage: Adressliste für den Versand von Exemplaren des Romans Tynset

wolfgang hildesheimer poschiavo (graubünden)

TYNSET

Mr. E. Teltsch, 12 Yaaroth Road, Haifa-Ahuza, Israel
(2 Exemplare)
Ein Exemplar an
Herrn Alfred Neven-Dumont, Verlag Dumont-Schauberg, Köln, Breite Strasse
Prinzessin Ursula zu Hohenlohe, München 22, Widenmayerstrasse 49
Herrn Dr. G. Szczesny, München 9, Vollmarstrasse 10
Herrn Jo von Kalckreuth, München 13, Ainmillerstrasse 26
Herrn Herbert List " " " "
Herrn Felix von Mendelssohn, 2521 N. Utah St. Arlington, Va. U.S.A.
H.R.H. Prince Serban Cantacuzino, 11 Pembroke Studios, Pembroke Gardens, London W. 8 England
Herrn Otl Aicher, 79 Ulm, Am Hochsträss 20
Herrn Heinrich Böll, Köln-Müngersdorf, Belvederestrasse 35
Herrn Doktor G. Bevilacqua, via Garibaldi 32, Oderzo (Treviso) Italia
Herrn Hans G. Helms, 5 Köln, Ebertplatz 16
Herrn Dr. H. Schwitzke, Hamburg 13, Innocentiastrasse 17
Herrn Thomas von Vegesack, Ostmarksgatan 53, Farsta, Schweden

Herrn Ernst Losch, 7031 Ehningen, Würtemberg, Postfach 13

Typoskript; Deutsches Literaturarchiv Marbach; SUA: Suhrkamp/01 Verlagsleitung/Autorenkonvolut/Hildesheimer.

[29] Wolfgang Hildesheimer an Karlheinz Braun

wolfgang hildesheimer 7742 poschiavo (grigioni)

15.4.68

Herrn
Dr. Karlheinz Braun
Suhrkamp Verlag
Frankfurt

Lieber Braun,

ich habe Ihnen versprochen, über Mary zu schreiben.[1] Ich kann das nur in Form eines Briefes tun, ich fürchte, den Text müssen Sie sich dann selbst zurechtschneidern.

MARY wird ein Einakter, ich schätze ihn auf neunzig Minuten, mindestens, eher hundert. Er schildert die letzten Stunden Marys vor ihrer Hinrichtung, Mary Stuart probt ihre Hinrichtung.

Sie wissen ja, dass ich mich mit dem Stoff – d. h. das, was ich zeitweise für einen Stoff und dann wieder für keinen hielt – jahrelang herumgetragen habe, die ersten Notizen gehen auf 1960 zurück. Zeitweilig war er mir präsent, dann wieder völlig entschwunden, es hing auch damit zusammen, was ich über sie las. Nach der Schottlandreise 1965 – Sie wissen, dass ich immer einen atmosphärischen, wenn nicht sogar einen geografisch genauen Ort brauche, wo ich ein Geschehen ansiedle – war Mary völlig weg, nicht mehr existent, denn inzwischen hatte ich praktisch alles gelesen, was es über sie gibt – und es gibt viel, auch neues –, und leider ist sie eben weder im Bösen noch im Guten die glanzvolle Figur, die man aus ihr macht. Persönlichen Mut hat sie oft bewiesen – aber das ist nichts für mich, ich will ja keine Maria Stuart schreiben – aber die einzige Szene, in der sie wirklich Grösse gezeigt hat, war ihre Hinrichtung, während der ihr Verhalten mehrfach glaubwürdig belegt ist. Die Hinrichtung wollte ich nicht schildern, und so wird es die Probe. In der Tat war die Hinrichtung ein solches Schauspiel, dass man denken könnte, sie hätte sie tatsächlich geprobt.

Es handelt sich also gewissermassen um ein grand guignol, eine einzige grosse Szene. Am Anfang ist Mary allein in ihren verkommenen Räumen, sie ist alt, rheumatisch, kahl, hat Schmerzen, lässt ihren Arzt rufen, der kommt mit dem Apotheker, und im Lauf der Szene bringen diese beiden Mary genau in den Zustand, gewissermassen einer ›würdigen Euphorie‹, den sie braucht, um eine gute Figur zu machen. Sie will in die Geschichte eingehen, nicht zuletzt übrigens auch als Märtyrerin für ihren Glauben. Daneben wird sie aber auch zurechtgemacht, geschminkt, die Perücke wird aufgesetzt, sie wird angezogen, und zuletzt ist sie strahlend und jung. Daneben lässt sie durch ihren Schatzmeister ihre Juwelen an ihre Diener verteilen, diktiert ihrem Sekretär letzte Briefe, lässt sich ihre zwanzig Schosshündchen vorführen, betet, fantasiert, rekapituliert, empfängt eben den Scharfrichter, lässt sich das Instrumentarium zeigen, prüft mit ihren Fingern die Schärfe des Beils in perverser Wollust, (auf die Arzt und Apotheker sofort mit der Verabreichung einer kleinen Gegendosis Sedativum reagieren), empfängt die beiden englischen Lords, an deren Arm sie zum Schluss zur Hinrichtung schreitet, während sich ihr Personal um ihre letzten Reliquien reisst. – Zuerst also ist sie allein, zuletzt sind sechzehn Leute auf der Bühne, die Handlung und der Dialog zerfasern also stets in Nebenhandlungen und Nebendialoge. Eigentlich hätte das ganze als Partitur geschrieben werden müssen, denn konsequenterweise müssten manchmal mindestens drei Leute zu gleicher Zeit sprechen.

Ein Problem für mich war die absolute Zeitunbezogenheit, die mir beinah etwas aggressives zu haben scheint. Als ich damals anfing, waren ja Literatur und Theater noch nicht so politisiert wie heute, aber letzthin habe ich mich natürlich öfters gefragt, wie ich heute zu einem solchen Stoff komme. Wäre ich gezwungen, darauf zu antworten, so würde ich sagen, dass es eine – für mich wahrscheinlich typische – Reaktion auf diese Politisierung ist, die eben auch in ihrem dokumentarischsten Dokumentarstück die Wirklichkeit nicht wiedergibt, eine Wirklichkeit, die bagatellisiert wird, indem sie für die Bühne herhalten muss. Für einen, dem das Zeitunglesen schon zum Problem wird, ist es ausgeschlossen, sich aus dem Zeitgeschehen einen Stoff zurechtzuschustern. Ich muss mich eben darauf verlassen, dass Aktuelles in irgendeiner Umsetzung auf die Bühne kommt – wenn nicht: tanto male.[2]

Das habe ich jetzt so ins Unreine geschrieben, aber ich glaube, es stimmt. Gewissermassen ist es ja auch im Einklang mit meiner Beziehung zum Absurden: das Theater demonstriert seine Ohnmacht, die Verhältnisse zu ändern, indem es seine absurde Fratze zeigt. Ich würde übrigens nicht sagen, dass die Mary unbedingt ein absurdes Stück ist: das Geschehen selbst ist und war absurd, ich selbst habe einige Motive eingebaut und damit interpretiert.

Das wärs. Ich wollte, ich wäre fertig, bin es aber nicht. Es kommt einiges dazwischen. Die Kritik der ›Ränder‹ von Jürgen Becker für den ›Spiegel‹,[3] das fertigmachen des editionsbandes mit den theoretischen Texten,[4] die Vorbereitung meiner Ausstellung im Oldenburgischen Landesmuseum, (ich nehme das Zeichnen jetzt sehr ernst, auch eine Art Flucht.)[5] Trotzdem hoffe ich, im späten Sommer fertig zu sein.

Es ist zwar verfrüht, darüber zu reden, aber würden Sie die Möglichkeit eruieren, wie ich mir Proben und Premiere ersparen kann?

Mit vielen herzlichen Grüssen,
Ihr
hildesheimer

Typoskript; Deutsches Literaturarchiv Marbach; SUA: Suhrkamp/03 Lektorate/Theater-Verlag/Hildesheimer.

1 Zu diesem Projekt hatte Wolfgang Hildesheimer bereits zwei Jahre vor diesem Brief, am 2. April 1966, an Karlheinz Braun geschrieben:
»Lieber Dr. Braun,
[...] ich bin b e i n a h dabei, mich für M a r i a S t u a r t zu entscheiden, auch für das Fernsehen, ich habe Münster die Idee unterbreitet, er war so begeistert, dass ich ihm meine anderen Ideen gar nicht mehr gesagt habe. Nun hoffe ich nur, dass mir niemand anders mit diesem Titel zuvorkommt. (Wahrscheinlich nenne ich es überhaupt Mary Stuart, vielleicht auch ganz anders.)
Sie haben mich seinerzeit um ein Exposé gebeten. Ich kann Ihnen aber keines geben, denn gerade die Szenenfolge liegt noch gar nicht fest. Vielleicht wird das ganze nur eine einzige zeitlich gedrängte Rückblende, während die Henker schon im Türrahmen stehen. So wie ich es jetzt sehe – ich sehe noch nicht viel, aber die Sache lässt mich nicht los – sind die historischen Figuren – Darnley, Rizzio, Bothwell – alle beibehalten, aber sie sind alle in so fern verzerrt als sie nicht in ihrer historischen Wahrscheinlichkeit erscheinen, sondern so wie Mary sie sieht. Das wird dem ganzen eine surrealistische (absurde) Note geben. Dazu will ich den Mimus ganz besonders berücksichtigen, Mary zieht John Knox am Bart, etc. Bothwell in die Hose greifen kann sie wohl nicht, zumindest nicht im Fernsehen. Aber ich sehe da auch für die Bühne grosse Möglichkeiten. Was meinen Sie? Letzten Endes ist der Wunsch, gerade Mary Stuart zu behandeln, zum Teil eine Reaktion gegen dieses entsetzliche Dokumentarstückfieber.
Wir werden wahrscheinlich Ende April nach Schottland reisen (wenn ich mich tatsächlich dafür entschliesse), erstens weil ich mit zwei Historikern sprechen möchte, zweitens möchte ich die Schlösser gern sehen und drittens – und vor allem – die Atmosphäre einsaugen, da bei mir ja, wie Sie wissen, alles – auch das Absurdeste – örtlich genau festgelegt werden muss, der Ort ist meine einzige Wurzel.
[...] Ihr hildesheimer«
(Typoskript; Suhrkamp-Archiv/DLA)

2 tanto male (italienisch): umso schlimmer.

3 Wolfgang Hildesheimers Rezension von Jürgen Beckers *Ränder* (Frankfurt am Main: Suhrkamp 1968) erschien am 24. Juni 1968 im *Spiegel* unter dem Titel »Stimme der Ohnmacht«.

4 Als Band 297 der edition suhrkamp erschien im folgenden Jahr Wolfgang Hildesheimer, *Interpretationen: James Joyce. Georg Büchner. Zwei Frankfurter Vorlesungen*, Frankfurt am Main: Suhrkamp 1969.

5 Hildesheimers Ausstellung fand vom 2. Juli bis zum 1. September 1968 im Oldenburger Landesmuseum, Studio für zeitgenössische Kunst, statt.

[30] Wolfgang Hildesheimer an Siegfried Unseld

Wolfgang Hildesheimer
7742 Poschiavo (Grigioni) Svizzera
61020 Trasanni di Urbino (Pesaro) Italia

Herrn Dr. Unseld

29. 1. 70

Lieber Siegfried,

zunächst ausserberuflich: hier ein Aufruf linker Intellektueller pro Israel.[1] Er richtet sich zunächst an die Unterzeichner der vorigen Pro-Israel-Erklärung linker Intellektueller. Von Deinen Autoren haben damals Bloch, Johnson, Walser und ich unterschrieben, natürlich sind Böll und Grass dabei, etc. Es würde mich freuen, wenn Du beitreten würdest. Ich finde, die Sache hat Hand und Fuss.[2]

Beruflich: vielen Dank für den Brief und das Angebot des Reisekostenzuschuss nach Dublin. Aber diesmal kann ich ihn dir ersparen, so wie ich mir die Reise zu ersparen hoffe. Ich bin zu erledigt dazu und hoffe, alle offenen Fragen in einer kurzen Wochenendklausur diese Woche bei und mit Senn zu klären.[3] Ich habe einen kleinen Kater: da ich mich n i c h t der Arno-Schmidtschen ›Entzerrungsmethode‹ bediene – die auch entjoyct –, sondern einer ›vertikalen Methode‹, d. h. wie im Original die Bedeutungen wieder aufeinandertürme, wird es keine ›Lesbarmachung‹ werden. Wird sich diese Arbeit von beinah vier Monaten gelohnt haben??!

Nun gut. Zum Hörspiel:[4] da dem Ablauf, der natürlich hinreissend werden k a n n , doch ein ziemlicher didaktischer Teil, also eine Einleitung vorausgehen muss, überlege ich mir, ob es

mehr etwas für die dritten Programme ist, Gneuss, Heissenbüttel, etc.[5] Es hat ja auch mit dem ›neuen‹ Hörspielstil nichts zu tun, sondern, es wird, im Gegenteil, auf jenen illusionistischen Effekten beruhen, gegen den die neue Schule sich wendet, d. h. die deutsche neue Schule, in Italien – Berio – arbeitet man anders.[6] Übrigens inszeniert Schöning auch für das dritte Programm des NDR.[7] Willst Du mir die Verhandlungen überlassen? Ich glaube sicher, dass ich das Maximale herausbekomme. Selbstverständlich geht die Korrespondenz an den Verlag. Ich bin sicher, dass man etwas ganz grosses machen kann.
Schreibst Du mir darüber?

Herzliche Grüsse
Dein Wolf

Typoskript; Deutsches Literaturarchiv Marbach; SUA: Suhrkamp/01 Verlagsleitung/Autorenkonvolut/Hildesheimer.

1 Siehe das folgende Anlage-Dokument.
2 Siehe in diesem Kontext auch das Postskriptum, das Hildesheimer seinem Brief an Unseld vom 1. Juli 1968 hinzugefügt hatte, als Autoren der Gruppe 47 über die geplante Tagung im Herbst in Prag diskutierten, die dann aufgrund der militärischen Niederschlagung des Prager Frühlings im August 1968 nicht stattfinden konnte: »Noch etwas: ich bin noch nicht ganz sicher, ob ich zur Tagung der Gruppe 47 in dem Schloss bei Prag komme: diese Morddrohungen an Goldstücker gefallen mir nicht recht, zumal sie von antisemitischer Seite zu kommen scheinen. Günter Grass meint ja, dass in der Tschechoslowakei auch arabische Geheimorganisationen arbeiten, Robert Jordan sei seinerzeit von ihnen ermordet worden. Als Gast von Goldstücker und israel-engagierter Jude gefiele man denen vielleicht auch nicht. Ich habe gestern Günter angerufen, er sagte zwar, er hätte ›eigentlich‹ keine Bedenken, aber er habe sich auch schon überlegt, ob man irgendeinen Schutz anfordern solle, vor allem für ehemalige DDR-Bewohner wie Uwe Johnson und Raddatz. Hans Richter dagegen hatte gar keine Bedenken. Gern wüsste ich, was Sie meinen.« (Wolfgang Hildesheimer an Siegfried Unseld, 1. Juli 1968; Typoskript; Suhrkamp-Archiv/DLA).
3 Fritz Senn (geb. 1928), seit 1985 Leiter der Zürcher James Joyce Stiftung.

Unter seiner Mitwirkung wurde unter der Leitung des Anglisten, Übersetzers und Lyrikers Klaus Reichert (geb. 1938) die siebenbändige Frankfurter Ausgabe der Werke von James Joyce erarbeitet. Sie enthält auch Wolfgang Hildesheimers Übersetzungen von *Anna Livia Plurabelle*, die im Kontext des Briefes erstmals zur Publikation in der Bibliothek Suhrkamp (Band 253) vorbereitet wurde. Siehe James Joyce, *Anna Livia Plurabelle*, Frankfurt am Main: Suhrkamp 1970. – Arno Schmidt übersetzte zwei Bücher von Stanislaus Joyce (1884-1955), dem Bruder von James Joyce (1882-1941), für den Suhrkamp Verlag ins Deutsche: *Meines Bruders Hüter* (1960; original: *My brother's keeper*, 1957) und *Dubliner Tagebuch* (1964; original: *Dublin diary*, 1962).

4 Vermutlich handelt es sich um *Mary auf dem Block*, die Hörspielfassung von Hildesheimers Drama *Mary Stuart* (Uraufführung: Düsseldorfer Schauspielhaus, 15. Dezember 1970, Regie: Konrad Swinarski). Das Hörstück wurde erstmals am 6. Januar 1971 vom Hessischen Rundfunk, Norddeutschen Rundfunk und Sender Freies Berlin gesendet, Regie: Fritz Schröder-Jahn.

5 Walter Christian Gneuss (geb. 1924) war von 1970 bis 1987 leitender Redakteur beim Norddeutschen Rundfunk. Zu Helmut Heißenbüttel siehe dessen Korrespondenz mit Wolfgang Hildesheimer in diesem Band S. 104-131.

6 Luciano Berio (1925-2003), italienischer Komponist. Dem Musikkritiker Gerhard R. Koch zufolge steht Berio »für die heroische Pioniergeneration der Neuen Musik«. Als einer der Ersten habe der literaturaffine Komponist »die elektroakustische Dimension von Musik kreativ nutzbar gemacht und ausgerechnet über die Stimme elektronische Meisterwerke gewonnen«, zum Beispiel in seiner *Hommage an Joyce*. Vgl. *Frankfurter Allgemeine Zeitung* vom 30. Mai 2003.

7 Klaus Schöning (geb. 1936), Hörspielautor und Regisseur, bis 2001 Leiter des Studios Akustische Kunst beim Westdeutschen Rundfunk, das er mit aufgebaut hat. In der Regie von Klaus Schöning wurde 1980 Wolfgang Hildesheimers Funk-Oper *Endfunk* uraufgeführt (Radio Hilversum und Westdeutscher Rundfunk, 14. April 1980; Musik: Jan Wisse). Vgl. auch den von Schöning herausgegebenen Band *Schriftsteller und Hörspiel. Reden zum Hörspielpreis der Kriegsblinden*, in dem Wolfgang Hildesheimers Rede zur Verleihung des Hörspielpreises von 1955 erstmals in Buchform erschien (Königstein: Athenäum 1981, S. 27-29).

[30a] Anlage zum Brief vom 29. 1. 1970

Frankfurt/Berlin, den 15. I. 1970

An die
Unterzeichner der »Gemeinsamen Erklärung von 20 Vertretern der deutschen Linken zum Nahostkonflikt« von 1967

Liebe Freunde,

seit der »Gemeinsamen Erklärung« hat sich im Nahen Osten die Situation insofern geändert, als neben den arabischen Regierungen im Kampf gegen Israel die palästinensischen Befreiungsbewegungen hervorgetreten sind. In der Westlichen Welt braucht die Neue Linke nun nicht mehr mit den arabischen Regierungen zu sympathisieren, deren Rückständigkeit allzu offenkundig ist, sondern leiht ihre Unterstützung den Palästinensern, in denen sie in partisanenromantischer Verblendung diejenigen erblickt, die »den Nahen Osten rot« machen werden. Nun gibt es gewiß in den palästinensischen Befreiungsbewegungen Kräfte, die dem Sozialismus nahestehen und die die Existenz Israels nicht in Frage stellen. Dagegen bildet El Fatah eine rein nationalistische Bewegung mit dem Ziel der Zerstörung Israels. Auch sie wird von Teilen der Neuen Linken für sozialistisch gehalten und unterstützt. In den USA ist es bereits so weit, daß von arabischen Studenten und ihren amerikanischen Freunden an Universitäten Plaketten mit der Aufschrift »Shalom is napalm« verkauft werden. Die Solidarisierung wird sich, nachdem es sowohl um Vietnam wie um Südamerika stiller geworden ist, zweifellos auch bei uns noch ausbreiten. Daß damit nicht nur Israel geschädigt, sondern auch das Bild der Neuen Linken sowie Deutschlands verzerrt wird, darin sind wir uns wohl einig.

Es genügt nicht, daß das »offizielle Deutschland« dieser Entwicklung entgegentritt, das immer dem Vorwurf ausgesetzt bleibt, es handle so aus Schuldkomplexen und tabuisiere Israel. Der Fehler der irregeleiteten Linken kann nur durch eine besonnene Linke korrigiert werden. Soweit Ratio gegen Irratio überhaupt etwas ausrichten kann, sollten wir es nicht unversucht lassen, und zwar bevor es zu spät ist, d. h. bevor der Bazillus sich vollends eingefressen hat. Zumindest muß deutlich werden, daß es auch eine linke Gegenmeinung gibt.

Der Anregung eines von Ihnen[1] zufolge müßte man da eine Gruppe immer durchschlagskräftiger ist als Einzelne es sind, einen »Sozialistischen Arbeitskreis für Israel« (SAFI) gründen. Dieser Arbeitskreis würde es sich nicht nehmen lassen, an israelischer Politik Kritik zu üben. Er würde dadurch in einen gewissen Gegensatz zur israelischen Botschaft geraten, anderseits für die Linke in Israel eine Stärkung bedeuten. Die zweite und im Moment dringlichere Aufgabe des Kreises aber wäre, daß er zu gegebenen Anlässen, dann nämlich, wenn von den Gegnern nicht nur eine momentane Entscheidung Israels angegriffen, sondern die Existenz des Staates und damit seiner Menschen negiert wird, hervortritt und seine Stimme erhebt. Gerade weil er sich nicht blind hinter Israel stellt, wird er dazu umso berechtigter sein. Er dürfte sich nicht nur darauf beschränken, Äußerungen des Antiisraelismus ad hoc zurückzuweisen, sondern müßte informierende Broschüren herausbringen, so wie dies in England und den USA von verschiedenen Organisationen seit geraumer Zeit getan wird. Denn der Hauptnährboden der Diffamation ist die Unwissenheit. Es müßte der Neuen Linken begreiflich gemacht werden, daß die Ideale der jüdischen Arbeiterbewegung ihren eigenen sehr viel näher stehen als die der El Fatah.

Unsere Frage an Sie ist heute: halten Sie die Gründung eines solchen Arbeitskreises, der nach innen die gemäßigte Linie, nach außen dagegen das Lebens- und Selbstbestimmungsrecht Israels verteidigen würde, für sinnvoll? Würden Sie ihm angehören bzw. an einer Vorbesprechung z. B. in Frankfurt teilnehmen wollen? Welche Aktivitäten würden Sie empfehlen? Können Sie weitere präsumptive Mitarbeiter nennen?

Es müßte in Berlin ein ständiges Sekretariat bestehen, das die Entwicklung genau verfolgen und dokumentieren würde, ferner eine Art Präsidium, damit im aktuellen Moment ohne Verzug gehandelt werden kann. Für weiterreichende Tätigkeiten würde der ganze Arbeitskreis, dessen Mitgliederzahl ein drittel Hundert nicht überschreiten sollte, konsultiert werden.

Provisorische Geschäftsstelle ist Frau Helga Klinge,[2] 1 Berlin 37, Hirschhornerweg 6.

Mit ergebenen Grüßen
sind wir Ihre
gez.: Heinz-Joachim Heydorn (Frankfurt)[3]
und gez.: Michael Landmann (Berlin)[4]

Typoskript; Deutsches Literaturarchiv Marbach; SUA: Suhrkamp/01 Verlagsleitung/Autorenkonvolut/Hildesheimer.

1 Nicht ermittelbar.
2 Nicht ermittelbar.
3 Heinz-Joachim Heydorn (1916-1974), deutscher Politiker und Pädagoge, von 1946 bis 1953 Mitglied der Hamburger Bürgerschaft (SPD), 1946 Mitbegründer und erster Bundesvorsitzender des Sozialistischen Deutschen Studentenbundes, ab 1961 Professor für Erziehungs- und Bildungswesen in Frankfurt am Main.
4 Michael Landmann (1913-1984), Schweizer Philosoph, Promotion 1939 in Basel, Habilitation 1949 in Mainz, von 1951 bis 1978 Professor für Philosophie (Schwerpunkte: Anthropologische Philosophie, jüdische Philosophie und Ästhetik) an der Freien Universität Berlin, von wo aus er den Aufbau und Ausbau israelischer Universitäten förderte. Vgl. *Historisches Lexikon der Schweiz*, http://www.hls-dhs-dss.ch/textes/d/D43488.php [zuletzt abgerufen am 22. Juni 2016].

[31] Siegfried Unseld an Wolfgang Hildesheimer

Hildesheimer
Poschiavo

30. Januar 1970

Lieber Wolf,

schönen Dank für Deinen Brief vom 29. Januar. Wir könne es gerne so machen, daß Du mit den Rundfunkanstalten die Verhandlungen führst, jeweils mit dem Hinweis, daß die Rechte bei uns einzuholen sind. Wir müssen in jedem Fall versuchen, für diese Sendungen höhere Honorare zu erhalten, schon damit Du für Deine immense Arbeit ein entsprechendes Äquivalent erhältst.

Den Aufruf der Vertreter der deutschen Linken zum Nahost-Konflikt habe ich gelesen. Ich sympathisiere mit ihnen, aber ich halte es für wirkungslos, wenn wir uns als Literaten und Intellektuelle in Form von Aufrufen in die Politik einmischen. Aufrufe werden ja immer problematischer, und sie haben nur dann einige Aussicht auf Wirkung, wenn sie unmittelbar unseren Bereich betreffen.

Schöne Grüße
Dein

Typoskript; Deutsches Literaturarchiv Marbach; SUA: Suhrkamp/01 Verlagsleitung/Autorenkonvolut/Hildesheimer.

[32] Wolfgang Hildesheimer an Siegfried Unseld

Wolfgang Hildesheimer

7742 Poschiavo (Grigoni) Svizzera
61020 Trasanni di Urbino (Pesaro) Italia

Herrn
Dr. S. Unseld

3.9.70

Lieber Siegfried,

mein Freund, – ich glaube, Du kennst ihn –, Dierk Rodewald, (der Allemann-assistent) war hier, und wir haben zusammen das MASANTE-Material gesichtet.[1] Dieser Sichtung ist – nicht anders hatte ich es erwartet – das gesamte frühere MEONA-Material zum Opfer gefallen sowie alle, in sich selbst zwar guten, aber für MASANTE unbrauchbaren autobiografischen Teile, meist Episoden aus meiner englischen Zeit. Ich mache Dir nun folgenden Vorschlag: diese Teile werden in meinem Text ZEITEN IN CORNWALL integriert, den viele für einen meiner besten Texte halten, denn genau da passen sie hin, und wir publizieren diese grossbritannischen Erinnerungen – so soll es natürlich nicht heissen – separat in der Bibliothek oder der Edition, und zwar illustriert.[2] Vier Illustrationen bestehen ja schon, andere kommen dazu. (Ich will im Winter ohnehin daneben zeichnen, habe zur Zeit der Premiere in Düsseldorf eine Ausstellung.)[3] Wenn Du das eine gute Idee findest, könnte das Buch Ende Februar fertig sein.[4]

Masante ginge daneben weiter, es bekommt jetzt stärkeren Inventarium-Charakter, aber es könnte keinesfalls vor Herbst nächsten Jahres fertig sein. Denn vieles aus dem Material ist noch zu skizzenhaft, und an dem Bogen muss ich noch laborieren.

Schreibst Du mir darüber?

Herzliche Grüsse,
Dein
Wolf

Typoskript; Deutsches Literaturarchiv Marbach; SUA: Suhrkamp/01 Verlagsleitung/Autorenkonvolut/Hildesheimer.

1 Dierk Rodewald (geb. 1940), deutscher Literaturwissenschaftler und Herausgeber. Rodewald war für Hildesheimer während des langwierigen Prozesses der Überarbeitung von *Masante* eine wichtige Stütze und ein verlässliches Gegenüber. Vgl. auch Dierk Rodewald (Hg.), *Über Wolfgang Hildesheimer*, Frankfurt am Main: Suhrkamp 1971. – Vgl. auch Brief 35 und 35a.

2 Am 26. Juni 1965, unmittelbar nach Drucklegung und noch ganz unter dem Eindruck von *Tynset*, hatte Wolfgang Hildesheimer seinem Verleger über ein neues Schreibvorhaben berichtet, das auch die *Zeiten in Cornwall* betrifft: »ich stelle fest, dass ein grösseres ›Werk‹ von mir nicht autobiografisch angelegt werden kann. Vielmehr muss es mindestens dieselbe Ebene des Fantastischen haben wie TYNSET. Autobiografisches kann natürlich, wie in TYNSET, auf einer übertragenen Ebene verarbeitet werden. Ich habe da schon einen ganz bestimmten Plan. Daraus folgt, dass das Prosastück – ›Zeiten in Cornwall‹ –, das ich jetzt für zwei Sendungen des WDR schreibe, n i c h t Teil des Buches wird, sondern ein selbständiger Text. Es ist kein Reisebericht, auch kein feature sondern – wie soll ich sagen? – eine Kette von Impressionen, Reaktionen, Rückblenden, es soll richtige Prosa werden, mit zwei rechten Händen geschrieben, etwa 50 Schreibmaschinenseiten.« (Typoskript; Suhrkamp-Archiv/DLA)

3 Wolfgang Hildesheimer, *Mary Stuart*. Uraufführung: Düsseldorfer Schauspielhaus, 15. Dezember 1970. Regie: Konrad Swinarski.

4 Wolfgang Hildesheimer, *Zeiten in Cornwall*, Frankfurt am Main: Suhrkamp 1971.

[33] Wolfgang Hildesheimer an Siegfried Unseld

Wolfgang Hildesheimer

7742 Poschiavo (Grigioni) Svizzera
61020 Trasanni di Urbino (Pesaro) Italia

Poschiavo, 4. 4. 72

Herrn Dr. Unseld

Lieber Siegfried,

mit MASANTE bin ich so gut wie fertig. Die nächsten Wochen gelten nur noch der stilistischen Durchsicht und eventuellen Korrekturen, die meine Lektoren anregen. Montag verreisen wir, jetzt kommt die Deutschlandtournee, aber ich habe genug Zeit zur Arbeit. Ich werde Dir das Manuskript spätestens am 3. Mai aus Ambach (Starnbergersee) schicken können.

Mit Rodewald treffe ich mich am 11. 4. in Bonn, wo ich lese, danach fahren wir – vielleicht ist das wichtig, falls Ihr mich erreichen müsst – ins Hotel Schloss Georgshausen, 5256 Hommerich bei Köln – Tel. Bensberg-Dürscheid (02207) 862 – wo wir bis zum 16. 4. sind.

Rodewald kommt am 16. dorthin, und wir werden das Buch durchsprechen. Danach schicke ich es an Walter Jens, der es unbedingt sehen will, am 21. 4. sind wir bei ihm. Unsicher ist die Sache noch mit Neumann.[1] Er ist im Augenblick nicht ganz gesund, völlig sicher ist es noch nicht, ob er übermorgen kommt, aber wir hoffen es. Er hat bereits zwei Drittel gelesen und hat keine wesentlichen Änderungsvorschläge, (er findet es sehr gut.) Sollte es also jetzt nicht klappen, würden wir uns erst wieder hier nach unserer Reise treffen, und ich müsste eventuelle Änderungen in den Fahnen vornehmen. Ich glaube aber nicht, dass noch viel zu ändern ist, ich will mich nur noch mit einigen Details befassen.

Ich habe nun tatsächlich innerhalb sieben Jahren – seit 1965 – über vier Jahre an dem Buch gearbeitet. Nicht, dass mir die Einfälle oder der gesamte Duktus nicht leicht gekommen wären – oft ging das nur allzu leicht – aber es war ein dauerndes Entstehen und wieder Verwerfen, zweimal, 1968 und 1970, hatte das Buch bereits einen wesentlich grösseren Umfang als jetzt (etwa 280 Seiten *), aber es waren zum grossen Teil andere Texte. Wieviel persönliches engagement darin liegt, spüre ich jetzt an meinen vegetativen Störungen, Silvia und ich (sie hat immer wieder abgeschrieben) haben gearbeitet wie, glaube ich, noch nie. Versteh mich nicht falsch, fasse es nicht als Terminzwang auf – hätte ich ihn mir nicht selbst gesetzt, so wäre das Buch niemals zustande gekommen – es demonstriert nur meine unglückselige chaotische – geradezu spastische – Arbeitsmethode. Ob das Buch gut oder schlecht geworden ist, kann ich selbst nicht beurteilen, mir fehlt natürlich jetzt jeglicher Abstand, aber sicher ist, dass es wie kein anderes Buch ist, auch nicht wie Tynset.

Könntest Du mir nochmals DM 2000 überweisen lassen? Die März-abrechnung wird ja ziemlich hoch sein und wird ohnehin in den nächsten Tagen fällig.

Herzliche Grüsse,
Dein
Wolf

* [handschriftl.:] ich meine jetzt

Typoskript; Deutsches Literaturarchiv Marbach; SUA: Suhrkamp/01 Verlagsleitung/Autorenkonvolut/Hildesheimer.

1 Peter Horst Neumann (1936-2009), deutscher Literaturwissenschaftler, Professor für Neuere Deutsche Literaturgeschichte an den Universitäten Fribourg (Schweiz), Gießen und Erlangen-Nürnberg. Neumann war Hildesheimers Werken seit einer Rezension von *Tynset* (*Stuttgarter Zeitung*, 13. März 1965) mit zahlreichen Besprechungen und Artikeln (u. a. zu *Masante*, *Marbot*, *Mozart* sowie zu bildkünstlerischen Arbeiten) verbunden.

[34] Siegfried Unseld an Wolfgang Hildesheimer

Herrn
Wolfgang Hildesheimer
CH – 7742 Poschiavo/Graubünden
SCHWEIZ 11. April 1972

Lieber Wolf,

kurz vor Aufbruch zu meiner Reise schönen Dank für Deinen Brief vom 4.4. Ich verstehe wohl, was die Niederschrift von MASANTE für Dich bedeutet. Ich bin sehr begierig, den Text bald kennenzulernen. Ich werde das Manuskript nach meiner Rückkehr am 20. April hier vorfinden.

Die DM 2000,– überweisen wir Dir.

Mit freundlichen Grüßen
und allen guten Wünschen für Dich
und Silvia
Dein

(Herr Dr. Unseld ist nach dem Diktat verreist)
i. A. St

Typoskript; Deutsches Literaturarchiv Marbach; SUA: Suhrkamp/01 Verlagsleitung/Autorenkonvolut/Hildesheimer.

[35] Wolfgang Hildesheimer an Siegfried Unseld

Schwäbisch Hall, 23.4.72

Lieber Siegfried,

inzwischen wirst Du mein Telegramm erhalten haben. Ich kann leider das Manuskript nicht vor Anfang Juni abliefern, (vielleicht erst Ende Juli.) Ich glaube, es ist gut, wie es ist, aber man muß es am Potentiellen messen: es kann *viel* besser sein. Walter Jens' Lektorat hat mir das klargemacht. Neumanns Lektorat war gut und wichtig. Ich verdanke ihm zwei entscheidende Änderungen und einen anderen Schluß. Rodewalds Lektorat war nicht nur hervorragend, sondern ihm verdanke ich das Buch, – (so wie ich ihm Cornwall zu verdanken habe) – ohne ihn hätte ich es schon vor anderthalb Jahren aufgesteckt. Ich hätte auf beide nicht verzichten wollen, auf Rodewald nicht verzichten können. Auf Jens kam ein neuer Text zu, den er an Tynset maß. Ich war nicht mit allem einverstanden, was er sagte, Rodewald wäre es auch nicht, aber einen entscheidenden Fehler – oder auch nur eine Schwäche – hat er bloßgelegt, und der muß berichtigt werden. Ich schicke Dir einen Durchschlag meines Briefes an Rodewald. Er wird Dir nicht viel sagen, da Du den Text nicht kennst, aber das Ausmaß der Änderungen geht daraus hervor. Es wird wohl sechs bis acht Wochen dauern, bis das Buch fertig ist. Auf der Lesereise kann ich nur stilistisches korrigieren, zu Hause muß ich das Manuskript noch einmal ausbreiten.

Ich hoffe, das wirft Dein Programm nicht um. Aber Du hast ja, wie ich höre, einen neuen Enzensberger.[1]

Natürlich fühle ich mich dennoch schuldig. Aber glaube mir: das Buch wird besser.

[handschriftl.:]
Herzl. Gr.
W.

Typoskript; Deutsches Literaturarchiv Marbach; SUA: Suhrkamp/01 Verlagsleitung/Autorenkonvolut/Hildesheimer. – Abdruck in: *Briefe*, S. 174f.

1 Hans Magnus Enzensberger, *Der kurze Sommer der Anarchie. Buenaventura Durrutis Leben und Tod*, Frankfurt am Main: Suhrkamp 1972.

[35a] Anlage

DURCHSCHLAG Schwäbisch Hall (of all places) 23.4.72

Lieber Rodewald,

ich habe mich nun doch zu einer einschneidenden strukturellen Änderung entschlossen, was zu bedeuten hat, dass das Manuskript nicht termingerecht abgeliefert, das Buch demnach nicht im Herbst erscheinen kann. Dem Verlag gegenüber ist mir das arg, denn ich selbst hatte den Termin zugesichert. Aber ich kann es nicht ändern. Was mich sehr tröstet, ist, dass schliesslich alle Beteiligten froh sein werden.

Bei Tynset war es genau das gleiche, und es hat sich gelohnt.

Mein verdrängtes Unbehagen, das auch Sie gespürt und in einem Identifikationsprozess mit mir und demzufolge dem Ich-Ezähler ebenfalls verdrängt haben, – zum Teil weil auch Sie das Konvolut nun seit vier Jahren schon kennen – wurde durch Walter Jens, der grossartig in Form war, auf radikalste Weise wieder hervorgezerrt. Ich war nicht mit allem einverstanden – Sie hatten recht: den Augustinus wollte er herausnehmen, den habe Voltaire auf bessere Weise fertiggemacht! Ich werde ihn nicht herausnehmen, nur daran streichen – aber hat doch den Finger an die Wundeste Stelle gelegt: Maxine. Zwar hatte ich das Gefühl, dass diese Figur ihm nicht liege, sie liegt vielleicht auch ausserhalb seines Erfahrungsbereiches, und er wollte sie vielleicht zu stark ihres eigenen Wertes berauben, aber darin dass viele der spekulativen Fäden dem Ich-erzähler zugehören sollten und dass er die Geschichten mehr herausfordern sollte, anstatt passiv zuzuhören, darin hat er recht. Alain war ihm – wie auch Ihnen – zu blass oder vielmehr zu wenig verankert. Der Forscher, meinte er, sei austauschbar, wenn der auftrete, möge der Leser sich mit recht fragen: wieviele denn noch?! Er hat recht. Er wollte mehr Streichungen, alle die Ihren wollte er natürlich auch, (überhaupt alle Ihre Korrekturen) vielleicht hat er recht, darüber schreibe ich noch ausführlicher. Jedenfalls kam mir ein guter Alain-gedanke: Alain und Forscher identisch. Silvia kam die Idee: mit den Funden tarnt er seine wahre sinistre Tätigkeit. Wie finden Sie das? Das Ende bleibt wie es ist, wie überhaupt der grössere Teil des Textes. Es ist also weniger eine Sache des Neu-Schreibens als die einer Gewichtverteilung. Jens wollte die Bahnhofsfuge gestrichen haben, (da es sich aber um einen sehr guten Text handle, solle sie separat veröffentlicht werden). Ich bin dieser Meinung nicht, zumal da ich sie an anderer Stelle – mit Ihren Strichen – sehr gut unterbringen kann. Was meinen Sie? Ich bin nicht seiner Meinung. (Er hat mir seinerzeit geraten, die Bettfuge aus Tynset zu streichen!) Er war sehr unerbittlich, seine Argumente waren selbst dort gut, wo ich ihm nicht beistimme, ich wollte, Sie wären dabeigewesen. Seine Angst, dass das Buch hinter Tynset zurückbleiben könne, war echt! Die Qualitäten, die es zu einem ›grossen Buch‹ machen könnten, hat er gewürdigt. Ich schreibe noch genauer über den Maxine-Komplex.[x] – Wie auch immer: jetzt, nachdem ich zwei Tage nicht mehr an Masante gedacht habe, stellt sich eine gewisse Distanz her. Die Angst, dass es hinter Tynset zurückbleiben könne, legt sich. Tatsächlich habe ich, nachdem ich beinah zusammengebrochen bin, die Dosis Bellergal-Librax reduzieren können, es geht mir besser. Übrigens ist frubiase-calcium wirklich eine gute Sache.[1] Bald mehr: ich muss erst diese Lesereise absolviert haben. Mit Ihrer Prophezeihung hatten Sie recht: Marburg war schwach besucht, das Gegenteil zu Bonn. Vor einiger Zeit musst man dort selbst bei einer Lesung von Handke in einen kleineren Raum gehen, weil zu wenig Leute kamen. Seltsam.

Nochmals, vielen Dank für alles, und ich schreibe bald,

Herzlich Ihr W.H

x [handschriftl.:] Ich hoffe, das Buch ist Ende Juli fertig

Typoskript; Deutsches Literaturarchiv Marbach; SUA: Suhrkamp/01 Verlagsleitung/Autorenkonvolut/Hildesheimer. – Abdruck in: *Briefe*, S. 175 ff.

1 Die Medikamente Bellergal und Librax kommen üblicherweise bei der Behandlung gastroenterologischer Beschwerden, besonders nervöser Diarrhoe, zur Anwendung. Frubiase Calcium ist ein Präparat zur Unterstützung der Kalzium-Zufuhr in den Körper, welcher auf Kalzium-Mangel u. a. mit Nervosität, Schlafstörungen und Muskelkrämpfen reagieren kann.

[36] Wolfgang Hildesheimer an Siegfried Unseld

Schwäbisch Hall, 24.4.72 [Poststempel]

Lieber Siegfried,

trotz Lesereise arbeite ich sehr an Masante. Ich glaube, dass er Anfang Juni fertig ist, denn textliche Änderungen gibt es ja nicht viele. Es wäre zu überlegen, ob man es nicht im Oktober oder November erscheinen lassen sollte. Ich stelle auf meinen Reisen fest, dass TYNSET immer weiterlebt, das hat mit dem Erscheinungstermin nichts zu tun. Ich bin ziemlich sicher, dass Masante ein »bleibendes« Buch wird.

Herzlichst Dein Wolf

Postkarte, handschriftlich; Deutsches Literaturarchiv Marbach; SUA: Suhrkamp/01 Verlagsleitung/Autorenkonvolut/Hildesheimer.

[37] Siegfried Unseld an Wolfgang Hildesheimer

Herrn
Wolfgang Hildesheimer

CH 7742 Poschiavo/Graubünden

27. April 1972

Lieber Wolf,

ich habe Dir für verschiedene Nachrichten zu danken. Es ist für mich natürlich eine arge Enttäuschung, MASANTE in diesem Herbst nicht bringen zu können, doch ist mir die wirkliche Vollendung eines Werkes wichtiger als der Termin seines Erscheinens. Ein großes Werk wird sich immer durchsetzen. Die Verlegung in das Programm des 1. Halbjahres 1973 hat noch einen anderen Vorteil: ich könnte dann endlich doch noch im statu nascendi das Manuskript kennenlernen, nachdem nun schon drei andere es so genau kennen. Ich habe dann immer an den Büchern am meisten Spaß und engagiere mich auch am meisten, bei denen ich in den Arbeitsprozeß eingeschaltet war.

Jens hat mir in rührender Weise geschrieben: er glaubt an das große Buch MASANTE. Und ich meine wir, Du und ich, sollten ihm in diesem Glauben durchaus folgen. Also, verschieben wir das gemeinsame Unternehmen.

Herzliche Grüße
Dein

Typoskript; Deutsches Literaturarchiv Marbach; SUA: Suhrkamp/01 Verlagsleitung/Autorenkonvolut/Hildesheimer.

[38] Wolfgang Hildesheimer an Siegfried Unseld

Wolfgang Hildesheimer

7742 Poschiavo (Grigioni) Svizzera
61020 Trasanni di Urbino (Pesaro) Italia

Herrn Dr. Unseld 5.5.72

Lieber Siegfried,

gestern sind wir wieder zurückgekommen, und ich habe Deinen Brief erhalten. Vielen Dank! Das nenne ich Freundschaft! Dass Du Deine Enttäuschung so objektivieren konntest. Ich hatte mir nämlich schon Sorge gemacht, vor allem da ich es so fest versprochen hatte.

Ich hoffe und glaube, dass das Resultat die Verspätung rechtfertigen wird. Ich freue mich, dass Walter Jens Dir geschrieben hat. Auch Rodewald und Neumann sehen in MASANTE ein ›grosses Buch‹, fanden es aber beide noch nicht ganz fertig. Wie ich Dir schon schrieb, textlich ist gar nicht so viel zu ändern, sondern an der Konstruktion. Das habe ich in vier Wochen, maximal. Aber nun, da es ja nicht eilt, will ich doch noch eine gute saubere Abschrift herstellen.

Es ist also jetzt nicht die Frage, wann ich es schicken kann – ich meine das Manuskript – sondern wann Du es haben willst, so dass man sich in Ruhe die Herstellung, Satzspiegel etc überlegen kann.

Selbstverständlich hätte ich Dich auch an dem status nascendi teilnehmen lassen, aber dazu hättest Du keine Zeit gehabt. Du wirst es aber nun in Ruhe lesen können. Und sollte die Entwicklung aus didaktischen Gründen interessant werden: Rodewald bekommt für sein Archiv die vorletzte und die vorvorletzte Fassung, (das dürften die sechste und die siebente sein.)[1]

Jetzt kann man auch alles in Ruhe planen. D.E. Zimmer hat sich schon zu einem Interview angemeldet, mit Fernsehen.[2]

All das will ich davon abhängig machen, wann Du es erscheinen lassen willst.

Ich bin noch aus einem anderen Grund froh, dass ich noch etwas Zeit habe. In Max Frischs Tagebuch finden sich sehr nahe Parallelen zu Reflexionen in MASANTE. Die will ich jetzt ein wenig ändern.

Übrigens ist das Tagebuch im ganzen ein grossartiges, vor allem ein sehr wichtiges Buch geworden. Silvia und ich haben es mit Begeisterung gelesen und waren sehr ärgerlich über die Kritik von Kaiser in der SZ.[3] Ein absoluter Kurzschluss: wie kann er auf die Idee kommen, dass das Montaigne-zitat unabsichtlich dreimal vorkäme. Es hätte noch zehnmal vorkommen können, es ist ein Leitmotiv des Buches.

Herzliche Grüsse, auch von Silvia,
Dein
Wolf

Typoskript; Deutsches Literaturarchiv Marbach; SUA: Suhrkamp/01 Verlagsleitung/Autorenkonvolut/Hildesheimer.

1 Die Arbeit am *Masante*-Manuskript hatte bereits 1965 eingesetzt. Der Text ist von Hildesheimer immer wieder überarbeitet worden; dazu zählte etwa auch die Auskopplung von Partien, die in den 1971 erschienenen Band *Zeiten in Cornwall* eingingen. Als Lektoren des *Masante*-Textes zog Hildesheimer neben seiner Frau Silvia und Walter Jens die befreundeten Literaturwissenschaftler Dierk Rodewald und Peter Horst Neumann hinzu – vgl. Brief 33.

2 Dieter E. Zimmer (geb. 1934), deutscher Literaturwissenschaftler und Journalist, 1959 bis 1999 Redakteur bei der Wochenzeitung *Die Zeit*, bis 1973 Leiter des Literaturteils und bis 1977 Leiter des Feuilletons. Vgl. das Gespräch, das Zimmer mit Hildesheimer zu *Masante* geführt hat: »Rückzug aus dem Leben«, in: *Die Zeit*, 13. April 1973.

3 Joachim Kaiser (1928-2017), deutscher Musik-, Literatur- und Theaterkritiker, seit 1959 leitender Redakteur bei der *Süddeutschen Zeitung*.

[39] Wolfgang Hildesheimer an Siegfried Unseld

Wolfgang Hildesheimer

7742 Poschiavo (Grigioni) Svizzera
61020 Trasanni di Urbino (Pesaro) Italia

Herrn Dr. S. Unseld 24.6.72

Lieber Siegfried,

gestern ist also endlich MASANTE an Dich abgegangen. Den ›Begleitbrief‹ hatte ich ja schon vorher geschickt, daher ist jetzt nicht mehr viel dazu zu sagen. Nur eben, dass ich, gegen Ende ziemlich erschöpft, kaum noch daran arbeiten konnte. Auch fehlte mir natürlich der Abstand. Es ist sehr wahrscheinlich, dass es dann in den Fahnen noch mehrere, wenn auch geringfügige, Änderungen, auch Streichungen, gibt, die ich in diesem Zustand nicht vornehmen wollte; in zwei bis drei Wochen werde ich nochmals darübergehen.

Jetzt kommt es mir vor, als hebe die Sache langsam an, als käme eigentlich erst auf Seite 41 der richtige Anfang. Dennoch kann man auf die Introduktion nicht verzichten, denn es werden Bezüge hergestellt, deren Bedeutung sich erst später entwickelt, jeder Name ist wichtig.

Manches klärt sich überhaupt erst gegen Ende, man muss das Buch zweimal lesen. Aber das war ja bei Tynset nicht anders. Es existieren vier Exemplare: Du hast das Original, Rodewald hat einen Abzug, ich behalte zwei. Einen, um laufend Korrekturen einzutragen, den anderen, um Auszüge für spätere Vorabdrucke und Rundfunksendungen zusammenzustellen.

Selbstverständlich werde ich Dich über alle entsprechenden Anträge informieren, die Verträge laufen durch den Verlag. Aber vorläufig wird ja ohnehin nichts erscheinen.

Ich bin gespannt, wie Du es findest, – und wie ich es finde, wenn ich es nach ein paar Wochen wiederlese.

Herzliche Grüsse, auch von Silvia. Hoffentlich geht es Dir besser.[1]
Dein Wolf

Typoskript; Deutsches Literaturarchiv Marbach; SUA: Suhrkamp/01 Verlagsleitung/Autorenkonvolut/Hildesheimer.

1 Mitte Juni 1972 hatte Unseld auf der Fahrt zwischen Ulm und Frankfurt einen schweren Autounfall, bei dem sein Wagen von der Fahrbahn abkam und sich überschlug; wegen einer schweren Schulterverletzung musste der Verleger daraufhin längere Zeit in einem Frankfurter Krankenhaus verbringen. Vgl. Peter Michalzik, *Unseld. Eine Biographie*, München: Blessing 2002, S. 214.

[40] Wolfgang Hildesheimer an Siegfried Unseld

Wolfgang Hildesheimer

7742 Poschiavo (Grigioni) Svizzera
61020 Trasanni di Urbino (Pesaro) Italia

Herrn Dr. Unseld 27.7.72

Lieber Siegfried,

da Du MASANTE nun schon einen Monat hast und Dich dazu nicht geäussert hast, muss ich leider annehmen, dass es Dir nicht gefällt und Du mir das nicht zu schreiben traust. Du kannst es mir aber ruhig schreiben, denn ich kann – das weisst Du – Kritik sehr gut vertragen; ich selbst habe keinen Abstand mehr zu dem Buch, daher auch kein Urteil. Keinesfalls solltest Du es gegen Deine Überzeugung drucken. Dann sollte man es eben zunächst mal liegen lassen. Allerdings kann ich mir im Augenblick kaum vorstellen, dass ich mich jemals noch einmal daran mache, aber das mag sich ändern.

2. Ich bin froh, dass Djuna ihr Veto zurückgezogen hat.[1] Dennoch, ich fürchte, ich kann darüber keine Kritik schreiben, denn es wäre doppelt pro domo. Ich wollte es zuerst tun, habe aber die Idee verworfen.

Herzliche Grüsse,
Dein
Wolf

Typoskript; Deutsches Literaturarchiv Marbach; SUA: Suhrkamp/01 Verlagsleitung/Autorenkonvolut/Hildesheimer.

1 Vgl. Hildesheimers Brief an Barnes vom 13. Juli 1972 sowie die editorischen Anmerkungen in diesem Band S. 177f.

[41] Siegfried Unseld an Wolfgang Hildesheimer

Schweiz
Herrn Wolfgang Hildesheimer
CH 7742 Poschiavo

am 28. Juli 1972

Lieber Wolf,

ich habe verschiedentlich versucht, Dich anzurufen, jetzt drängen sich einige Reisen bei mir auf. Aber es wird sicherlich die Möglichkeit geben, daß wir in den nächsten Tagen einmal miteinander telefonieren, und ich möchte Dir doch nun jetzt sagen, wie begeistert ich von »Masante« bin. Wirklich, Dir ist ein großes Buch gelungen!

Ich gebe den Text jetzt in Satz. Anmerkungen, die ich Dir hier gebe, können ohne weiteres noch in den Fahnen bedacht werden. Darf ich mich der Eile wegen auf ein paar Notizen beschränken:

Seite 1: in der Mitte
»zwar finde ich, es gebe ...«
muß es nicht heißen: gäbe?

Seite 10: unten
an ganz wenigen Stellen könnte die Selbstironie in ein Selbstlob des Schreibers umschlagen. So z. B. bei dem Satz »Ich bin ein besserer Selbstbeobachter als er«.

Seite 11: »Hier haben Leute verzeichnet, gezeichnet, Insekten gesammelt ... usw.«
Ich finde diese Aufzählung nicht sehr wesentlich. Ich bin ein wenig skeptisch gegenüber den Pluspunkten. Soll das auf Seite 11 eine Frage sein: »Zähle ich die Pluspunkte?« oder »Ich zähle die Pluspunkte«.
Am liebsten wäre mir eine Streichung.

Seite 34: Was sind »Zwischenprozente«? Und ich würde auch nicht häufig Bemerkungen machen, die die Kritik im pejorativen Sinn aufnehmen könnte: »... und darüber nachdenken, was ich noch zu sagen hätte.«

Seite 41: »Felber oder Gelber« flog oder fuhr wohl nach Amerika.

Seite 46: »In Masante zum Beispiel weht immer ein Wind, oft mehrere Winde zusammen ...« – reicht das Verbum im Singular aus?

Seite 53: Maxine als Kind zwischen den Korkeichen – das kommt mehrfach vor, mir leuchtet das Bild nicht ganz ein.
weiter unten:
zweimal »entlassen« in einem anderen Sinn.

Seite 58: Das Wasser war dunkel – kann es dunkles spiegeln?

Seite 67: Ich würde die Zeile streichen:
»Was wäre ich ohne das Wort ›vielleicht‹?«

Seite 75: »... indem er hin auf der Beiz erlegte ...« – muß doch wohl heißen: »ihn«.

Seite 76:	Diese Geschichte mit dem herabgeschossenen Schornsteinfeger habe ich vor kurzem gelesen. Ich zerbreche mir den Kopf, wo das sein kann. Vielleicht im »Tagebuch« von Max Frisch?
Seite 92:	Ist der Satz korrekt: »Dennoch will ich nicht dort sein, wo es Häscher antreibt, Motschmann oder Schmitt-Lindach«.
Seite 164:	Ich würde den Satz »... vielleicht in wachsender Unruhe, falls ein Jäger Unruhe verspürt außer Jagdfieber« so umstellen: »... vielleicht in wachsender Unruhe, falls ein Jäger – außer Jagdfieber – Unruhe verspürt«.
Seite 165 ff.	Hier ist mir die Schilderung manchmal zu minuziös. Ob man das Ganze nicht doch verknappen und dadurch Gewinn erzielen könnte.
Seite 172:	Zum Thema Altern: vielleicht lohnt »es sich nicht, im Alter neue Sprachen zu erlernen« – aber ich finde hier den Ausdruck lohnen nicht richtig. Eine neue Sprache ist eine neue Seele und die kann man ja doch noch im Alter ganz gut gebrauchen.

Ich habe gegen Schluß immer weniger Einwände gehabt. Bei der zweiten Lektüre steigert sich das Buch ja gerade bei den letzten Seiten in bedeutender Weise.

Seite 191:	»... ob es das rechte ich ...« muß doch wohl heißen: »... ob es das rechte ist ...«
Seite 193:	– das ist leider auf dem Band unverständlich; angestrichen im Manuskript ist die Zeile: »... mit einem anderen Skilehrer betrog«. Ich mache Herrn Unseld darauf aufmerksam, möglicherweise können Sie darüber noch diskutieren.[1]

Bitte, entschuldige die Notizen bzw. den Notizcharakter dieser Anmerkungen, aber ich wollte Dir das doch mitteilen. Vor allem aber ist es mir doch wichtig, daß Du weißt, wie sehr ich mich über das Manuskript freue.

Ich gebe es jetzt in Satz, Du wirst pünktlich die Fahnen erhalten.
Demnächst mehr. Herzliche Grüße, Dein
gez. Dr. S. Unseld

Typoskript; Deutsches Literaturarchiv Marbach; SUA: Suhrkamp/01 Verlagsleitung/Autorenkonvolut/Hildesheimer.

1 Dieser Absatz wurde offenbar von der Person, die Unselds Diktat vom Band abschrieb, eingefügt.

[42] Wolfgang Hildesheimer an Siegfried Unseld

Wolfgang Hildesheimer

7742 Poschiavo (Grigioni) Svizzera
61020 Trasanni di Urbino (Pesaro) Italia

Herrn Dr. Unseld 1.8.72

Vielen Dank für Deinen Brief. Ich freue mich, dass Dir das Buch gefallen hat. Ich hatte schon Angst.

Deine Vorschläge werden alle berücksichtigt, vor allem die Striche, zum Streichen bin ich immer bereit. Über einiges muss ich noch nachdenken.
S. 58. Ja, dunkles Wasser kann sehr wohl dunkles spiegeln, sieh es Dir einmal an.
34. ›Zwischenprozente‹, ich habe mich da erkundigt, das Wort ist in der Tat beinah extinkt, wird nur noch im Kleinsthandel benutzt. Was ich meine ist Handelsspanne.

Aber es lohnt sich nicht, auf alles einzeln einzugehen. Am 12. September kommt Rodewald, der auch noch ein paar Änderungswünsche hat, dann erledigen wir alles zusammen. Sollten die Fahnen bis dahin schon da sein, so wäre es gut, wenn ich sie bis zum 15. Sept. behalten könnte.

Auch Neumann kommt noch einmal vorbei. Er hat nur noch einen Einwand: das allerletzte Wort: ›bewältigen‹, das auch Rodewald stört.

Nur noch eine Sache, die mir Sorge macht: S. 76. Du schreibst, Du habest die Geschichte von dem herabgeschossenen Schornsteinfeger vor kurzem gelesen. Das kommt mir sehr seltsam vor. Walter Jens machte mich auf diese Sache aufmerksam, die in dem Buch von Leo Balet: ›Die Verbürgerlichung der deutschen Kunst, Literatur und Musik im 19. Jahrhundert‹ steht, ein Buch, das ich mir inzwischen habe kommen lassen.[1] Die Geschichte gehört zu den Geschichten, die sinnlos wären, wenn sie nicht wahr wären, deren es in MASANTE wie ja auch schon in Tynset einige gibt. Ich erinnere mich nicht, dass sie in Frischs Tagebuch steht. Vielleicht erinnerst Du dich aber doch, wo Du sie gelesen zu haben glaubst? Ich möchte ungern darauf verzichten, denn sie ist ja im Buch auch durch die Regenschirmgeschichte verankert.

Übrigens: die Koinzidenz der Betrachtungen über das Altern mit einigen Aufzeichnungen von Max ist evident. Zum Beispiel der nächtliche Gang in die Küche, um etwas Süsses zu ergattern. Aber das habe ich schon vor Jahren geschrieben.

Nun noch etwas: einige Leute haben bereits Vor-Exemplare, wenn nicht gar Fahnen angefordert. Natürlich ist das nicht möglich, aber in einigen Fällen sollte man es sich überlegen: D. E. Zimmer, der zu einem Interview hierher kommen möchte. Er will das Fernsehen mitbringen, das stört mich nicht, aber wichtig ist mir das Interview selbst, weil es mir die Möglichkeit gibt, etwas zu dem Buch zu sagen. 2. Neumann, der das Buch ja ohnehin kennt, und der im Merkur 5 (!) Seiten zu einer Besprechung zur Verfügung bekommt.[2] 3. Chiusano, mein italienischer Übersetzer, der es sofort übersetzen möchte. 4. Rodewald auf jeden Fall.[3]

Ende Februar lese ich in Basel und Lörrach aus Masante und gebe Schafroth im Studio Zürich ein Fernseh-Interview.[4] Ausserdem habe ich Lesungen in Chur und im Stadttheater St. Gallen zugesagt.

Dies für Heute. Frau Zeeh[5] sagte mir am Telefon, dass es Dir so gut geht wie noch nie, du habest abgenommen – nicht zu viel hoffe ich! – seist schlank und alert und aktiv. Das freut uns sehr. – Ausserdem freue ich mich über den Erfolg des Stückes von Bernhard. D. h. ich habe erst eine Kritik gelesen.[6]

Herzliche Grüsse
Dein
Wolf

Typoskript; Deutsches Literaturarchiv Marbach; SUA: Suhrkamp/01 Verlagsleitung/Autorenkonvolut/Hildesheimer.

1 Hildesheimer hatte sich um ein Jahrhundert vertan, der Titel des Buches von Leo Balet (in Arbeitsgemeinschaft mit E. Gerhard) lautet *Die Verbürgerlichung der deutschen Kunst, Literatur und Musik im 18. Jahrhundert*, Leipzig, Straßburg und Zürich: Heitz 1936.

2 Vgl. Peter Horst Neumann, »Voreingenommene Bemerkungen«, in: *Merkur* 300/1973, S. 494-497.

3 Zu Rodewald vgl. Brief 32, Anm. 1, zu Zimmer vgl. Brief 38, Anm. 2, und zu Neumann vgl. Brief 33, Anm. 1. Die geplante Übersetzung durch Italo Alighiero Chiusano (1926-1995) kam offenbar nicht zustande.

4 Heinz Schafroth (1932-2013), Schweizer Literaturwissenschaftler, -dozent und -kritiker.

5 Burgel Zeeh (1938-2009), seit 1967 Sekretärin und enge Vertraute von Siegfried Unseld. Martin Walser beschrieb sie in seinem Nachruf als »eine Frau, die einem großen Verlag« eine »fröhliche Seele« eingehaucht habe. Vgl. *Frankfurter Allgemeine Zeitung* vom 3. März 2009.

6 Am 29. Juli 1972 wurde Thomas Bernhards (1931-1989) Theaterstück *Der Ignorant und der Wahnsinnige*, unter der Regie von Claus Peymann, bei den Salzburger Festspielen uraufgeführt. Dem Drama folgten nach der Premiere zunächst keine weiteren Aufführungen. Die Schauspieler weigerten sich aufzutreten, da die Theaterleitung nicht Bernhards Bühnenanweisungen nachkam, am Ende des Stücks den Saal in völlige Finsternis zu tauchen und auch die Notbeleuchtung auszuschalten.

[43] Wolfgang Hildesheimer an Siegfried Unseld

Wolfgang Hildesheimer

7742 Poschiavo (Grigioni) Svizzera
61020 Trasanni di Urbino (Pesaro) Italia

Herrn Dr. Unseld Poschiavo, 16.4.73

Lieber Siegfried,

durch Zufall stelle ich fest, dass der Suhrkamp Verlag – seit wie lang? – ein neues Postfach hat. Es wäre vielleicht besser, wenn man diese Dinge mitgeteilt bekäme. Da ich nun nicht weiss, ob Du meine letzten Briefe erhalten hast, schreibe ich noch einmal das wichtigste, zumindest was mir einfällt.

1. Ich habe nun sechs Exemplare Masante bekommen. Der Lieferzettel war für zehn ausgestellt, versprochen hast Du mir fünfzehn. Bekomme ich noch neun? Dann schicke ich Dir auch gleich ein Dir gewidmetes Exemplar.

2. Ich habe Christa geraten, sich von der Mitarbeit an der Eich-Ausgabe zurückzuziehen, um Ärger und Rivalitäten mit Schwitzke zu vermeiden. Wir haben sie von hier angerufen, als wir zurückkamen, und sie sagte, sie hätte es unter den Umständen ohnehin vorgehabt.[1]

3. Ich möchte lieber keine solche Anzeigen meines Buches haben, wie sie in der ›Zeit‹ war: auf einer beliebigen Seite, schwarz, zusammen mit Jurek Becker und Karin Struck, (gegen die ich übrigens nichts sagen will!) Wenn Du meinst, dass eine vertikale grosse Anzeige auf der Literaturseite, wie Du sie für Martin und Johnson gemacht hast, durch das Buch nicht gerechtfertigt ist, dann lieber gar nichts. Tynset hat sich ja auch bis zu einem gewissen Grad durchgesetzt.[2]

4. A propos Tynset: wäre es möglich, dass der Bibliotheksband schon im Oktober lieferbar wäre?[3] Ich habe eine Lesereise im Oktober-November, und es wird immer danach gefragt, auch jetzt macht sich das Fehlen bemerkbar, (zumindest so wie ich es beurteilen kann.) Schreibst Du mir darüber?

5. Wir sind zu einem Bach-Wochenende beim Hessischen Rundfunk in Frankfurt am 19. und 20. Mai. Wenn Du um diese Zeit in Frankfurt bist, könnten wir uns vielleicht sehen, denn es gibt sicher manches zu besprechen. Ich könnte auch am 12. Mai vormittags in den Verlag kommen. (Montag).
Das wärs, glaube ich.

Betroffen war ich von der Kritik von Jochen Kaiser.[4] Er muss sich persönlich beleidigt gefühlt haben, (Hausmusik! Er betreibt sie mit Klaus Piper!) Die Häscher sind doch, wie die anderen Kritiker festgestellt haben, sehr wohl untermauert. Er hat das Buch falsch gelesen, zweimal nennt er Meona LEONE. Ich habe ihn vor einem Monat in München getroffen, wir haben eine Stunde lang Kaffee getrunken, er war sehr nett, nur ist er irrsinnig konservativ und sehr geschwätzig geworden, irgendwie schien er mir nicht ganz normal. – Nun ja – Inzwischen schickt man mir Provinzzeitungen zu mit Masante-kritiken: sehr positiv, nur leider mitunter entsetzlich dumm.

Herzliche Grüsse,
Dein

Typoskript; Deutsches Literaturarchiv Marbach; SUA: Suhrkamp/01 Verlagsleitung/Autorenkonvolut/Hildesheimer.

1 Christa Geitner-Vanriet, Tochter von Silvia Hildesheimer. Noch im Jahr 1973 erschienen Eichs *Gesammelte Werke* im Suhrkamp Verlag, herausgegeben von Ilse Aichinger unter Mitwirkung von Susanne Müller-Hanpft; für die vier Einzelbände zeichneten verantwortlich: Bd. 1 (Die Gedichte/Die Maulwürfe) Horst Ohde und Susanne Müller-Hanpft, Bd. 2 und 3 (Die Hörspiele) Heinz Schwitzke, Bd. 4 (Vermischte Schriften) Heinz F. Schafroth. Im Jahr 1991 wurde diese Edition durch eine revidierte Ausgabe von Günter Eichs *Gesammelten Werken*, herausgegeben von Axel Vieregg und Karl Karst, ersetzt.

2 Bei den vier genannten Autoren- und Verlagskollegen handelt es sich neben Jurek Becker (1937-1997) und Karin Struck (1947-2006) um Martin Walser (geb. 1927) und Uwe Johnson (1934-1984).

3 Von *Tynset* erschien – nach der Erstausgabe von 1965 und der Taschenbuchausgabe von 1967 – im Herbst 1973 eine Neuausgabe als Band 365 der Bibliothek Suhrkamp.

4 Joachim Kaiser, »Stilleben mit Häschern. Plauderton und Verzweiflung. Wolfgang Hildesheimers ›Masante‹«, in: *Süddeutsche Zeitung*, 14./15. April 1973.

[44] Wolfgang Hildesheimer an Siegfried Unseld

Wolfgang Hildesheimer

7742 Poschiavo (Grigioni) Svizzera
61020 Trasanni di Urbino (Pesaro) Italia

Poschiavo, 28.9.73

Herrn Dr. Unseld

Lieber Siegfried,

schnell noch einen Brief vor der Reise, (obgleich Du vor der Buchmesse wahrscheinlich anderes im Kopf hast.) Dafür verspreche ich Dir zwei brieflose Monate.

Ich habe jetzt die Kritiken zu MASANTE gesichtet – erst gestern habe ich sie alle gelesen – und festgestellt, dass über 90% davon positiv sind, davon der überwiegende Teil s e h r positiv. Ich hätte so eine gute Reaktion niemals erwartet. Auch was es an ausländischen Kritiken gab, England, Holland, Finnland – ist sehr gut, zum Teil hymnisch.

Ich wollte Dich nun fragen, ob es unter diesen Umständen nicht doch möglich wäre, einen Vorstoss zu machen, dass MASANTE in Englisch erschiene?[1] Ich kann nicht genau definieren, weshalb mir viel daran läge, aber gerade das wäre mir wichtig. Christopher Holme würde es gern übersetzen, (wie er auch TYNSET gern übersetzt hätte.[2] Er sagte mir, TYNSET sei seinerzeit zuerst von Nicolson und Watson, dann von Chatto praktisch angenommen worden, die Lektorenurteile seien sehr gut gewesen, aber es wollte sich eben kein amerikanischer Verlag daran beteiligen.)[3] Tynset wurde immerhin in neun Sprachen übersetzt und hat in den Ländern, in denen ich es nachprüfen konnte, (Holland, Italien, Frankreich) sehr gute Kritiken bekommen. Vielleicht liegt mir deshalb so viel daran, weil ich die Kritik so gut prüfen könnte, in der Tat sind mir einige Wendungen auch in Englisch zuerst eingefallen. – Jedenfalls wäre durch die gute Kritik im Times Literary Supplement und in Scala International vielleicht der Boden vorbereitet.

Ausserdem mache ich im März eine grosse Lesereise in England, Schottland und Irland, (Goethe-Institut.)

Soweit das. Die Lesereise liegt uns etwas im Magen. Wir kommen zwar dreimal an Frankfurt vorbei, aber im Umkreis von etwa 100 km habe ich keine Lesung. Ich glaube, Siegfried Lenz hat alles abgerahmt.[4]

Herzliche Grüsse,
Dein
Wolf

[handschriftl. Notizen Unselds:] Gute Kritiken; ja aber Verkauf ganz schlecht.
1) Alle Skandinavischen Verlage haben abgesagt.
2) Frau Krezl: Gallimard hat das Buch 2x mit Option erhalten und behauptet, beide Sendungen nicht erhalten zu haben, auf unsere Reklamation hin! Sie erhielten es daraufhin ein 3. Mal per Einschreiben mit Option bis zur Buchmesse.
3) England/USA/Spanien – ich erhalte zur Buchmesse Bericht.

Typoskript; Deutsches Literaturarchiv Marbach; SUA: Suhrkamp/01 Verlagsleitung/Autorenkonvolut/Hildesheimer.

1 Von *Masante* erschien nur ein Auszug in englischer Übersetzung: »Maxine aus Masante/Maxine from Masante«. Translated by Amos Leslie Wilson, in: *Dimension* (Austin, Texas) 5/1/1972, S. 14-39.

2 Siehe Christopher Holmes Korrespondenz mit Wolfgang Hildesheimer in diesem Band S. 417-464.

3 Gemeint ist der englische Verlag Nicholson & Watson. Graham Watson (1913-2002), Enkel des Verlagsgründers, arbeitete als Literaturagent. Der Londoner Verlag Chatto & Windus wurde 1855 gegründet und avancierte unter anderem zum englischen Verlag der Werke Mark Twains, Marcel Prousts und Samuel Becketts.

4 Siegfried Lenz (1926-2014), deutscher Schriftsteller, der vor allem aufgrund seines Romans *Deutschstunde* (1968), der nach der Verantwortung zur Zeit des Nationalsozialismus fragt, in die Literaturgeschichte der Gegenwart einging.

[45] Wolfgang Hildesheimer an Siegfried Unseld

WOLFGANG HILDESHEIMER CH-7742 POSCHIAVO
TEL. (082) 50467

Herrn Dr. Siegfried Unseld 17.5.87

Lieber Siegfried,

Der Entschluß, Euch die Rechte an meinem ›Werk‹ zu hinterlassen, ist von mir und Silvia (die sich über Dein Telegramm sehr gefreut hat)[1] gemeinsam gefaßt worden, aber selbstverständlich war es auch meine Absicht, ihn mit Dir genauestens zu besprechen. Es besteht zwar keinerlei Grund zu der Annahme, daß dies bald sein muß, aber Du weißt ja selbst, was in dieser Beziehung von manchen schon versäumt worden ist. Und ich habe das Gefühl, daß Außenstehende in diesen Dingen meist Dilettanten sind. Wir wollen also bei Gelegenheit darüber sprechen.

Bei dieser Gelegenheit wollen wir auch über den Mozart-essay sprechen. Zwar ist es keineswegs unwahrscheinlich, daß ich das Mozartjahr 1991 noch erlebe, aber es ist unwahrscheinlich, daß ich dann noch Lust habe, einen Festvortrag zu halten, und schon gar nicht in Wien, (woher bereits eine Anfrage kam). Zudem ist das, was ich noch festhalten will, nicht das Material für einen Vortrag. Zwar stützt es sich zum Teil auf Material, das mir nach dem Erscheinen des MOZART noch zugetragen wurde, aber die Tendenz weht in eine andere Richtung. Als das Buch erschien, mußte ich noch alle nicht ganz streng rationale Aussagen und Ausrufe über Mozart Anderen in den Mund und in die Feder legen, (von denen sie auch stammen), während ich, damals aus guten Gründen, auf dem Boden des Rationalen blieb. Inzwischen aber hat in dieser Hinsicht die Postmoderne – die ich natürlich längst nicht in allem akzeptiere – eine neue Art der Freiheit gebracht und mir die Möglichkeit, an jene ›metaphysische Präsenz‹ Mozarts zu gelangen, die sie für mich, und wahrhaftig nicht nur für mich, immer gehabt hat. Der Nachteil eines solchen Essays wäre nur, daß ich mich hier und dort selbst zitieren – n i c h t aber korrigieren – muß, um das, was damals nur Ansatzpunkt war, zu verdeutlichen. – Wenn Du aber dieses Unternehmen für k e i n e gute Idee hältst, lasse ich es – es muß nicht sein. Ich selbst habe ja immer die größten Bedenken, von mir selbst zu sprechen, obgleich hier wäre es ja nur als Kommentator des Objektes. –

Am 2. August wird unsere – Silvias und meine – Ausstellung hier in Poschiavo eröffnet, k e i n e Verkaufsausstellung, aber wir hatten es dem Verkehrsverein versprochen, und wir feiern damit unsere dreißig (!) Jahre in Poschiavo. Es wird eine ganz schöne Ausstellung, da wir natürlich auch das ausstellen, was wir ohnehin niemals hergegeben hätten. Am 29. August beginnt dann meine Ausstellung in der Gallerie Giacometti in Chur,[2] zu der auch Silvia aufgefordert war, aber da wir die besten Bilder lieber behalten wollen, wäre es verfehlt, eine Verkaufsaustellung zu machen, wo nur das Zweitbeste verkäuflich ist. Ich will versuchen, ob Jean-Rodolphe von Salis die Eröffnungsrede hält.[3]

Sehen wir uns irgendwann? Wir sind außer ein paar Tage in München den ganzen Sommer hier, bis Mitte September. Natürlich können wir uns auch irgendwann in Zürich treffen, nur nicht im Hochsommer.

Herzliche Grüße Dein
Wolf

Typoskript; Deutsches Literaturarchiv Marbach; SUA: Suhrkamp/01 Verlagsleitung/Autorenkonvolut/Hildesheimer.

1 Vermutlich ein Telegramm von Siegfried Unseld zu Silvia Hildesheimers 70. Geburtstag am 15. Mai 1987.
2 Chur, Galerie Giacometti, 27. August bis 26. September 1987.
3 Jean Rudolf von Salis (1901-1996), Schweizer Historiker und Publizist, war aufgrund seiner unabhängigen, kritischen Radio-Programme während des Zweiten Weltkriegs unter deutschsprachigen Hörern international bekannt geworden.

[46] Wolfgang Hildesheimer an Siegfried Unseld

WOLFGANG HILDESHEIMER CH-7742 POSCHIAVO
TEL. (082) 50467

Herrn
Dr. S. Unseld

22.6.91

Lieber Siegfried,

hoffentlich verstehst Du, daß ich im August lieber nicht nach Salzburg gehe, diesen Mozart-Tourismus und seine Interpreten finde ich gräßlich. Zwar habe ich für die Pause des Eröffnungskonzerts für ein Gespräch zugesagt, aber unter der Bedingung daß das österreichische Fernsehen zu mir nach Poschiavo kommt, was es tut. Ich möchte mich in keine Diskussion einmischen, aber doch das letzte Wort zum Mozartjahr behalten, deshalb habe ich zwei Veranstaltungen im Dezember zugesagt. Aber behandle ich es temporal:
21.–24. November Stiftungsrattagung der Erich-Fried-Gesellschaft, (aus der ich ab Ende dieses Jahres austrete)
21.11. soll ich in Wien ausstellen. Den Transport würde der Staat übernehmen. Aber ich hoffe, daß nichts daraus wird, denn ich habe gar keine Lust, und verkaufen kann ich auch hier.
24.11. vormittags: Lesung im Akademietheater. Ich habe zugesagt und kann jetzt nicht mehr absagen.

25.11. Lesung in der literarischen Gesellschaft DIE SCHMIEDE in Wien.
Dazu habe ich Lust. Du kennst wahrscheinlich Kurt Neumann, der diese Lesungen macht?[1]
26.11. Lesung im österreichischen Fernsehen in Salzburg und party bei Brita Steinwendtner.[2] Wenn Du sie nicht kennst, solltest Du sie kennen lernen.
28.11. Eröffnung der Ausstellung im Stadthaus Zürich mit anschließendem Empfang der Stadt. Zu dieser Ausstellung hatte ich Lust. Wie der Empfang wird, weiß ich nicht. Hast Du Lust zu kommen, und Ulla auch?[3]
1.12. vormittags (Sonntag) Lesung im Stadthaus.* Kommt Ihr? Wir würden uns freuen, verstehen aber auch, wenn Ihr keine Lust habt.
5.12. Hamburg. Podiumsdiskussion in der Musikhalle oder etwas ähnlich klingendem. Ich warte noch auf Details. Aber sicher bekommst Du eine Einladung. Vorgesehen sind Giorgio Strehler, Ingmar Bergmann, Helmuth Schmidt und andere als Teilnehmer.[4] Viel weiß ich selbst noch nicht. Es ist die Sterbenacht Mozarts! Da möchte ich doch etwas sagen.
8.12. vormittags Lesung aus ›Mozart‹ im Deutschen Theater Berlin. Auch hier weiß ich noch keine Details. Ich glaube, Schauspieler lesen aus Mozarts Briefen. Auch das tue ich gern.
Ob abends in der Akademie ein Empfang ist, weiß ich noch nicht.
9.12. fahren wir aus Berlin ab, könnten zu einem Geburtstagsdrink in Frankfurt Station machen, jedenfalls sind wir dann auf dem Heimweg.
14.12. Abendessen im Hotel Suisse hier für alle Poschiaver, die etwas für uns getan haben, Bürgermeister und ehemalige Bürgermeister, Haushilfen mit Ehemännern, dazu auch einige Engadiner.
Natürlich hätten wir zum Geburtstag hier gern ein Fest gemacht, aber das ist unmöglich, denn es kann extrem unwirtlich sein, der Pass könnte gesperrt sein, die Hotels sind bis zum 14.12. geschlossen, und ich könnte die Gäste nach der Party ja nicht ihrem Schicksal überlassen, und es ist eben doch sehr weit

von überall. Aber ihr könnt natürlich jederzeit kommen und bei uns wohnen, auch zu anderen Jahreszeiten, nur nicht im August, dann sind wir ausgebucht.

Herzliche Grüße auch an Ulla
Dein bald fünfundsiebzigjähriger Wolfgang

*[handschriftl.:] Zürich

Typoskript; Deutsches Literaturarchiv Marbach; SUA: Suhrkamp/01 Verlagsleitung/Autorenkonvolut/Hildesheimer

1 Kurt Neumann (geb. 1950), österreichischer Schriftsteller und Literaturkritiker, der seit 1977 das Literarische Quartier in der Alten Schmiede in Wien leitet.
2 Brita Steinwendtner (geb. 1942), österreichische Schriftstellerin und Rundfunkautorin, promovierte Historikerin, die seit 1972 auch für den österreichischen Fernsehsender ORF arbeitete.
3 Ulla Unseld-Berkéwicz (geb. 1948), deutsche Schauspielerin, Schriftstellerin und Verlegerin. 1990 Heirat mit Siegfried Unseld. Nach dessen Tod 2002 Übernahme der Verlagsleitung.
4 Giorgio Strehler (1921-1997), italienischer Theater- und Opernregisseur. Ingmar Bergman (1918-2007), schwedischer Drehbuchautor, Film- und Theaterregisseur. Helmuth Schmidt: wohl Helmut Schmidt (1918-2015), deutscher Politiker (1974-1982 Bundeskanzler) und Hobby-Pianist.

HERMANN KESTEN

Als Wolfgang Hildesheimer Hermann Kesten im November 1963 seine *Vergeblichen Aufzeichnungen* und sein *Nachtstück* zusendet, vermutet er, Kesten werde damit »nicht viel anfangen können«, und fügt an: »aber das schadet nichts, ich kann auch nicht mit *allem* etwas anfangen, was Sie geschrieben haben, dennoch sind Sie für mich ein bedeutender und wichtiger Zeitgenosse, ohne den unsere Kultur ärmer wäre.« Dieses eigentümliche Kompliment ist charakteristisch für die Beziehung zwischen den beiden Schriftstellern. Genau wussten beide um die Unterschiede, die sie trennten. Doch das konnte nicht Hildesheimers Anerkennung für Kestens Versuche beeinträchtigen, immer wieder auf die Hypotheken hinzuweisen, welche die deutschsprachige Kultur aus der NS-Zeit mitschleppte. Diese Vorgeschichte der deutschen Gegenwartsliteratur war Kesten nur zu gut vertraut.

Hermann Kesten (28. Januar 1900 Podwołoczyska/Galizien – 3. Mai 1996 Riehen/Schweiz) hatte sich nach einem Studium der Germanistik, Geschichte und Philosophie in Erlangen und Frankfurt als Romancier der Neuen Sachlichkeit (Kleist-Preis 1928) und als Lektor des Kiepenheuer-Verlages profiliert, als im Januar 1933 die Machtübergabe an Adolf Hitler erfolgte. Überzeugt vom Vernichtungscharakter des NS-Antisemitismus, aber auch ohne Illusionen über dessen Massenbasis bis weit hinein in die bürgerliche Mitte der deutschen Gesellschaft, emigrierte Kesten im März 1933 nach Frankreich, später in die USA. Im Exil setzte er seine Arbeit als Romancier fort (*Ferdinand und Isabella*, 1936; *Die Kinder von Gernika*, 1939), entfaltete jedoch darüber hinaus eine rege publizistische Aktivität. In zahlreichen Beiträgen für verschiedene Exilzeitschriften erinnerte er fortwährend an die Pflicht, das humanistische Erbe – von den deutschen Machthabern verspottet und verfolgt – zu bewahren, reflektierte aber auch kritisch das Verhältnis zwischen poetischer Arbeit und der Aufgabe des politischen Engagements. Nach Ende des Krieges kehrte er zwar wiederholt zu Besuchen nach Deutschland zurück, nahm dort aber keinen dauerhaften Wohnsitz mehr.

Die 1950er-Jahre waren geprägt von seinen Bemühungen, der Exilliteratur und den durch sie erarbeiteten Einsichten einen festen Ort im Prozess der Neugründung des kulturellen Lebens in Westdeutschland zu verschaffen. Für kurze Zeit erschien ihm hierfür die Gruppe 47 als ein geeigneter Verbündeter. Die zunehmende Einsicht in die Übermacht der restaurativen Tendenzen und seine Enttäuschung über die Gruppe 47 führten zu einer Verschärfung seiner öffentlichen Polemik. Die frühzeitige Reserve des bürgerlichen Liberalen gegenüber den Weimarer Linksparteien war im Verlauf der Exiljahre zur entschiedenen Gegnerschaft geworden und hatte in den Nachkriegsjahrzehnten die Form eines veritablen Antikommunismus angenommen; die kulturellen Verhältnisse in der DDR bildeten daher für Kesten nie eine Alternative. Mit seiner vielgelesenen Essay-Sammlung *Meine Freunde, die Poeten* (1959 u. ö.) sowie der von ihm herausgegebenen Briefsammlung *Deutsche Literatur im Exil – Briefe europäischer Autoren 1933-1949* (1964 u. ö.) bereitete Kesten die ›Neuentdeckung‹ der Exilliteratur seit den 1970er-Jahren vor. Sie verstärkte noch einmal die Aufmerksamkeit für einen Schriftsteller, der wie wenige andere zu einem Zeugen der deutschsprachigen Literatur seines Jahrhunderts geworden war.

Wolfgang Hildesheimer und Hermann Kesten sind einander wahrscheinlich erstmals Anfang der 50er-Jahre in München, spätestens jedoch im Oktober 1952 anlässlich der Tagung der Gruppe 47 auf Burg Berlepsch bei Göttingen begegnet.[1] Kesten setzte in dieser Zeit noch Hoffnungen in ihre Mitglieder, für die er sich seit einer ersten Begegnung im Dezember 1949 in München öffentlich eingesetzt hatte.[2] Im Oktober 1953 zeichnete sich jedoch eine Kehrtwende ab. In einem Vortrag im Rahmen der »Kölner Mittwochsgespräche« unter dem Titel »Zwei literarische Generationen« charakterisierte er »die ältere Generation« als »revolutionär, literarisch, philosophisch, politisch. Die jüngere ist restaurativ, imitativ, zu jeder Konversion bereit«.[3] Rund ein Jahr später nutzte Kesten seine kritische Rezension eines Buches von Wolfgang Weyrauch in der *Süddeutschen Zeitung* zu einem direkten Seitenhieb auf die nun namentlich genannte Gruppe 47 – sie sei ein »dichtender Haufen«, der »sozusagen geschlossen in die Hörspielfabrik mit klingendem Spiel und unterm Beifallsgeschrei der Hörspiel-Einkäufer einmarschiert«[4] sei. Hierauf entgegnete Wolfgang Hildesheimer in einem »Offenen Brief« an Kesten: »Sie nennen uns einen ›dichtenden Haufen‹ (mit welcher Terminologie Sie mit einem anderen Feindeslager gemeinsame Sache machen, dem Sie, Ihrer Vergangenheit nach, zwar nicht angehört haben können, deren Mühlen Sie aber heute um so eifriger bewässern. Zu diesen Mitkämpfern wünsche ich Ihnen Glück!)«[5]

Hier spielte Hildesheimer auf Kestens Exiljahre und auf dessen leidenschaftliche Opposition gegen die NS-Kulturpolitik an, die mit solcher Terminologie der Häme ihre Gegner verfolgt hatte. Unterschwellig war damit zugleich die Tatsache berührt, dass sich beide Autoren – Kesten wie Hildesheimer – von der »jungen Generation« der Gruppe 47 durch die Tatsache unterschieden, dass sie aufgrund ihrer jüdischen Herkunft zahlreiche für die Gruppe dieser Jahre zentrale Erfahrungen, etwa die des kleinen Landsers in der Wehrmacht, nicht teilten.

Es war diese Gemeinsamkeit zwischen Kesten und Hildesheimer, die eine spontane, umstandslose Verständigung in schnörkellosem Ton ermöglichte. Trotz Kestens Verärgerung über Hildesheimers Entgegnung von 1954[6] konnte daher eine rasche Wiederannäherung erfolgen. Wenn Hildesheimer Kesten gegenüber den Schriftsteller Gerd Gaiser äußerst kurz als »Scheissnazi« tituliert (6. Oktober 1962) oder seine Erleichterung darüber bekennt, »dass ich in diesem Mistland [Deutschland] nicht mehr wohne« (13. November 1962), ist jede taktische Vorsicht und Zurückhaltung fahrengelassen. Die Kooperation für den von Kesten geplanten Band *Ich lebe nicht in der Bundesrepublik* unterstreicht diese Gemeinsamkeit. Gerade dass Hildesheimer ein solches Projekt schon selbst einmal angedacht hatte (6. Oktober 1962), belegt, in wie hohem Maß hier zwei Autoren, die hinsichtlich ihres Werdeganges und ihrer poetologischen Überzeugungen vieles unterschied, dennoch übereinstimmten. Auch wenn sich Hildesheimer schließlich aus dem gemeinsamen Projekt zurückzog und auch sonst manche Kritik an Kesten äußerte, hielt er an seiner Wertschätzung des Kollegen mit Nachdruck fest (16. November 1963). So bildet ihr Briefwechsel das Dokument eines beidseitigen, authentischen Nahverhältnisses, das fast nur auf einem einzigen Sachverhalt gründete – beider *Gegenüber* zu einem Deutschland, dessen kritische Selbstaufklärung über die Virulenz seiner jüngsten Vergangenheit noch kaum begonnen hatte.

Die überlieferte Korrespondenz zwischen Wolfgang Hildesheimer und Hermann Kesten ist hier vollständig abgedruckt.

1 Vgl. Artur Nickel, *Hans Werner Richter – Ziehvater der Gruppe 47. Eine Analyse im Spiegel ausgewählter Zeitungs- und Zeitschriftenartikel*, Stuttgart: Heinz 1994, S. 346.
2 Vgl. Stephan Braese, »›... nicht uns zugehörig‹ – Hermann Kesten und die Gruppe 47«, in: ders., *Bestandsaufnahme. Studien zur Gruppe 47*, Berlin: Erich Schmidt 1999, S. 175-207, hier: S. 175 f.
3 Hermann Kesten, »Zwei literarische Generationen«, in: *Neue Presse*, Köln, 23. Oktober 1953.
4 Ders., »Wolfgang Weyrauchs Bericht an die Regierung«, in: *Süddeutsche Zeitung*, 9./10. Januar 1954.
5 Wolfgang Hildesheimer, »Sie nennen uns einen dichtenden Haufen – Offener Brief an Hermann Kesten«, in: *Süddeutsche Zeitung*, 16./17. Januar 1954.
6 Wie Anm. 2, S. 193 ff.

[1] Hermann Kesten an Wolfgang Hildesheimer

30. Oktober 53

Herrn Wolfgang Hildesheimer
Verlag Kurt Desch
München 19
Romanstr. 9

Lieber Herr Hildesheimer!

Ich weiss nun doch nicht, ob ich Ihnen in der Tat über Ihr Buch »Paradies der falschen Vögel«[1] geschrieben habe oder nicht. Falls nicht, darf ich Ihnen wiederholen, was ich bei unserer zufälligen Begegnung schon mündlich gesagt habe: Dass ich Ihr Buch mit viel Vergnügen und Erheiterung gelesen habe; insbesondere ist dieser Onkel eine köstliche Figur. Auch die Beschreibung Ihres erfundenen Landes ist sehr schön, und ich estimierte auch sehr Ihre grossen Kenntnisse der Malkunst und der Hochstapelei. Ich wünsche Ihnen mit diesem Buch den schönsten Erfolg und hoffe, dass Sie ihn haben werden. Dr. Witsch[2] erzählte mir eben, dass Sie nach München übersiedelt sind. Es kann aber auch Dr. Honig[3] gewesen sein. (Vom NWDR in Köln). Da werde ich Sie also vielleicht in München wiedersehen.

Mit schönsten Grüssen und Wünschen!
Ihr

Typoskript; Monacensia München; Archiv Hermann Kesten HK B 1776.

1 Wolfgang Hildesheimer, *Paradies der falschen Vögel*, München, Wien und Basel: Desch 1953.
2 Joseph Caspar Witsch (1906-1967), Gründer und Eigentümer des Kiepenheuer & Witsch Verlages Köln.
3 Werner Honig (1922-2006), 1946-1964 Kulturredakteur beim Nordwestdeutschen Rundfunk Köln.

[2] Hermann Kesten an Wolfgang Hildesheimer

Hermann Kesten
PARK WALD HOTEL, Apt. 4A
117 West 58th Street
New York 19, N. Y., U. S. A.

3. Oktober 1962

Herrn Wolfgang Hildesheimer
Devon House
Poschiavo, Graubünden

Lieber Herr Hildesheimer,

ich bereite für den Paul List Verlag in München ein Taschenbuch vor, »Ich lebe nicht in der Bundesrepublik«, ein Gegenstück zu Wolfgang Weyrauchs[1] List-Taschenbuch »Ich lebe in der Bundesrepublik.«[2]

Ich wende mich an zwei Dutzend prominente Schriftsteller, Künstler und Wissenschaftler.[3] Es handelt sich darum, in ungefähr fünf Schreibmaschinenseiten darzulegen, warum man nicht in der Bundesrepublik lebt. Es würde mich sehr freuen, wenn Sie mir einen Beitrag senden wollten. Ich brauche ihn in etwa ein bis zwei Monaten.

Das Honorar beträgt für das Taschenbuch DM 2700.–, wovon ich für meine Ausgaben und Mühen als Herausgeber DM 900.– erhalte und sämtliche Mitarbeiter zusammen DM 1800.– Weitere Auflagen werden entsprechend den Vereinbarungen für die Erstauflage honoriert.

Ich wäre Ihnen verbunden, wenn Sie mir möglichst umgehend Ihre Entscheidung und recht bald den Beitrag senden könnten.

Mit bestem Gruss
Hermann Kesten

Typoskript; WHA 503.

1 Wolfgang Weyrauch (1904-1980), Schriftsteller, Redakteur und Lektor. Weyrauch nahm seit 1951 an den Tagungen der Gruppe 47 teil; er war von 1950 bis 1958 Lektor beim Rowohlt Verlag.
2 Wolfgang Weyrauch (Hg.), *Ich lebe in der Bundesrepublik*, München: List 1960. Beiträger zu diesem Band waren u. a. Hans Magnus Enzensberger, Walter Jens, Wolfgang Koeppen, Hans Werner Richter, Paul Schallück, Martin Walser und Wolfdietrich Schnurre.
3 Zu den Beiträgern des Bandes vgl. Brief 10.

[3] Wolfgang Hildesheimer an Hermann Kesten

wolfgang hildesheimer, poschiavo (graubünden)

6. Oktober 1962

Lieber Herr Kesten,

zu einem Buch genau des gleichen Titels habe ich Hans Werner Richter angeregt, als er im Juni hier war. Er fand die Idee sehr gut und wollte sich die Sache überlegen. Wie weit er nun mit seinen Überlegungen gekommen ist, weiss ich nicht – oder ob er gar schon etwas unternommen hat? Wenn nicht, so denke ich, wird er das Projekt wieder fallen lassen, da sich wahrscheinlich die meisten Beitragenden ohnehin überschneiden würden. Jedenfalls will ich das zunächst eruieren, ich glaube fast, dass es nichts geworden ist. In diesem Fall trage ich zu Ihrem Buch sehr gern bei, wenn auch, wenn möglich, zum spätestmöglichen Termin.

Ich würde mich freuen, wenn wir bei dieser Gelegenheit die Spannung unseres Verhältnisses – so weit man von einem solchen überhaupt reden kann – lockern würden.[1] Ich war schon oft inzwischen versucht, Ihnen zu schreiben, um meine Zustimmung zu diesem oder jenem Ihrer manifestgleichen Veröffentlichungen[2] auszudrücken, habe es dann aus purer Trägheit sein lassen. NICHT einverstanden war ich allerdings damals, als Sie den Scheissnazi Gaiser in Ihre Anthologie[3] aufnahmen, aber das war wohl mehr ein Versehen.

Mit herzlichen Grüssen bin ich
Ihr sehr ergebener
hildesheimer

Typoskript; Monacensia München; Archiv Hermann Kesten HK 448.

1 Vgl. zum Konflikt anlässlich von Kestens Weyrauch-Rezension in der *Süddeutschen Zeitung* vom 9./10. Januar 1954 in der Einleitung, S. 330.
2 Hermann Kesten war in den 50er- und 60er-Jahren äußerst rege als Publizist aktiv. In Periodika wie *Die Kultur*, *Der Monat*, *Die Literatur* und *twen* bezog er immer wieder pointiert Stellung zur aktuellen Situation der deutschsprachigen Literatur und machte wiederholt aufmerksam auf das unverminderte Ansehen einst NS-naher Autoren einerseits und die Marginalisierung der Exilliteratur andererseits.
3 Hermann Kesten (Hg.), *Unsere Zeit. Die schönsten deutschen Erzählungen des zwanzigsten Jahrhunderts. Eine Anthologie*, Köln: Kiepenheuer & Witsch 1956. Vgl. auch Brief 4.

[4] Hermann Kesten an Wolfgang Hildesheimer

Hermann Kesten
Park Wald Hotel. Apt. 4a — 8. Oktober 1962
117 West 58th Street
New York 19, N. Y.
Phone Circle 7-5590

Lieber Wolfgang Hildesheimer,

ich beeile mich, Ihren guten Brief sogleich zu beantworten. Ich freue mich, dass Sie an dem List-Taschenbuch teilnehmen wollen.

Ich nehme an, dass Hans Werner Richter seinen Plan[1] aufgegeben hat, oder nie begonnen hat, ihn zu realisieren, da ich ja sonst durch Listverlag und Wolfgang Weyrauch davon gehört hätte.

Natürlich wäre hier eine Duplikation sinnlos. Sollte Richter aber tatsächlich schon begonnen haben, so erbäte ich eine Nachricht. Ich habe, wie Sie sich denken können, an dem Taschenbuch kein finanzielles und kein persönliches Interesse. Dagegen glaube ich in der Tat, dass es nützlich wäre, solch ein Taschenbuch zu bringen, wobei es keinen Unterschied macht, ob Richter oder ich es ediere.

Der Listverlag verhandelt mit mir über das Taschenbuch schon seit einem Jahr etwa, und ich habe die Korrespondenz infolge meiner Amerikareise und einiger dringender Arbeiten für Bücher, die jetzt erscheinen, allzusehr hinausgeschoben.

Wenn es ginge, wäre ich Ihnen verbunden, Ihren Text zum 1. Dezember zu erhalten, spätestens zum 15. Dezember 1962.

Besonders freute es mich, dass Sie mit manchen meiner polemischen Aufsätze einverstanden sind. Sie wissen, dass ich ein Bewunderer Ihres Romans »Paradies der falschen Vögel« bin. Ich habe die Absicht, im Sommer 1963 nach Rom heimzukehren.[2] Ich werde mich freuen, wenn ich Sie in Europa wiedersehen werde, um unsere freundschaftlichen Gespräche dort fortzuführen, wo wir sie das letzte Mal unterbrochen haben, ich glaube, im Restaurant des Bayrischen Rundfunks.

Was den Gerd Gaiser betrifft, so haben Sie ganz recht.[3]

Eine sehr charmante Lektorin bei Kiepenheuer & Witsch hat mir im letzten Augenblick, als das Buch schon im Satz war, jenes Kuckucksei hineingelegt, und da ich die Geschichte[4] passabel fand, und den Autor nicht weiter kannte, sagte ich – ganz gegen meine sonstigen anthologischen Gewohnheiten – ja, und schon war das Unglück geschehen.

In der zweiten Auflage dieser Anthologie habe ich den Gaiser und seine Geschichte gestrichen, und ihm zuvor geschrieben, dass ich ihn aus der zweiten und allen weiteren Auflagen gestrichen habe. Es ist die einzige Änderung der zweiten und weiteren Auflagen. Auch Dr. Witsch war übrigens sogleich einverstanden, trotz den Kosten der Satzänderung.

Trotz der angekündigten Verzögerung erwarte ich mit Spannung und Vergnügen Ihren Beitrag zum List Taschenbuch und bin mit den freundlichsten Grüssen

Ihr

Hermann Kesten.

Typoskript; Monacensia München; HK B 1776.

1 Vgl. Briefe 2 und 3.

2 Seit 1953 hatte Hermann Kesten wiederholt seinen Wohnsitz in Rom genommen.

3 Vgl. Brief 3. Gerd Gaiser (1908-1976), 1933 der NSDAP beigetreten, verfasste Gedichte und Erzählungen, darunter *Reiter am Himmel* (1941) und *Die sterbende Jagd* (1953), die auf vielfältige Weise die nationalsozialistische Ideologie aufnahmen. Zu Hildesheimers kritischer Sicht könnte eine Stellungnahme seines Freundes Walter Jens beigetragen haben, die unter dem Titel »Gegen die Überschätzung Gerd Gaisers« am 25. November 1960 in der *Zeit* erschienen war. Noch am 28. Juni 1967, im Rahmen seiner Frankfurter Poetik-Vorlesung, führte Hildesheimer Beispiele aus Gaisers Œuvre u.a. für die rassistische Einfärbung seines Erzählstils an.

4 Gerd Gaiser, »Du sollst nicht stehlen«, in: Kesten (Hg.), *Unsere Zeit*, S. 481-490.

[5] Wolfgang Hildesheimer an Hermann Kesten

[Poststempel 25. Oktober 1962]

Mr. H. KESTEN
APT 4A
PARK WALD HOTEL
117 WEST 58th STREET
NEW YORK 19. N.Y.
U.S.A.

Lieber Herr Kesten, bitte entschuldigen Sie die verspätete Antwort, aber ich komme soeben aus dem hohen Norden zurück und habe soeben hier erst Post in Empfang genommen. Ja, bis Dezember kann ich fertig sein. Richter habe ich bisher nicht gesprochen, aber auch ich bin ziemlich sicher, dass er die Idee hat fallen lassen. Sie hören also im Dezember von mir. – Für meine neuen Stücke[1] werden Sie sich nicht erwärmen können – ich wäre der letzte, der Ihnen das übel nimmt – aber wenn ich wieder zuhause bin, schicke ich Ihnen die revidierte Neuausgabe der »Lieblosen Legenden«[2] zu. Mit herzlichen Grüssen, Ihr Hildesheimer

Bildpostkarte: Bild Kopenhagen. Das Rathaus; Handschrift; Monacensia München; Archiv Hermann Kesten HK B 448.

1 Damit dürfte Hildesheimer das folgende Drama gemeint haben: *Die Verspätung*, Frankfurt am Main: Suhrkamp 1961, sowie die unter dem Titel *Spiele, in denen es dunkel wird* versammelten Stücke *Pastorale*, *Landschaft mit Figuren* sowie *Die Uhren* (Wolfgang Hildesheimer, *Spiele, in denen es dunkel wird*, Pfullingen: Neske 1958).
2 Frankfurt am Main: Suhrkamp 1962.

[6] Hermann Kesten an Wolfgang Hildesheimer

Hermann Kesten
PARK WALD HOTEL, Apt. 4A
117 West 58th Street
New York 19, N. Y., U. S. A. 3. November 1962

Herrn Wolfgang Hildesheimer
Devon House
Poschiavo, Graubünden

Lieber Herr Hildesheimer,

vielen Dank für Ihre Ansichtskarte aus Kopenhagen und für Ihre Zusage für das List-Taschenbuch und für das Versprechen, mir die Neuausgabe der »Lieblosen Legenden« zu senden.

Ich lese eben den Almanach der Gruppe 47[1], will darüber schreiben[2] und hoffe, die Gruppe wird es mir nicht übelnehmen, wenn ich über sie in demselben Scherzhaften Ton schreibe, wie zum Beispiel über den lieben Gott, mit dem die Gruppe ja gemeinsam hat, daß sie als Gruppe nicht existiert, wie Gott nicht als Gott.

Mich fasste ein Schauder wegen der plötzlichen Kriegsdrohung[3] und ich war entrüstet über die Polizei-Aktion der bundes-republikanischen Regierung gegen die freie Presse.[4]

Mit herzlichen Grüßen,

Ihr
Hermann Kesten

Typoskript; Monacensia München; HK B 1776; Abdruck in: *Briefe*, S. 115 f.

1 Hans Werner Richter (Hg.), *Almanach der Gruppe 47. 1947-1962*, Reinbek bei Hamburg: Rowohlt 1962.
2 Vgl. Hermann Kesten, »Der Richter der Gruppe 47«, in: *Deutsche Zei-*

tung, Köln, 13./14. Juli 1963, wiederabgedruckt in Reinhard Lettau (Hg.), *Die Gruppe 47. Bericht – Kritik – Polemik. Ein Handbuch*, Neuwied und Berlin: Luchterhand 1967, S. 320-328. Das Hermann-Kesten-Archiv der Monacensia München bewahrt ferner zwei von dieser Version teils erheblich abweichende Typoskripte unter dem Titel »Die Gruppe 47 und ihr Almanach« auf. Kesten bemängelte den angemaßten Alleinvertretungsanspruch der Gruppe für die (west-)deutsche Literatur, die literarische Qualität vieler ihrer Arbeiten, die vorgeblich diktatorische Führungsstellung von Richter sowie eine durch falsche literarische Vorbilder verursachte Abkapselung ihrer Texte von den drängenden Zeitfragen. Die in den Entwürfen polemisch zugespitzten Vorwürfe erschienen in der veröffentlichten Version abgemildert und relativiert.

3 Kuba-Krise im Oktober 1962.

4 *Spiegel*-Affäre Oktober/November 1962.

[7] Wolfgang Hildesheimer an Hermann Kesten

wolfgang hildesheimer, poschiavo (graubünden)

Poschiavo (GR) 13. November

Lieber Herr Kesten,

vielen Dank für Ihren Brief. Ja, das Almanach der Gruppe 47 ist nicht so doll geworden, dazu kommt, dass die Dokumentation eben auch nicht stimmt. Bei der Tagung war ich diesmal nicht,[1] wir waren ja eben im Norden. Sie soll literarisch sehr gut gewesen sein (Grass, Peter Weiss, Ilse Aichinger[2]) aber politisch wohl ein wenig töricht. Ich mag auch keine Manifestationen dieser Art,[3] und in Deutschland jetzt schon ganz und gar nicht. Mein Gott, bin ich froh, dass ich in diesem Mistland nicht mehr wohne. Das nordschweizer Muckertum ist zwar auch nicht von Pappe, aber besser als in Deutschland ist es doch, und zudem wohnen wir eben im Süden.[4] Besuchen Sie uns doch einmal wenn Sie, was ich doch annehme, demnächst wieder nach Deutschland kommen!

Meinen Beitrag haben Sie dann gegen Ende Dezember. Es

fällt einem ja wahrhaftig immer leichter, zu formulieren, warum man nicht in der Bundesrepublik Deutschland wohnt.

Mit herzlichen Grüssen,
Ihr hildesheimer

Typoskript; Monacensia München; HK B 448; Abdruck in: *Briefe*, S. 116.

1 Tagung der Gruppe 47 vom 26. bis zum 28. Oktober 1962 im »Alten Casino« am Wannsee in Berlin (West).
2 Günter Grass hatte aus seinem Romanmanuskript *Hundejahre* gelesen, Peter Weiss »Das Gespräch der drei Gehenden«, Ilse Aichinger »Die Maus«.
3 Zahlreiche Anwesende der Tagung hatten eine »Erklärung zur ›Spiegel‹-Affäre« unterzeichnet (Wortlaut der Erklärung in Lettau [Hg.], *Die Gruppe 47*, S. 458 f.).
4 Wolfgang und Silvia Hildesheimers Wohnort Poschiavo liegt unweit der Grenze zu Italien.

[8] Wolfgang Hildesheimer an Hermann Kesten

[3. Januar 1963]

Mr. H. KESTEN
PARKWALD HOTEL APT. 4 A
117 WEST 58th STREET
NEW YORK 19 N. Y.
USA

Poschiavo 3. Jan

Lieber Herr Kesten, ich hatte bis zum 29. Dez. meinen Beitrag für Ihr Buch vergessen. Jetzt bin ich dabei, und es geht dieser Tage an Sie ab, hoffentlich noch nicht zu spät.

Herzlichst Hildesheimer

Postkarte; Handschrift; Monacensia München; HK B 448.

[9] Wolfgang Hildesheimer an Hermann Kesten

wolfgang hildesheimer, poschiavo (graubünden)

7 Januar 1963

Lieber Herr Kesten,

endlich kann ich Ihnen meinen Beitrag schicken.[1] Ich hoffe, dass Sie mit allem einverstanden sind.

Es würde mich interessieren, wer alles noch an Ihrem Band mitmacht.

Ich hoffe auch, dass ein Korrektor das Manuskript noch einmal durchgeht – oder müssen Sie es als Herausgeber selbst tun? – um Interpunktionsfehler auszumerzen. Interpunktion war nie meine Stärke.

Kommen Sie eigentlich bald nach Europa zurück? Besuchen Sie uns dann einmal? Meine Frau und ich würden uns sehr freuen. Hier ist es s e h r schön. Ob Sie sich dann wieder Rom zum Wohnsitz[2] wählen? Ich glaube, dass man dort nur noch Schriftsteller trifft: Anderschs sind soeben dorthin gezogen, Luise Rinser, Grischa Rezzori[3] etc. –

Mit sehr herzlichen Grüssen
Ihr
Hildesheimer

Typoskript; Monacensia München; Archiv Hermann Kesten HK B 448.

1 Wolfgang Hildesheimer, »Die vier Hauptgründe, weshalb ich nicht in der Bundesrepublik lebe«, Typoskript, WHA 190. In dem unveröffentlichten Text führt Hildesheimer Antisemitismus, mangelnde Befähi-

gung zur Selbstkritik, ein unzureichendes geistig-intellektuelles Niveau der westdeutschen Öffentlichkeit und ihrer Medien sowie das Erfordernis, außerhalb Deutschlands für den Fall des Falles eine Zufluchtsstätte bereithalten zu müssen, als Gründe dafür an, dass er nicht in der Bundesrepublik lebe.

2 Vgl. Brief 4, Anm. 2.

3 Alfred Andersch (1914-1980) lebte seit Oktober 1962 in Rom, Luise Rinser (1911-2002) seit 1959. Gregor von Rezzori (1914-1998) lebte seit 1960 in der Toskana; ein Wohnsitz in Rom konnte nicht nachgewiesen werden.

[10] Hermann Kesten an Wolfgang Hildesheimer

Hermann Kesten
PARK WALD HOTEL, Apt, 4A
117 West 58th Street
New York 19, N. Y., U. S. A.

10. Januar 1963

Herrn Wolfgang Hildesheimer
Poschiavo (GR)

Lieber Herr Hildesheimer,

Soeben erhalte ich Ihren Brief vom 7. Januar 1963 und Ihren Artikel und ich danke Ihnen fuer beide aufs beste. Ihr Aufsatz gefaellt mir durchaus, und ich erhielt gleichzeitig damit einen Artikel von Norbert Muhlen, der genau das Gegenteil sagt. Umso besser. Es waere schade 25 gleiche Artikel zu erhalten.

Natuerlich will ich und werde ich Korrekturen lesen, vielleicht schon in Europa. Ich weiss nicht, wann das Baendchen in Druck gehen soll.

Ich will im Juni in Muenchen sein.

Ich habe bis jetzt die Artikel von Rudi Goehr/Walter Bauer/Kurt R. Grossmann/Oskar Maria Graf/Walter Mehring/Eric Mosse/Robert Neumann/Ludwig Marcuse/Max Tau/Carl Zuckmayer/Hans Purrmann/Hans Habe/Prof. Kirchheimer/

Max Brod/Manfred George/Richard Friedenthal/Joachim Maass/Richard Huelsenbeck/Franz Schoenberner/Norbert Muhlen/Wolfgang Hildesheimer.
Zugesagt haben noch Heinz von Cramer/Ossip Kalenter/Kurt Pinthus/Manes Sperber/Werner Helwig/Erich Fried/Richard J.Neutra/Arnold Brecht.
Einige andere schweben noch wie Anette Kolb, Remarque etc.

Danke Ihnen schoenstens fuer Ihre Einladung. Wenn wir in Ihre Gegend kommen, wollen wir uns melden. Graubuenden wurde ja schon von unserm Schiller verherrlicht. Wohin wir ziehen, wissen wir noch nicht.

Ein zwei Monate wollen wir in Jugoslawien verbringen, wo der Casanova[1] und die Kinder von Gernika[2] in den vier Lokalsprachen bestseller sind, und wir die Honorare aufessen wollen, da wir sie nicht herausbekommen. Ich gehe aber ungern hin, ginge lieber nach Venedig, sogar in die Schweiz.

Um uns niederzulassen, haben wir kaum eine Wahl – Paris oder Rom, wegen des Strassenlebens, wegen der Cafes, und Rom, weil es so schoen ist. Zuhause fuehle ich mich nirgends und ueberall, in meiner franzoesischen Exilzeit pflegte ich zu sagen, am liebsten lebe ich als »distinguierter Auslaender«. Ich glaube, ich bin als Auslaender zur Welt gekommen.

Ich schreibe eben mit Kurt Desch[3] um die Wette, einmal den Geburtstagsartikel zu seinem sechzigsten, arbeiten Sie auch daran? Zweitens schreibe ich gerade die letzten Seiten meines neusten Buchs[4], das bei ihm schon im Umbruch vorliegt, zum groessten Teil.

Nochmals den schoensten Dank fuer Ihren ausgezeichneten und temperamentvoll aufrichtigen Artikel und mit den freundlichsten Gruessen fuer Ihre verehrte Frau und Sie

Von Ihrem

Hermann Kesten.

Typoskript; Monacensia München; HK B 1776.

1 Hermann Kesten, *Casanova*, München, Wien und Basel: Desch 1952.
2 Ders., *Die Kinder von Gernika*, Amsterdam: de Lange 1939.
3 Kurt Desch (1903-1984), Verleger in München.
4 Hermann Kesten (Hg.), *Lauter Literaten. Portraits, Erinnerungen*, München, Wien und Basel: Desch 1963.

[11] Hermann Kesten an Wolfgang Hildesheimer

18. August 1963

Hermann Kesten, bis 7. Sept.:
HOTEL EXCELSIOR, Dubrovnik, Jugoslawien

danach: VERLAG KURT DESCH,
München 19, Romanstr., 7/9

Herrn Wolfgang Hildesheimer
Poschiavo, Graubünden, Schweiz

Lieber Wolfgang Hildesheimer,

soeben schreibt mir der Kindler Verlag, dass Sie abgelehnt haben, Ihre Erlaubnis für den Nachdruck einer Ihren Erzählungen für meine Anthologie EUROPA HEUTE[1] zu geben.

Das bedaure ich sehr, umso mehr, als der Suhrkamp Verlag, wie ich vom Kindler Verlag höre, seine Erlaubnis gibt, unter der Bedingung, dass seine Autoren ihre persönliche Zustimmung geben.

Wenn Sie keine besonderen Gründe haben, die meine Anthologie, den Kindler Verlag oder mich betreffen, würde ich mich freuen, wenn Sie es sich nochmals überlegen würden, ob Sie mir nicht doch gestatten wollen, Ihre Geschichte nachzudrucken.

Da der Umbruch am 26. August beginnt, müsste Ihre Antwort spätestens am 23. August in den Händen des Verlages sein.

Ich wäre Ihnen sehr verbunden, wenn Sie Ihr ja oder nein dem Verlag bis zu diesem Termin schreiben wollten und eventuell wenn dieser Brief sehr spät eintrifft, auf Kosten des Verlages Ihr ja oder nein dem Verlag telegrafieren würden, an Helmuth Faust, Kindler Verlag, München 23, Frankfurter Ring 247.

Wie geht es Ihnen? Ich habe einen heissen aber angenehmen, und arbeitsamen Sommer in Dubrovnik verbracht, fahre für eine Woche nach Athen, komme für eine Woche wieder hierher zurück und gehe dann nach Italien. Vielleicht komme ich im Oktober zur Frankfurter Buchmesse und zu den Berliner Festspielen. Es wäre schön, wenn ich Sie da oder dort treffen würde.

Mit den freundlichsten Grüssen,
Ihr
Hermann Kesten

Typoskript; Monacensia München; HK B 17.

1 Hermann Kesten (Hg.), *Europa heute. Prosa und Poesie seit 1945. Eine Anthologie*, 2 Bde., München: Kindler 1963.

[12] Wolfgang Hildesheimer an Hermann Kesten

wolfgang hildesheimer, poschiavo (graubünden)

16. November 1963

Lieber Herr Kesten,

ich schuldige Ihnen eine Erklärung, mehrere sogar, aber da man ja nie weiss, wo Sie eigentlich sind, ob in Jugoslawien, Amerika, Deutschland oder Italien, ist eine Korrespondenz schwer.
1. warum ich Ihnen nichts für Ihre Anthologie gegeben habe. Ein Akt der Verlagssolidarität. Für mich ist die ›Johnson-Affai-

re‹ damals niemals ganz geklärt worden.[1] Es war also kein Akt der Feindschaft gegen Sie sondern ein Akt der Zurückhaltung, die ich ebenso gut Johnson gegenüber geübt haben könnte.
2. warum ich meinen Beitrag zu Ihrem Symposion[2] zurückgezogen habe. Er stimmt sachlich nicht mehr, ein anderer Kanzler ist da[3], dem ich gern the benefit of the doubt geben möchte. Die von mir beschriebenen Zustände gelten nicht mehr richtig, zwar hat sich nichts gebessert, aber die Lage hat sich doch ein wenig geändert. Wahrscheinlich bleibt alles furchtbar, aber man sollte mit seinem Urteil noch ein wenig zurückhalten. Ich dachte, dass das Buch schon in diesem Frühjahr erscheinen sollte, als es dann im Herbst nicht kam, dachte ich, es käme überhaupt nicht mehr. Nun ist mein Beitrag veraltet. Ich habe ihn nicht nur in meinem Interesse, sondern auch in dem Ihren und des Verlags zurückgezogen.

Wo sind Sie eigentlich. Sieht man sich nicht doch einmal? Ich schicke Ihnen meine vergeblichen Aufzeichnungen[4], quasi eine Vorstufe zu meinem ›Roman‹, an dem ich nun schon zwei Jahre arbeite[5], und mein Nachtstück[6], mit dem Sie nicht viel anfangen können werden, aber das schadet nichts, ich kann auch nicht mit allem etwas anfangen, was Sie geschrieben haben, dennoch sind Sie für mich ein bedeutender und wichtiger Zeitgenosse, ohne den unsere Kultur ärmer wäre.

Mit herzlichen Grüssen,
Ihr
hildesheimer

Typoskript; Monacensia München; HK B 448; Abdruck in: *Briefe*, S. 122 f.

1 Auf einer öffentlichen Diskussionsveranstaltung in Mailand am 11. November 1961 waren Hermann Kesten und Uwe Johnson in eine scharfe Kontroverse über die Bewertung des Mauerbaus an der innerdeutschen Grenze im August desselben Jahres geraten. Kesten behauptete in der Folge öffentlich, dass Johnson Verständnis für die Errichtung der Mauer bekundet habe, dieser und Dritte, die Zeugen der Veranstaltung gewesen waren, bestritten dies. Die Instrumentalisierung des Konflikts

durch die Tageszeitung *Die Welt* trug zu einer Verhärtung der Fronten bei. Vgl. zur »Johnson-Affäre« Michael Rohrwasser, »Hermann Kesten und der ›monoton grimmige Antikommunismus‹«, in: Walter Fähnders und Hendrik Weber (Hg.), *Dichter – Literat – Emigrant. Über Hermann Kesten*, Bielefeld: Aisthesis 2005, S. 193-215, hier: S. 208 ff.

2 Vgl. Brief 2.

3 Am 15. Oktober 1963 war Konrad Adenauer von Ludwig Erhard im Amt abgelöst worden.

4 Wolfgang Hildesheimer, »Vergebliche Aufzeichnungen«, in: ders., *Vergebliche Aufzeichnungen. Nachtstück*, Frankfurt am Main: Suhrkamp 1963.

5 *Tynset*. Das Buch erschien 1965.

6 Wolfgang Hildesheimer, »Nachtstück«; vgl. Anm. 4.

HILDE DOMIN

In ihrer Rezension von Wolfgang Hildesheimers *Tynset* (1965) stellte Hilde Domin kategorisch fest: »Das ist das Thema des Buches: das Leiden an dem Nichts, das an die Stelle des Zentrums getreten ist. Die Erschütterung und Vernichtung der natürlichen Bezüge. Und nicht irgend ein Nichts, sondern ein sehr spezifisches – ›man-made‹ – Nichts: das immer noch umgehende Grauen jener zwölf Jahre.«[1] Dass Hildesheimer wie in einer »Röntgenaufnahme« das »Deutschland von gestern unter dem Deutschland von heute« sichtbar werden ließ, hat Domin tief bewegt – ihre Lektüre bildete den Anlass ihres ersten Briefes an den Verfasser. Vieles in *Tynset*, das sie als »eines der zeitgenössischsten Bücher der ganzen deutschen Nachkriegsliteratur« bezeichnete, war ihr »fürchterlich vertraut«.[2]

Hilde Domin (eigentlich Palm, geborene Löwenstein, 27. Juli 1909 Köln – 22. Februar 2006 Heidelberg) studierte Jura, Nationalökonomie, Soziologie und Philosophie in Heidelberg, Köln und Berlin, u. a. bei Karl Mannheim und Karl Jaspers. 1932 emigrierte sie zusammen mit ihrem Ehemann, dem Kunsthistoriker Erwin Walter Palm, zunächst nach Rom, später über Paris und London in die Dominikanische Republik. In Santo Domingo als Übersetzerin, Fotografin und Dozentin für deutsche Sprache tätig, begann sie, Gedichte in deutscher Sprache zu schreiben. Seit 1955 lebte sie abwechselnd in München, Frankfurt und Spanien, bevor sie sich 1961 dauerhaft in Heidelberg niederließ. Ihr erster Gedichtband erschien 1959 unter dem Titel *Eine Rose als Stütze*. Ihre Lyrik auch der folgenden Jahre (u. a. *Rückkehr der Schiffe*, 1962; *Hier*, 1964) kreist um die Erfahrung des Exils, die deutsche Sprache als Heimat(-Ersatz) sowie die Hoffnungen und Zweifel, welche die Rückkehr in die einstige Heimat Deutschland aufriefen. Neben vielen Auszeichnungen erhielt sie 1983 den Nelly-Sachs-Preis.

Kurz nach Erscheinen von *Tynset* im März 1965 suchte sie

den Kontakt zu seinem Autor. Ihre Besprechung des Buches, die im September 1965 in den *Neuen Deutschen Heften* erschien, nimmt durch ihre profunde Deutung eine Ausnahmestellung im öffentlichen Echo auf dieses zentrale Werk Hildesheimers ein. Ihr Brief vom 10. April/30. Mai 1965 legt offen, dass sie im *Tynset*-Autor einen Verbündeten zu erkennen meinte in ihren Bemühungen, auf literarische Weise gegen die restaurativen und teilweise explizit nationalistischen und antisemitischen Tendenzen in Deutschland zu opponieren. Zwar reagierte Hildesheimer in der Folge höflich bis freundlich. Doch Domins streckenweise assoziativ wirkende, fast kürzelhafte Schreibweise erreichte ihn keineswegs als ein Code unter Einverständigen; vielmehr wirkte sie auf ihn teilweise »kryptisch« (30. August 1965). Domins Kommentierungen der Zustände im westdeutschen Literaturbetrieb trafen in Hildesheimer auf einen Kollegen, der sich in seinem abgelegenen Schweizer Wohnort an eine gewisse Distanz gewöhnt hatte: »Sie setzen so viel voraus. Ich lebe nicht in Deutschland, auch im Geist immer weniger« (30. August 1965). Doch auch unter diesen Bedingungen einer teilweise asymmetrischen Korrespondenz war ein knapper, fast aphoristischer Austausch über die jeweilige Bedeutung des Jüdisch-Seins möglich, den beide Beteiligten so gegenüber Nicht-Juden kaum formuliert hätten (10. April/30. Mai 1965; 30. Juni 1965).

Nachdem ein geplantes Treffen in der Schweiz wegen einer Erkrankung Hildesheimers hatte ausfallen müssen, teilte Domin ihrem Kollegen ihre pointierte Analyse des westdeutschen Literaturbetriebs mit und gab ihren Hoffnungen auf seine bevorstehende Büchner-Preis-Rede Ausdruck (29. September 1966). Danach brach der Kontakt zunächst ab. Erst anlässlich eines Wiederabdrucks ihrer *Tynset*-Rezension meldete sie sich erneut 1982 bei Hildesheimer, der in der für seinen späten Korrespondenzstil typischen Prägnanz antwortete. – Ob sich Wolfgang Hildesheimer und Hilde Domin jemals persönlich begegnet sind, ist nicht bekannt.

Die überlieferte Korrespondenz zwischen Wolfgang Hildesheimer und Hilde Domin ist hier vollständig abgedruckt.

1 Hilde Domin, »Denk ich an Deutschland in der Nacht – Bemerkungen zu Wolfgang Hildesheimers ›Tynset‹«, in: *Neue Deutsche Hefte*, September/Oktober 1965, S. 124-134, hier: S. 124.
2 Vgl. ebd., S., 130f., 133.

[1] Hilde Domin an Wolfgang Hildesheimer

Heidelberg, 10.4.65

Sehr verehrter Herr Hildesheimer,
ich möchte Ihnen wegen Tynset[1] schreiben: ich habe nicht geglaubt, daß es möglich wäre, einen jetzt geschriebenen deutschen Prosaband mit so viel Freude zu lesen. Wir haben ja manches Gutgeschriebene, das Eine und das Andere ist bewundernswert: man ist gehorsam und bewundert, was daran zu bewundern ist.

Windowshopping!

Nur wo das Absurde der Notwendigkeit gehorcht, entsteht Freude. Zumindest für mich. Ob es ist, weil wir Juden sind (was immer dies sei. Ich bin mir völlig unklar, was es sei, außer daß wir das Zerbrechlichste sind, das Ungeschützteste: DAS Lehrbeispiel für die conditio humana.)

Inge Aicher Scholl[2] sagte mir seinerzeit in Ulm, daß Sie meine Gedichte mögen. Sie waren einen Tag vor mir da. Deswegen schicke ich Ihnen meinen letzten Band.[3]

Bitte, vergessen Sie uns nicht, wenn Sie einmal durch Heidelberg kommen. In herzlicher Bewunderung

Ihre
Hilde Domin

[PS]
Erwin[4] hat das Buch noch nicht gelesen. Doch fühlte er sich gleich von Ihrem Telephonexperiment[5] animiert. Die Straße, die hinter unserm Haus den Berg hinaufführt – entzückend anzusehen, besonders jetzt, wo die Gärten diese hellen kleinen Blätter haben – die wäre ein rechtes Objekt dafür. Als ob es nicht auch ohne das Gründe genug gäbe, das Kursbuch zu wälzen.[6]

Gestern kaufte ich ein paar Zitronen, etwas Lindtschokolade und wie ich es auf den Küchentisch legte, da war es in einer Tüte mit der Aufschrift »Aus deutschen Landen frisch, auf den Tisch.« Auf der Tüte waren ein paar »deutsche« Dinge abgebildet: ein gebratenes Hähnchen, hier meist aus den USA. Ein Blumenkohl (wohl aus Holland oder Italien). Eier, fast immer aus Holland. Schinken, Wein, Zwiebel und Butter waren wirklich aus hiesigen »Landen«. Hergestellt wird die Tüte von »Europack«. Ja, ganz im Ernst.

[Anschluss an den Brief vom 10.4.65]
PS vom 30.5. Dies ist liegengeblieben. Leider. Die Dinge machen sich selbstständig und werden ungehorsam. Früher waren sie gut dressiert. So möchte ich hinzufügen, dass ich es unternommen habe, eine Besprechung zu schreiben, es wird die erste sein, die ich je veröffentlicht habe.[7] Sie wird recht verschieden ausfallen von allem, was zumindest ich darüber gelesen habe. J. Günther[8], kaum hörte er, dass ich mir Notizen gemacht habe und dass es anders würde, bat mich darum. Unterdess war ich in Ravensburg, las dort Ihre Eintragung in das Gästebuch.[9] Und das ist auch der Titel der Besprechung. – Die Besprechung in der N. Rundschau fand ich schwach, doch kam sie zum gewünschten Ergebnis.[10] Die meisten Besprecher sind ja nicht so doll, selbst das grünste Holz hat morsche Stellen, manchmal. Die Besprechung von HIER[11] war auch gerade kein Kunstwerk. Ich komme mir vor, wie ein mit einem groben Messer operierter Patient. Natürlich handelt das gerügte Gedicht ANSTAND FÜR ALLERWÄRTS[12] nicht von dem Judenmord. Es handelt vom Tabu-Charakter der Misshandlung, der Judenmord dient nur als das extreme Beispiel. Als ich dies schrieb, wusste ich noch nicht, dass der Auschwitzprozess[13] den Antisemitismus neu beleben würde. aber auch darauf passt dies Gedicht. Und das ist kein Tatbestand, der ironisch behandelt werden muss?

Ich denke, Lohner[14] lässt an mir die Angriffe aus, die seine Celankritik in der Zeit bekam, wegen »Auschwitz als Kunstdünger«.[15] Ich werde das Gedicht, am Liebsten in der Rundschau selbst, interpretieren, zumal es sonst überall hochgepriesen wurde, aber gelegentlich auch, als handle es von der »Endlösung«, was mich dito entsetzte.

Ich würde es nicht erwähnen, aber ich finde es von der Sache her untragbar. Dabei hat das Gedicht – ganz wie AKTUELLES[16], das ja vom Gleichen handelt – eine starke kathartische

Wirkung, wo ich es lese. Ich greife neuerdings mein Publikum mit harten Händen an, es geht fast immer gut. Nur neulich verlor ein Journalist, der mir folgend den Freispruch der Eichmannhelfer als »beschämend« bezeichnete, seine Stelle. (aber es war, so schreibt er mir, ohnehin eine komplexe Situation. Es war in Niedersachsen) Er hat auch eine bessere Stelle, anderwärts. Mein Mann pflegt dies so auszudrücken: die »Schonzeit« ist vorbei. Oft sind wir bedrückt. Aber dabei ist ja auch viel VIEL Gutes da. Dass die National-Demokratische Partei aus 40% Jugendlichen besteht, ist das bisher Traurigste.

Es ist merkwürdig zu denken, dass ich der einzige wieder hier ansässige jüdische Lyriker bin, wenngleich ich ja auch ein schlechter Jude bin und eigentlich im Leeren gehe. [handschriftl. Zusatz:] siehe oben

All dies wollte ich nicht schreiben. Kommen Sie nicht einmal durch Heidelberg, wir sähen Sie gern.
Die nuovo, Ihre

H. D.

Typoskript; WHA 381; teilweiser Abdruck in: *Briefe*, S. 134 f.

1 Wolfgang Hildesheimers *Tynset*, Frankfurt am Main: Suhrkamp 1965, war ab März ausgeliefert worden.
2 Inge Aicher-Scholl (1917-1998) war Schriftstellerin und Mitgründerin der Hochschule für Gestaltung Ulm.
3 Hilde Domin, *Hier*, Frankfurt am Main: S. Fischer 1964.
4 Erwin Walter Palm; vgl. Einleitung, S. 349.
5 Der Ich-Erzähler in *Tynset* ruft abends ihm unbekannte Nachbarn an, fragt sie: »Fühlen sie sich schuldig?«, fügt den Hinweis an, dass »alles entdeckt« sei, und beobachtet in der Folge, wie die Angerufenen noch in derselben Nacht fluchtartig ihre Wohnungen verlassen.
6 Weitere Anspielung auf den Ich-Erzähler in *Tynset*, der regelmäßig in Kursbüchern blättert, wobei er auch den Ortsnamen Tynset entdeckt.
7 Hilde Domin, »Denk ich an Deutschland in der Nacht – Bemerkungen zu Wolfgang Hildesheimers ›Tynset‹«, vgl. Einleitung zu diesem Briefwechsel, Anm. 1.
8 Joachim Günther (1905-1990), Journalist und Literaturkritiker, Her-

ausgeber der *Neuen deutschen Hefte*. Günther hatte das monatlich erscheinende Periodikum 1954 zusammen mit Paul Fechter gegründet. Fechter (1880-1958), Theater- und Kunstkritiker, hatte 1932 das Werk *Dichtung der Deutschen. Eine Geschichte der Literatur unseres Volkes von den Anfängen bis zur Gegenwart* (Berlin: Deutsche Buch-Gemeinschaft 1932) veröffentlicht, gegen das Heinrich Mann als Vorsitzender der Sektion Dichtkunst der Preußischen Akademie der Künste eine »öffentliche Warnung« wegen seiner völkisch orientierten Lektüren, der auf ihrer Basis erfolgenden Attacken gegen u. a. Goethe, Schiller und Nietzsche und seines grundsätzlichen Angriffs auf die »Freiheit des Geistes« erwirken wollte. Fechters *Geschichte der deutschen Literatur* (Berlin: Knaur 1941) hatte der nationalsozialistischen Anschauung der Literatur repräsentativen Ausdruck gegeben. Seit 1962 erschienen die *Neuen deutschen Hefte* unter der alleinigen Herausgeberschaft von Günther zweimonatlich, seit 1966 vierteljährlich.

9 Domins Besprechung zufolge hatte Hildesheimer in das Gästebuch einer »kleinen literarischen Gesellschaft in Süddeutschland« eingetragen: »Denk ich an Deutschland in der Nacht, bin ich um den Schlaf gebracht.« Auf dasselbe Heine-Zitat hatte Hildesheimer im Oktober/November 1962 auch in einem Brief an Karlheinz Braun vom Suhrkamp Verlag unter Bezug auf die *Spiegel*-Affäre angespielt – vgl. in diesem Band S. 236.

10 Hans Schwab-Felisch, »Wolfgang Hildesheimer – Tynset«, in: *Neue Rundschau* 76/1965, S. 345-349.

11 Edgar Lohner, »Hilde Domin/Hier«, in: *Neue Rundschau* 76/1965, S. 339-345. Die Rezension geht der von Hildesheimers *Tynset* unmittelbar voran. Zu Edgar Lohner vgl. auch Anm. 14.

12 Korrekt: »Anstandsregel für allerwärts«, in: Hilde Domin, *Hier*, Frankfurt am Main: S. Fischer 1964, S. 31.

13 Am 20. Dezember 1963 war in Frankfurt am Main unter der offiziellen Bezeichnung »Strafsache gegen Mulka und andere« (Aktenzeichen: 4 KS 2/62) der sogenannte Auschwitz-Prozess unter großer nationaler und internationaler Aufmerksamkeit eröffnet worden. Die Frankfurter öffentliche Verhandlung der im Vernichtungslager Auschwitz von Deutschen verübten Massenverbrechen gilt heute als Zäsur in der Geschichte der »Vergangenheitsbewältigung« in Deutschland.

14 Edgar Lohner (1919-1975), Literaturwissenschaftler. In Deutschland geboren, wirkte er seit 1951 an US-amerikanischen Universitäten, u. a. in Harvard, New York und Stanford.

15 Edgar Lohner, »Dem Verderben abgewonnen – Paul Celans lyrische Kunst«, in: *Die Zeit*, 26. Februar 1965. Das Zitat ist in dieser Rezension nicht enthalten, könnte aber auch von Domin als pointierende Kurzfor-

mel für hier nicht näher bezeichnete Reaktionen auf die Lohner-Kritik formuliert worden sein.

16 Hilde Domin, »Aktuelles«, in: Hilde Domin, *Hier*, S. 12 f.

[2] Wolfgang Hildesheimer an Hilde Domin

[Poschiavo, 30. Juni 1965 (Poststempel)]

Liebe Frau Domin,

herzlichen Dank für Brief und Anerkennung. Ich habe diesmal viel davon bekommen, viel mehr, als ich erwartet hatte. Ja, ich bin ein Leser Ihrer Gedichte, vielen Dank auch für den neuen Band, er liegt schon auf meinem Nachttisch, und es liegt nur noch ein Buch darüber (Canetti, Aufzeichnungen[1],) dann kommt HIER an die Reihe. Nach Heidelberg? Not if I can help it. Aber vielleicht kommen Sie einmal hierher, jeder Mensch fährt doch einmal nach Süden, und Poschiavo liegt nur ein ganz klein wenig links von der geraden Strecke. Erwin ist wohl – ich hoffe, die Deduktion stimmt – Ihr Mann. (Ist das nicht überhaupt Palm? Oder bin ich da auf ganz falschen Bahnen, man bekommt ja so viel nicht mehr mit?) Wer aber J. Günther ist, habe ich wohl nie gewusst. – Wenn wir gute Juden wären, würden wir nach Israel gehen. Aber ich fürchte, so gut sind wir eben nicht, Celan ist es auch nicht. Da wir es aber nicht tun, haben wir uns alles selbst zuzuschreiben. Das tun Sie mit Lyrik, ich tue es mit Prosa.

Mit herzlichen Grüssen,
Ihr
Hildesheimer

Typoskript; Deutsches Literaturarchiv Marbach.

1 Elias Canetti, *Aufzeichnungen 1942-1948*, München: Hanser 1965.

[3] Hilde Domin an Wolfgang Hildesheimer

[20.8.1965]

Lieber, verehrter Herr Hildesheimer,

gestern sah ich Ihren »Querbalken«[1], mochte ihn sehr. Mochte auch, was Sie dazu sagen, selbst wenn ich in mancher Einzelheit es ein wenig anders sehe. Ich mag ja Ilse Aichingers Prosa SEHR.

Gerade habe ich einen Essay über DAS ABSURDE UND DAS MODELL für den MERKUR[2] begonnen, wo ich u.a. etwas von Ihnen und etwas von ihr nebeneinander analysiere (der Artikel wird sich mit der Blechtrommel[3] beschäftigen, mal ganz anders, wie ich glaube. Und dann wohl im Wesentlichen mit Ihnen beiden. Mit andern Leuten negativ)

Neugierig bin ich, was Sie zu meiner Besprechung sagen werden. Ist es eine Freude, sich wirklich »verstanden« zu sehen? Ich würde es hoffen. Im September wird es ja herauskommen, in den NDHeften[4] (welche leider wohl eingehen). Der Herausgeber[5] ist vorzüglich, ist – zu Unrecht – in den Verdacht ehemaligen Nazitums gekommen, eine widerliche Affäre. Im Gegenteil, er gehörte zum sogenannten »bürgerlichen« Widerstand, hat sich nie mit denen »gemischt«. Als ich dies entdeckte, war er schon ziemlich isoliert

[eingefügte Ergänzung:]
Das hat aber nichts mit dem Sterben der Zeitschrift zu tun, welches einfach finanziell ist.

[eingefügte Ergänzung:]
Eben höre ich, er hat die Krise wohl gelöst. Hoffentlich. Obwohl, alles hängt immer zusammen. Er weiss es vielleicht übrigens nicht einmal, da er es ja nicht ahnen kann. Ich habe es aber »geregelt«: Es ist unsere Aufgabe, die wenigen, die sich des Unrechts deutlich enthalten haben, in Schutz zu nehmen, finden Sie nicht?

Andere Ex-nazis in grösseren Positionen dagegen sind unbehelligt. Man ist so angewidert, von allem.

Aber all dies wollte ich im Grunde nicht schreiben. Auch nicht, dass ich gerne wüsste, ob Sie mit HIER etwas anfangen konnten. Sondern dies:

irgendwann las ich Ihre Paraphrase des Enzensberger Gedichts[6], war sehr erheitert. Ich hatte mich damals gerade gefragt, ob Sie wohl Gedichte interpretieren könnten oder es gerne täten. Dann dachte ich: »seine Phantasie, seine Lust am Spiel, läuft mit dem Gedicht davon«. Als ich die Rezension und den Querbalken sah, hatte ich wieder grosse Lust – wie ich die ganze Zeit Lust habe – Sie einzuladen zu diesem Unternehmen, das ich geplant habe und auch verwirkliche. Ein Novum n-o-v-u-m. Ob das Novum, realisiert, etwas ergibt, bleibt ein Experiment. Programm beiliegend.[7]

Frage: möchten Sie mittun? Falls ja, das Menü ist bereits ein wenig abgegessen, was kann ich Ihnen anbieten? Ich sehe hier Fuchs: Geschichtenerzählen[8], lege es bei. Ob Ihnen dies Spass machen würde. Fast denke ich, es könnte es. (Dazu müsste wohl im engeren Sinne Lewis Carroll herbeigebracht werden, den Sie gewiss ebenso lieben wie auch wir. Gardeners Song und In The Looking glass.[9] Überhaupt ist ja das Englische dafür zuständiger fast als das Deutsche.)

Beinahe denke ich, dass ich Ihnen von vornherein diesen Fuchs angeboten hätte. Obwohl ich wiederum zweifle, Sie haben feinere Instrumente als er. Jedoch hat er mehr Witz oder doch Impuls als die meisten von diesen.

Bitte, lassen Sie mich wissen, ob es Sie verlocken würde, damit zu spielen, ich meine, es sich vorzunehmen.

Herzlich, Ihre 20.8.65

Hilde Domin

vielleicht gehen wir im September nach Graubünden, Lenzerheide. Dann wären wir doch in der Nähe.

Typoskript; WHA 381.

1 Ilse Aichinger, »Der Querbalken. Mit einer Einführung und einer Illustration von Wolfgang Hildesheimer«, in: *Merkur* 17/1963, S. 1179-1184, Einführung S. 1179-1181.
2 Im *Merkur* ist ein solcher Aufsatz Domins nicht nachweisbar.
3 Günter Grass, *Die Blechtrommel*, Darmstadt, Berlin und Neuwied: Luchterhand 1959.
4 *Neue deutsche Hefte*, vgl. Brief 1, Anm. 7.
5 Vgl. Brief 1, Anm. 8.
6 Wolfgang Hildesheimer, »schläferung – für h. m. e.«, erstmals in: ders., *Lieblose Legenden*, Frankfurt am Main: Suhrkamp 1962, S. 153-172.
7 Vermutlich Anspielung auf das Buchprojekt *Doppelinterpretationen*.
8 Günter Bruno Fuchs (1928-1977), Schriftsteller, Autor des Gedichts »Geschichtenerzählen«, in: ders., *Das Lesebuch des Günter Bruno Fuchs*, München: Hanser 1970, S. 146, ersterschienen in: ders, *Pennergesang. Gedichte und Chansons*, München: Hanser 1965.
9 Gemeint sind wahrscheinlich Lewis Carrolls Gedichte »The mad gardener's song« und »Through the looking-glass, and what Alice found there«.

[4] Wolfgang Hildesheimer an Hilde Domin

[Poschiavo, 30. August 1965]

Liebe Frau Domin,

mit HIER konnte ich – zum grösseren Teil – sehr viel anfangen, wie überhaupt mit dem grösseren Teil Ihrer Gedichte. Ich bin ja in Gedichten kein Experte, nur ein rezeptiver Konsument. Ihr Brief war wieder (wie der vorige) zum Teil kryptisch. Was sind die ND-Hefte? Wer ist der Herausgeber? Sie setzen so viel voraus. Ich lebe nicht in Deutschland, auch im Geist immer weniger, (wir sind dabei, uns einen zweiten Wohnsitz in Urbino[1] zu gründen.)

Ihr Novum ist eine vorzügliche Idee, nur kann ich nicht mitarbeiten. Das Gedicht von Fuchs gefällt mir s e h r , ich mag ihn überhaupt, aber ich will nicht mehr als 100 Schreibmaschinenseiten im Jahr schreiben, und ich habe in diesem Jahr noch etwas vor, (in diesem Jahr werden es ohnehin nur 40).

Wir würden uns über Ihren Besuch freuen, allerdings ist Lenzerheide zweieinhalb Autostunden von Poschiavo entfernt. Vom 14. bis 22. Sept. sind wir verreist. Sonst hier, allerdings nicht immer ganz ohne Besuch. Ende September kommt – hoffentlich – Walter Jens.[2]
Herzliche Grüsse, Ihr
Hildesheimer

Typoskript; Deutsches Literaturarchiv Marbach.

1 Im März 1966 erwarben Wolfgang und Silvia Hildesheimer das Bauernhaus Cal Masante in Trasanni di Urbino.
2 Walter Jens (1923-2013), Schriftsteller und Philologe, enger Freund Hildesheimers.

[5] Hilde Domin an Wolfgang Hildesheimer

Lieber Herr Hildesheimer,
das Privatzimmer, das ich für den 29. 10. ergattern konnte, hatte die Adresse
bei Barblan, Chese Chamsegl. Sils Baseglia[1] Tel. 63279

Das Telephon ist unten im Haus. angeblich wird man gerufen. Wie lange die Leute es klingeln lassen, weiss ich nicht, es ist ein Hauswart aber kein Portier, natürlich. Sondern ein recht netter, vielleicht lässiger Italiener. Es liegt auf der Wiese zwischen Sils Maria und Besaglia, mit herrlicher Aussicht. Dort kann man sich auch unterhalten, im Gegensatz zu diesem Hotel. Ich bin kein Mensch für Hotels. Wie ein Hühnerstall. Ich bin ein Vogel für ein Nest auf einem wippenden Zweig.

Ob Sie noch kommen? Ich gestehe, ich tue Ihnen in meinen Gedanken Unrecht. Verzeihen Sie, fall es »Unrecht« ist. Denn natürlich haben wir uns mehr zu sagen als die meisten. Ich kenne Sie so genau, alle alle Ihre Idiosynkrasien. Ich bin ein unheimlich genauer Leser, was Sie aber vermutlich auch sind. Gerade gestern auf einem Berg über Sils war die Rede von Ihnen: Sie hatten Meriam über Poschiavo geschrieben[2] (ich tue es über Hdgb.[3]) die Leute aber kannten TYNSET nicht.

Typoskript, ohne Datum; Deutsches Literaturarchiv Marbach.

1 Sils Baselgia/Schweiz.
2 Wolfgang Hildesheimer, »Erlebnis des Unerwarteten«, in: *Merian* 14/1961, S. 31-34.
3 Heidelberg. Ein Beitrag Hilde Domins über Heidelberg für den *Merian* ist nicht nachweisbar.

[6] Wolfgang Hildesheimer an Hilde Domin

[Poschiavo, 2. September 1966 (Poststempel)]
[Bildpostkarte mit Reproduktion eines Details aus Piero della Francescas »Il morte di Adamo«, alter weißbärtiger Mann, der am Boden sitzt, umstanden von vier Personen, ausgezehrt, wie im Sterben]

Liebe Frau Domin, nun geht es – zumindest vorläufig – doch nicht: ich liege im Bett, mit entsetzlicher Erkältung, Colitis, und völlig demoralisiert, ich glaube, die Arbeit an der Büchner-rede[1] hat mir den Rest gegeben. Wenn ich wieder auf bin, rufe ich einmal an.
Herzliche Grüsse,
Ihr Hildesheimer

Handschrift; Deutsches Literaturarchiv Marbach.

1 Wolfgang Hildesheimer, »Büchners atemlose Melancholie. Zur Verleihung des Georg-Büchner-Preises«, zuerst in: *Süddeutsche Zeitung*, 22./23. Oktober 1966. Die Preiszeremonie fand am 15. Oktober 1966 in Darmstadt statt.

[7] Hilde Domin an Wolfgang Hildesheimer

Hotel Waldheim
Surley Silvaplana
Tel. 082/64132

[29.9.1966]

Lieber Herr Hildesheimer,

ja nun wird es wohl nichts mehr damit, obschon ich noch bis zum 8. oder 9. hier oben bin. Ich hätte gerne mit Ihnen über die deutsche Situation gesprochen. Ich hoffe ja sehr, Ihre Büchnerrede wird kein l'art pour l'art. Wir sind verpflichtet, die Plattformen zu nutzen, solang wir sie noch haben. Jetzt ist ja der Rechtsdrall dran, nach dem L. D. Drall aber immer. Freiheit, Atemspielraum: das gerade fehlt.

Ob Sie wissen, dass die 16-21jährigen der NDP zulaufen, wieder für nationalistisches Tamtam zu haben sind? Vieles vieles gäbe es zu berichten. Wir stehen noch auf der Bühne. Hinter uns gespenstische Regieanweisungen, für das nächste Stück???
Keiner hört hin.
Lasen Sie den Speerartikel im SPIEGEL[1]? Ich mit Empörung. Keusch war die Rede davon, dass er »noch nicht entnazifiziert«[2] sei. Sic!

Die Literaten: eine Erziehung zu mangelnder Integrität, seit Jahren schon. Charakterlosigkeit wird prämiiert. Das Panorama weit schlechter als zu Ende der Weimaraner Zeit. Finden Sie nicht? Wo der Freund den Freund verrät, auf leisesten Druck, was soll da werden, wenn erst politischer Druck käme? Die Verlogenheit der Kritik (bei Walser z. B., den ich persönlich so mag). Diese Bauchweh, die man mitliest. Wo doch keine Gestapo ins Haus steht.

IG Metall ist weit besser als die 47er. Die haben Rückgrat und passen auch auf.

Ich selber, als einziger, erhob beim PEN in Darmstadt die Kassandrastimme.[3] Lauter Beifall ... der Minderheit. Die Mehrheit stänkerte dann wochenlang. Deutschland, denke ich, ist unsere erste Aufgabe. Kommt noch vor Vietnam. Aber das ist so billig, da zu schreien.

Ich finde, es ist an uns, etwas zu tun. Mir ist es ja leider sehr erschwert, da ich 1962 die Einladung der Gruppe nicht angenommen habe (aus diversesten Gründen, ich war damals noch ein Kindskopf)[4] Und für den Einzelnen ist es nicht so leicht, die grossen Plattformen zu haben, die wir aber brauchen, heute.

Sehr neugierig auf Ihre Rede, enttäuschen Sie mich nicht, ich halte wirklich Ihr Buch[5] für eines der gezählten von Rang (noch hier auf einer Bergspitze hab ichs empfohlen) grüsst Sie Ihre
29.9.66

Hilde Domin

Typoskript; WHA 381.

1 »Fühlende Brust« [Titelgeschichte], in: *Der Spiegel* 40/1966, S. 44-61.
2 »Fahler Morgen«, in: *Der Spiegel* 40/1966, S. 42-43, hier: S. 43.
3 In die Ausgabe *Gesammelte Essays*, München und Zürich: Piper 1992, ist ein entsprechender Vortrag nicht aufgenommen.
4 Hans Werner Richter hatte Domin am 27. September 1962 zur Tagung der Gruppe vom 26. bis zum 28. Oktober 1962 in Berlin eingeladen, Domin hatte jedoch kurz darauf unter Hinweis auf eine geplante Reise nach Sizilien abgesagt (vgl. Hans Werner Richter, *Briefe*, hg. v. Sabine Cofalla, München und Wien: Hanser 1997, S. 549).
5 *Tynset*, vgl. Brief 1.

[8] Hilde Domin an Wolfgang Hildesheimer

[Adressstempel:] 69 Heidelberg 1
Graimbergweg 5
Telefon 0 62 21 – 125 45

Lieber Wolfgang Hildesheimer,

ich habe in diesen Wochen oft an Sie gedacht: In meinem nächsten Buch ABER DIE HOFFNUNG[1], das einerseits autobiographisch ist, andrerseits in hohem Masse Deutschland zum Thema hat, habe ich meine Besprechung Ihres TYNSET[2] abgedruckt. Sehr dachte ich daran, als ich las, dass Sie nun doch die dortige Staatsbürgerschaft angenommen haben.[3] Sicher erinnern auch Sie sich an diese Besprechung, die, so sagten Sie, die beste gewesen sei. Sicher die grundsätzlichste. Nichts kommt je in Ordnung, das so in Unordnung geraten ist. Wir haben hier – auf ganz andere Weise – auch gelitten. Und man kann die Entwicklung nicht skeptisch genug ansehen.

Glückwunsch zu dem Literaturpreis[4]; schade, dass ich Sie nicht in Lüneburg hören konnte.
Mit sehr freundlichen Grüssen
Ihre
H. D.
Hilde Domin 17. 7. 82
Ob wohl die Leute TYNSET noch lesen?

[handschriftl. Zusatz:] Die Welt rennt – rennt. Aber es sind doch Spiralen.

[maschinenschriftl. Zusatz:]
Sehr frage ich mich doch, wenn ich Die ZEIT lese, wie stark hier zu einem neuen Antisemitismus dieser knochenbrechenden Familienväter[5] oder der Enkel beigetragen wird:[6] wie sieht die schwangere von PLO Bomben verletzte Frau denn aus![7] Auch die Neo-deutsche Rockwelle hat es in sich. Hitler wird gesellschaftsfähig[8] (wegen Israel und weil Brutalität so unterhaltend

ist) und das Himbeerstrauchgedicht[9]! Himbeersträucher werfen keine Bomben. Bei alledem sehe ich kein Ende und auch kein gutes. Platz mangelt nicht. Wer will Flüchtlinge? Wer hat sie je gewollt? Also auch dies nicht. Tynset ist ärger geworden.

Typoskript, ohne Datum; WHA 381.

1 Hilde Domin, *Aber die Hoffnung. Autobiographisches aus und über Deutschland*, München: Piper 1982.
2 Vgl. Einleitung, Anm. 1.
3 Am 7. März 1982 hatten sich die Bürgerinnen und Bürger von Poschiavo mehrheitlich für die Verleihung des Ehrenbürgerrechts an Wolfgang und Silvia Hildesheimer ausgesprochen. Bereits im April 1980 hatte der Gemeinderat von Poschiavo ein entsprechendes Ansinnen in die Wege geleitet. Übergeordnete Behörden hatten jedoch in mehrstündigen Befragungen so rückhaltlose Selbstoffenbarungen eingefordert, dass Wolfgang Hildesheimer zwischenzeitlich erwog, auf die ihm und seiner Frau angetragene Ehrung zu verzichten. Am 30. September 1982 wurden beide formal eingebürgert und erhielten dadurch das Schweizer Bürgerrecht.
4 Literaturpreis der Bayerischen Akademie der Schönen Künste für *Marbot*.
5 Anspielung auf Hildesheimer, *Tynset*, S. 269: »ein Mörder, aber keiner von den Ordnungswahrern, kein Spreizer einer großen roten blonden Hand, keiner von den Hauptabziehern und Pensionären in Schleswig-Holstein, den knochenbrechenden Familienvätern aus Wien, den Aufknüpfern, Menschenschützen«.
6 Bereits auf der ersten Seite der *Zeit* vom 16. Juli 1982 charakterisiert Andreas Kohlschütter unter dem Titel »Israel am Pranger – Wer hilft den Palästinensern?« das militärische Vorgehen Israels im Libanonkrieg als »Vernichtungsfeldzug« und als »Blitzkrieg«, das auch durch »die urtümliche Auge-um-Auge-Verhältnismäßigkeit des Alten Testaments« nicht eingehegt worden sei. Die Begriffe »Vernichtungsfeldzug« und insbesondere »Blitzkrieg« gemahnen direkt an die von Nazi-Deutschland durchgeführten kriegerischen Handlungen. Auch in Dietrich Strothmanns Beitrag »Der Minister mit dem Flammenschwert – An Ariel Scharon scheiden sich die Geister« (S. 2 derselben Ausgabe) findet der Begriff »Blitzkriegszug« Verwendung.
7 Auf Seite 8 der *Zeit* vom 16. Juli 1982 findet sich unter dem Foto einer liegenden Frau folgende Bildlegende: »Die Leiden der Zivilbevölkerung

im belagerten Westbeirut wollen kein Ende nehmen. Bei einem israelischen Feuerüberfall wurde diese schwangere Mutter tödlich verletzt. Ihr Baby wurde durch Kaiserschnitt gerettet. – Aufn.: AP«

8 Auf den Seiten 9-10 der *Zeit* vom 16. Juli 1982 berichtet Franz Schöler unter dem Titel »Wollt ihr den ›Totalen Tanz‹? Das Schauerspiel der neudeutschen Volksmusik läßt die Kassen klingeln« ausführlich von neonazistischen Elementen in der neuesten deutschsprachigen Popmusik. Die Band *Grabhund* singe »Deutschland is wieder a totalitäres Land / Aber auf dem Mars ist gar kein Leben möglich« und frage: »Wollt ihr den TOTALEN TANZ?« Die Band *Weltschmertz* bekenne: »Wir sind kritische Konservative unterwegs in die Zukunft.« Auf dem Album »Heimatfront« der Combo *Oberste Heeresleitung* finde sich die Liedzeile: »Soldaten leben länger«. Schöler schreibt: »Auch ihre rechten Pilot-Texter hat diese Welle schon, wiewohl braunes Gedankengut nicht immer so einfältig formuliert wird wie von der ›Obersten Heeresleitung‹.« »›Die da‹, sagt Konzertveranstalter Fritz Rau und meint damit das Erfolgs-Duo DAF, ›sehen aus wie Hitlerjungen, das sind Hitlerjungen, nur wissen sie nicht, wer Hitler war.‹« Die Musiker von DAF werden mit der Aussage zitiert: »›Was haben wir damit zu tun, daß Juden vergast worden sind, was haben wir mit Hitler zu tun; das ist, wie wenn jemand vom Alten Rom erzählt, wo ja auch viele schlimme Sachen passiert sind mit den Löwen in den Arenen und der Christenverfolgung.‹« Rau kommt ein weiteres Mal zu Wort mit der Bemerkung: »›Da hört man Töne bei Popkonzerten, wie man sie von Jugendlichen seit 1945 eigentlich nicht mehr gewohnt war, und die Plattenfirmen machen skrupellos mit, solange sie damit nur gut verdienen.‹« Schöler zitiert ferner eine Strophe des Liedes »Held im Traum« der Band *Breslau*: »Blonde Haare mit Seitenscheitel / und ein klarer heller Blick / schöne blanke Lederstiefel /die Uniform ist chic / Die Figur ist überragend / dein Körper ist so hart wie Stahl / ich fühle mich bei dir geborgen / und Du bist so schön brutal / Du bist der Held in meinem Traum.«

9 Unter der Rubrik »Zeitmosaik« der *Zeit* vom 16. Juli 1982 (S. 30) findet sich das folgende Gedicht: »Der Himbeerstrauch // Als sie ihn / Eines Morgens / Mit Panzerketten überrollten / Flüsterte der Himbeerstrauch: / Spielt mit dem Feuer / Soviel ihr wollt! / Denn Recht wird nie sterben! / – und wuchs weiter. / – Tawfiq Zayyrad / Bürgermeister von Nazareth«

[9] Wolfgang Hildesheimer an Hilde Domin

[Karte Wolfgang Hildesheimer, Westwärts, 1981]

29.10.82

Liebe Hilde Domin,

herzlichen Dank für Ihren Brief. Ja, es sieht böse aus, und ich bin immer auf der Flucht ins achtzehnte Jahrhundert (Mozart[1]), ins neunzehnte (Marbot[2]) aber das zwanzigste erspare ich mir. An sich interessieren mich Nationalitäten nicht, aber da Graubünden mich zum Ehrenbürger machen wollte, habe ich diese Ehre angenommen.
Herzlichst
Ihr Wolfgang Hildesheimer

Handschrift; Deutsches Literaturarchiv Marbach.

1 Wolfgang Hildesheimer, *Mozart*, Frankfurt am Main: Suhrkamp 1977.
2 Ders., *Marbot*, Frankfurt am Main: Suhrkamp 1981.

HANSJÖRG SCHMITTHENNER UND DIETER HASSELBLATT

»Das persönliche engagement […] käme gut heraus«, schrieb Wolfgang Hildesheimer am 19. Februar 1974 an Hansjörg Schmitthenner vom Bayerischen Rundfunk, um ihn davon zu überzeugen, ihn eine Rolle in seinem Hörspiel *Hauskauf* selbst sprechen zu lassen. Hildesheimers Wunsch steht symptomatisch für das hohe Maß an Identifikation mit seinen Werken, in diesem Fall sogar mit seinen Figuren: *Hauskauf* gibt das Gespräch zweier Männer über ihre so verzweifelten wie vergeblichen Versuche wieder, durch militante Aktionen autochthone Völker vor ihrer Ausrottung durch profitorientierte Repräsentanten der westlichen Zivilisation zu retten. Wenig später schlägt er gar vor, beide Rollen zu sprechen – ist der Austausch der beiden Protagonisten doch als Selbstgespräch zu verstehen. Der Briefwechsel Hildesheimers mit den Redakteuren des Bayerischen Rundfunks gibt sich als Raum permanenter Verhandlungen zu erkennen, in denen der Künstler verbindlich im Ton, jedoch nachdrücklich in der Sache stets das Optimum für die Produktion seiner Werke zu erwirken versucht.

Hansjörg Schmitthenner (1908 Colmar – 1993 München) hatte in den Jahren nach Kriegsende als Verlagslektor und Schriftsteller gearbeitet. Hildesheimer mag ihm erstmals auf der Tagung der Gruppe 47 im Oktober 1955 in Bebenhausen begegnet sein, wo sich Schmitthenner mit einer Lesung präsentierte. An der Hörspieltagung der Gruppe an der Ulmer Hochschule für Gestaltung im Mai 1960 und an der Fernsehspieltagung in Sasbachwalden im April 1961 – Hildesheimer wohnte beiden Zusammenkünften bei – nahm Schmitthenner wohl vor allem in seiner Funktion als Dramaturg des Bayerischen Rundfunks teil. Als sich Hildesheimer zu Jahresbeginn 1974 an Schmitthenner wandte, war dieser dort Leiter der Hörspielabteilung. Anlass war eine für den Künstler enttäuschende Produktion seines Hörspiels *Hauskauf* durch SDR und WDR; er wollte Schmitthenner für eine Neuproduktion durch den Bayerischen Rundfunk gewinnen. Nur kurze Zeit später wurde Schmitthenner in seiner Funktion von Dieter Hasselblatt abgelöst. Dieter Hasselblatt (1926 Reval – 1997 Neuwied), der an der Universität Freiburg mit einer Studie über Franz Kafka promoviert worden und wie Schmitthenner auch als Schriftsteller tätig war, hatte bereits seit Anfang der 60er-Jahre als Hörspielredakteur gearbeitet, bevor er im Frühjahr 1974 auf Schmitthenner als Abteilungsleiter Hörspiel beim Bayerischen Rundfunk nachfolgte.

Der Briefwechsel erlaubt einen Blick auf die Urteilsfindung innerhalb der Rundfunksender, liegen der Korrespondenz im Archiv des Bayerischen Rundfunks doch sowohl interne Abteilungsgutachten, die der WDR für die Erstproduktion von *Hauskauf* hatte anfertigen lassen, als auch jene des BR über das drei Jahre später verhandelte Hörspiel *Biosphärenklänge* bei. Diese internen Hausgutachten, die nicht zur Kenntnisnahme des Schriftstellers gelangten und die Eignung der eingereichten Manuskripte für das Hörfunkpublikum kritisch abzuwägen hatten, demonstrieren die – teils affektiven – Vorbehalte, die Hildesheimers künstlerischer Arbeit Anfang der 70er-Jahre entgegenschlugen. Während zwei der Gutachten über *Hauskauf* entschieden kritisch ausfallen, stößt *Biosphärenklänge* 1976 auf positivere Resonanz. Diese Akzentverschiebungen erhalten dadurch zusätzliche Prägnanz, dass die zwei Gutachterinnen, die Hasselblatt 1976 zur Beurteilung von *Biosphärenklänge* hinzuzog, schon 1973 *Hauskauf* bewertet hatten. War *Hauskauf* 1973 vom SDR/WDR wohl nur wegen Hildesheimers Renommee als Mitglied »der alten Garde« produziert worden – »dran ist an der Sache nichts«[1] –, stieß *Biosphärenklänge* beim BR auf größeren Zuspruch.

Hildesheimers Briefe legen offen, dass er – obwohl oder gerade wegen seines fehlenden Einblicks in die Entscheidungsfindungen im Sender – recht genau um die Notwendigkeit wusste, immer wieder werbend und erklärend, oftmals in griffigen Verdichtungen, seine Projekte zu charakterisieren. Doch so wesentlich es für ihn war – nicht zuletzt aus ökonomischen Gründen –, positive Entscheidungen für die jeweilige Produktion zu erwirken, so wichtig war es ihm auch, die spezifischen, subjektiv empfundenen Anforderungen seines Schreibens mit dem Procedere im Sender zu synchronisieren. Wenn er an Hasselblatt über *Biosphärenklänge*, das vom »Ersterben des Lebens auf der Erde« (13. Januar 1975) handelt, schreibt: »Ein anderer fiktiver Stoff wäre für mich nicht mehr in Frage gekommen« (5. Juli 1976); wenn er zum Wortlaut desselben Hörspiels mitteilt: »Ich kann da natürlich nichts ändern« (31. Juli 1976); aber auch wenn er unter Hinweis auf die Chemie-Katastrophe in Seveso im Juli 1976 darauf hinweist, dass man »allzu lang« mit Produktion und Ausstrahlung von *Biosphärenklänge* »vielleicht nicht warten« (ebd.) sollte – dann wird deutlich, dass für Hildesheimer bei aller Verbindlichkeit und pragmatischen Kooperationsbereitschaft im Umgang mit dem Sender der kreative Prozess und dessen ›Diktate‹ das letzte Wort hatten. Hildesheimer verkannte darüber nicht die Bedeutung, die der materiellen Produktion und Verbreitung seiner Kunst zukam – umso mehr, wenn sie, als »engagierte«, in besonderer Weise auf Publikum angewiesen war. Die hier abgedruckten Briefe dokumentieren diese Verhandlungen – an der Schwelle des Künstlers zum Schweigen. *Biosphärenklänge* war Hildesheimers letztes Hörspiel – nur eine Funk-Oper folgte noch vier Jahre später. Hildesheimer gab ihr den Titel *Endfunk*.

1 Vgl. Dokument 8.

[1] Wolfgang Hildesheimer an Hansjörg Schmitthenner

Wolfgang Hildesheimer

7742 Poschiavo (Grigioni) Svizzera
61020 Trasanni di Urbino (Pesaro) Italia

Herrn
Hansjörg Schmitthenner
Hörspiel
Bayerischer Rundfunk
München

Poschiavo, 6. 2. 74

Lieber Herr Schmitthenner,

inzwischen hat mir ein Freund, der mitgeschnitten hat, das Tonband von HAUSKAUF[1] geschickt. Es ist in der Tat schlecht, vor allem dieser dauernde Sturm. Es sollte W i n d sein. (Es erinnert mich an die Anekdote von Toscanini[2]: er ruft den Blechbläsern zu: ›forte‹ sie blasen lauter. Er brüllt sie an:
›f o r t e ! !‹ Sie blasen was das Zeug hält. Er schreit:
›f o r t e ! ! !‹ Sie sagen: ›mehr geht nicht‹ Er sagt: ›Signori, sie blasen die ganze Zeit fortissimo‹.)

Ebenso diese beiden DEUTSCHEN MENSCHEN, die zwischen bedeutungsschwangeren Pausen reden. Das ist schwer erträglich.

Ich mache Ihnen einen Vorschlag. Sie produzieren es neu. Ich führe selbst die Regie. Mein Freund Gert Westphal[3], der meine Diktion versteht, spielt A oder B. Oder: Westphal führt in meinem Beisein Regie. Dann brauchen Sie gar nicht zu kürzen. Die zehn Minuten sparen wir leicht an den Pausen ein. Es muss viel dichter sein.[+]

Dennoch scheint es im WDR/NDR-Raum gut angekommen zu sein. Herr Schale[4] vom SDR hat es zwar in dieser Produktion gesendet, war aber auch nicht begeistert von der Produktion. Der Schweizerische Rundfunk macht es neu.[5] Schreiben Sie mir darüber?

Schade, dass Sie weggehen. Ich wollte ein neues Hörspiel mit Ihnen besprechen, bei dem es um Mozart geht.[6] Auch Herrn Schwitzke[7] trauere ich nach!

Viele herzliche Grüsse
Ihr
Wolfgang Hildesheimer

+ Und dann dieses elende »Pointen-Ausspielen«!

Typoskript; Historisches Archiv des Bayerischen Rundfunks; Nr. 7383.1.

1 Hildesheimers Hörspiel *Hauskauf* wurde in seiner ersten Fassung vom Süddeutschen und vom Westdeutschen Rundfunk unter der Regie von Oswald Döpke produziert und Anfang Januar 1974 gesendet.
2 Arturo Toscanini (1867-1957), italienischer Dirigent und Orchesterleiter. Im Sommer 1937 hatte Hildesheimer der Aufführung der *Zauberflöte* unter Toscaninis Dirigat während der Salzburger Festspiele beigewohnt. Noch im selben Jahr emigrierte der Dirigent aus Protest gegen die politischen Entwicklungen in Italien und Deutschland in die USA.
3 Gert Curt Gerhard Westphal (1920-2002), Schauspieler, Regisseur und Rezitator. Hildesheimer kannte Westphal seit dessen Regie seines Hörspiels *Begegnung im Balkan-Express* ((NWDR 1953); im Jahr darauf hatte Westphal ebenfalls bei dem mit dem renommierten Hörspielpreis der Kriegsblinden ausgezeichneten Hörspiel *Prinzessin Turandot* (NWDR 1954) Regie geführt. Die erfolgreiche Zusammenarbeit war 1958 (*Die Uhren*, SDR) und 1961 (*Rivalen*, SWF) fortgesetzt worden.
4 Hans-Jochen Schale (1925-2013), langjähriger Chefdramaturg des Süddeutschen Rundfunks, der sich frühzeitig für Autoren wie Samuel Beckett, Michel Butor, Marguerite Duras, Alfred Andersch und Elfriede Jelinek einsetzte.
5 Das Wolfgang-Hildesheimer-Archiv im Archiv der Akademie der Künste Berlin-Brandenburg weist eine Produktion von *Hauskauf* durch die SRG in Kooperation mit dem ORF aus, die am 12. September 1974 gesendet wurde. Unter der Regie von Gert Westphal sprachen Siegfried Lowitz und Richard Münch.
6 Zwar entfaltete Hildesheimer im Vorfeld seines *Mozart*-Buches einschlägige Aktivitäten: 1975 sprach er über »Mozarts Nachleben als He-

rausforderung«, im selben Jahr erschien seine vielbeachtete Ausgabe der Mozart-Briefe (Frankfurt am Main: Insel). Ein Hörspiel ist jedoch nicht nachgewiesen.

7 Heinz Schwitzke (1908-1991), deutscher Hörfunkredakteur und Autor. Hildesheimer war mit dem langjährigen Leiter der NWDR-Hörspielabteilung (1951-1971), der 1963 ein Standardwerk zum Genre verfasst hatte (*Das Hörspiel – Dramaturgie und Geschichte*, Köln und Bonn: Kiepenheuer & Witsch), 1960 und 1961 wiederholt auf Tagungen der Gruppe 47 zusammengetroffen.

[2] Wolfgang Hildesheimer an Hansjörg Schmitthenner

Wolfgang Hildesheimer

7742 Poschiavo (Grigioni) Svizzera
61020 Trasanni di Urbino (Pesaro) Italia

Herrn Hansjörg Schmitthenner — Poschiavo, 19.2.74
Hörspielabt. Bayerischer Rundfunk
München

Lieber Herr Schmitthenner,

ja, ich will sehr gern die Regie zum HAUSKAUF selbst machen, aber wenn es tatsächlich mit einem Sprecher geht, was ich sehr begrüsse: wäre es nicht noch besser, wenn ich überhaupt spreche? Ich bin ein guter Sprecher – und Vorleser, – das werden Ihnen, denke ich, alle Rundfunkleute bestätigen, und ich bin und war immer der einzige, der seine Funklesungen, und zwar am eigenen (Revox)Gerät, bei sich zuhause aufnehmen durfte. Die Bänder waren immer perfekt. Aber das ist nicht der Grund: der Grund ist, dass das wirkliche engagement dieses Hörspiels, das ja genau dieselbe Thematik hat wie mein Buch MASANTE[1] – es spielt ja auch in dem Haus Masante – sehr stark zur Geltung kommen könnte. Wollen Sie sich das überlegen? Ich schicke Ihnen ein Band, das ich heute probewei-

se besprechen will, ich werde versuchen, einige Dialoge[x] zu lesen. Ich glaube, das könnte eine einmalige Sache werden.
Herzlichst Ihr
Wolfgang Hildesheimer

[x] TROTZ FÖHN!!

Typoskript; Historisches Archiv des Bayerischen Rundfunks; Nr. 7383.1.

1 *Masante*, im März 1973 erschienen, thematisiert eindringlich den mit dem kapitalistischen Wirtschaftssystem verknüpften Raubbau an der Natur einschließlich seines irreversiblen Eingriffs in deren Regenerationskräfte.

[3] Wolfgang Hildesheimer an Hansjörg Schmitthenner

Wolfgang Hildesheimer

7742 Poschiavo (Grigioni) Svizzera

Poschiavo, 19. 2. 74

Herrn
Hansjörg Schmitthenner
Hörspiel
Bayerischer Rundfunk
München

Lieber Herr Schmitthenner,

mit der gleichen Post geht ein kleines Tonband mit einer Sprechprobe zum HAUSKAUF an Sie ab. Ich wollte noch mehr aufnehmen, aber das Band ist gerissen, so sind es nur 16.55 Minuten, etwas mehr als ein Viertel des Hörspiels. Leider habe ich keine Zeit, nochmals anzufangen, wir reisen Samstag. Immerhin braucht die WDR-Produktion zu diesem Textteil 20.27 Minuten. Man kann also am Sprechen wesentlich einsparen, – was nicht bedeuten soll, dass man nicht auch kürzen kann. Aber ich glaube, dass die Längen zum erheblichen Teil von der des Textes herrühren.

Selbstverständlich wirkt mein Band noch sehr ›gelesen‹, denn ich habe den Text schon kaum noch in Erinnerung, las ihn sozusagen vom Blatt, musste mich noch um die Technik kümmern und stehe vor einer Abreise. Dennoch glaube ich, dass ich ihn gut hinbringen würde, mit einem guten Techniker oder, wenn Sie meinen, mit einem Regisseur (Heinz von Cramer[1]?). Selbstverständlich bin ich aber auch mit einem guten – intelligenten! – Schauspieler einverstanden, machen Sie es so wie Sie es richtig finden. Aber wie gesagt: das persönliche engagement o h n e die bedeutungsschwangeren Betonungen käme gut heraus, und es wäre sicher etwas einmaliges. Ich weiss aber von der Technik zu wenig, weiss daher nicht, auf welche Art die Stimm-Ebenen manipuliert werden; wenn es bedeutet, dass der Sprecher absetzen muss oder auch nur eine nicht organische Pause einzuschalten hat, dann kann ich es nicht selbst sprechen, es müsste bei mir quasi stichomythisch vor sich gehen.
Meine Telefonnummer in London haben Sie. Meine Adresse ist
c/o Christopher Holme[2], 14 Buckland Crescent, London NW3 5DX.
Anfang April bin ich wieder hier, den Mai werde ich in Urbino[3] sein. Als Produktionszeit käme für mich Herbst – am besten zwischen Ende September und Ende November in Frage. Nur gegen Ende Oktober habe ich drei Lesungen in Süddeutschland.

Herzliche Grüsse
Ihr
Wolfgang Hildesheimer

Typoskript; Historisches Archiv des Bayerischen Rundfunks; Nr. 7383.1.

1 Heinz von Cramer (1924-2009), Schriftsteller und Hörspielregisseur. Von Cramer war regelmäßiger Gast auf den Tagungen der Gruppe 47, wo er zwischen 1958 und 1963 wiederholt mit Hildesheimer zusammengetroffen war. Bereits 1961 hatte er dessen Hörspiel *Das Opfer Helena* für den NDR inszeniert, seither u. a. Arbeiten seiner engen Freunde Ilse Aichinger (*Besuch im Pfarrhaus*, SDR 1963) und Günter Eich (*Man bittet zu läuten*, NDR/BR 1964).

2 Christopher Holme (1905-1991), britischer Schriftsteller, Journalist und Hörfunkredakteur. Vgl. den Briefwechsel zwischen Holme und Hildesheimer in diesem Band; siehe dort in der Einführung auch nähere biographische Angaben über Holme.

3 Im März 1966 hatten Wolfgang und Silvia Hildesheimer ein altes, baulich marodes Bauernhaus namens Cal Masante in Trasanni di Urbino, in unmittelbarer Nähe der italienischen Universitätsstadt, erworben. Hierhin zog sich Hildesheimer wiederholt zum Arbeiten zurück. Nachdem dem Ehepaar das Leben in Cal Masante zu aufwändig geworden war, beschloss es den Verkauf des Hauses; er fand 1978 statt.

[4] Wolfgang Hildesheimer an Dieter Hasselblatt

Wolfgang Hildesheimer

7742 Poschiavo (Grigioni) Svizzera
61020 Trasanni di Urbino (Pesaro) Italia

Trasanni, 12. 5. 74

Herrn D. Hasselblatt
Hörspielabteilung Bayerischer Rundfunk

Sehr geehrter Herr Hasselblatt,

ich glaube, wir haben vor vielen Jahren einmal korrespondiert, kennen uns aber sonst nicht, – vielleicht lernen wir uns aber kennen. Es handelt sich zunächst um HAUSKAUF. Es war, wie Herr Schmitthenner Ihnen wohl gesagt hat, meine Idee, für eine eventuelle Neu-Aufnahme des BR unter der Regie von Gerd Westphal, (der das Hörspiel für den österreichischen Rundfunk machen sollte) beide Rollen selbst zu sprechen. Ich glaube, so würde es richtig werden, während die Produktion des WDR indiskutabel war.

Da der Suhrkamp Verlag in diesem Fall eine Schallplatte davon machen möchte, müsste ich möglichst bald wissen, ob aus diesem Projekt etwas wird oder nicht. Wenn ja: ginge es gegen Ende Oktober? – Dann könnten wir gleich ein weiteres Hörspiel[1] besprechen, – ich bin wieder auf den Geschmack gekommen.

Schreiben Sie mir hierher? Ab Anfang Juli bin ich aber wieder in Poschiavo.

Mit herzlichen Grüssen
Ihr
Wolfgang Hildesheimer

Typoskript; Historisches Archiv des Bayerischen Rundfunks; Nr. 7383.1.

1 Welches Hörspiel-Projekt hier gemeint ist, ist nicht eindeutig zu bestimmen. Hildesheimer könnte sich sowohl auf das – nicht verwirklichte – Projekt beziehen, »bei dem es um Mozart geht« (vgl. Brief 1), aber auch auf *Biosphärenklänge*, das allerdings erstmals in einem Brief vom 22. Januar 1975 (Brief 10) eindeutig identifizierbar ist.

[5] Dieter Hasselblatt an Wolfgang Hildesheimer

Luftpost / Einschreiben
Per Eilboten

Hörspiel-Leitung

Herrn
Wolfgang Hildesheimer
61020 Trasanni di Urbino
(Pesaro)
ITALIA

7. Juni 1974

Sehr geehrter Herr Hildesheimer,

Sie haben recht, wir haben vor vielen Jahren einmal korrespondiert, es ging damals um die Telefonierpassage aus Ihrem Roman »Tynset«[1]– das wurde dann eine Hörspielproduktion des Deutschlandfunk[2], in dem ich zehneinhalb Jahre das Ressort Hörspiel betreute.

Aber zunächst geht es um HAUSKAUF. Falls wir das Projekt so wie Sie es vorschlagen mit Herrn Westphal[3] als Regisseur und Ihnen in den beiden Rollen realisieren können, käme eine Neuproduktion für uns infrage – sonst wohl nicht. Und dann müßte es wohl auch in den nächsten Wochen hier im Raum aufgenommen werden. Von Herrn Schmitthenner wurde ich in der Richtung informiert, daß eventuell der Österreichische Rundfunk, Studio Salzburg und der Schweizerische Rundfunk, Studio Zürich mitgehen würden – dort scheint man aber nicht in eben diesem Sinne informiert worden zu sein. Jedenfalls wußte z. B. Herr Jedlitschka[4] noch nichts von diesem Projekt.

Herr Schmitthenner sagte mir auch, daß Sie das Manuskript noch ein wenig straffen wollten, das käme der Sache sicherlich zugute.

Inzwischen habe ich mich auch informiert; eine Beteiligung des Suhrkamp Verlags an der Produktion, mit Blick auf eine Schallplatte, wäre sicherlich möglich, wenn der Suhrkamp Verlag sich spürbar an den Produktionskosten mit beteiligen würde.

Ähnliches hat der BR schon gemacht.

Und ein weiteres Hörspiel[5] von Ihnen im Programm haben zu können, halte ich für reizvoll – wollen wir an diesem Plan festhalten?

Ihr Brief vom 12.5. kam nach Ihrem Telefonat hier an. Ich wage also diesen postalischen Weg, um den Kontakt mit Ihnen zu halten, hoffentlich dauert der Postweg nicht allzulange …

Mit herzlichen Grüßen
Ihr

(Dr. Dieter Hasselblatt)

Typoskript; Historisches Archiv des Bayerischen Rundfunks; Nr. 7383.1.

1 *Tynset* erschien im März 1965.
2 Der Deutschlandfunk hatte im November 1965 eine Produktion unter dem Titel »Es ist alles entdeckt« (Regie: Otto Düben) ausgestrahlt.
3 Gert Westphal führte die Regie bei der zweiten Hörfunk-Inszenierung von *Hauskauf*, die vom Bayerischen Rundfunk bereits im August 1974 ausgestrahlt wurde.
4 Hans Jedlitschka (1931-2006), Schweizer Journalist und Hörspielregisseur. Er war langjähriger Leiter der Hörspielabteilung des Schweizer Radios DRS.
5 Vgl. Brief 4, Anm. 1.

[6] Gutachten zu Hauskauf

Wolfgang Hildesheimer, Hauskauf. Nr. 470

Zunächst der etwas seltsame, aber durchaus real mögliche Dialog zwischen A, dem Besitzer eines abgelegenen Hauses und B, dem potentiellen Käufer. Während der Hausbesichtigung ist immer wieder die Rede von A's vergeblichen Versuchen, Einge-

borenenstämme, afrikanische Dörfer, kleine Urbevölkerungsgruppen in aller Welt, vor der Ausrottung, der Zerstörung oder der Überflutung durch fremde, rücksichtslos am Profit orientierte Vertreter westlicher Zivilisation zu retten – das ganze Haus ist voll von Tropenausrüstungen, selbstgebastelten Kanus, Landkarten und Sprengsätzen ....
Auf den letzten Seiten wird dann klar, dass der vermeintliche Dialog ein Selbstgespräch war – eine Auseinandersetzung zwischen den beiden Ichs einer einzigen Person, zwischen den beiden Seelen, die in einer Brust wohnen. Das eine Ich weiss, dass es eingreifen müsste, dass es den schlechten Lauf der Dinge nicht tatenlos geschehen lassen dürfte – und das andere Ich, welches das bequeme, das sichere Leben liebt, steht dem Entschluss im Wege ..... Der Hausverkauf, um den es geht, stünde damit symbolisch für eine Entscheidung zur »Tat« – aber das Hörspiel endet mit dem Nicht-Verkauf: beide Ichs, A und B, werden in dem Haus wohnen bleiben ....
Das sind die groben Umrisse dieses Hörspiels, das ich eigentlich ein zweites Mal hätte lesen müssen ... Hildesheimer hat hier ein zentrales Thema unser aller Existenz aufgegriffen – bereits Grund genug, das Hörspiel mit Interesse zu begrüssen. Es kommt hinzu: nach soundsoviel Jahren ein neues Hildesheimer-Original-Hörspiel, man wird sich die Coproduktion kaum entgehen lassen. Abgesehen davon finde ich das Manuskript ganz schön. Sehr gedankenreich, aber nicht im trocken Argumentatorischen steckengeblieben, sondern – man möchte fast sagen: charmant-philosophisch. Der Dialog (der freilich durch Kürzungen noch gewinnen könnte) ist farbig, witzig und bis zum Ende spannend –
Ein Hörspiel für das 1. Programm ist das freilich nicht!

Stiegele,[1] im September 1973
Sti

Typoskript; Historisches Archiv des Bayerischen Rundfunks; Nr. 7383.1.

1 Valerie Stiegele, die sich auf die Hörfunk-adäquate Bearbeitung literarischer Vorlagen für den Bayerischen Rundfunk spezialisiert hatte. Verheiratet mit Hansjörg Schmitthenner.

[7] Gutachten zu Hauskauf

Wolfgang Hildesheimer: Hauskauf.
Wenn ich ehrlich bin: Hildesheimers gepflegte Geistreichigkeit, sein subtiler Moralismus, seine distanzierten Ideen und sonderlingshaften Gedankenspiele langweilen mich. Ich habe »Tynset« nie zu Ende lesen können, aber meine Kinder waren begeistert davon. Hildesheimer strickt in diesem Hörspiel unermüdlich weiter an der gepflegten Masche, die nach dem Krieg von ihm, von der Bachmann von Eich und der Aichinger erfunden wurde. Man erwartet und ahnt tiefsinnige Erkenntnisse hinter den komplizierten und schwierigen Wortfassaden und am Ende war es dann doch eher nur die Fassade, die freilich ausgefeilt und sprachlich schön und geistreich scheinend. Die Lektüre dieser schizoiden feinspinnigen Wortklaubereien ist für mich eine gelinde Qual. Aber Frau Dr. Stiegele hat recht: ein neuer Hildesheimer ist eine Sache, die ein Sender, der Wert auf sein Renomée legt, sich eigentlich nicht entgehen lassen kann. Und mit Sicherheit hat Hildesheimer auch sein sehr gebildetes leicht schizoides Publikum. Freilich riecht das Skript leicht nach dem Avantgardismus von gestern und vorgestern, der längst keiner mehr ist.
Infrage kommt nur das 2. Programm.

Meuffels[1] Okt. 73

Typoskript; Historisches Archiv des Bayerischen Rundfunks; Nr. 7383.1.

1 Martha Meuffels (1924-2011), Dramaturgin, Hörfunkredakteurin und Übersetzerin. Verheiratet mit Gerhard Szczesny (vgl. in diesem Band, S. 78-103).

[8] Gutachten zu Hauskauf

470 Wolfgang Hildesheimer: Hauskauf. Ein Hörspiel. Co-Produktionsangebot vom WDR, Erstsendung: 26.12.1973 I Progr. Der Autor hat ja seit langem kein Original-Hörspiel mehr geschrieben, und auch dieses ist ein erweitertes Kapitel aus einem neuen Roman: der absurd-ironische Dialog zwischen zwei Männern, die nur vordergründig ein Haus zu kaufen bzw. zu verkaufen vorgeben. Dieses Haus, das während des Verkaufs dieser Hörspiel-Szene besichtigt wird, liegt an einem utopischen Ort, in der Nähe von Indianern, die ausgerottet werden sollen, um Bodenschätze zu gewinnen, Hotels zu errichten, kurzum die ganze Zivilisation mit ihrer Umweltverschmutzung wird in absehbarer Zeit in diese jetzt noch unberührte Welt eindringen. Es fragt sich also für den Käufer, ob es sich lohnt, für die kurze Zeitspanne noch einzuziehen – umsomehr, als der Verkäufer zu verstehen gibt, daß er in andere Regionen aufbrechen will, die neben dem Reiz des Unberührten noch den des Abenteuers versprechen. Schlüsselfigur des Gesprächs ist Williams, der Kamerad des Eigentümers, der irgendwo in der Ferne verloren ging. Es geht um die Suche nach ihm, bis sich langsam herausstellt, daß der Andere dieser Williams sein könnte – aber auch das ist wieder nur vordergründig vermutet: der Andere könnte der Eine sein, nicht nur Williams. Am Schluß will der eine das Haus vielleicht garnicht mehr verkaufen, obwohl der Andere es um jeden Preis besitzen will, sodaß man durchaus sagen kann: es handelt sich um ein Spiel mit Identitäten, um ein Spiel der Möglichkeiten eines alternden Menschen, der sich vom Besitz trennen will, um endlich in die Ferne zurückzukehren – aber das Beharrungsvermögen ist stärker als die Sehnsucht. So wird alles beim alten bleiben.

Dieser Text ist dunkel und handlungslos. Der Dialog ist zu glatt und vordergründig für das, was da an symbolischen ausgesprochen werden soll. Hildesheimer arbeitet mit den alterprobten Dialog-Gags, aber da keine actio dahintersteht, wird das rasch fad und langweilig. Das Parlieren als Selbstzweck – das Herumreden – die Konversation als Ersatz für mangelnde Kommunikation, all das ist in den letzten zehn Jahren von anderen Autoren besser und prägnanter dargestellt worden. Auch das Herumgehen in den Räumen, als Ersatz für innere Bewegung, ist fad und routiniert.
Kurzum: dieser Hildesheimer ist ein Schatten seiner selbst – sogar dort, wo er sich selbst (plagiiert möchte man beinahe sagen) wiederholt, wo er an erfolgreiches von einst anknüpft, ist er schwach und blaß.

Normalerweise kann man dieses Hörspiel nicht empfehlen, erst recht nicht für einen so ambitiösen Sendetermin wie an Weihnachten. Eigentlich, und bei Licht besehen, ist an dieser Geschichte garnichts dran. Von einer Co-Produktion würde ich auf jeden Fall abraten. Wenn es bei uns gesendet würde, irgendwann einmal später, dann doch wohl nur aus sozialen Gründen, weil da einer von der alten Garde etwas wieder zu Papier gebracht hat, einer von denen, mit deren Namen die Glanzzeit des Hörspiels verbunden ist. Aber dran ist an der Sache nichts.

[Kürzel unleserlich, 10/73.]

Typoskript; Historisches Archiv des Bayerischen Rundfunks; Nr. 7383.1.

[9] Wolfgang Hildesheimer an Dieter Hasselblatt

Wolfgang Hildesheimer

7742 Poschiavo (Grigioni) Svizzera
61020 Trasanni di Urbino (Pesaro) Italia

Herrn
Dr. D. Hasselblatt
Hörspielabteilung
Bayerischer Rundfunk
München

Poschiavo, 13.1.75

Lieber Herr Dr. Hasselblatt,

allmählich beginne ich, an das Ihnen versprochene Hörspiel[1] zu denken. Ich will es innerhalb der nächsten Wochen skizzieren und dann in Urbino in Klausur von Mitte März bis Mitte April schreiben.

Viel möchte ich darüber nicht sagen, ich habe vorher nie viel über meine Hörspiele sagen können, weil sich gewöhnlich während des Schreibens Möglichkeiten der Weiterführung ergeben, die bei der Konzeption noch verschlossen sind. Nur so viel: Ersterben des Lebens auf der Erde durch eine – wahrscheinlich entropische – jedenfalls irreversible Situation, im Augenblick schwebt mir Kältetod vor. Diese Situation wird aber nicht mit Endzeit-Pathos vorgeführt, sondern – mehr oder weniger wie im ›Hauskauf‹ – anhand eines Dialogs zweier Ehepartner, die es haben kommen sehen und nun alle endgültigen Veränderungen an sich selbst registrieren, bis zum Ende. Da sie ›alles haben kommen sehen‹, sind sie um Sachlichkeit bemüht, doch hört natürlich irgendwann die ratio auf, zu funktionieren und macht absurden Vorwürfen Platz. Ob sie das Ende dann schliesslich wieder zusammenführt, steht noch dahin.

Wenn Sie das Hörspiel haben möchten – ich weiss ja nicht, ob Ihr Programm nicht schon längst festliegt, – hätte ich gern eine Vorauszahlung, sozusagen ein Ausarbeitungshonorar. Vielleicht ist so etwas überhaupt nicht mehr üblich, aber bei mir wirkt es – wie Schwitzke sehr wohl wusste – arbeitsfördernd: es kommen immer ein oder zwei Momente, in denen der Zwang die Verzweiflung besiegt, oder vielmehr zu besiegen hat.

Schreiben Sie mir darüber? Es eilt nicht, irgendwann würde die Arbeit auch ohne dies fertig, aber eben irgendwann.

Mit herzlichen Grüssen bin ich
Ihr Wolfgang Hildesheimer

Haben Sie die Buch-ausgabe von ›Hauskauf‹[2]. Wenn nicht schicke ich sie Ihnen gern. Für die Schallplatte muss ich noch die Kürzungen vornehmen. Das ist nicht einfach.

Typoskript; Historisches Archiv des Bayerischen Rundfunks; Nr. 7383.1.

1 Vgl. Brief 4, Anm. 1, und Brief 5, Anm. 5.
2 Das Hörspiel *Hauskauf* war 1974 in der Bibliothek Suhrkamp erschienen.

[10] Wolfgang Hildesheimer an Dieter Hasselblatt

Wolfgang Hildesheimer

7742 Poschiavo (Grigioni) Svizzera
61020 Trasanni di Urbino (Pesaro) Italia

Herrn Dr. D. Hasselblatt
Hörspielabteilung
Bayerischer Rundfunk
München 22.1.75

Lieber Herr Dr. Hasselblatt,

nachdem ich über die Hälfte des Hörspiels schon skizziert habe, möchte ich meinem Brief von voriger Woche noch dies hinzufügen: Der Titel ist DIE WARNUNG[1], und es handelt sich noch nicht um die absolut finale Entwicklung, sondern um den Dialog beim Registrieren des sogenannten Erträglichkeitsgrades. Nachdem er überschritten ist, richtet sich das Paar nochmals temporär in diesem Zustand ein, ja, es schlägt noch einmal zum besseren aus, aber sie wissen: lang kann es jetzt nicht mehr dauern.

Dies nur zur Erläuterung. Ich will das Hörspiel dieser Tage fertig skizzieren, dann muss es einen Monat ruhen, so mache ich es immer.

Herzliche Grüsse
Ihr

Typoskript; Historisches Archiv des Bayerischen Rundfunks; Nr. 7383.1.

1 Es handelt sich um das Hörspiel *Biosphärenklänge* (vgl. auch Brief 11).

[11] Wolfgang Hildesheimer an Dieter Hasselblatt

Wolfgang Hildesheimer CH-7742 Poschiavo Tel. (082) 50467

5.7.76

Herrn
Dr. Dieter Hasselblatt
Hörspielleitung
Bayerischer Rundfunk
München

Lieber Herr Hasselblatt,

herzlichen Dank für das Buch. Ich freue mich sehr auf die Lektüre, zumal da mir englischer Besuch gesagt hat+, es sei ein sehr gutes Buch.[1] Es liegt auf meinem Nachtisch, und wenn ich Middlemarch von George Eliot[2] fertiggelesen habe – etwa übermorgen – kommt es dran.
Das Hörspiel wird dadurch zwar nicht mehr beeinflusst, denn es ist f e r t i g ! Daher gelte dieser Brief gleich als sein Begleitschreiben. Ich schicke es Ihnen gegen Ende der Woche zu. Vorher will ich das, was ich für die letzte Fassung hielt, noch einmal durchkorrigieren und abschreiben. Da es mich aber nach sechs Wochen intensiver Arbeit daran so deprimiert, muß ich die letzte Durchsicht ein wenig dosieren, und so dauert sie, die sonst drei Tage beansprucht hätte, etwa noch eine Woche. Es ist nämlich kein erfreuliches Hörspiel, wird auch, fürchte ich, Widerspruch herausfordern. Dennoch ist es genau das, was ich schreiben wollte und mußte. Ein anderer fiktiver Stoff wäre für mich nicht mehr in Frage gekommen. Das Hörspiel heißt BIOSPHÄRENKLÄNGE[3]. Vielleicht ist es zu lang, aber man kann kürzen.

Schön wäre es natürlich, – aber das will ich alles Ihnen überlassen, – wenn eine Gemeinschaftsproduktion zustandekäme.[4] Ich fürchte nämlich, daß man es ohnehin in eine Art drittes Programm verbannen muß, denn ganz einfach ist es auch nicht. Aber ich möchte nichts vorwegnehmen.

Ich schicke Ihnen das Manuskript also dann ohne weiteren Kommentar zu.

Herzliche Grüße
Ihr
Wolfgang Hildesheimer

+ der gerade hier war, als es ankam,

Typoskript; Historisches Archiv des Bayerischen Rundfunks; Nr. 7412.

1 Es handelt sich mit großer Wahrscheinlichkeit um Charles Percy Snows *The two cultures and a second look* (1963), das 1967 in deutscher Übersetzung unter dem Titel *Die zwei Kulturen. Literarische und naturwissenschaftliche Intelligenz* im Klett-Verlag Stuttgart erschienen war (vgl. auch Brief 12). Snow (1905-1980) war ein britischer Physiker und Autor auch zahlreicher belletristischer Werke. Die Trennung zwischen den Modi der Reflexion von Naturwissenschaftlern auf der einen, Geisteswissenschaftlern und Literaten auf der anderen Seite nimmt in Hildesheimers im Jahr zuvor verfasstem Vortrag »The end of fiction« eine zentrale Stellung ein.

2 George Eliot, d. i. Mary Anne Evans (1819-1880), englische Schriftstellerin und Journalistin. Ihr Roman *Middlemarch*, in dem das Leben in der britischen Provinz um 1830 geschildert wird, erschien erstmals in Fortsetzungen 1871-72.

3 Vgl. Brief 10.

4 Der Bayerische Rundfunk vereinbarte eine Produktion von *Biosphärenklänge* in Kooperation mit Radio Bremen, Rias Berlin und dem WDR.

[12] Wolfgang Hildesheimer an Dieter Hasselblatt

Wolfgang Hildesheimer CH-7742 Poschiavo Tel. (082) 50467

Herrn
Dr. D. Hasselblatt (oder Sekretariat)
Hörspielleitung
Bayerischer Rundfunk
München

25.7.76

Lieber Herr Hasselblatt,

vor etwa zweieinhalb Wochen habe ich Ihnen mein Hörspiel BIOSPHÄRENKLÄNGE geschickt, (eingeschrieben.) Ich habe bisher noch nichts von Ihnen darüber gehört. Nun denke ich, daß es zwei Möglichkeiten gibt:
entweder Sie sind auf einer Ferienreise, (in welchem Fall ich das Sekretariat bitten möchte, mir den Empfang des Typoskripts zu bestätigen,) oder
es gefällt Ihnen nicht, und Sie basteln an einer schonenden Mitteilung. Sollte es so sein, können Sie es mir ruhig mitteilen: ich kann Kritik sehr gut vertragen, wahrscheinlich besser als viele meiner Kollegen. Nur, sollte es so sein, bitte ich Sie, mir das Skript zurückzuschicken.

Zur Lektüre des Snow bin ich noch immer nicht gekommen. Hier herrscht Besuchs-saison, die Zeit zur Konzentration ist schlecht.

Herzliche Grüße,
Ihr
Wolfgang Hildesheimer

Typoskript; Historisches Archiv des Bayerischen Rundfunks; Nr. 7412.

[13] Dieter Hasselblatt an Wolfgang Hildesheimer

Herrn
Wolfgang Hildesheimer Hörspiel-Leitung

CH – 7742 Poschiavo

29. Juli 1976

Lieber Herr Hildesheimer,

vor zwei Wochen kam Ihr Hörspiel »Biosphärenklänge«, ich habe es sofort gelesen, – neugierig, wie ich auf einen neuen Hildesheimer bin.

Nun bin ich aber weder auf einer Ferienreise, noch hat mir Ihr Hörspiel nicht gefallen. Ich habe es einfach Frau Fuss[1], unserer Dramaturgin, die Sie ja kennen, auf den Tisch gelegt – aber sie ist im Augenblick in den letzten Abwicklungen redaktioneller Art vor ihrem Urlaub begriffen; wir müssen das Winterprogramm auf die Beine stellen, auf die sogenannten, und sie ist noch nicht dazu gekommen, es zu lesen – im September, zurück vom Urlaub, wird sie es tun.

Die Konzeption, ich möchte es Ihnen ausdrücklich sagen, gefällt mir gut, – allerdings meine ich, daß Sie gelegentlich zu ausführlich, zu diffus, zu wenig konkret sind, zu sehr in Definitionen statt in Aktionen begriffen. Ich sage das, sozusagen in Stellvertretung möglicher Hörer, die ja »dran« bleiben sollen – und für das »Dranbleiben« passiert mehr in der dialogischen Argumentation als in dem, was aus der Biosphäre herüberklingt.

Aber ich möchte unbedingt das Urteil von Frau Fuss und eventuell das Urteil unseres Lektorats abwarten – darf ich Sie bitten, bis etwa Mitte September noch Geduld zu haben; ich weiß, daß das eine kleine Zumutung ist – bitte buchen Sie es nicht aufs Negativkonto.

Mit herzlichen Grüßen
Ihr
(Dr. Dieter Hasselblatt)

Typoskript; Historisches Archiv des Bayerischen Rundfunks; Nr. 7412.

1 Maria Fuss, Dramaturgin beim Bayerischen Rundfunk und Drehbuchautorin von Fernsehfilmen.

[14] Wolfgang Hildesheimer an Dieter Hasselblatt

Wolfgang Hildesheimer CH-7742 Poschiavo Tel. (082) 50467

Herrn
Dr. D. Hasselblatt
Abt: Hörspiel Bayerischer Rundfunk
München

31.7.76

Lieber Herr Dr. Hasselblatt,
besten Dank für Ihren Brief. Nein, es ist durchaus keine ›Zumutung‹, daß ich bis September warten soll. Lassen Sie sich ruhig Zeit. Nur allzu lang sollte man vielleicht nicht warten, denn sonst hat die Wirklichkeit mein Thema eingeholt: die Katastrophe nördlich von Mailand[1], von der Sie wahrscheinlich gelesen haben, weist darauf hin!

Ich kann Ihre Einwände gut verstehen. Dennoch: das Diffuse ist absichtlich, es war Absicht, den Zustand anhand der Relation eines Ehepaares zu demonstrieren, hin und wieder abzulenken. Absichtlich ist auch die Auslassung der Worte ›ultraviolett‹, ›Kohlendioxid‹, etc. Ich kann da natürlich nichts ändern, aber selbstverständlich können Sie kürzen, ich würde es Ihnen und Ihren Mitarbeitern überlassen. In der Bibliothek Suhrkamp erscheint es so wie es ist[2], aber gelesen wirkt es wohl auch anders.

Herzliche Grüße
Ihr
Wolfgang Hildesheimer

Typoskript; Historisches Archiv des Bayerischen Rundfunks; Nr. 7412.

1 Chemieunfall in der Nähe der ca. 20 km von Mailand entfernten Gemeinde Seveso, bei dem am 10. Juli 1976 nach einer Explosion eine unbekannte Menge hochgiftigen Dioxins ausgestoßen wurde. In den Tagen nach dem Unfall verdorrten Bäume in der Umgebung, Anwohner wurden mit schwerer Chlorakne in Krankenhäuser eingeliefert, am 26. Juli fand eine erste, am 2. August eine erweiterte Evakuierung der Gegend statt. Die Gesundheitsbehörden rieten Schwangeren, Abtreibungen vorzunehmen.

2 *Biosphärenklänge* erschien 1977 als Band 533 der Bibliothek Suhrkamp.

[15] Gutachten zu Biosphärenklänge

Wolfgang Hildesheimer: Biosphärenklänge. 39 S.
Ja, es gibt keine Handlung. Nur ein Gespräch über etwas. Dieses Gespräch, minutiös, bis an den Rand der Spintisiererei hat mir dennoch gefallen. Das liegt vorwiegend an der Subtilität des Ausdrucks, die man Hildesheimer nach wie vor bescheinigen muß, auch wenn das herannahende Weltende etwas altmodisch global heraufbeschworen wird. Das muß gekürzt werden, kann gekürzt werden, kleinweis, sicher um 8-10 Seiten, sodaß ein Stundenhörspiel daraus entsteht, aber ich habs gern gelesen (Ich bin kein Hildesheimerfan und manches von ihm hat mich schon recht angeödet) Aber die Art und Weise wie hier persönliche Neurose (Angst) Hypersensibilität, Ehequerelen auf die Umweltproblematik, auf die Überbevölkerungsfurcht projiziert sind, das gefällt mir, denn die Deutungsmöglichkeiten sind nicht simpel, der tote Vogel ist ein Menetekel, das sehr wohl nur für den »Mann« eines sein kann. Eine sehr persönliche und gut und genau geschilderte Neurose (ich weiß, dass Hildesheimer einmal in psychoanalytischer Behandlung war und sein Problem sehr gut kennt) verquickt mit den Symptomen einer allgemeinen Furcht, vielleicht auch eines objektiven Tatbestandes (doch da bin ich nicht so sicher trotz Seveso) »Endlich«, so heißt es an einer Stelle, »scheint die Angst, die er schon immer

gehabt hat, einen konkreten Inhalt zu bekommen.« Das klingt fast nach Erlösung, denn die neurotische Angst, die Angst ohne »Inhalt« ist die schlimmste und es bedeutet eine große Erleichterung, fast ein Glücksgefühl, wenn sie auf natürliche Ursachen außerhalb des Ichs zurückzuführen ist. Dies total überspitzte Hineinhorchen in sich, das der Mann bis zum Exceß betreibt, hat mich amüsiert und befriedigt, denn ich kenne es sehr gut. Deshalb wohl habe ich mich auch viel weniger gelangweilt als bei früheren allzu ausführlichen und zu gründlich bohrenden Arbeiten von Hildesheimer. Wenn er es nicht selber machen will: notfalls würde ich die Kürzungen des Skriptes gerne übernehmen.

Meuffels Aug. 76

Typoskript; Historisches Archiv des Bayerischen Rundfunks; Nr. 7412.

[16] Gutachten zu Biosphärenklänge

Wolfgang Hildesheimer, Biosphärenklänge.

Das Hörspiel besteht aus dem Dialog eines älteren, kinderlosen Ehepaars in ihrem einsam gelegenen Haus – an einem beliebigen Tag, an dem sie einen Freund zum Mittagessen erwarten, der aber nicht kommt. Auch sonst liegt allerlei Seltsames in der Luft – der Mann (er ist Philosoph und wissenschaftlicher Autor) spürt es, bevor seine Frau es bemerkt ... seine »Spürbarkeitsgrenze« ist empfindlicher als die ihre. Was er spürt, ist der Anfang von einem Weltende, das wir Menschen uns selbst bereiten – Stichwort: Ökologie. Das Telefon geht nicht mehr, die Technik versagt, in der Ferne bellen ein paar Hunde angsterfüllt, ein toter Vogel fällt vom Dach – untrügliche Anzeichen. Dann hört der Mann den Ton, der nach der (erfundenen) Theorie von Richardson[1] das Überschreiten der letzten Grenze ankündigt. Etwas später hört auch die Frau den Ton – und abgeklärt, gefasst, erwarten beide den Weltuntergang .....

Schön, dass ein so berühmter Autor wie Hildesheimer, einer von der alten Garde, ein so wichtiges Thema aufgreift. Mich hat die Lektüre des Hörspiels nicht sonderlich bewegt – es ist in der Tat etwas langwierig geschrieben – aber merkwürdigerweise geht es mir im Nachhinein nun nicht aus dem Kopf, entwickelt eine seltsame Intensität, eine atmosphärische Dichte und eine tiefe Trauer .... Vielleicht hätte Hildesheimer eine brisantere Wirkung erzielen können, wenn er mit den beiden Figuren des Hörspiels nicht so abgeklärte, beherrschte, jenseits von Gefühlsausbrüchen stehende Menschen dargestellt hätte – aber andererseits hat das auch den Vorteil, genau unsere Situation widerzuspiegeln: wir w i s s e n alle Bescheid, tun aber nichts und können vielleicht nichts tun und haben darum auch kein Recht auf »Panik«.....
Wie Hildesheimer ja sehr deutlich macht in seinem Brief, will er an dem Text selber nichts ändern – und wenn man genau liest, merkt man auch, w i e genau er gearbeitet ist! – uns aber freie Hand für Kürzungen lassen. Gut wäre, wenn man auf ein Hörspiel von höchstens Stundenlänge käme, ich glaube, es ist zu machen. Als Regisseur schwebt mir persönlich Uli Gerhardt[2] vor, der hat den Sinn für diese Durchsichtigkeit, Glasklarheit und das Engagement, von dem der Text getragen ist. Denn: d a s s wir das machen, steht doch wohl hoffentlich nicht in Zweifel! Jede Station würde uns das mit Freude aus der Hand nehmen – ein neuer Hildesheimer und einer zu einem aktuellen Thema noch dazu, das lässt über eine gewisse Trockenheit der Erörterung hinwegsehen. Ich finde, dieses Hörspiel müsste so schnell wie möglich ins Programm – am besten noch ins Winterprogramm!

Stiegele, im August 1976

Typoskript; Historisches Archiv des Bayerischen Rundfunks; Nr. 7412.

1 Nicht ermittelbar. Es könnte sich auch um eine reine Erfindung Hildesheimers handeln.
2 Ulrich Gerhardt (geb. 1934), deutscher Hörspielregisseur. Gerhardt ar-

beitete in den 1960er- und 1970er-Jahren beim RIAS Berlin. – Die Regie von *Biosphärenklänge* übernahm Dieter Hasselblatt.

[17] Wolfgang Hildesheimer an Dieter Hasselblatt

Wolfgang Hildesheimer CH-7742 Poschiavo Tel. (082) 50467

Herrn 11.9.76
Dr. D. Hasselblatt
Hörspielleitung Bayerischer Rundfunk

Lieber Herr Hasselblatt,

ich hätte nun doch gern bald eine Antwort über mein Hörspiel BIOSPHÄRENKLÄNGE. Denn sonst wird aus der Vision Realität.

Wenn Sie es nicht brauchen können, würden Sie es mir zurückschicken? Wenn Sie es doch brauchen können, hätte ich gern ein vervielfältigtes Exemplar oder eine Fotokopie. Wäre das möglich?

Mit herzlichen Grüssen bin ich
Ihr
Wolfgang Hildesheimer

Typoskript; Historisches Archiv des Bayerischen Rundfunks; Nr. 7412.

[18] Wolfgang Hildesheimer an Dieter Hasselblatt

Wolfgang Hildesheimer CH-7742 Poschiavo Tel. (082) 50467

Herrn
Dr. D. Hasselblatt
Hörspielleitung
Bayerischer Rundfunk
München

25.9.76

Lieber Herr Hasselblatt,

ich bin ein wenig bestürzt über Ihre Nicht-Reaktion auf meinen Brief von etwa vor vierzehn Tagen, denn ich bin noch niemals so behandelt worden. Selbst bei einem Buch beträgt die Frist, wenn ich mich recht erinnere, nicht mehr als zwei Monate.

Darf ich Sie daher bitten, mir das Manuskript meines Hörspiels zurückzuschicken? Das einzige andere Exemplar ist nämlich beim Suhrkamp Verlag, und Sie werden verstehen, daß ich es einer anderen Anstalt anbieten möchte.

Sehr dankbar wäre ich Ihnen, wenn Sie es mir umgehend schicken könnten, denn ich verreise am 3. Oktober und möchte es, wenn möglich vorher noch verschicken. Am 8. Oktober bin ich noch einmal hier, aber dann in Italien, und ein Manuskript von dort zu verschicken, ist immer ein Risiko.

Es tut mir leid, daß unsere Zusammenarbeit nicht gediehen ist.
Mit herzlichen Grüßen bin ich
Ihr
Wolfgang Hildesheimer

Typoskript; Historisches Archiv des Bayerischen Rundfunks; Nr. 7412.

[19] Dieter Hasselblatt an Wolfgang Hildesheimer

PER EILBOTEN

Hörspiel-Leitung

Herrn
Wolfgang Hildesheimer
Devon House
CH – 7742 Poschiavo/Graubünden

28. September 1976

Lieber Herr Hildesheimer,

Sie sind ein wenig bestürzt über meine Nicht-Reaktion auf Ihren Brief vom 11. September – und ich bin ein wenig betroffen über Ihre vielleicht doch ein wenig ungerechte Reaktion. Natürlich muß ich mir den Vorwurf machen lassen, und ich verstehe diesen Vorwurf auch, die redaktionellen Geschäfte nicht prompt genug abgewickelt zu haben.

Aber für mich kam – während Frau Fuss[1] auf Urlaub war, (und wir sind erst nach wenigen Tagen wieder komplett zu dritt in der Hörspielabteilung, z. Zt. noch zu zweit) – ein plötzlich fälliger Krankenhausaufenthalt dazwischen, der mich aus allen redaktionellen Obliegenheiten riß. Für mich – dies in Klammern – kein ganz ungravierender Einschnitt.

Ich bat Sie Ende Juli um Geduld bis etwa Mitte September, nun sind es zwei Wochen mehr geworden, und ich muß Sie ganz einfach und unumwunden um Verständnis bitten für dieses Ihnen als Versäumnis der Abteilung anmutende Fehl-Verhalten. Es ist keines.

Aber ich beeile mich, Ihnen eine Fotokopie Ihres Manuskripts zuzuschicken. Natürlich machen wir Ihr Hörspiel. Das wird Anfang nächsten Sommers im Programm sein.[2] Das Winterprogramm steht bereits seit einer Weile. Und über kleine, geringfügige Kürzungen werden wir sicherlich übereinkommen können. Wie Sie ja auch anboten.

Bitte schließen Sie also nicht, daß unsere Zusammenarbeit

nicht gediehen wäre. Sie ist es. Es hat nur durch die mißlichen Umstände, die meine Person betrafen, vorübergehend den Anschein gehabt.

Und hatten wir Ihnen nicht schon ein Optionshonorar angewiesen? Ich hoffe doch, daß trotz unserer Computer-Abwicklung der Honorierungen der Beitrag bei Ihnen eingegangen ist.

Mit sehr herzlichen Grüßen bin ich
Ihr

Dr. Dieter Hasselblatt Anlage

Typoskript; Historisches Archiv des Bayerischen Rundfunks; Nr. 7412.

1 Vgl. Brief 13, Anm. 1.
2 *Biosphärenklänge* wurde am 22. August 1977 gesendet.

[20] Wolfgang Hildesheimer an Dieter Hasselblatt

Wolfgang Hildesheimer CH-7742 Poschiavo Tel. (082) 50467

Herrn Dr. D. Hasselblatt 29. Sept. 1976
Hörspielleitung
Bayerischer Rundfunk
München

Lieber Herr Hasselblatt,

herzlichen Dank für Ihren Brief und die Fotokopie meines Hörspiels. Nun tut es mir natürlich leid, daß ich gedacht hatte, Sie hätten es vernachlässigt, aber ich konnte nicht wissen, daß Sie krank waren. Das tut mir natürlich noch viel mehr leid. Hoffentlich ist es nichts, mit dem man ›von nun an zu leben hat‹.

Es freut mich, daß Sie mein Hörspiel ins Programm aufgenommen haben. Dann kann ich ja die Fotokopie behalten. Sollte es eine Gemeinschaftsproduktion geben, wäre es ja sehr schön.

Die Kürzungen würde ich Ihnen oder Frau Fuß überlassen.

Ja, ein Optionshonorar wurde seinerzeit angewiesen, aber es ist bald danach durch eine Sendung – ich weiß nicht mehr, was es war – abgegolten worden, so daß ich jetzt das Annahmehonorar erwarte.

Mit herzlichen Grüßen und etwas beunruhigt – ich bin ein gewaltiger Hypochonder – bin ich
Ihr
Wolfgang Hildesheimer

Typoskript; Historisches Archiv des Bayerischen Rundfunks; Nr. 7412.

MARCEL REICH-RANICKI

Marcel Reich-Ranicki schreibt am 10. Mai 1983 an Wolfgang Hildesheimer, dass er das von Hildesheimer für eine Besprechung ausgewählte Gedicht von Oskar Pastior »ganz schlecht, abscheulich und furchtbar« finde. Die darauffolgenden Zeilen beschreiben den beruflichen, aber auch den persönlichen Kontakt zwischen dem Literaturkritiker und dem Schriftsteller: »Da Sie es aber für so wunderbar halten und auch schön darüber geschrieben haben und da ich, was manche leider nicht wissen, ein toleranter Mensch bin, werden wir dieses Gedicht zusammen mit Ihrer Interpretation gern in unserer ›Frankfurter Anthologie‹ bringen.« In diesem Auszug wird deutlich, dass Reich-Ranicki und Hildesheimer Meinungsunterschiede und Standpunkte offen, respekt- und durchaus humorvoll thematisieren konnten.

Marcel Reich-Ranicki (2. Juni 1920 Włocławek/Polen – 18. September 2013 Frankfurt am Main) übersiedelte 1929 mit seinen Eltern nach Berlin. Nach dem Abitur, das er 1938 ablegte, wurde er wegen seiner jüdischen Herkunft nicht zum Studium zugelassen. Im Herbst desselben Jahres wurde er interniert und nach Polen abgeschoben. Ab 1940 lebte er im Warschauer Getto und war als Übersetzer in der Verwaltung tätig. Mit seiner Ehefrau, die er im Getto kennengelernt hatte, gelang ihm nach einigen Widerstandsaktivitäten die Flucht. Marcel Reich-Ranicki überlebte mit seiner Frau im Untergrund.

Nach Kriegsende trat er der Kommunistischen Partei Polens bei. Kurzzeitig war er für das polnische Generalkonsulat der Republik Polen in London tätig. Nach seiner Rückkehr nach Warschau wurde er aus dem Auswärtigen Dienst entlassen, aus der Kommunistischen Partei ausgeschlossen und zeitweise inhaftiert. 1950 erhielt er eine Anstellung beim Verlag des Verteidigungsministeriums als Lektor für deutsche Literatur. Er arbeitete mehrere Jahre als freier Publizist, bevor er 1958 von einer Studienreise in die BRD nicht mehr nach Polen zurückkehrte. In Deutschland arbeitete Reich-Ranicki als Literaturkritiker für *Die Welt* und *Die Zeit*. Bekannt geworden ist er aber vor allem durch seine Arbeit im Ressort für Literatur bei der *Frankfurter Allgemeinen Zeitung*, das er von 1973 bis 1988 leitete. Reich-Ranickis zahlreiche öffentliche Auftritte provozierten durch seine polemischen Meinungsäußerungen: Unvergessen von einem großen deutschen Publikum bleiben das »Literarische Quartett« als auch seine Ablehnung des Deutschen Fernsehpreises 2008.

Reich-Ranicki und Hildesheimer begegneten sich vermutlich erstmalig Ende Oktober 1958 bei der 20. Tagung der Gruppe 47 in Großholzleute im Allgäu. Während Reich-Ranicki zum ersten Mal Gast auf einer Tagung war, gehörte Hildesheimer seit seiner ersten Lesung 1951 zum Kern der Gruppe 47 und trug regelmäßig aus aktuellen Arbeiten vor – im Oktober 1958 die Geschichte *Der Brei auf unserem Herd*. Reich-Ranicki nahm von 1958 bis 1967 an Tagungen der Gruppe 47 teil. Er hat dort unter anderem Hildesheimers Lesungen aus *Herrn Walsers Raben* und aus *Tynset* gehört. Hildesheimer stand Reich-Ranickis Teilnahme an den Tagungen der Gruppe 47 zunehmend kritisch gegenüber. Wie auch Günter Eich, Ilse Aichinger und andere war er der Auffassung, dass die Teilnahme von professionellen Kritikern bei den Tagungen der Gruppe 47 das ursprüngliche Anliegen der Zusammenkünfte, nämlich den kritischen Austausch zu literarischen Werken unter Autoren, beeinträchtigte.[1]

Ein einschneidendes Ereignis in der Beziehung bildete Reich-Ranickis Besprechung von Wolfgang Hildesheimers *Zeiten in Cornwall*[2] in der *Zeit*.[3] Reich-Ranicki monierte darin, dass Hildesheimer in *Zeiten in Cornwall* »kein Wort [...] über das Exilschicksal« verliere und dass die »autobiographischen Skizzen so dürftig und enttäuschend geraten«[4] seien. Hildesheimer beanstandete in einem Brief an seinen Verleger Siegfried Unseld vom 30. Juli 1971 den vom Verlag verfassten Klappentext, der den folgenden Wortlaut hatte:

War Tynset der Fixpunkt einer erträumten Flucht, ist Cornwall geographisch konkret zu verstehen. Wolfgang Hildesheimer rief sich jene Zeit ins epische Gedächtnis, die er von 1932 gezwungenermaßen in England und besonders in der geschichts- und kulturträchtigen Grafschaft Cornwall verbrachte. Aus frühen und neuen Skizzen und Aufzeichnungen entstand eine neue Prosaarbeit mit unverhüllt autobiographischem Charakter, eine Art biographischer Roman.[5]

Hildesheimer kritisierte, dass der Klappentext einen Anreiz für Reich-Ranicki dargestellt habe, in der Rezension der *Zeiten in Cornwall* zu schreiben, dass Hildesheimer aus Deutschland vertrieben worden sei: »Ich habe Deutschland v o r den Judenverfolgungen verlassen [...]. Es passen eben nicht alle ehemals deutsche Juden in Ranickis Klischee von ›Vertriebenen‹, ›Flüchtlingen‹ und ›Emigranten‹.«[6] Hildesheimer bemängelte, dass Reich-Ranicki *Zeiten in Cornwall* durch diese vorgeformte Schablone gelesen und dadurch falsche Schlüsse gezogen habe.

In späteren Briefen wird ferner deutlich, dass Reich-Ranicki Hildesheimer als spezifisch jüdischen Schriftsteller wahrnahm.[7] So auch in seiner 1999 erschienenen Biographie. Reich-Ranicki reflektiert in *Mein Leben* die Situation der jüdischen Mitglieder der Gruppe 47 und besonders Hans Werner Richters Auftreten ihnen gegenüber. Er beschreibt Richters Befangenheit und seine Unfähigkeit, das Jüdisch-Sein offen anzusprechen. Er führt in diesem Zusammenhang Peter Weiss, Hans Mayer und Wolfgang Hildesheimer als Autoren an, »deren Persönlichkeit und deren literarisches Werk von der Zugehörigkeit zur jüdischen Minderheit und von der Vertreibung aus Deutschland in hohem, in höchstem Maße bestimmt wurden.«[8]

Die vorliegende Auswahl aus Hildesheimers Briefwechsel mit Reich-Ranicki verdeutlicht, dass sich die beiden Briefpartner trotz zurückliegender Differenzen respektvoll begegneten und in einem Arbeitsverhältnis standen, das Kritik und Selbstkritik zuließ. Die Briefauswahl dokumentiert Hildesheimers Arbeit als Rezensent und Kritiker für die *FAZ* und für die von Reich-Ranicki begründete *Frankfurter Anthologie*. Reich-

Ranicki ermutigte Hildesheimer unermüdlich zu Besprechungen von verschiedenen literarischen und bildkünstlerischen Büchern. Die Zusammenarbeit gestaltete sich nicht ausschließlich konfliktlos, wie sich in den ersten drei Briefen zeigt. Trotz der professionellen Schreibanlässe fehlt es dem Briefwechsel nicht an Witz, Humor und Selbstironie, und besonders die späten Briefe sind, wie sich in den abschließenden Grußformeln erkennen lässt, von einer persönlicheren Note und Vertrautheit gekennzeichnet. Ob die hierin aufblitzende Nähe zuletzt doch in Beziehung steht zu der geteilten Erfahrung als ›Außenseiter‹ im westdeutschen Kulturbetrieb der Nachkriegsjahrzehnte, muss wohl offenbleiben.

1 In einem Brief an Siegfried Lenz vom 26. September 1961 schrieb Hans Werner Richter, Initiator und Leiter der Gruppe 47: »Nun aber hat sich gegen Ranicki eine starke Opposition innerhalb der Gruppe 47 gebildet. Sie geht vorwiegend aus von Eich, Aichinger und Hildesheimer, aber inzwischen haben sich auch andere angeschlossen […]. Sie alle wollen an den Tagungen der Gruppe nicht mehr teilnehmen, wenn ich Ranicki einlade. Der angegebene Grund ist: Die Kritik wird allzu akademisch, offiziell, hat innerhalb der Gruppe ein Eigenleben, und dient nicht dem Autor, sondern schadet ihm. Das, was dort gesagt wird, eben von jenen Berufskritikern, könne man auch in den Zeitungen lesen, und damit hätte die Gruppe ihre eigentlich ursprüngliche Aufgabe verfehlt, nämlich das kritische Gespräch unter Autoren«, in: Hans Werner Richter, *Briefe*, hg. v. Sabine Cofalla, München und Wien: Hanser 1997, S. 366-367.

2 Wolfgang Hildesheimer, *Zeiten in Cornwall*, Frankfurt am Main: Suhrkamp 1971.

3 Marcel Reich-Ranicki, »Leider kein Striptease. Wolfgang Hildesheimers Aufzeichnungen ›Zeiten in Cornwall‹«, in: *Die Zeit*, 30. Juli 1971.

4 Ebd.

5 Wie Anm. 2.

6 Wolfgang Hildesheimer an Siegfried Unseld, 30. Juli 1971, in: *Briefe*, S. 169-171, hier: S. 170. Wolfgang Hildesheimer hat frühestens im April 1933, mit einiger Wahrscheinlichkeit nicht vor Mitte Juli 1933 Deutschland verlassen. Vgl. Henry A. Lea, *Wolfgang Hildesheimers Weg als Jude und Deutscher*, Stuttgart: Verlag Dieter Heinz 1997, S. 15; Volker Jehle, »Wie ein Echo aus längst entschwundenen Odenwaldschultagen – Wolfgang Hildesheimer, die Odenwaldschule und die Odenwaldschü-

ler«, in: Margarita Kaufmann und Alexander Priebe (Hg.), *100 Jahre Odenwaldschule. Der wechselvolle Weg einer Reformschule*, Berlin: vbb 2010, S. 90-102, hier: S. 90.

7 Reich-Ranicki fragte beispielsweise am 23. September 1969 schriftlich an, ob es Äußerungen von Hildesheimer über sein Verhältnis zum Judentum und über sein Verhältnis als Jude zu Deutschland gebe. Hildesheimer antwortete ihm in einem Brief vom 4. Oktober 1969, dass diese in *Tynset* enthalten seien und in seinem nächsten Buch – *Masante* – noch präziser enthalten sein würden. Vgl. Reich-Ranicki an Wolfgang Hildesheimer, 23. September 1969, und Wolfgang Hildesheimer an Marcel Reich-Ranicki, 4. Oktober 1969, in: *Briefe*, S. 161-162.

8 Marcel Reich-Ranicki, *Mein Leben*, 14. Auflage, Stuttgart und München: Deutsche Verlags-Anstalt 2000, S. 411.

[1] Wolfgang Hildesheimer an Marcel Reich-Ranicki

Wolfgang Hildesheimer

7742 Poschiavo (Grigioni) Svizzera
61020 Trasanni di Urbino (Pesaro) Italia

Herrn
Marcel Reich-Ranicki
Frankfurter Allgemeine
Frankfurt/M

Poschiavo, 3.10.74

Lieber Ranicki,

in der Glozer-Kritik[1] haben Sie mir einen Satz zur Sinnlosigkeit entstellt. Wo ich geschrieben habe: ›Vielmehr bleibt seine Sprache immer schlank, unrhetorisch, entweder kühl deduzierend .... oder mit äusserster .... Genauigkeit akkumulierend‹ kürzen Sie: ›...... entweder kühl deduzierend ..... oder von äusserster Genauigkeit‹, was zu bedeuten hätte, dass sie in ihrer Deduktion an Genauigkeit zu wünschen übriglässt. Den Satz: ›Niemals Causerie, kein Kokettieren mit dem Leser, kein Herzenston. Selbst sein offenes Engagement bleibt gänzlich undoktrinär‹ haben Sie ganz gestrichen. Ausserdem haben Sie den gesamten Text in Absätze zerhackt, so dass er dort, wie er erscheinen sollte, sinnlos wird.

Auf diese Weise, lieber Ranicki, können wir nicht zusammenarbeiten. Von einem Vorabdruck des Mozart-Buches[2] kann daher keine Rede sein.

Mit besten Grüssen
Ihr
Wolfgang Hildesheimer

Typoskript; Privatarchiv Marcel Reich-Ranicki.

1 Hildesheimer schlug dieses Buch in einem Brief an Reich-Ranicki vom 2. September 1974 für eine Besprechung vor und nannte Laszlo Glozer im selben Brief den »besten Kunstkritiker [...] Deutschlands«. Laszlo Glozer, *Kunstkritiken*, Frankfurt am Main: Suhrkamp 1974. Wolfgang Hildesheimer, »Seh-Hilfen und Nach-Erlebnisse. Laszlo Glozers ›Kunstkritiken‹«, in: *Frankfurter Allgemeine Zeitung*, 28. September 1974. Auch in: GW VII, S. 383-386.
2 Wolfgang Hildesheimer, *Mozart*, Frankfurt am Main: Suhrkamp 1977.

[2] Marcel Reich-Ranicki an Wolfgang Hildesheimer

24. Oktober 1974

Lieber Wolfgang Hildesheimer,

entschuldigen Sie bitte, daß ich Ihren Brief vom 3. Oktober erst heute beantworten kann. Ich will nicht verheimlichen, daß mich Ton und Inhalt Ihres Briefes befremden.

Sie beanstanden, daß wir in Ihrem Artikel über Laszlo Glozer zwei Maschinenzeilen gestrichen haben. Ich glaube nicht, daß durch diese Streichung in der Substanz und Tendenz Ihres Artikels auch nur das Geringste geändert wurde. Es ist ganz ausgeschlossen, daß wir Ihnen zusichern, daß wir niemals in Ihren Manuskripten Kürzungen vornehmen werden. Alle Mitarbeiter unseres Literaturblatts, und zu ihnen gehören, wie Ihnen gewiß bekannt ist, auch die bedeutendsten Schriftsteller und Essayisten der Gegenwart, akzeptieren derartige aus technischen Gründen oft unvermeidbare Kürzungen.

Sie beanstanden, daß wir Ihren Text in Absätze zerhackt hätten. Die graphische Aufmachung der Manuskripte ist ausschließlich Sache der Redaktion. Überdies halten wir die Gliederung in Absätze nicht nur aus graphischen sondern auch aus inhaltlichen Gründen für dringend erforderlich. Auf diese Regel können wir nicht verzichten. Und auch in dieser Hinsicht macht uns keiner unserer Mitarbeiter Schwierigkeiten.

Ihr zweiter Artikel über die »Landschaften« Horst Janssens ist in unserer Nummer vom 26. Oktober gedruckt.[1] Auch hier werden Sie feststellen, war es nötig, an einigen Stellen Ihren Text geringfügig zu korrigieren, zum Teil übrigens aus sachlichen Gründen. Andere Mitarbeiter sind uns für derartige minimale Änderungen dankbar.

So sieht die Situation aus, und es hängt einzig und allein von Ihnen ab, ob wir weiterhin zusammenarbeiten werden. Ich meinerseits bin an dieser Zusammenarbeit in hohem Maße interessiert. Ich werde mich freuen, wieder von Ihnen zu hören und verbleibe

mit besten Grüßen

Ihr Marcel Reich-Ranicki

Typoskript; Privatarchiv Marcel Reich-Ranicki.

1 Wolfgang Hildesheimer, »Horst Janssens Landschaft. Zeichnungen und Aufzeichnungen«, in: *Frankfurter Allgemeine Zeitung*, 26. Oktober 1974. Auch in: GW VII, S. 387-389.

[3] Wolfgang Hildesheimer an Marcel Reich-Ranicki

Wolfgang Hildesheimer

7742 Poschiavo (Grigioni) Svizzera
61020 Trasanni di Urbino (Pesaro) Italia

Herrn
Marcel Reich-Ranicki
Frankfurter Allgemeine
Frankfurt

Poschiavo, 19.11.74

Lieber Ranicki,

vielen Dank für Ihren Brief. Über einen bösen Ton war ich mir bei dem Meinen nicht im Klaren, ich fand ihn eher sachlich.

Aber zur Sache: Sie können doch nicht leugnen, dass in dem folgenden (Neben)satz der Sinn entstellt ist:

Meine Fassung	FAZ
.... entweder kühl deduzierend, (......) oder mit äusserster, scheinbar auf Nachvollziehbarkeit angelegter Genauigkeit akkumulierend.	.... Entweder kühl deduzierend, oder von äusserster Genauigkeit.

Ihre Veränderung liesse doch darauf schliessen, dass das Entweder, nämlich die kühle Deduktion im Gegensatz zum Oder[+] der Genauigkeit entbehrt, oder nicht? Wenn Sie mich davon überzeugen, dass diese beiden Sätze den gleichen Sinn ergeben, wollen wir den ganzen Zwist vergessen, (zumal mir der Aufsatz einen schönen Dank vom Glozer[1], und der Janssen-Aufsatz[2] einen Leporello mit persönlicher Widmung eingebracht hat.)

Dennoch müssen wir uns einen Abdruck des Mozartbuches aus dem Kopf schlagen, denn es sind zu viele – und eben sehr wichtige – Fussnoten darin.

Herzliche Grüsse
Ihr
Wolfgang Hildesheimer

PS Ihren Aufsatz über die linken Kastanien fand ich völlig richtig.[3] Aber in der Schweiz scheint keiner dieser Meinung zu sein.

[+] Genauer: Deduktion oder Akkumulation, das sind zwei Alternativen. Deduktion oder Genauigkeit aber nicht. Oder sehen Sie das anders.

Typoskript; Privatarchiv Marcel Reich-Ranicki.

1 Laszlo Glozer. Vgl. Brief 1 und 2.
2 Vgl. Brief 2, Anm. 1.
3 Marcel Reich-Ranicki, »Linke Kastanien und der große Bruder«, in: *Frankfurter Allgemeine Zeitung*, 2. November 1974. Siegfried Unseld lehnte es ab, das Programm der Außenstelle in Zürich mit einem Sammelband über die Schweizerische Arbeiterbewegung zu eröffnen. Diesen Sammelband der Arbeitsgruppe für Geschichte der Arbeiterbewegung Zürich hatte zuvor ein Schweizer Verlag abgelehnt. Die Schweizer Öffentlichkeit reagierte auf Suhrkamps Absage empört. Reich-Ranicki argumentiert in seinem Artikel, dass Suhrkamp in der Schweiz als Auslandsverlag agiere und für einen deutschen Verlag keine Verpflichtung bestehen könne, in politisch aufgeladene Konflikte einzugreifen.

[4] Wolfgang Hildesheimer an Marcel Reich-Ranicki

Wolfgang Hildesheimer CH-7742 Poschiavo Tel. (082) 50467

Herrn
Marcel Reich-Ranicki
Redaktion FAZ

21.4.83

Lieber Marcel R.-R.,

nun ist es also doch – zunächst – nicht Brentano geworden, sondern Oskar Pastior[1], der mir letztlich doch mehr liegt. Ich möchte auch, wenn ich dann mal wieder dran bin, Jürgen Becker[2] interpretieren, der mir auch nahesteht.

Herzliche Grüsse
Ihr Wolfgang Hildesheimer

PS Ich habe das Exemplar der FAZ, in dem meine Interpretation des George-Gedichtes[3] war, verloren. Darf ich Sie bitten, mir noch eines zu schicken? Es darf auch fotokopiert sein.

W.H.

Typoskript; Privatarchiv Marcel Reich-Ranicki.

1 Es handelt sich höchstwahrscheinlich um Oskar Pastiors »Abendlied«, in: Marcel Reich-Ranicki (Hg.), *Frankfurter Anthologie: Gedichte und Interpretationen*, Bd. 8, Frankfurt am Main: Insel 1984, S. 253-256.
2 Jürgen Becker (geb. 1932), Schriftsteller und Lyriker. Jürgen Becker nahm erstmals an einer Tagung der Gruppe 47, der 23., vom 3. bis zum 6. November 1960 teil, bei der auch Wolfgang Hildesheimer anwesend war. Hildesheimer hatte bereits 1968 eine Rezension zu Beckers Prosatext *Ränder* verfasst. Wolfgang Hildesheimer, »Stimme der Ohnmacht«, in: *Der Spiegel* 26/1968, 24. Juni 1968. Auch in: GW VII, S. 321-326.
3 Ders., »Die Grenzen des Sagbaren«, in: *Frankfurter Allgemeine Zeitung*, 5. März 1983. Auch in: GW VII, S. 461-463. Hildesheimer bespricht Stefan Georges *Das Wort*.

[5] Franz Josef Görtz[1] (FAZ) an Wolfgang Hildesheimer

26. April 1983

Herrn
Wolfgang Hildesheimer

CH – 7742 Poschiavo

Sehr geehrter Herr Hildesheimer,

haben Sie freundlichen Dank für Ihren Brief vom 21. April, auf den ich Ihnen heute antworte, da Herr Reich-Ranicki erst in vierzehn Tagen wieder im Büro sein wird. Zu Ihrem Manuskript für die »Frankfurter Anthologie« habe ich meinerseits eine kleine Bitte: ob Sie uns wohl einen bibliographischen Hinweis geben können, das Gedicht von Oskar Pastior betreffend.

Mit besten Grüßen
Ihr
Franz Josef Görtz

Typoskript; Privatarchiv Marcel Reich-Ranicki.

1 Franz Josef Görtz (geb. 1947) arbeitete seit 1980 als Literaturredakteur bei der *Frankfurter Allgemeinen Zeitung* mit Marcel Reich-Ranicki zusammen.

[6] Wolfgang Hildesheimer an Franz Joseph Görtz (FAZ)

Wolfgang Hildesheimer CH-7742 Poschiavo Tel. (082) 50467

Herrn Franz Joseph Görtz 28.4.83
Frankfurter Allgemeine

Sehr geehrter Herr Görtz,

besten Dank für Ihren Brief. Oscar Pastior, Rumäniendeutscher ist Lyriker und Essayist und hat etwa 5 Lyrikbände veröffentlicht, (ich kenne sie nicht alle) den ersten ›Vom Sichersten ins Tausendste‹[1] bei Suhrkamp, die anderen bei Klaus Ramm in Spenge[2], den ich gebeten habe, Ihnen weiteres Material zu schicken. Pastior hat auch diverse Preise bekommen, aber ich weiß nicht mehr, welche. Das von mir gewählte Gedicht entstammt dem Band ›Wechselbalg‹ (1980)[3].

Übrigens zwei Korrekturen. Seite 2 meines Manuskripts. Zeile 13 von unten: ›die Demonstration‹, nicht ›der Demonstration. – Zeile 6 v.u. finden‹ anstatt fingen.

Mit bestem Dank und Grüßen an Herrn M.R.-R.
Ihr

Typoskript; Privatarchiv Marcel Reich-Ranicki.

1 Oskar Pastior, *Vom Sichersten ins Tausendste. Gedichte*, Frankfurt am Main: Suhrkamp 1969.

2 Der Klaus Ramm Verlag hat neben *Wechselbalg* (siehe Anm. 3) *Höricht* (1975) und *Fleischeslust* (1976) von Oskar Pastior publiziert.
3 Ders., *Wechselbalg. Gedichte 1977-1980*, Spenge: Ramm 1980.

[7] Marcel Reich-Ranicki an Wolfgang Hildesheimer

10. Mai 1983

Herrn
Wolfgang Hildesheimer

CH-Poschiavo
(Grigioni)

Lieber Wolfgang Hildesheimer,

das von Ihnen ausgewählte Gedicht von Oskar Pastior finde ich ganz schlecht, abscheulich und furchtbar. Da Sie es aber für so wunderbar halten und auch schön darüber geschrieben haben und da ich, was manche leider nicht wissen, ein toleranter Mensch bin, werden wir dieses Gedicht zusammen mit Ihrer Interpretation gern in unserer »Frankfurter Anthologie« bringen.

Ich habe auch nichts dagegen, daß Sie ein Gedicht von Jürgen Becker für die »Frankfurter Anthologie« machen, nur darf es, wie Sie wissen, nicht zu lang sein. Überdies wollen Sie bitte berücksichtigen, daß drei Gedichte von ihm schon in der Anthologie waren und also nicht in Betracht kommen. Die Titel dieser Gedichte brauche ich Ihnen nicht zu nennen, denn Sie haben ja den sechsten Band der »Frankfurter Anthologie«[1], in dem sich im Anhang ein Gesamtverzeichnis befindet. Und wenn Sie diesen Band nicht haben sollten, was eine Schande wäre, dann lassen Sie sich ihn gleich von Frau Zeh[2] schicken.

Herzlichst
Ihr
[handschriftl. Kürzel]

Typoskript; Privatarchiv Marcel Reich-Ranicki.

1 Marcel Reich-Ranicki (Hg.), *Frankfurter Anthologie: Gedichte und Interpretationen.* Bd. 6, Frankfurt am Main: Insel 1982.
2 Burgel Zeeh (1938-2009) war Siegfried Unselds rechte Hand als Chefsekretärin von 1967 bis zu seinem Tod 2002.

[8] Wolfgang Hildesheimer an Marcel Reich-Ranicki

Wolfgang Hildesheimer CH-7742 Poschiavo Tel. (082) 50467

Herrn Marcel Reich-Ranicki 12.5.83
FAZ

Lieber Marcel R.-R.

wußte ich es doch! Sie sind ein geheimer Schillerleser, und wahrscheinlich unterbricht Sie dieser Brief bei der Lektüre von Wilhelm Tell. Oder war es der Gang zum Eisenhammer[1]? Sagen Sie es ehrlich!

Nein, ich habe den sechsten Band[2] nicht! Können Sie ihn mir schicken lassen? Wenn aber Jürgen Becker schon so oft dagewesen ist, suche ich mir einen anderen. Vielleicht einen Celan? Schade, daß ›Die Glocke‹ so lang ist – oder ist sie es garnicht? Ich erinnere mich kaum! – sonst würde ich natürlich die nehmen.

Herzliche Grüße
~~Dein~~ Ich meine natürlich: Ihr
Wolfgang Hildesheimer

Typoskript; Privatarchiv Marcel Reich-Ranicki.

1 *Der Gang nach dem Eisenhammer*, Ballade von Friedrich Schiller.
2 Vgl. Brief 7, Anm. 1.

[9] Marcel Reich-Ranicki an Wolfgang Hildesheimer

16. Mai 1983
M. R.-R./M. K.

Herrn
Wolfgang Hildesheimer

CH – 7742 Poschiavo

Lieber Wolfgang Hildesheimer,

»Wilhelm Tell« ist bestimmt nicht Schillers schlechtestes Stück und mir persönlich viel lieber als die offenbar von Ihnen bewunderten Werke »Die Jungfrau von Orleans« und »Die Braut von Messina«.

Daß es von Jürgen Becker schon Gedichte in unserer »Frankfurter Anthologie« gab, ist kein Grund, daß Sie nicht noch eines von ihm machen. Aber Celan, von dem wir noch viel mehr hatten, soll mir ebenfalls recht sein. Nur müssen Sie, bevor Sie sich an die Arbeit machen, erst uns das Gedicht vorschlagen und auf die Antwort warten. Der sechste Band der »Frankfurter Anthologie«, den wir für Sie bei Frau Zeh[1] bestellen, ist für Sie noch keine ganz ausreichende Information, weil ja schon der siebte Band gedruckt wird und überdies noch andere Gedichte zur Zeit bei anderen, wenn auch vielleicht nicht ganz so bedeutenden, Mitarbeitern in Arbeit sind.

Zu Ihrem originellen Schiller-Vorschlag (»Die Glocke«) muß ich Ihnen mitteilen, daß nicht nur der Umfang die Berücksichtigung dieses (gar nicht so üblen) Werkes unmöglich macht, sondern auch Ihre Einstellung. Eine Anthologie ist nämlich – und Sie scheinen der Belehrung bedürftig – eine Blütenlese.

Sie können also nur solche Gedichte für unsere »Frankfurter Anthologie« vorschlagen, die Sie wirklich befürworten. Um Sie zu ärgern, muß ich hinzufügen, daß eines der schönsten Gedichte, die ich je in deutscher Sprache gelesen habe, von Schiller stammt, nämlich die Ballade »Die Kraniche des Ibikus«. Sie werden mir nicht einreden, daß Ihr Pastior besser sei als Schiller.

Es umarmt Sie,

Ihr [handschriftl. Kürzel]

Typoskript; Privatarchiv Marcel Reich-Ranicki.

1 Vgl. Brief 7, Anm. 2.

[10] Wolfgang Hildesheimer an Marcel Reich-Ranicki

Wolfgang Hildesheimer
Poschiavo (GR) Schweiz

Herrn
Marcel Reich-Ranicki
Redaktion FAZ

12.6.83

Verehrtester Freund,

ich bin mal wieder gar nicht Ihrer Meinung. Ich könnte bei dem Gedicht von Pastior jede Zeile interpretieren, es würde gar keine Mühe kosten, nur eben Zeit. Nun ja, ich bin ein großer Pastior-Verehrer, die meiste andere Poesie ist mir zu sinnig. Aber sei's drum, ich bin Ihnen auch nicht böse, wenn Sie meine Interpretation n i c h t drucken, ich mache eben was anderes. Ganz habe ich mich noch nicht entschieden, was. Vielleicht – aber nur vielleicht – mache ich mich an das schwierige Brentano-Gedicht.

Unverständlich aber war mir die Kritik – ich habe den Namen des Kritikers vergessen, – über Hoffers Bei den Bieresch.[1] Er hat das Buch doch gar nicht verstanden. Man muß das Buch auslegen. Wenn er es tut und das Buch ihm immer noch nicht gefällt, tant mieux, aber dann hat er es immerhin versucht.
Rätsel auf Rätsel.
Wie auch immer, herzliche Grüße
Ihr
Wolfgang Hildesheimer

Typoskript; Privatarchiv Marcel Reich-Ranicki.

1 Werner Fuld, »Ein Land des bodenlosen Tiefsinns. Der zweite Teil des Romans ›Bei den Bieresch‹ von Klaus Hoffer«, in: *Frankfurter Allgemeine Zeitung*, 9. April 1983.

CHRISTOPHER HOLME

Die vorliegende Auswahl aus der Korrespondenz von Christopher Holme und Wolfgang Hildesheimer ermöglicht einen Einblick in eine langjährige Freundschaft. Hildesheimer schreibt in einem Brief an Holme vom 15. Oktober 1979: »MANY thanks for the lovely time we had with you in ›our London home‹«[1] und drückt darin die Vertrautheit der beiden aus, die sie über Jahrzehnte aufgebaut haben. Auf Englisch verfasst, dokumentieren die Briefe Hildesheimers Begeisterung für die englische Sprache und Kultur sowie seine zahlreichen Reisen nach England, die zumeist einige Besuchstage bei Christopher Holme und seiner Ehefrau Anthea einschlossen.

Hugh Christopher Holme (20. Oktober 1905 Burma – 20. Juni 1991 Oxford) studierte in Oxford Klassische Philologie. Seit 1931 für die Nachrichtenagentur Reuters tätig, ging Holme als Korrespondent nach Berlin, um 1933 über den Reichstagsbrandprozess zu berichten. Während dieses Aufenthaltes gab es Quellen zufolge eine persönliche Begegnung mit Hitler.[2]

Seine Ehefrau Anthea (20. Juli 1919 – 15. November 2012[3]) lernte er kurz vor seinem Aufbruch nach Palästina in Wien kennen, wo sie Musik studierte. Während des Zweiten Weltkrieges arbeitete Christopher Holme am Public Information Office in Jerusalem, wo sich sein Weg mit dem Wolfgang Hildesheimers kreuzte. Mit Hildesheimers Eintritt ins PIO wurde Holme sein Vorgesetzter; wohl kurz zuvor waren sie sich erstmals begegnet.[4] Auch nachdem Hildesheimer Palästina verlassen hatte, brach der Kontakt sowohl auf beruflicher als auch auf privater Ebene nicht ab; die Freundschaft dauerte bis zu Hildesheimers Tod. Nachdem Holme für die Organisation The Royal Institute of International Affairs, auch bekannt als Chatham House, und für *The Observer* gearbeitet hatte, begann er als Regieassistent 1948 bei der BBC.[5] Bald darauf wurde er Leiter der Feature-Abteilung und behielt diese Funktion bis 1972.

Auf Vorschlag von Wolfgang Hildesheimer wurde Holme zu Tagungen der Gruppe 47 eingeladen. Holme nahm an den Tagungen im Mai 1955 in Berlin – hier gemeinsam mit Hildesheimer – sowie im Oktober 1962 erneut in Berlin und in Sigtuna 1964 – hier jeweils ohne Hildesheimer, der Richters Einladungen ausgeschlagen hatte – teil. Während dieser Treffen und Lesungen lernte Holme bedeutende Schriftsteller der deutschen Nachkriegsliteratur wie Günter Grass, Ingeborg Bachmann oder Martin Walser kennen und eröffnete vielen von ihnen die Möglichkeit, für die BBC zu arbeiten.

Christopher Holme war mit Hildesheimers Werk überaus vertraut, zumal er *Pastorale*, *Das Ende einer Welt*, *Mary Stuart* und *Monolog* aus dem Deutschen ins Englische übersetzte. Er unterstützte besonders Hildesheimers unermüdliche Versuche, *Tynset* in England zu veröffentlichen. Die enge Zusammenarbeit zwischen Autor und Übersetzer wird in Christopher Holmes brieflichen Nachfragen am Beispiel der Übersetzung von *Mary Stuart* deutlich. Holme und Hildesheimer treffen in den Briefen Absprachen über Korrekturen und Anpassungen der Übersetzung an die englische Literatur- und Kulturgeschichte.

Eine besondere Bedeutung kommt jenen Briefen zu, in denen Hildesheimer Ratschläge im Zusammenhang mit seiner Arbeit an *Marbot* sucht. Holme ist ihm behilflich bei der Vermittlung von Kontakten zu Experten in Großbritannien sowie bei der Planung seiner Recherche-Reisen, er gibt hilfreiche Hinweise bezüglich kulturgeschichtlicher Hintergründe und dient selbst als kompetenter Gesprächspartner. Hildesheimer vertraut auf das Wissen seines englischen Freundes bei der Erschaffung seiner literarischen Figur Marbot, denn schließlich musste Marbot, wie Hildesheimer betont, ein ›Englishman‹ sein: »The fact that he has to be English makes it difficult, as I have to read a lot – you have to help me there! – but I cannot but see him as an Englishman.« (15. Dezember 1977) Bei der Konstruktion dieser literarischen Figur bittet er immer wieder Holme um seine Einschätzung, seinen Rat und um einschlägige Literaturhinweise (2. Januar 1978).

Die Schauplätze dieser Jahrzehnte währenden Freundschaft waren Palästina, England und die Schweiz. Kaum eine Reise nach London verging, ohne dass Wolfgang und Silvia Hildesheimer zusammen mit dem Ehepaar Holme Theateraufführungen und Ausstellungen besuchten oder gemeinsam durch England reisten. Der Briefwechsel dokumentiert ihre freundschaftliche Verbindung, die Hildesheimer über entscheidende Etappen seines Lebens begleitete und die er wiederholt explizit mit seiner literarischen Arbeit verschränkte. Im Folgenden wird eine Auswahl aus rund 185 Briefen und Postkarten von den 1960er-Jahren bis zu Hildesheimers und Holmes Todesjahr 1991 vorgelegt, die sich in der Taylor Institution Library in Oxford befinden; es sind nur wenige Briefe von Christopher Holme an Wolfgang Hildesheimer erhalten.

1 Taylor Institution Library in Oxford.

2 »Holme joined Reuters, serving as a correspondent in Berlin, where he covered the Reichstag fire trials and had the dubious privilege of shaking hands with Hitler«, in: *PN Review* 811 September – October 1991. Online einsehbar: http://www.pnreview.co.uk/cgi-bin/scribe?item_id=3890 [zuletzt abgerufen am 5. Januar 2017]

3 The National Archives, online einsehbar: http://discovery.nationalarchives.gov.uk/details/c/F255706. [zuletzt abgerufen am 2. Juli 2016]. Genaue Daten bestätigt durch das Middle East Centre Archive, St Anthony's College.

4 Vgl. das BBC-Interview zwischen Christopher Holme und Wolfgang Hildesheimer vom 10. Dezember 1973. Kopie der Transkription des Tonbandes in der Taylor Institution Library in Oxford.

5 Vgl. Nachruf auf Christopher Holme im *Independent*, 16. August 1991.

[1] Wolfgang Hildesheimer an Christopher Holme

wolfgang hildesheimer, poschiavo (graubünden)

11th July 1963

Dear Christopher,

we haven't heard from you for a long time. Are you alright? I suppose you are in Scotland somewhere on holiday? When are you coming to Poschiavo? I should like to ask you a favour: in the Victoria and Albert Museum[1] there is, as far as I remember, the socalled ›bed of Ware‹[2] a huge four-poster bed in which fourteen people used to sleep (I don't know how). In my novel ›Tynset oder ein früher Winter‹ (I have just finished the rough version) there is a chapter about this bed and what happened in it. I should very much like to have a picture of this bed, and I think there is a post card. If there is one – could you get it for me or tell me how to get it? – – Before I get down to the final version of the novel I shall write a new radio play.[3] I shall let you have it when it is finished.

[handschriftl.:] Love from us both to Anthea and you and the children
Yours Wolf

Typoskript; Taylor Institution Library Oxford.

1 Renommiertes Kunst- und Designmuseum in London.
2 Das »Great bed of Ware« wurde wahrscheinlich um 1590 in Ware, Hertfordshire, hergestellt. Es ist Gegenstand einer berühmten Episode in Wolfgang Hildesheimers *Tynset*. Wolfgang Hildesheimer, *Tynset*, Frankfurt am Main: Suhrkamp 1965, S. 188 f.
3 Bei dem erwähnten Hörspiel handelt es sich entweder um *Nachtstück* oder um *Monolog*. Beide Hörspiele wurden erstmals im Frühling 1964 gesendet. *Nachtstück*, Erstsendung: NDR/SFB, 1. April 1964, Regie: Hansjörg Utzerath. *Monolog*, Erstsendung: NDR/SWF, 6. April 1964, Regie: Fritz Schröder-Jahn.

[2] Christopher Holme an Wolfgang Hildesheimer

23 Marlborough Place,
St. John's Wood,
N.W. 8

17th February, 1966

Dear Wolf,

I've heard from Suhrkamp, and at the moment I'm in touch with Hamish Hamilton[1], who it seems had expressed interest in »Tynset«.

As for »Monolog«[2], I'll be sending you a script for your opinion in a week or two. There may be a problem to match the duration of the submerged bits to that of the dialogue over them but we can meet that when it comes.

I've billed it as »›The Hole in the Milky Way‹ – A Monologue with Interruptions by Wolfgang Hildesheimer« I hope you approve. I think it will lure and intrigue the potential listener and has a slight surrealist echo (besides being a quotation from the finale). I like it.

I like too the illustration to your Bremen exhibition[3]. I wish I could have seen it. Your gulls in Cornwall[4] are delightful. Perhaps they were in it?

Incidentally, congratulations on the prize[5], which I hadn't heard about.

Yours,

(Christopher Holme)

Herrn Dr. Wolfgang Hildesheimer,
Poschiavo (graubünden),
SWITZERLAND

Enc.

Typoskript; Taylor Institution Library Oxford.

1 Englischer Verlag in London, der 1931 gegründet wurde und heute zu Penguin Books gehört.
2 Christopher Holme übersetzte und produzierte 1966 bei der BBC Hildesheimers Hörspiel *Monolog*.
3 Die Ausstellung in der Zentralen Bücherei Schüsselkorb vom 14. Januar bis zum 11. Februar 1966 fand aus Anlass der Verleihungsfeierlichkeiten des Bremer Literaturpreises statt.
4 Holme verweist hier auf Hildesheimers Tuschezeichnung »Möwen am Strand von Sennen Cove«, die 1965 entstanden ist. Erstmals reproduziert wurde sie in der Zeitschrift *Merkur* (20/1966, S. 56f.) und in *Dichten und Trachten* (27, 1. Halbjahr 1966, S. 60). Die Tuschezeichnung erschien später auch in *Zeiten in Cornwall* (Wolfgang Hildesheimer, *Zeiten in Cornwall*, Frankfurt am Main: Suhrkamp 1971, S. 37).
5 Wolfgang Hildesheimer erhielt am 26. Januar 1966 den Bremer Literaturpreis. – Die Verleihung des Georg-Büchner-Preises an ihn noch im selben Jahr wurde erst Mitte Juli bekannt.

[3] Wolfgang Hildesheimer an Christopher Holme

Wolfgang Hildesheimer 22. März 1969

7742 Poschiavo (Grigioni) Svizzera
61020 Trasanni di Urbino (Pesaro) Italia

Mr. Christopher Holme
14 Buckland Crescent
London N.W. 3

[handschriftl.:]
Dear C.
please excuse the German.
We are just back from a
trip. there was a lot of mail,
and I had to dictate this.
My secretary knows no English.
I shall write soon again
Yours W.

Lieber Christopher,

vielen Dank für Deinen Brief. Entschuldige bitte, dass ich so spät schreibe, aber wir waren verreist.

Könntest Du mir ein oder zwei reizvolle Orte in Suffolk mitteilen, wo es sich lohnt, ein paar Tage zu bleiben, evtl. zu zeichnen? In London wären wir dann vom 30. September bis 3. Oktober. Vielen Dank für Eure Einladung. Selbstverständlich wohnen wir sehr gern bei Euch.

Die Sache mit dem »Ende einer Welt«[1] ist völlig in Ordnung. Sowie das Geld kommt, werde ich es Dir mitteilen.[2] Die Rechnung für Deine Autoreparatur habe ich übrigens immer noch nicht erhalten. Ich werde demnächst noch einmal mahnen.

Fräulein Ritzerfeld[3] vom Suhrkamp Verlag möchte demnächst durch einen Agenten »Tynset« in England noch einmal anbieten. Sie wollte wissen wo Du es schon versucht hast. Ich glaube, es war bei Weidenfeld[4], oder nicht? Bist Du bereit, das

Buch zu übersetzen? Es ist wirklich seltsam, dass »Tynset« in England noch nicht angenommen worden ist. Es ist inzwischen in 9 Sprachen übersetzt und, so weit ich gehört habe, überall ein literarischer Erfolg geworden. Die Kritiken waren sehr gut. In Frankreich und Italien verkauft es sich auch sehr gut.

Es wäre sehr schön, wenn Ihr im Laufe dieses Sommers zu uns kämet. Viele herzliche Grüsse, auch von Silvia und auch an Anthea

Dein
Wolf

Typoskript; Taylor Institution Library Oxford.

1 Wolfgang Hildesheimers Erzählung *Das Ende einer Welt* war erstmals 1951 erschienen.

2 Christopher Holme hatte am 6. März 1969 an Wolfgang Hildesheimer geschrieben: »This brings me to a great liberty I have taken. ›Das Ende einer Welt‹, as you will know, is being anthologized by an American educational publisher Scott Foresman, and they have offered me a nice little sum which I have asked them to send to you in Switzerland, so that you can deduct those garage charges from it and give me the rest when Anthea and I pass through, as we hope to do, in late May or early June.« (Taylor Institution Library Oxford) Während eines Besuches bei Hildesheimer hatte Holme eine Reparatur an seinem Auto durchführen lassen müssen. Wolfgang Hildesheimer, *A world ends. Translation by Christopher Holme*, in: Stephen Spender (Hg.), *Great German short stories*, New York u. a.: McGraw-Hill Book Company 1965, S. 443-447.

3 Helene Ritzerfeld (1914-2000), Mitarbeiterin bei Suhrkamp und langjährige Leiterin der Abteilung Rechte und Lizenzen.

4 Der Verlag Weidenfeld & Nicolson war 1949 in London gegründet worden.

[4] Wolfgang Hildesheimer an Christopher Holme

Dear Christopher,

could you do me a favour? Translate (with the aid of Deborah and Randal[1]?) this dialogue into nasty American?

A: Look over there, Butch – there's one of them.
B: Let's bump him off.
A: Too much noise. Better bash in his head.
B: Anyone in sight?
A: Not a soul.
B: O.K. Come on!

(from »Masante«[2]. Not that anyone is killed in the book – the dialogue is imaginary)

Love to you all
Wolf

[handschriftl. Notiz von Christopher Holme:]
Deborah
SOS from Wolf.
Can you help?
C.

Handschrift, ohne Datum; Taylor Institution Library Oxford.

1 Randal Holme, Christopher und Anthea Holmes Sohn, sowie dessen Ehefrau Deborah.
2 Wolfgang Hildesheimer, *Masante*, Frankfurt am Main: Suhrkamp 1973.

[5] Christopher Holme an Wolfgang Hildesheimer

14 Buckland Crescent
London N.W. 3
11 November 1969

Dear Wolf,
Thank you very much for all your letters and for so carefully going through that translation[1]. I'm sorry about those mistakes. Usually – if there hadn't been such a rush – I would have had it checked, but of course your checking is far better. I was able to include the earlier ones in a first sheet of corrections, a copy of which is enclosed. »Seelisch« I will add. I did originally put something like »spiritual« and then unfortunately I looked it up in the dictionary and found 2x »2. seelig« and had a bad second thought. »mental« will scan and do very well, so I'll get it changed.

I'm afraid we shan't be able to manage January. I've got a production in Frankfurt but have to come back for productions here, and Anthea is doing her proofs now but will have other work later which she has to do here. But later on, I really should like to plan for us to come and visit you. Will you still be in Poschiavo in April or May? I haven't discussed it with Anthea yet, but I should like to visit Ravenna and of course Urbino next year, if possible. There's a film that might amuse you, Bunuel's latest, La Voie Lactée[2] – more than a touch of surrealism – making fun of Catholic theology.

Deborah's had a go at your bit of gangster dialogue. Her first point is that Butch is »too juvenile a name for a criminal«. Here is her try:

dere dere's dem
Hey – over there – there's one a them bastards.
Whaddya say we give him some lead?
ya
Too noisy, you goof – we'll bash his head in.
Anybody around?
Nobody!
OK, let's get him.

It was lovely having you here. We've got a lot more places in Suffolk and Norfolk lined up for your next visit. Randal is living here with Deborah and commuting to Essex, Deborah going to courses in London.

Love to Silvia
C.

Typoskript; Taylor Institution Library Oxford.

1 Christopher Holme hatte Wolfgang Hildesheimers *Pastorale* ins Englische übersetzt. Wolfgang Hildesheimer, *Pastorale. A grotesque in one act.* Translated by Christopher Holme, in: *Dimension* (Austin, Texas) III/1970, No. 3, S. 608-689.
2 Luis Buñuels Film *Die Milchstraße* (Originaltitel: *La Voie Lactée*) aus dem Jahr 1969.

[6] Christopher Holme an Wolfgang Hildesheimer

8 September 1970

Dear Wolf,
I'm sorry to worry you with things which you might well have hoped were over and done with. But Nina Froude's[1] first reaction at Harvey Unna's[2] was to look up the account of Mary's execution[3] in the Antonia Fraser book[4]. This I'm afraid will be the reaction of almost any Dramaturg or director, as it is a best-seller on both sides of the Atlantic. She is a Catholic but has dug up a lot of material of which she makes apparently conscientious use and I dare say that most readers would not realize the Catholic, sometimes somewhat idyllic, nature of her interpretations. You may well have seen it, but if not, I feel you perhaps should, as it is the latest on the subject and in everybody's hands. There are some points of detail in her chapter

on the execution, one of which particularly struck me. The executioner and his mate, it seems, were entitled by custom to whatever Mary had on her at the time of her execution and there was an actual dispute with Paulet etc. about some trinkets and the cross. In your version the executioner is conspicuously not involved in the squabble over the jewels, and there is no hint that they would be coming to him in any case.

There are also discrepancies between her account of Mary's costume and yours, or rather my understanding of yours. The accounts themselves, as you evidently discovered, are not altogether in agreement. The fullest has: white hair dressing or coif of lawn edged with lace; white veil fastened to her ›caul‹, i. e. in this case her wig, bowed out with wire and edged with lace (a sort of halo as seen in pictures); gown of black satin with a train and long sleeves to the ground (called a ›mantle‹ by some, but always black; under it two more pairs of sleeves (separate as was the custom) the upper short and slashed of black satin, the under of purple velvet showing through the slashes; an undivided dress of figured black satin; a petticoat with a crimson satin bodice and crimson velvet skirt; two pairs of stockings, of fine white wool ›next her legs‹ (and presumably over her thighs too), and outside those (probably only to her knees) pale blue worsted clocked and edged with silver; green garters; black shoes. I have found no mention of a collar but according to one picture, if a ruff it must have been a very small one, perhaps only attached to the gown or to the black bodice under it which according to the other account she must have had over the crimson of the petticoat attached to the black ›kyrtle‹. She had two gold rosaries at her waist and a pomander chain and a gold Agnus Dei round her neck. Apparently she promised the executioners money instead of these. One rosary was subsequently delivered to Anne Dacres, Countess of Arundel, by Jane Kennedy and is now in possession of the Earl of Arundel's descent, the Duke of Norfolk, according to Fraser. When she was undressed for execution: ›Stripped of her black, she stood in her red petticoat and bodice ... one of the women handed her a pair of red sleeves and it was thus wearing all red‹ (i. e. a sort of crimson brown) ›the liturgical colour of martyrdom in the Catholic Church, that she died.‹ But this, of course, like John Bull's two blows of axe, which after all he needed, happens outside your play!

[ohne Grußformel]

Typoskript; Taylor Institution Library Oxford.

1 Nina Froude war eine Mitarbeiterin bei der BBC. Genauere Angaben waren nicht zu ermitteln.
2 Harvey Unna, Hildesheimers Agent in England.
3 In Hildesheimers Theaterstück *Mary Stuart. Eine historische Szene* werden die letzten Stunden vor Mary Stuarts Hinrichtung dargestellt. Während Mary von ihren Zofen und Dienern angekleidet und hergerichtet wird, bereitet sie sich auf ihren bevorstehenden Tod vor. Wolfgang Hildesheimer, *Mary Stuart. Eine historische Szene*, Frankfurt am Main: Suhrkamp 1971. Vgl. Hildesheimers Brief an Karlheinz Braun vom 15. April 1968, in diesem Band S. 288-292.
4 Antonia Fraser, *Mary Queen of Scots*, London: Weidenfeld & Nicolson 1969.

[7] Wolfgang Hildesheimer an Christopher Holme

Wolfgang Hildesheimer

7742 Poschiavo (Grigioni) Svizzera
61020 Trasanni di Urbino (Pesaro) Italia

Dear Christopher,

we are just leaving, so this has to be short. You must tell Nina Froude that this play is not m e a n t to be a dramatization of Antonia Fraser's book (which, however, I have studied very carefully) but a piece of historical imagination, the kind of imagination which makes history subjectively plausible and authentic. Fraser's book has made good use of the material available, it makes good reading, as good as you can expect from a noblewoman, mother of six children who has read history at Oxford – and has read it well, apparently – who knows French and is a conscientious worker. But her Interpretation is hardly plausible. My Nachwort deals especially with her. But about this – and your doubts as to the Nachwort – I have to write another time, from Finland.

If you judge this play by historical standards Symmons would have to go, so would Raoul.

I have started reading your translation: very good! On page 4, line 8 from the bottom you say: ›wants to get out – wants to get out‹ But as far as I remember – I have no German copy available – it is once ›hinauf‹ and once ›hinaus‹

I shall write soon again. – As for Mary's dress: it is not altogether historical. But do people who have to do with the theatre really seriously think that it must be? And what do they think of Edward Bond's Queen Victoria[1] or Peter Weiss' Marat[2]?? I still maintain that this play is – transcendentally historical.

I shall write soon and in solitude, perhaps from Tynset where we shall be today in a week's time.

Love
Wolf

Typoskript, ohne Datum; Taylor Institution Library Oxford.

1 Hildesheimer bezieht sich auf das Theaterstück *Early Morning* des englischen Dramatikers Edward Bond, das 1967 produziert, aber aufgrund der Darstellung einer homosexuellen Beziehung zwischen Queen Victoria und Florence Nightingale zunächst zensiert wurde. Uraufführung: English Stage Society, Royal Court Theatre London, 31. März 1968, Regie: William Gaskill.

2 Peter Weiss, *Die Verfolgung und Ermordung Jean Paul Marats dargestellt*

durch die Schauspielgruppe des Hospizes zu Charenton unter Anleitung des Herrn de Sade. Drama in zwei Akten, Uraufführung: Schillertheater Berlin, 29. April 1964, Regie: Konrad Swinarski.

[8] Wolfgang Hildesheimer an Christopher Holme

Wolfgang Hildesheimer

7742 Poschiavo (Grigioni) Svizzera
61020 Trasanni di Urbino (Pesaro) Italia

Dear Christopher,

as we are detained for a moment by a small defect of the car – we shall leave in about an hours' time – I have time to write another letter. Unfortunately your letter is deep in the luggage so that I cannot answer your question concerning the Nachwort. Only this: naturally I have not used the actual raw material. But I have used the raw material included by Fraser, Armstrong-Davison[1], Mahon[2] (!) and others, leaving out the interpretation. I do not interpret, there is no psychology in my play. I have somewhat changed the course of events in order to demonstrate how these people appear to us, how useless it is to measure them by our psychological standards.

I can see that this changing the course of events may be a serious obstacle in countries where Mary is still a popular figure. To a certain extent she is in Germany too, but as our picture of her is modeled by Schillers Maria Stuart which is a blatantly unhistorical play, this does not matter here. (In fact, the play is almost booked out by German[3], Austrian[4] and Swiss[5] theaters, the three first Maries being Marianne Hoppe[6], Grete Mosheim[7] und Maria Becker[8]).

Fraser has, in fact, discovered very interesting material, but this does not concern the execution. But even if it had: what I tried to demonstrate is the unbelievable cruelty and not the exact procedure. (The executioner was one Bull whom they hired in London for ten pounds and not my ehrenwerter Mann whom I use as a kind of counter point – in fact, to me he is just a little t o o Shavian[9]!) My play is meant to be historical in as far as it is meta-historical.

This in defence to Mrs. Froude's[10] reproach.

Antonia Frasers book is a good piece of historical biography as historical biography goes, she is an erudite Roman-Catholic Lady-Historian. But no book of this kind has ever been true.

Your translation is in the luggage. I shall try and read it on the car ferry Kiel-Oslo, I hope the sea is not too rough. I have read one third and found it excellent.

If there is anything important: our mail is being forwarded. There will be a small delay. Beginning of November we shall be back here, the guest room will be waiting for Anthea and you, then and later.

Yours
Wolf

Typoskript, ohne Datum; Taylor Institution Library Oxford.

1 Meredith Henry Armstrong Davison, *The casket letters. A solution to the mystery of Mary Queen of Scots and the murder of Lord Darnley*, London und Washington: University Press of Washington 1965.

2 Hildesheimers Hinweis bezieht sich auf eines der folgenden Werke: R. H. Mahon, *The indictment of Mary Queen of Scots*, New York: Cambridge University Press 1923; ders., *Mary Queen of Scots: A study of the Lennox narrative*, New York: Cambridge University Press 1924.

3 Die deutsche Uraufführung von Hildesheimers *Mary Stuart* fand am 15. Dezember 1970 am Schauspielhaus Düsseldorf unter der Regie von Konrad Swinarski statt. Die Rolle der Mary spielte Maria Becker (1920-2012); diese Rolle übernahm sie dann auch in der Fernsehverfilmung *Mary Stuart* aus dem Jahr 1974.

4 Die österreichische Uraufführung von Hildesheimers *Mary Stuart* fand im Wiener Akademietheater am 11. Juni 1971 unter der Regie von Achim Benning statt. Die Rolle der Mary übernahm die österreichische Schauspielerin Hilde Krahl.

5 Die schweizerische Uraufführung von Hildesheimers *Mary Stuart* fand am Stadttheater Luzern am 30. September 1971 statt, inszeniert von Frederik Ribell. Die Rolle der Mary übernahm die Schauspielerin Ruth Pistor.
6 Marianne Hoppe (1909-2002), einige Jahre mit dem Schauspieler und Regisseur Gustaf Gründgens verheiratet, spielte auf Theaterbühnen in Düsseldorf, Hamburg sowie Berlin und wirkte bei Filmproduktionen der UFA mit. Eine Inszenierung der *Mary Stuart* mit Marianne Hoppe konnte nicht nachgewiesen werden.
7 Margarete Mosheim (1905-1986), als Grete Mosheim bekannt, erfolgreiche Schauspielerin der 1920er- und 30er-Jahre. Sie emigrierte 1934 zunächst nach London, dann nach New York, kehrte aber ab den 50er-Jahren immer wieder für Engagements nach Deutschland zurück. Eine Inszenierung der *Mary Stuart* mit Grete Mosheim konnte nicht nachgewiesen werden.
8 Vgl. Anm. 3.
9 Bezugnahme auf den irischen Dramatiker George Bernard Shaw.
10 Vgl. Brief 6 und Brief 7.

[9] Christopher Holme an Wolfgang Hildesheimer

<u>15 September 1970</u>

Dear Wolf,
I was delighted with your letter. It gives me the sort of ammunition I shall need. I don't want to sadden you with misunderstandings but Martin Esslin[1], our authority of the Absurd, was typical. He liked the radio version[2] very much (he has not yet seen the stage version) but thought it a ›naturalistic‹ play. You write too well!

I have done a draft introduction. All I have left out in the end are the specifically German allusions (except Schiller), and I have paraphrased those passages where psychology or a knowledge of philosophical terms are presumed. One cannot presume this with English theatre people. You can tell me whether you think I have done you an injustice anywhere. A copy will be sent to Poschiavo marked Please Forward.

I have not altered the passage which I hope you may reconsider – I should think Tynset would be the right place – because one must not suggest to the reader that this is a documentary, and I think he might get this suggestion from it. You reject ›interpretation‹ but I think you need to reinstate the playwright in the place. ›Reworking‹ or the creation of characters and situations (in a context of documents).

I never for one moment thought of this as a documentary play but we are so overwhelmed here with stage documentaries that there is a tendency, even after one has read and enjoyed a play, to turn to the books and check the ›facts‹. I think the warning against this procedure must be more explicit.

We envy you your Scandinavian trip. Anthea and I are going to a cottage in Invernesshire for two weeks to work, in ten days' time. Incidentally, if you ever want a lonely cottage, with modern conveniences, in a beautiful part of Invernesshire, in the hills, this one is often free. It belongs to Anthea's cousin.

Love

Typoskript; Taylor Institution Library Oxford.

1 Martin Esslin (1918-2002), britischer Theaterwissenschaftler und Redakteur der BBC. Esslin ist besonders bekannt für sein Buch *The theatre of the absurd*, Garden City und New York: Doubleday 1961.

2 Wolfgang Hildesheimer, *Mary auf dem Block*, Erstsendung des HR/NDR/SDR vom 6. Januar 1971, Regie: Fritz Schröder-Jahn.

[10] Wolfgang Hildesheimer an Christopher Holme

Wolfgang Hildesheimer

7742 Poschiavo (Grigioni) Svizzera
Tel. (082) 50467

17.1.71

Dear Christopher,

I haven't written for some time, the reason being my speech on Dürer[1] which I have just finished. I am going to make it next week in Nuremberg. Before that we shall go to Düsseldorf to see MARY[2] which is still running strong and will be for some time. The actors love it – which is rare – especially Maria Becker who, I am afraid, may be too much of a primadonna assoluta (in life she is charming, kind, intelligent). This fact and the miscasting of the hangman and Symmons – good actors otherwise – may be partly the cause for some of the bad reviews I have received. But only half of them are bad, the other half good, in fact, I have rarely seen such a scale.[3] I shall send them to you as soon as they are ›ausgewertet‹ and would ask you to pass them on to Harvey[4] who for some reason wanted to see them. Incidentally our relationship is not severed, it is just that he is not in on this and may, of course, not be in on the next play which might be equally ›difficult‹ to read. The next production of MARY will be in Hamburg where the second best German actress, Joanna Maria Gorvin[5], is doing Mary. The book edition[6] is not officially out yet, there has been a presale in Düsseldorf, but I shall send you a copy as soon as we are back.

Schwitzke[7] is very much interested in your radio play. Could you send a copy to the NDR or, if you prefer, to me so that I can give them a short synopsis in case there is no English reader? I am afraid I would have no time to translate it myself as I have to prepare two exhibitions of drawings but if you like I shall look through somebody else's translation and correct it, if necessary.

Are you still producing? If so, I send you two stereo plays by Erica Pedretti[8] which I find rather interesting. One of them has been done in Basle and been submitted for the premio Italia[9], and they are both being done in Germany. She is Czech, married to an Engadine painter, a friend of ours, and writes in German.

Bob and Taqui[10] sent us a christmas card, but I couldn't make out the address. Could you give it to me?

Forgive my being so brief, but I haven't written letters for at least a fortnight, the secretary is ill, everybody here is at least half ill with flu, including ourselves, and I am sitting here in terrible disorder. – We must see each other this year

Love
Wolf

Another thing: in August a book on me is coming out, including a complete bibliography[11]. The editor, a young professor of German at Bonn university, would like to include the few contributions to FORUM – you remember: PIO[12]. Have you still got them? Or do you know where one could have a look at them?
W.

Typoskript; Taylor Institution Library Oxford.

1 Wolfgang Hildesheimer, »Bleibt Dürer Dürer? Rede zum Dürerjahr vom 23.1.1971«, in: *Merkur* 25/1971, S. 327-338; vgl. auch GW VII, S. 109-124.
2 Wolfgang Hildesheimer, *Mary Stuart*. Uraufführung Schauspielhaus Düsseldorf am 15. Dezember 1970, Regie: Konrad Swinarski.
3 Vgl. Hans Schwab-Felisch, »Mariechen auf dem Stein«, in: *Frankfurter Allgemeine Zeitung*, 18. Dezember 1970; Ivan Nagel, »Eine schöne Hinrichtung. Hildesheimers ›Mary Stuart‹ in Düsseldorf uraufgeführt«, in: *Süddeutsche Zeitung*, 17. Dezember 1970; Hellmuth Karasek, »Maria Stuart stirbt noch einmal. Hildesheimer-Uraufführung in Düsseldorf«, in: *Die Zeit*, 25. Dezember 1970.
4 Vgl. Brief 6, Anm. 2.
5 Eigentlich Maria Gerda Glückselig (1922-1993), deutsche Schauspiele-

rin, verheiratet mit dem Theaterregisseur Jürgen Fehling. Nach ihrer Ausbildung bei Gustaf Gründgens war sie am Berliner Staatstheater am Gendarmenmarkt engagiert. Eine Produktion von *Mary Stuart* mit Joana Maria Gorvin konnte nicht nachgewiesen werden.

6 Wolfgang Hildesheimer, *Mary Stuart. Eine historische Szene*, Frankfurt am Main: Suhrkamp 1971.

7 Heinz Schwitzke (1908-1991), Leiter der Hörspielabteilung des Norddeutschen Rundfunks.

8 Erica Pedretti (geb. 1930), Schweizer Schriftstellerin und Malerin.

9 Der Premio Italia, eine italienische Auszeichnung für literarische Werke in italienischer Sprache, wurde erstmals 1972 vergeben, seit 1975 findet die Verleihung jährlich statt.

10 Nicht ermittelbar.

11 Dierk Rodewald, »Bibliographie«, in: ders. (Hg.), *Über Wolfgang Hildesheimer*, Frankfurt am Main: Suhrkamp 1971, S. 166-203.

12 Public Information Office. – In der vom PIO herausgegebenen Zeitschrift *Forum* veröffentlichte Wolfgang Hildesheimer 1945 das Gedicht »In Memoriam« (vgl. GW VII, S. 548) sowie in dem ebenfalls vom PIO herausgegebenen Periodikum *Radio Week* 1946 einen Aufsatz über James Joyce (vgl. GW VII, S. 273-275). – In der englischsprachigen *Palestine Post* veröffentlichte Hildesheimer in denselben Jahren Kunst- und Literaturkritiken.

[11] Christopher Holme an Wolfgang Hildesheimer

(from tomorrow:
Caixa Postal No. 1
Lagoa
Algarve
Portugal)

13 May 1971

Dear Wolf,

Suhrkamp's American Agents have written to me about the title of MARY STUART. They say: ›Here there is a good deal of resistance to historical plays and as the whole quality of this play is so different we were wondering if you had any suggestions for other possible titles which would be more intriguing and enticing to the general public ... As you know, there are quite a few plays on Mary Stuart and we don't wish any confusion with them.‹

I have to say that I'm afraid there is something in what they say. The title does its work before the professional reader or the public learns to know the play, and they will think of a morass of historical dramatization, innumerable heroic Marys, not even Schiller's. It will colour their subsequent reaction and puzzle them. I believe in fact that the impact of this play will be absolutely overwhelming for those who have no idea that they are going to see anything historical at all.

So I see the practical reasons given above as very strong, but more important, I feel as if a critical point for the relation between play and public has been suddenly made clear to me. They must not start with the idea that they are going to see a historical play. Then they will see one. The falsification of history is so deep-seated and so widespread that guile is needed. So what title?

All that has occurred to me so far is

LAST APPEARANCE

or another try

THE TABLE OF THE SAINTS.

I prefer the first but there may be something better still. Needless to say it must be your decision whether to change the title at all – could you let me know pretty quickly as they »are anxious to have suggestions before we get too many copies made of the script«. If my flash of illumination is to be trusted, there should be no subtitle. I am unhappy about »A Historical Scene« – I thought of Scene for Scene but that would have been something else.

We are flying to Portugal tomorrow to stay in the Walmesley's house[1] while they come to London to stay in ours.

Love

Typoskript; Taylor Institution Library Oxford.

1 Nicht ermittelbar.

[12] Wolfgang Hildesheimer an Christopher Holme

Wolfgang Hildesheimer

7742 Poschiavo (Grigioni) Svizzera
61020 Trasanni di Urbino (Pesaro) Italia

24.5.71

Dear Christopher,

thanks for the letter. I didn't know about all this. I have completely lost touch with MARY, which is all for the better, as I am already deeply submerged in theology which I need for my essay on Pope John[1]. Theology is very interesting as it is all complete nonsense. – In the newspapers I read that the Vienna Burgtheater are trying a collective production of MARY which might be interesting, or, at least, moderately interesting, as nothing the Burgtheater ever does can be v e r y interesting.

I think LAST APPEARANCE[2] is a good title, perhaps a little too general. It is very difficult for me to suggest an English title as I never know a l l the implications of a phrase or a word. What about THE LAST OF MARY? On the whole I am quite willing to have the title changed, but I'd much rather leave everything to you. And of course to Miss Ritzerfeld, as far as contracts and things are concerned. –

I seem to remember that you are retiring some time. Was it this or next year? Let us celebrate this together! We are here until 14.6. then Joyce-Symposium in Triest, then Poschiavo from 17.6. until beginning of October, but there'll be plenty of guests in summer. Beginning of October we are going back here for a fortnight, then Israel for a month and from end of

November Poschiavo. Why don't you come then? We* might, if the reviews are satisfactory, go to Vienna and have a look at Mary.

Marilyn[3] is not the only daughter of friends who has married a South American artist. South America must be full of artists, or rather, empty as they are all in Europe marrying European girls.

Love from us both, and to Anthea. We are just off to Chieti to be received by Archbishop Capovilla[4] who was John's secretary. He has lots of unpublished notes by Pope John, but I am afraid he won't give them to an atheist.

Yours Wolf

*I mean you and we.

Typoskript; Taylor Institution Library Oxford.

1 Johannes XXIII. (1881-1963), bürgerlicher Name Angelo Giuseppe Roncalli, von Oktober 1958 bis zu seinem Tod 1963 Oberhaupt der römisch-katholischen Kirche. Hildesheimer hatte 1968 »Exerzitien mit Papst Johannes« geschrieben, die Veröffentlichung fand jedoch erstmals 1978 statt: Wolfgang Hildesheimer, »Exerzitien mit Papst Johannes. Ein Fragment aus einem aufgegebenen Buch«, in: *Merkur* 32/1978, S. 1012-1021; auch in GW I, S. 313-330.
2 Dieser Titel wurde schließlich doch nicht für Holmes Übersetzung gewählt: Wolfgang Hildesheimer, *Mary Stuart. Translation by Christopher Holme*, in: *Scripts* 3. *A monthly of plays and theatre pieces* I/1972, No. 3, S. 31-95.
3 Christopher Holmes Tochter.
4 Loris Francesco Kardinal Capovilla (1915-2016), Privatsekretär von Papst Johannes XXIII.

[13] Wolfgang Hildesheimer an Anthea und Christopher Holme

Wolfgang Hildesheimer

7742 Poschiavo (Grigioni) Svizzera
61020 Trasanni di Urbino (Pesaro) Italia

25.2.73

Dear Anthea, dear Christopher,

unfortunately your letter came too late. We returned yesterday from Montegrotto, (slightly demoralized. Your rheumatism gets better there, but everything else gets worse, especially your morale) But you will have found that for a trattoria you need no introduction. Also, there are hundreds as good as ours. I suppose Frl. Ritzerfeld has written to you, Christopher, to say that the Company Theatre Foundation are doing 18 performances of our MARY in Los Angeles. But there will not be much money in it, I am afraid. At the moment MARY is running at the Royal Theatre in Copenhagen (bad reviews!!) and at the Städtebundtheater Biel/Solothurn (good reviews. Perhaps the play is something for the Swiss Provinces.) It is coming on in Warsaw soon.

I am writing this mainly to ask you to come and stay again, this summer. We should l o v e to have you here! Also, we have some new recipes. You could stay the whole August if you like. July we shall be in Urbino, as my exhibition is beginning on the 14th.[1] But we shall be back around the 20th. So, as from July 25th we should be ready, here.

MASANTE is coming out in a fortnight. It gives us much trouble, as the German Television was here four days to do a film about me, they have turned the flat upside down. Next week we are expecting the Swiss television, and in between, there are critics and journalists for interviews and meals. It makes us a little tired, but on the other hand I am glad that they seem to like the book.

In Urbino I hope to be able to paint. Otherwise I am working on the Goldberg[2] radio play. I have six recordings of the variations meanwhile, none of them really satisfactory. I suppose I shall have to have it recorded or played on tape by somebody new, but w h o ? !
Silvia sends her love and asks you to come and stay.

Yours
Wolf

Typoskript; Taylor Institution Library Oxford.

1 Es ist keine Ausstellung für das Jahr 1973 nachgewiesen.
2 Hildesheimer plante einen Rundfunkbeitrag für den WDR zu Johann Sebastian Bachs Goldberg-Variationen, beendete dieses Projekt jedoch nicht. Er hatte herausgefunden, dass sich Dieter Kühn mit derselben Thematik beschäftigte. Dieter Kühn, Goldberg-Variationen, Erstsendung: BR 2, 28. Juni 1974, Regie: Heinz von Cramer.

[14] Christopher Holme an Wolfgang Hildesheimer

15 March 1973

Dear Wolf,

I've been a long time in answering your sweet letter of 25 February. The invitation to stay with you is something I should like to put by in the hope that it will somehow mature and become possible. But I fear not, and to be practical, we should have to say, not this year. We do want very much to come to Poschiavo for your exhibition[1] next spring, but realize you are likely to be very full up then, and would expect to stay somewhere in the village. As for this year, I'm afraid it must be that you plan without us.

Our package to Rome was a success, although the EEC[2] did

its best to deter us with strikes, air controllers in Paris delayed our take-off from England for 4 hours, general strike in Rome immobilized buses and closed the restaurant we had chosen in the Piazza Navona, together with almost all the other restaurants in the centre, rail strike in Britain fortunately did us no harm as we took the car to the airport. We spent a day and a half in the Vatican, an afternoon with the ancient Romans, another at S. Giovanni Laterano[3], and a morning with the Etruscans at the Villa Giulia[4]. If they get that Greek vase back from the Metropolitan in New York I wonder where they will put it.

I was very glad to have your Merkur Sonderdruck on Günter Eich[5] and very moved by it. I wish I had known him better as a person. Even of his work I have still much to learn.

I am longing to see Masante in print. Will Suhrkamp be sending me one? I will have another go at a publisher here. Good news about Mary Stuart. I was rung up here by a friend of the theatre in California, to tell me what a lively company they were.[6] I shall write to him. Yet another enquiry last week, when I was rung up by a New York management. In the excitement of getting a transatlantic call late at night, I let them ring off before taking their name. But I did the essential, which was to give them Suhrkamp's telephone number. I hope it was followed up.

So, for now, Anthea sends you both love
and so do I

Typoskript; Taylor Institution Library Oxford.

1 1974 nahm Hildesheimer lediglich an einer Gemeinschaftsausstellung in der Landesbibliothek Kiel teil: »Autoren machen Bilder«, Gruppenausstellung mit Günter Bruno Fuchs, Christoph Meckel, Walter Erben, Günter Grass, Peter Weiss u. a., 8. Juni bis 7. Juli 1974, sowie an einer Gruppenausstellung des Goethe-Instituts unter dem Titel »Word and Image«, die in London und Glasgow, 1975 auch in Dublin und Manchester gezeigt wurde. Vgl. Hilde Strobl, *Wolfgang Hildesheimer und die bildende Kunst – »Und mache mir ein Bild aus vergangener Möglichkeit«*, Berlin: Reimer 2013, S. 227 f.

2 EUROCONTROL: Forschungs- und Simulationscenter zur Steigerung der Flugsicherungskapazität in Europa, zugehörig zur Europäischen Organisation zur Sicherung der Luftfahrt, zuständig für die Luftverkehrskontrollen in Europa.
3 Päpstliche Erzbasilika San Giovanni in Laterano, Rom.
4 Die Villa Giulia ist eine ehemalige päpstliche Sommerresidenz in Rom.
5 Wolfgang Hildesheimer, »Anstelle eines Nachrufs auf Günter Eich«, in: *Merkur* 27/1973, S. 167-169.
6 Company Theatre Foundation in Los Angeles – vgl. Brief 13.

[15] Wolfgang Hildesheimer an Anthea und Christopher Holme

Wolfgang Hildesheimer CH-7742 Poschiavo Tel. (082) 50467

Dear Anthea, dear Christopher, 15.12.77

thank you very much for the things to eat and the things to touch. I have eaten the things to eat and am still touching the things to touch. The operation[1] went very well, I can read, look things up, correct, long distance walking makes me still a little giddy, but then, it takes about two to three months until you get your definite glasses and lenses.

What about coming here in January or February? The guest room is free, the landing – admittedly – a little cold in winter. In March we are in Germany, back here for Easter, then Holland and England. (End of April until May!)

The main subject of our stay in England is: preparatory work for my next book. (This will take about five years to write, but on the beginning a book you have to pretend immortality!) It will be a biography of Andrew Marbott[2], who never lived, but had he lived, he would have done so from 1804 to 1834 (suicide on his thirtieth birthday). He was an exemplary figure in as far as he made n o use of his considerable sensibilities and gifts. He was a romantic and a critic of romanticism, travelled much (France and Italy), met Berlioz and Stendhal (whose accounts of the visit will be cited), and all he left are some pages of his journals, a few letters and half a poem. He never married, his engagement to Lady Anne Rutherford was broken off, as there were rumors of an affair with the gardener's boy. This will not be a novel but a scientific biography with footnotes, bibliography (very little there is) and interpretation of his aesthetics as they appear in his few pages of diary.

The fact that he has to be English makes it difficult, as I have to read a lot – you have to help me there! – but I cannot but see him as an Englishman. It will also be an excuse for quoting his diaries in modern language, as they are translated by me.

The translator – you? – will, of course, have to use nineteenth century language.

So we will have a lot to do in England: to find Marbott Hall (the country seat of his father, Sir Francis who was killed in a hunting accident) to read diaries of the early nineteenth century – what I cannot buy I shall have to look up in the library – etc.

He might have met Goethe too, as I fancy remarks by Goethe about him, made to Eckermann. It will be like my imaginary remark by Goethe in ›Mozart‹ (page 47).

Mozart[3] is in his sixth edition (80-100 000) The reviews are very good, also the ones by musicologists a n d psycho-analists. Most critic though disagree on o n e particular which is never the same. But that doesn't matter.

Love from us both
Wolf

Typoskript; Taylor Institution Library Oxford.

1 Hildesheimer musste sich 1977 wegen des Grauen Stars einer Augenoperation unterziehen.
2 Wolfgang Hildesheimer, *Marbot*, Frankfurt am Main: Suhrkamp 1981.
3 Ders., *Mozart*, Frankfurt am Main: Suhrkamp 1977.

[16] Wolfgang Hildesheimer an Anthea und Christopher Holme

Wolfgang Hildesheimer CH-7742 Poschiavo Tel. (082) 50467

Dear Anthea, dear Christopher, 2.1.78

First of all: a happy new year!! This will be a letter with many mistakes, as these temporary glasses[1] fail me sometimes. But I shall have to wear them only for another three weeks. Everything is getting on well – Mozart in the fifth edition 60 – 80 000.

I have and have read Nightmare Abbey[2] and know that Flosky is partly Coleridge, but I have a miserable edition. I have just asked Harvey Unna to get me the two-volume-edition of Peacock, edited by David Garnett[3]. (Is he the one who wrote ›Lady into Fox‹[4]?)

As far as I know at present, Andrew William Marbott is the son of Sir Francis Marbott of Marbott Hall. I have to find a place where he was born. I thought of Somerset. What do you think? Could he have been a Roman-Catholic? Or would that have been another society in those days? Did Roman-Catholics go to Eaton and Harrow? Not that Andrew did. He was educated at home. Or is that impossible? (His being English makes everything a little complicated while he is in England, on the continent it makes it easier.)

He hated Horace (as I do) loved Shakespeare (as I do). Whether he was interested in music, I don't know yet. He did meet Berlioz. I don't want him to be a literary figure, the very few pages of his writings must be uninfluenced and spontaneous. He met Stendhal. Perhaps he met even Goethe, I fancy a few remarks about him by Goethe to Eckermann. He might have met Coleridge but probably not Shelley, as I know so little about him.

It will be a very difficult book to write, as it is to be absolutely serious, a model biography, with footnotes, bibliography and everything. My method of ›ironischer Briefstil‹ does not work here. I shall have to build him up until he exists for me.

Can you recommend any journals and diaries of the early nineteen century which deal with country life? As I say: as soon as he is on the continent, I shall find my way. (He travels alone, by ordinary mail coach.)

You don't have to answer all this. We shall discuss it when we come to London[5] which will be two or three days after my last lecture on the continent (Amiens) on April 18th.

Love from us both
Wolf

Typoskript; Taylor Institution Library Oxford.

1 Vgl. Brief 15, Anm. 1.
2 Thomas Love Peacock, *Nightmare Abbey*, erstmals erschienen 1818.
3 David Garnett (Hg.), *The novels of Thomas Love Peacock. Edited with introductions and notes by David Garnett*, London: Rupert Hart-Davis 1948.
4 Ders., *Lady into fox*, London: Chatto and Windus 1922.
5 Die Reise fand nicht statt. Vgl. Brief 18.

[17] Wolfgang Hildesheimer an Christopher Holme

Wolfgang Hildesheimer CH-7742 Poschiavo Tel. (082) 50467

Carissimi, 14.1.78
the idea to invite you on our trip came to us yesterday. It seemed to us the best way to celebrate the Mozart-success. So let's have a good time with good wine and good food and good Marbott research. Perhaps I can help you, Christopher, with your work afterwards, if you are getting short of time?! Let us go to the excellent hotel and to the large second-hand bookshop. The only thing is: should we take y o u r car, as it seems a little roomier (more roomy?) than our present one. (The new

one is coming in May.) (Also a night at the Castle Hotel at Taunton might be nice.) It i s a bit of a burden, Marbott being English. But I just cannot imagine him being German, let alone Italian. He would have to be much more emotional, his analytical faculties would be less distinct. His ›Erlebnistiefe‹ must express itself not directly but filtered by irony. I have already started on the introduction. At present I am working on a change of his travels: as I know very little about France I shall have him tour Germany, from there via Switzerland to Italy. Of course he must have been to Paris, but that would have been in 1826, a year about which nothing is known, no letter no diaries. He did meet Delacroix though, (whose paintings he disliked intensely.)

A presto –
Yours
Wolf

[handschriftl. Kommentar zu einer Lochung im Briefpapier:] mistake

Typoskript; Taylor Institution Library Oxford.

[18] Wolfgang Hildesheimer an Christopher Holme

Wolfgang Hildesheimer CH-7742 Poschiavo Tel. (082) 50467

Dear Christopher, 1.4.78

in a way we are glad not to have gone to England now, as the weather was foul everywhere, and we got very tired of travelling. So we turned back after my last lecture in Amiens and drove back slowly, avoiding Paris, via Troyes, Besancon. Next week I have to start on the second part of the journey. Owlpen

Manor looks a perfect Marbott Hall – or would it be Marbot Manor? In Zürich I went to the English bookshop and got myself the book on Byron by Elizabeth Longford[1] and Trelawny by William St. Clair[2]. I am glad I did before our English journey as now some new questions have come up. I realize now the Marbott seducing the gardeners boy will not do at all as a ›skandalon‹, as practically everybody did at that time. I shall have him have an incestuous love affair with his mother, Lady Catherine – (would the wife of a Sir/baronet be Lady Catherine?) – Not vice or debauch but the climax of an early Mutter-Sohn-Bindung (I have no psychoanalytical vocabulary in English). Naturally there are guilt feelings on both sides, but both manage eine geistige Verarbeitung, they are not Triebnaturen. Leaving England, he is not haunted by this affair, he just reflects this ödipale Situation und stellt fest, daß hier die Inzestschranke nicht gewirkt hat. Anyway: this is the solution, it prevents the danger of M. becoming just a negative intellectual, it provides the omnipresent vital counterpoint to his aesthetic ideas as noted down in his journal.

Are there any collections of letters written by women at that time? I mean English women of course, nobility, if possible. Lady Catherine was not an intellectual woman, but highly intelligent and eloquent in expressing her feelings. She left England after hearing of her son's death and lived with a woman-friend in Germany.

October in England would be lovely. I have to be in Cologne on the 24th Oct. So we would be in England about the tenth?

Love to Anthea
Yours Wolf

Typoskript; Taylor Institution Library Oxford.

1 Elizabeth Longford, *Byron*, London: Hutchinson 1976.
2 William St. Clair, *Trelawny: The incurable romancer*, London: J. Murray 1977.

[19] Wolfgang Hildesheimer an Anthea und Christopher Holme

Wolfgang Hildesheimer CH-7742 Poschiavo Tel. (082) 50467

Dear Anthea, dear Christopher 14.8.78

we have decided on a very brief stay in England in October, between two exhibitions. We would arrive on the 12th or 13th and leave the 21st or 22nd. The purpose is really Marbott. We want to stay in London two or three days in order to get some books and talk to you and then go to Gloucestershire. The invitation still stands: if you have the time – but really only if it is no trouble to you – we should like to make the trip with you. If not we would stay with you two days before and after.

We would have preferred to come in spring, but as I want to work on the book this winter, I need information and impressions.

Marbott's claim to immortality is an essay (fragmentary) called ›Art and Life‹ published posthumously in 1839 (fortunately too late for Hegel), translated into German in 1944 by Friedrich Wilhelm Pictor: ›Kunst und Leben‹.[1] The translation was bad, so I translated it in 1967: ›Die Kunst und das Leben.‹ I shall quote profusely from this essay. The quotations are not easy to write and will be difficult to translate into 19th-century English!

The English translation of Mozart[2] will be ready in October. I hope it is good!

Love from Silvia
Yours Wolf

Typoskript; Taylor Institution Library Oxford.

1 Es handelt sich um einen von Hildesheimer fingierten Aufsatz.
2 Wolfgang Hildesheimer, *Mozart. Translation from the German by Marion Faber*, London, Toronto und Melbourne: Dent & Sons 1983.

[20] Wolfgang Hildesheimer an Christopher Holme

Wolfgang Hildesheimer CH-7742 Poschiavo Tel. (082) 50467

Dear Christopher, 25.8.78

what a pity that Anthea and you cannot come with us. It would have been fun.
As far as I can see, we arrive in London – possibly via Harwich – in the morning of the 13th Oct., shall then stay two days in London, go on our trip for four or five days and then be in London another two or three days. We shall have to be back on the continent the evening of the 23rd. We thought of doing the trip first and have five days London afterwards, but we want to see the Graham Sutherland-exhibition at the National Portrait Gallery[1] which closes on the 17th. – It would be wonderful if we could meet Elizabeth Longford[2]. I probably wrote you that Marbotts first love affair was with Teresa Guiccioli[3] in 1827 in Rome. He found her attractive but rather silly. But so did probably Byron.

Love to you both
Wolf
From now on we shall be the only ones of your friends who have not been to the States and – what's more – will never go.[4]
W

Typoskript; Taylor Institution Library Oxford.

1 In der National Portrait Gallery in London ist nur für den Zeitraum vom 24. Juni bis zum 16. Oktober 1977 die Ausstellung »Portraits by Graham Sutherland« nachzuweisen. Hildesheimers Datierung des Briefes könnte daher ein Schreibfehler sein – andererseits fügt sich das Dokument in das Konvolut weiterer Briefe aus dem Jahr 1978 ein (vgl. etwa Brief 19 sowie Anm. 4).
2 Vgl. Brief 18, Anm. 1.

3 Teresa Contessa Guiccioli (1800-1873), italienische Adlige und Geliebte von Lord Byron.

4 Am 21. August 1978 hatte Christopher Holme an Wolfgang Hildesheimer geschrieben: »Anthea and I are going to stay with friends outside New York from 1-17 September. When you see us we shall no longer be the only people we know except yourselves who haven't been there.« (Taylor Institution Library Oxford) In einem Brief vom 17. September 1978 an Christopher Holme schrieb Hildesheimer: »I hope you've had a good time in the States. We shall have to try and overcome our inferiority complex about being the only ones who have never been there.« (Taylor Institution Library Oxford)

[21] Wolfgang Hildesheimer an Anthea und Christopher Holme

Wolfgang Hildesheimer CH-7742 Poschiavo Tel. (082) 50467

Dear Anthea and Christopher, 29.5.79

please excuse my being late in answering your letter. We are just back from a (heavenly) journey in Tuscany and Umbria (and, of course, Urbino), all in Matters Marbot. We, too have talked about you a lot during winter, hoping to have a letter saying that you would arrive next week. Yes, I had a letter from Patsy[1] some time ago saying ›Many happy return to Calne‹, and I wrote (then) that we might return in autumn, but – I have probably written about that – we shall probably not touch this part of England. Marbot will have been born in the County Durham (far from London), his grandfather, Viscount Claverton (would that be possible?) who was the last ambassador (or Minister) to Venice (until 1786 or something) had a stately mansion in Westmorland (now, alas, part of ›Cumbria‹), where M. met de Quincey (whom he liked), Coleridge (whom he liked less, I mean as a person) but apparently not Wordsworth. We don't know this part of England very well, so we shall take the car ferry from Rotterdam to Kingston-on-Hull (or whatever it is called now, it used to be Hull), towards the end of September, then go to those parts which used to be Westmorland and Cumberland and come to London for about three days between the 10th and the 20th of October. Will you be back then? By then I shall have collected all my material, and all I want to do is the National Portrait Gallery and get hold of some poems of Beddoes[2].

How nice to have Randal[3] in England. Would he be in or near York end of September? If so we should like to see him. But I suppose semester (?) does not start until November.

Yes, your prime minister[4] is très bien coiffée, trop bien, I think.[5] We think her terrible, the only thing I like about her is that she is a woman, which is not her merit, but it is of didactic value, it might teach other countries (Italy!!) a lesson.

Mozart is out in Dutch and French[6], but I think you better wait for the English edition, as I think it will be well translated.

Love to you all!
Wolf + Silvia who is just gardening

Typoskript; Taylor Institution Library Oxford.

1 Patricia Crampton war, wie Wolfgang Hildesheimer, bei den Nürnberger Prozessen als Übersetzerin tätig. Sie hat 1984 für ihre Übersetzung von Hildesheimers *Marbot* den Schlegel-Tieck-Übersetzerpreis erhalten, der seit 1965 jährlich für literarische Übersetzungen deutscher Literatur ins Englische vergeben wird. Wolfgang Hildesheimer, *Marbot. A biography. Translation from the German by Patricia Crampton*, London and Melbourne: Dent 1983.

2 Thomas Lovell Beddoes (1803-1849), englischer Dichter. Vgl. auch Brief 23.

3 In einem Brief vom 13. Mai 1979 hatte Christopher Holme mitgeteilt, dass sein Sohn Randal aus Frankreich für einen Studienplatz an der York University zurückkehren würde.

4 Margaret Thatcher wurde im Mai 1979 zur ersten Premierministerin Großbritanniens gewählt.

5 In einem Brief vom 13. Mai 1979 hatte Christopher Holme geschrieben: »We're not very happy with our new prime minister, though Randal

tells us the French think her tres bien coiffee. Well, that's something.« (Archiv Taylor Institution Library Oxford)

6 Sowohl die niederländische als auch die französische Ausgabe von *Mozart* erschienen 1979.

[22] Christopher Holme an Wolfgang Hildesheimer

June 4th 1979

Dearest Wolf and Silvia,

Many thanks for your letter. Yes we shall certainly be back by October and are delighted that you are coming to London then. We shall await confirmation and dates.

We are intrigued at the transposition of Marbott's home and birthplace (the Holmes come from Westmorland). Are you planning to fit a house already decided upon to a site you hope to discover on your proposed visit? There are far fewer stately homes or potential sites in that part of the world than in the West country, as you no doubt know. But it's very beautiful. We can't remember if you've been there.

It will be lovely to see you and to hear all about it.

Typoskript; Taylor Institution Library Oxford.

[23] Wolfgang Hildesheimer an Anthea und Christopher Holme

[Poststempel 9. 8. 1979]

Mr. and Mrs. H. C. HOLME
14 Buckland Crescent
London NW3 5DX
INGHILTERRA

Dear Christopher, dear Anthea, here he[1] is. I hope you like him. Yes, we shall be in London about 10th of October, staying 3 or 4 days, coming from the North. In Berkshire I hope to get the portrait of Marbot's mother, the original belonging to the Marquess of Lothian[2]. No, thank you, Christopher, I don't need Beddoes[3] anymore. I've read some and much about him. M.[4] never met him, he wouldn't have liked him either – too uncontrolled. Silvia sends her love. We are both looking forward to our short stay with you!
Yours Wolf

Handschrift; Postkarte; Taylor Institution Library Oxford.

1 Hildesheimer bezieht sich auf das Portrait auf der Vorderseite der Postkarte, das die Lithographie »Baron Schwiter (Louis-Auguste Schwiter, 1805-1889)« (1826) von Eugène Delacroix zeigt. Die Legende der Postkarte lautet jedoch: Sir Andrew Marbot, 1801-1830, crayon lithograph by Delacroix (1827), Paris, Bibliothèque Nationale. Hildesheimer hatte, wie er am 7. August 1979 an Siegfried Unseld schrieb (Suhrkamp-Archiv/DLA), mehr als 200 Postkarten dieser Art drucken lassen, um seine fiktive Figur Marbot in der Kulturgeschichte zu etablieren.
2 Es könnte der Parlamentsabgeordnete Michael Ancram (geb. 1945), 13. Marquess of Lothian, gemeint sein oder Peter Kerr (1922-2004), 12. Marquess of Lothian.
3 Vgl. Brief 21, Anm. 2.
4 Marbot.

[24] Wolfgang Hildesheimer an Christopher Holme

Wolfgang Hildesheimer CH-7742 Poschiavo Tel. (082) 50467

Dear Christopher, 8.3.81

as you might know – I only know since yesterday – our MARY is running in New York[1]. Here are some reviews, not very good. I didn't understand all of it, as I know very little American. Anyway, I am an ›obscure postwar absurdist playwright‹, and you are Mr. Holmes.[2] The company seems to be all right. I hope there is some money in it at least, as there is little honour. I have written to Mrs. Ritzerfeld, reminding her that you get half of the fees. But I think it'll be some time until you get it.

I am sorry we couldn't come to England, but I did want to finish MARBOT, which is in fact, almost finished. We might come in autumn.

MOZART should be out very shortly – it's out in all the other languages. Have you seen Shaffer's ›Amadeus‹[3]. The German critics blame me for Shaffer's view of Mozart.
Love to Anthea and you also from Silvia
Wolf

Typoskript; Taylor Institution Library Oxford.

1 Hildesheimers Theaterstück *Mary Stuart*, in der Übersetzung von Christopher Holme, wurde 1981 am Public Theater in New York City aufgeführt, Regie: Des McAnuff.
2 Hildesheimer bezieht sich auf die Rezension von Frank Rich, »Stage: ›An absurdist's Mary Stuart‹«, in: *The New York Times*, 17. Februar 1981.
3 Peter Shaffer, *Amadeus*; Uraufführungen: Royal National Theatre in London am 2. November 1979 und im darauffolgenden Jahr am Broadway in New York City.

[25] Wolfgang Hildesheimer an Anthea und Christopher Holme

Wolfgang Hildesheimer CH-7742 Poschiavo Tel. (082) 50467

26.7.81

Dear Christopher, dear Anthea,

thank you very much for your letter – and your lovely picture postcard, Anthea, I just love Lady Di, not to speak of Prince Charles. Marbot is finished, I have corrected the galleys, and it is coming out in autumn for which occasion I have to be in Frankfurt. We thought of going to Donegal and visit you on our way back, but is too much of a strain, as Frankfurt is going to be tiring this time. So we are going to the Auvergne for a week before.

On Marbot's birthday, April the 4th, I had an heart infarct – is that what you call it in English? – but now I am very well again. The only difficulty for me was giving up the pipe, and it still is difficult. About two months ago I went through the galleys of the English MOZART[1] and thought them terrible. I tried to correct the worst, ›gotten‹ and ›vilification‹, etc, but it is still much too American for me. From a phone call from Dent's[2] I understand that they think it's all right. They say that it is coming out in England towards the end of this year or beginning of the next. It is out meanwhile in all the other languages filling a bookshelf.

When shall we see you? What are your plans? We are not coming to England this year. Perhaps next year. When are you coming to Poschiavo? September or otherwise next year? The studio is finished, it is very roomy, the bed room is rather small and the carpet still smells, but there is a comfortable bathroom, and a kitchen where you can make breakfast in case you don't prefer coming to us. It is right in the centre of the village, just by the river which is fairly noisy (which bothers Silvia a bit). You can come in winter too, you can heat the house well, but there is not much to do here, except skiing.

We listened to Tristan last night, the opening night of the Bayreuth festival.[3] Surprisingly enough Barenboim was excellent. (What would Wagner have said to an Israeli conducting Tristan!)

I have never read Rousseau[4], I know that I should. In hospital I read Montaigne. Absolutely wonderful, der sympathischste Mann der Kulturgeschichte! Since then I read him every night. We should like to see you again very much, – Randal I haven't seen for decades. Is he going back to Saudi Arabia?[5]

Love to you both from Silvia too
Wolf

Typoskript; Taylor Institution Library Oxford.

1 Wolfgang Hildesheimer, *Mozart. Translation from the German by Marion Faber*, New York: Farrar, Straus & Giroux 1982.
2 Englischer Verlag J.M. Dent & Sons in London.
3 Daniel Barenboim dirigierte Richard Wagners *Tristan und Isolde* bei den Bayreuther Festspielen zum ersten Mal am 25. Juli 1981.
4 In einem Brief vom 21. Juli 1981 hatte Christopher Holme an Hildesheimer geschrieben: »I recently read Rousseau's Confessions for the first time. You could say of them, à propos Mozart's letters, that they give almost no clue to the earth-shaking content of the works they mention only for their autobiographical consequences. If you read them alone you would wonder what all the fuss was about and the banishment comes as a great surprise. Also do you remember how Rousseau goes with an introduction to some great house and is told that he will always be welcome there but then learns that they mean at the steward's table? He refuses. Theses consequences of class mobility in conflict with aristocratic conservatism must have accounted for a good deal.« (Taylor Institution Library Oxford)
5 In einem Brief vom 21. Juli 1981 hatte Holme mitgeteilt, dass sein Sohn Randal für einen Urlaub aus Saudi-Arabien nach England kommen werde.

[26] Christopher Holme und Anthea Holme an Wolfgang Hildesheimer

6 August 1981

Wolfgang Hildesheimer
CH-7742 Poschiavo
SWITZERLAND

Dear Wolf,

we were distressed to hear that illness had struck again, you have been having more than your fair share, and fighting it all off remarkably I must say, though it does seem hard when well-loved habits, to say nothing of personality features, have to be given up. All the more when they are part of ones work routine, as I dare say the pipe was with you. Yes, I did just know what an infarct was, but only since I read one of those East German novels – about in-fighting among commissars, what else? – as a Schlegel-Tieck judge. (It didn't win a prize![1] – Hamburger did, for his Celan volume.[2]) The word has been English since the early nineteenth century but I'd never met it before. I think we say »clot« colloquially, but as you know the English like to be imprecise about illnesses and their symptoms, out of apotropaic superstition I imagine.

Obviously, and this is the main point, you have been working, or at least »agonizing« (Dich massakrierend as Brecht would say), too hard. And Marbot took his revenge. On his birthday too.[3] But you've got him transfixed now and I long to see the finished text.

Yes, I must read Montaigne. Randal told us about him when he was doing his MA[4] at York, last year. His dissertation was the first of two chapters of a book really, »an attempt to determine some of the themes and ideas which, having evolved out of an interaction between Europe and the new reality of the overseas world, were then reimposed back on that world in order to make it an area of resolution, a place to which social and philosophical problems could be addressed without the impediment of the civilization that had often been their cause. The example of this literary manipulation of foreign reality« to be studied most closely was Paul et Virginie of Bernardin de Saint Pierre.[5] He had a great time commuting to and fro between French and English literature, Swift, Aphra Behn[6], Rousseau of course, but ending about 1800. If he ever gets a chance to do a doctorate, I gather these will be the first two chapters of the book (thesis), the rest on into the nineteenth century. The problem is to get a grant these days. Meanwhile he is still teaching in Saudi Arabia till next April. He was now on leave and came home round the world (Hongkong, Tokyo, where he saw quite a bit of Japan – very beautiful, he says – also the Philippines, Hawaii, California. He was with us till Sunday but has gone over to Belgium to see a friend and we are expecting him back today. Tomorrow he returns to Dhahran.

I'm sorry the Mozart text was a disappointment. In German, I was very interested and enlightened by your discussion of Zauberflöte. The only point I would add from my own ill-informed feelings is that Mozart, like other geniuses but in amazing variety, in his three great operas and also in Idomeneo, »exploded« the particular art-form he was using. In Zauberflöte he exploded the »magic show«, based on fairy stories and in England later to be called pantomime (a misnomer). Unfortunately an insubordinate and unskilled hand, as you have so clearly put it, sought to add his own modern exploitation of old myth, and Mozart almost failed to cope with the resultant hotchpotch – and yet I do think he soared right over it. I infer that you do too, almost. We loved the Bergman film[7] for seizing this point. Have your rest and get really well. I dare say Silvia needs a rest too!
All our love to her and you.

Typoskript; Taylor Institution Library Oxford.

1 Das Buch, auf welches hier angespielt wird und das Holme offenbar in seiner Eigenschaft als Juror des Schlegel-Tieck-Übersetzerpreises zur Begutachtung vorgelegt worden war, konnte nicht ermittelt werden.
2 1978 und 1981 erhielt Michael Hamburger (1924-2007) für seine Übersetzung von Paul Celans Gedichten ins Englische den Schlegel-Tieck-Preis.
3 Vgl. Brief 25.
4 Master of Arts.
5 *Paul et Virginie* ist ein Roman von Jacques-Henri Bernardin de Saint-Pierre (1737-1814), der 1788 erstmals veröffentlicht wurde.
6 Aphra Behn (1640-1689), englische Schriftstellerin.
7 Ingmar Bergmans Filmversion von Mozarts *Zauberflöte* wurde 1975 in Schweden, 1976 in den USA, in England, der Schweiz, Belgien und Frankreich und im Herbst 1976 auch in der Bundesrepublik Deutschland ausgestrahlt.

[27] Wolfgang Hildesheimer an Anthea und Christopher Holme

Wolfgang Hildesheimer CH – 7742 Poschiavo Tel. (082) 50467

Dear Anthea, dear Christopher, 3.9.81

in my dictionary – the large Muret-Sanders[1] – it is called cardiac infarct, but that may be American, as – alas – most in this dictionary. In any way, it seems rarer in England than in Germany, where it is also called Managerkrankheit, which however does not mean that only managers get it. Uwe Johnson had one attack, Peter Weiß two. Uwe still smokes his pipe, but then, he is killing himself gradually.

I am very well, the book[2] is coming out on the 16th of September, and the auspices seem to be very good. I shall have it sent to you as soon as it is out.[3] Of course we have to go to the Frankfurt Book Fair this year, I shall be generous in giving interviews this time as I am anxious to avoid people thinking this book a joke, which it is certainly not. On the contrary, it is dead serious. A television team is coming already this week.

Also I have an exhibition in Zürich[4] end of October. Only collages. I have had a rather productive summer in spite of many uncalled-for visitors. I have become a little harder as far that is concerned.

We should very much like to see you again. What are your plans for the next year or years? We shall almost certainly be in England some time next year, but I don't know yet when. Perhaps you come to Poschiavo before?

[handschriftl.:] Love from Silvia and from me. I had to be short as we are driving up to St. Moritz where Silvia is going to the dentist.
Wolf

Typoskript; Taylor Institution Library Oxford.

1 Der Große Muret-Sanders ist ein zweisprachiges Wörterbuch für Englisch, das vom Langenscheidt Verlag verlegt wird.
2 Wolfgang Hildesheimer, *Marbot*, Frankfurt am Main: Suhrkamp 1981.
3 Christopher Holme antwortete in einem Brief vom 26. Oktober 1981: »Meanwhile the book itself has come and during three days in bed with flu I first galloped through it and then savoured it slowly. It is a remarkable effort, not like anything else you have done, nor indeed that anybody else has either. Congratulations. A beautiful opening. All marvelously written, with new twists and turns on every page. Andrew is a splendid character, and I would like to know how he managed his disappearance. Especially if he shot himself. I haven't been in the Montefeltro but even in those days dead bodies must have had a habit of turning up! Personally I think he must have written to this mother – not perhaps a suicide note, but a warning some time before. He was after all exposing his family to endless legal complications.« (Taylor Institution Library Oxford)
4 Ausstellung in der Klus-Galerie vom 30. Oktober bis zum 21. November 1981.

[28] Wolfgang Hildesheimer an Christopher Holme

Poschiavo, 6.6.82

Dear Christopher,

many thanks for your letter, it was good to hear from you again. We have thought of you both a lot during last winter. We could not (and cannot) imagine what it must be like without heating.[1] We should have asked you to stay with us until heating comes on again, but we were away a lot. A month in Germany where I had to read from MARBOT, having become the greatest expert on him. The reviews were mostly excellent, and I am pleased that sense of humour has not died out completely in Germany. I got the Dr.h.c. of the philosophical faculty (?) department (?) of the University of Giessen[2] and the prize of the Bayerische Akademie der schönen Künste[3]. But I have become very tired of writing and have started drawing again. I had two exhibitions of collages, one at Zürich[4], the other is on at Munich[5] at the present – together with Günter Grass who – strangely enough – has also become tired of writing and has returned to drawing and etching.

We have become very tired of travelling, especially by car and on the German Autobahnen. We may come to London – by train – next spring as I want to choose etchings for an edition of my Sheridan translations[6] – and THE WAY OF THE WORLD[7] on which I am working now – at the Theatre Museum of the V. and A[8]. We should love to have you here this summer – we've often spoken of it – but are booked out, mostly with family, until autumn. Of course you are m o s t welcome in winter too, but there is not much one can do here, except work of course. But perhaps you could come next year, in e a r l y summer or late spring?

I have just sent off the last galleys of the American Mozart[9] – I mean of the index – and I hope the book will be out in America and England in September. Dent's have also accepted MARBOT[10], so have practically all the western countries.

Silvia is well – I am too – and is practizing the piano and has painted very little although she has a beautiful studio now, bordering mine.

If the central heating breaks down again this winter you must come here. We shall be here all winter.

Love from us both – Silvia is not here, at present –
Yours Wolf

Typoskript; Taylor Institution Library Oxford.

1 In einem nicht datierten Brief hatte Christopher Holme an Wolfgang und Silvia Hildesheimer geschrieben, dass die Heizung in ihrer Wohnung mitten im Winter ausgefallen war.
2 Wolfgang Hildesheimer hatte den Ehrendoktor der Justus-Liebig-Universität Gießen in diesem Jahr erhalten.
3 Wolfgang Hildesheimer hatte 1982 ebenfalls den Literaturpreis der Bayerischen Akademie der Schönen Künste für *Marbot* erhalten.
4 Ausstellung in der Klus-Galerie vom 30. Oktober bis zum 21. November 1981.
5 Gemeinsame Ausstellung mit Günter Grass in der Galerie Seifert-Binder vom 22. Mai bis zum 7. Juli 1982.
6 Hildesheimer hatte Richard Brinsley Sheridans *Die Lästerschule* und *Rivalen* übersetzt. Richard Brinsley Sheridan, *Die Lästerschule. Lustspiel in zehn Bildern. Frei bearbeitet von Wolfgang Hildesheimer. Figurinen von Robert Holzach*, München, Wien und Basel: Desch 1962; ders., *Rivalen. Ein Lustspiel in zwei Akten nach Sheridan*, Frankfurt am Main: Suhrkamp o. J. (gebundenes Theatermanuskript).
7 Hildesheimer hat William Congreves *The way of the world* übersetzt. William Congreve, *Der Lauf der Welt. Deutsch von Wolfgang Hildesheimer*, Frankfurt am Main: Suhrkamp 1982 (gebundenes Theatermanuskript). Uraufführung: Schauspielhaus Zürich am 18. Mai 1985, Regie: Gerd Heinz.
8 Theatre and Performance Collection im Victoria and Albert Museum in London.
9 Wolfgang Hildesheimer, *Mozart. Translation from the German by Marion Faber*, New York: Farrar, Straus & Giroux 1982.
10 Vgl. Brief 21, Anm. 1.

DISPARATA

ELISABETH BERGNER

Elisabeth Bergner (1897-1986) war ein weltweit berühmter Theater- und Filmstar, der nach Anfängen in Wien und Innsbruck im Berlin der Zwischenkriegszeit große Erfolge feierte. Nach der Machtübergabe an die Nationalsozialisten floh die jüdische Künstlerin über Wien nach London, 1940 in die USA. Nach Kriegsende verlegte sie ihren Lebensmittelpunkt erneut zunächst nach England, später wieder nach Deutschland, wo sie weiterhin als Theater- und Filmschauspielerin wirkte und mit einer Vielzahl von Preisen ausgezeichnet wurde.

Hildesheimer nahm kurze Zeit nach der Premiere seines Dramas *Der Drachenthron* Kontakt zu Bergner auf. Gustaf Gründgens hatte Hildesheimers dramatischen Erstling am Düsseldorfer Schauspielhaus inszeniert; die Premiere war am 23. April 1955 gewesen. Allein die Tatsache, dass der legendäre Theatermann, der ungeachtet seiner Karriere im Dritten Reich großen Ruhm im westdeutschen Kulturbetrieb genoss und nur selten zeitgenössisches Material verarbeitete, Hildesheimers Stück ausgewählt hatte, musste dieser als großen Erfolg werten.[1] Auf seine in Israel lebenden Eltern, die den Werdegang ihres Sohnes in Westdeutschland sorgfältig und nicht ohne Bedenken verfolgten,[2] hatte diese Kooperation problematischer wirken müssen. Die Inszenierung selbst stieß auf ein geteiltes Echo. Der Rezensent der *Frankfurter Allgemeinen Zeitung* nahm »witzigen Unsinn« wahr »und manchmal auch nur eine niedliche Blödelei. [...] Schade. Ein hübsches Soufflé mit einigen artigen Gags. Aber kaum mehr.«[3] Unmittelbar darauf setzte sich Hildesheimer an eine Umarbeitung des Dramentextes. Für die Rolle der Turandot, in der Düsseldorfer Inszenierung von Paula Denk verkörpert, suchte er Bergner zu gewinnen, für die Regie Fritz Kortner. Kortner hatte, ähnlich wie Bergner, die NS-Jahre im englischen und US-amerikanischen Exil verbracht. Ob und inwiefern Hildesheimer durch diese augenfälligen Personalien im Kontrast zur Vita von Gründgens ein demonstratives Zeichen hatte setzen wollen, bleibt Spekulation – ebenso, ob Hildesheimers noch im Februar 1956 geäußerte Idee, Gründgens die Rolle des Falschen Prinzen unter Kortners Regie spielen zu lassen,[4] ernst gemeint war.

Die Zusammenarbeit mit Bergner und Kortner kam nicht zustande. Das Projekt dokumentiert jedoch den Versuch des ›Neulings‹, im moralisch und politisch zerklüfteten Kulturbetrieb der jungen Bundesrepublik Kontakt auch zu jenen Künstlern aufzunehmen, die wie er selbst die Jahre der Verfolgung im Exil verbracht hatten. Vor allem jedoch sollte dieser Kontakt dabei helfen, den eigenen künstlerischen Ausdruck, als zeitgemäßen, zu schärfen und ihm nach Möglichkeit öffentliche Geltung zu verschaffen.

Der Abdruck der drei hier publizierten Briefe Elisabeth Bergners erfolgt mit freundlicher Genehmigung von Anthony Newton, London.

1 Vgl. die Briefe Hildesheimers an seine Eltern, 15. November 1954, in: Wolfgang Hildesheimer, *»Die sichtbare Wirklichkeit bedeutet mir nichts« – Die Briefe an die Eltern 1937-1962*, hg. v. Volker Jehle, Berlin: Suhrkamp 2016, Bd. II, S. 844 f.

2 Vgl. den Brief Hildesheimers an seine Eltern, 4. Februar [1952], in: Hildesheimer, *Briefe an die Eltern*, Bd. II, S. 708 f., sowie Stephan Braese, *Jenseits der Pässe: Wolfgang Hildesheimer – Eine Biographie*, Göttingen: Wallstein 2016, S. 169 ff.

3 Albert Schulze-Vellinghausen, »Verändertes Alt-China – für heute?«, in: *Frankfurter Allgemeine Zeitung*, 4. Mai 1955, auch in Dierk Rodewald (Hg.), *Über Wolfgang Hildesheimer*, Frankfurt am Main: Suhrkamp 1971, S. 88-90, hier: S. 89 f.

4 Vgl. den Brief Hildesheimers an seine Mutter, 2. Februar 1956, in: Hildesheimer, *Briefe an die Eltern*, Bd. II, S. 954-958, hier: S. 957.

[1] Elisabeth Bergner an Wolfgang Hildesheimer

42, Eaton Square, S. W. 1.

30. Juni 1955

Lieber, sehr geehrter Herr Hildesheimer: Vor allem, herzlichsten Dank für Ihren Brief und die Beilagen.

Und noch innigeren Dank für die grosse Freude, dass Sie mich als Darstellerin verlangen für Ihre Turandot.

Ich kann mir nicht vorstellen dass es Sie überraschen wird, wenn ich diese Ehre trotzdem ablehnen muss.

Wenn Sie »Gründe« haben wollen – und soweit sich welche verlässlich artikulieren lassen – ich glaube ich bin diesem Rollenfach entwachsen; ich glaube sogar, ich habe es erschöpft. Nichtsdestoweniger, ich glaube nicht, dass die Stimmlage der Turandot (oder des »Drachenthron«) Ihre Inspiration erschöpfend ausdrückt, und ich kann mir sehr gut vorstellen, bestärkt durch die Lektüre Ihrer funkelnden Kurzgeschichten[1], dass Sie sehr bald ein Stück schreiben werden, dass mich unwiderstehlich ruft und beglückt. (Ganz egal, ob Lustspiel oder Tragödie.) Lassen Sie mich hoffen dass Sie mich dann nicht vergessen. –

Inzwischen, und bis dahin, lassen Sie mich Ihnen und Ihrer bezaubernden »Turandot« alle Freude und alles Glück wünschen und allen Erfolg.

Und noch einmal: innigsten Dank!

Ihre
Elisabeth Bergner

Handschrift; WHA 346.

1 Wolfgang Hildesheimer, *Lieblose Legenden*, Stuttgart: Deutsche Verlags-Anstalt 1952. Die Erzählungen wurden in einer Vielzahl deutscher Zeitungen und Zeitschriften erstabgedruckt, darunter in der *Neuen Zeitung*, der *Welt*, den *Frankfurter Heften* und der *Zeit* – Bergner hatte ihnen auch hier begegnet sein können.

[2] Elisabeth Bergner an Wolfgang Hildesheimer

42, Eaton Square, S. W. 1.

July 11th 1955

Sehr geehrter Herr Hildesheimer,
vielen Dank für Ihren Brief.

Ich will Ihnen nur schnellstens meine Daten mitteilen, soweit ich sie »verlässlich« weiß, da Sie mir die Freude Ihres Besuches für September in Aussicht stellen.

Also vom 27. August bis 7. September in Edinburgh; (Festspiele)[1] Vom 8. Sept. – 12. Sept. in Stratford, (Shakespeare) Mitte Sept. spätestens, London, w. sehr erfreut Sie zu treffen u. mit Ihnen Ideen auszutauschen. –

Aber am 28. Juli werde ich, durchreisend, 1-2 Nächte in München sein; wenn Sie um diese Zeit auch dort sind, können wir uns dann schon treffen; (oder wenn Ihnen meine September daten nicht passen)
Mit herzlichen Grüßen Ihre
Elisabeth Bergner

Handschrift; WHA 346.

1 Seit 1947 stattfindendes großes Kulturfestival in Edinburgh.

[3] Elisabeth Bergner an Wolfgang Hildesheimer

42, Eaton Square, S.W. 1.

2. April 1956

Mein lieber Herr Hildesheimer,
Gott, was für eine entsetzliche Feder! (Kugelschreiber läßt nach, Wechsel von blau zu rot)

Bitte entschuldigen Sie die Farbenpracht.

Und bitte, entschuldigen Sie auch dass ich Ihren Brief erst heute beantworte, aber dieses mal war ich wirklich verreist.

Ich habe den »Drachenthron« natürlich sofort wieder gelesen u. wieder ganz deutlich empfunden dass diese »Turandot« nicht meine Rolle ist. Auch nicht wenn Sie ihr einen langen weissen Umhängebart anziehen.

Wenn ich sage nicht meine Rolle, so heisst das nicht dass ich sie nicht spielen könnte, sondern nur, dass ich überzeugt bin, dass Andere sie besser spielen können.

Ich bin sicher dass ich Ihnen (und Kortner!) mit dieser »Ablehnung« einen besseren Dienst erweise, als wenn ich diese Rolle spielte. Die Umarbeitungen erscheinen mir ausserordentlich erfolgreich u. mit Kortners Phantasie und Witz u. mit einem guten Bühnenmaler u. einer witzigen Besetzung wird und muss das Stück Ihnen viel Spass, Freude und Moneten bringen, Amen!

Mir seien Sie bitte nicht böse. Und acceptieren Sie noch einmal meinen innigsten Dank für Ihr Vertrauen, und die Hoffnung dass Sie mich das nächste Mal ins Herz treffen –
Alles Gute von Ihrer ergebenen
Elisabeth Bergner

Handschrift; WHA 34.

WALTER BOEHLICH

Walter Boehlich (1921-2006) war als Lektor, Kritiker, Übersetzer und Herausgeber tätig, von 1957 bis 1969 Cheflektor im Suhrkamp Verlag. In dieser Eigenschaft begegnete er Wolfgang Hildesheimer, der seine Werke dort von 1960 bis zu seinem Lebensende 1991 publizierte. Boehlich war verschiedentlich einbezogen in die Begutachtung von Hildesheimers Manuskripten.

Im abgedruckten Brief, datiert auf den 15. August 1966, gratuliert Boehlich Hildesheimer zum Büchner-Preis, vor allem jedoch informiert er ihn darüber, dass geplant sei, den Literaturwissenschaftler Fritz Martini die Laudatio auf den Preisträger halten zu lassen. Boehlich nennt Martini nicht nur »ein[en] gerichtsnotorische[n] Nazi, und zwar ein[en] völlig unverstellte[n]«, sondern führt eine Fülle von Belegen an, die aufzeigen, in wie hohem Maß Martini die NS-Ideologie internalisiert und ihr konstitutiven Einfluss auf seine wissenschaftliche Arbeit eingeräumt hatte. Boehlich erachtet es als »Taktlosigkeit«, dass die Akademie diesen Mann als Preisredner für »einen Rabbiner-Sohn«[1] ausgesucht hatte.

Die besondere Virulenz dieses Dokuments gründet darin, dass Hildesheimers Wirken im westdeutschen Kulturbetrieb seit seinen Anfängen 1950 unter kritischen Vorbehalten stand. Seine zionistisch geprägten Eltern hatten seinen Werdegang im Licht der »Kunstwart«-Kontroverse (1912) mit Skepsis verfolgt;[2] und auch Hildesheimer selbst hatte zunehmend Anstoß genommen an den offenkundig ubiquitären Verbindungen der im westdeutschen Kulturbetrieb Tätigen mit der NS-Zeit und ihrer Ideologie. 1958 hatten Informationen über Heideggers Rektoratsrede von 1933 zu einer Krise im Verhältnis zum Heidegger-Verleger Günther Neske geführt, bei dem Hildesheimer damals seine *Spiele, in denen es dunkel wird* zu veröffentlichen beabsichtigte.[3] Und in seiner Preisrede bei Entgegennahme des Bremer Literaturpreises hatte Hildesheimer grundsätzlicher und zugleich umfassender davor gewarnt, »einem Gebiet entgegen[zutreiben], wo unsere Freiheit langsam gelähmt wird, dorthin, wo der Faschismus auf uns wartet, um uns wieder aufzunehmen«.[4]

Die Gefährdung der moralischen Legitimation, als einst Verfolgter im Nachfolgestaat des Dritten Reiches zu wirken, betraf nicht nur Hildesheimer – Boehlichs Empörung wurzelte nicht zuletzt in seiner eigenen Vita. Als Sohn einer jüdischen Mutter war er selbst Bedrohungen ausgesetzt gewesen. Sowohl Boehlichs als auch Hildesheimers Wirken stand vor dem Horizont des Projekts, in einem *anderen* Deutschland am Aufbau und an der Festigung einer Gesellschaft mitzuarbeiten, deren Loslösung vom Nationalsozialismus und ihrer Ideologie unumkehrbar sein würde. Preisredner wie Martini sprachen einem solchen Projekt Hohn: Nicht nur dokumentierten sie das komfortable und kaum verändert einflussreiche Fortleben einschlägig belasteter Multiplikatoren – sondern sie brachen der Bemühung, solchem Fortleben engagiert entgegenzutreten, jede Spitze ab, sofern ihnen gestattet war, diesen Bemühungen gleichsam im Namen der (neuen!) Republik die bedeutendste Auszeichnung zuzueignen.

Eine direkte Antwort Hildesheimers an Boehlich ist nicht überliefert. Allerdings schlug Hildesheimer wenig später in einem Brief an Siegfried Unseld Walter Jens, Hans Bender und Roland Wiegenstein als Laudatoren vor;[5] am 15. Oktober 1966 hielt Walter Jens in der Deutschen Akademie für Sprache und Dichtung in Darmstadt die Preisrede.[6]

1 Vgl. jedoch Anm. 15.

2 Vgl. Braese, *Jenseits der Pässe*, S. 169 ff.

3 Vgl. ebd., S. 224, sowie den Brief von Walter Jens an Wolfgang Hildesheimer, [April 1958], in: *Briefe*, S. 78 f.

4 Wolfgang Hildesheimer, »Zur Verleihung des Bremer Literaturpreises«, in: GW VII, S. 27-30, hier: S. 29.

5 Vgl. Brief Wolfgang Hildesheimers an Siegfried Unseld, 23. August 1966 (Suhrkamp-Archiv/DLA).

6 Vgl. zum Sachverhalt neuerdings auch Christoph Willmitzer, »Geschütztes Sprechen. Wolfgang Hildesheimers Korrespondenz zu Fragen von Judentum und Antisemitismus im Nachlass des Suhrkamp Verlags«, in: *treibhaus – Jahrbuch für die Literatur der fünfziger Jahre*, Bd. 12: Wolfgang Hildesheimer, München: edition text + kritik 2016, S. 48-60.

[1] Walter Boehlich an Wolfgang Hildesheimer

15. August 1966

Lieber Herr Hildesheimer,

ich fürchte, ich muss Ihnen etwas erzählen, was Sie nicht wissen können, aber leider wissen müssen. Was Sie mit Ihrem Wissen dann anfangen, ist zum Glück Ihre Sache.

Es liegt am Büchner-Preis, zu dem ich Ihnen erst einmal in aller Form gratuliere[1], ohne Ironie, teilnehmend. Wenn einen, dann kann der Empfänger diesen Preis geniessen. Dass nun ausgerechnet Ihnen auf ausgerechnet die zu erwähnende Weise der Genuss, oder doch Empfang, des Preises vergällt werden soll, macht mich schreiben. Die Rede auf Sie soll nämlich ausgerechnet das Akademie-Mitglied Fritz Martini[2] halten, mit dem es einiges auf sich hat.

Martini war ein gerichtsnotorischer Nazi, und zwar ein völlig unverstellter. Er hat sich gross damit getan, solange es irgend ging. Seine Habilitationsschrift hat er mit Unterstützung der Reichsbauernführung veröffentlicht (Das Bauerntum im deutschen Schrifttum[3]), sich aber vor allem als Scharfmacher betätigt. Ich erinnere mich eines Aufsatzes in der DVjs, in dem er, dem Sinne nach, bewegte Klage darüber führte, dass die Schweizer sich nicht entblödet hätten, die Herausgabe der Werke ihres grössten Dichters (Keller) in die Hände eines Juden (Jonas Fränkel) zu legen[4], und ich erinnere mich gut an das, was er in dem Sammelwerk »Von deutscher Art in Sprache und Dichtung« gegen Thomas Mann und sein Asphaltliteratentum schrieb. Wenn Sie wollen, kann ich die beiden Arbeiten heraussuchen.
Ich sehe gerade, dass ich die zweite habe. Da steht etwa:
»Schwächliche Abstraktion und ›reine‹ Wissenschaft schoben sich an die Stelle echter Erkenntnis, das Judentum ... bemächtigte sich des Kulturlebens und frass sich in die gesunden Bildungen des Volkskörpers ein.«[5] oder
»Hinter diesem ›Fin de Siècle‹ stand ein Schicksal – nicht des

Volkes, aber der Kultur und Gesellschaft: ein soziologischer Verfallsprozess, der bis an die biologischen Wurzeln griff und den die jetzt endgültig erschlichene Macht des Judentums nützte und vorantrieb. In Thomas Manns (geb. 1875) schriftstellerischer Leistung fand die Dekadenz ihre sinnfälligste, unerhört wache und problembewusste Gestaltung. ... Thomas Mann ist dagegen der Literat des Niedergangs – ein Ausklang und ein Urteil. Mit erbarmungsloser Bewusstheit sah er den Zerfall, gleichbedeutend mit Verfeinerung und Entartung. Er fand ihn ganz in sich selbst. ... Damit wird im äussersten Individualismus der Literat zum Zerstörer alles aus seiner Natur eigenmächtig herauswachsenden Lebens ...«[6]

Ich kann Ihnen aber auch etwas aus der Hansischen Hochschul-Zeitung bieten:

»Es geht in diesem gegenwärtigen Kriege, der das Schicksal Deutschlands vielleicht für Jahrhunderte bestimmen, dessen Ausgang eine weltgeschichtliche Entscheidung sein wird, auch um diese deutsche Kultur und deutsche Wissenschaft, die im Nationalsozialismus zu sich selbst gefunden hat und von ihm die Wurzeln eines reich aufquellenden, die Zukunft bergenden Wachstums empfängt.«[7]

oder

»Wie der Nationalsozialismus die unversiegbare Kraftquelle dieses gegenwärtigen Krieges bleiben und in ihm zum Siege führen wird ...«[8]

oder

»Es geht in diesem Kriege um den Nationalsozialismus, damit die innerste Kraft des deutschen Wesens: es geht in Deutschland auch um die Grösse und Zukunft seiner Kultur ...«[9]

oder aus einem Aufsatz über »Wesenszüge niederdeutscher Dichtung im 19. Jh.« in »Dichtung und Volkstum«:

»Nur aus starkem Stammesbewusstsein erwachsen grosse Menschen, und das Bekenntnis zu seiner Artung bedeutet ihnen immer das Bekenntnis zum eigenen Wesen .... Innerhalb der rassischen Gesamtordnung des deutschen Menschentums ...«[10]

oder in einer Schrift über Kleist (1940):

»Das Problem des geschichtlichen Verstehens ist damit zugleich

im schlichtesten und tiefsten Sinne gelöst: als eine innere Gewissheit aus dem gleichen Blut, gleichen Volk und gleichen Glauben, aus einer in dieser heiligen Gewissheit gesicherten Vision der Zukunft heraus.«[11]
oder daselbst:
»Hermann ist das Gewissen nicht nur des germanischen Volkes, sondern der Welt, nicht nur der Erwählte in dieser Gemeinschaft, sondern vor Gott, denn es geht im Kampf um die Freiheit seines Volkes um den Sieg des Metaphysisch-Guten überhaupt, um die Herrschaft der Berufenen über die Entarteten.«[12]

Wenn Ihnen das alles nicht genügt (und man könnte es leicht vervielfachen), dann greifen Sie doch zu seiner nach Hitler geschriebenen und in zahllosen Auflagen von Kröner vertriebenen »Deutschen Literaturgeschichte« und lesen Sie die Seiten über die mod. dt. Lit., über Carossa meinetwegen, oder über Wiechert und Weinheber, dann aber auch über Heinrich Mann oder Kafka oder Tucholski, lesen Sie all die wunderbaren Verniedlichungen von Hitlers Barbarei und Verbrechertum, die sich da finden, die ewigen Entschuldigungen für die Blut-und-Boden-Bande und das vollkommene Unverständnis für alles, was nicht braun war, lesen Sie meinetwegen die schönen Sätze: »Es war gerade Schuld und Irrtum des Nationalsozialismus, dass er die Wertungen des Dichterischen nur der politischen Ideologie entnahm und damit das Wissen um seine eigentümliche Seinswirklichkeit aufhob, das heute erst mühsam und gegen unausrottbare Rückfälle in dieses nur ›politische‹ Werten dem allgemeinen Bewusstsein wieder eingeprägt werden muss.«[13]

Also, nichts gegen den Büchner-Preis, aber alles gegen die Hildesheimer-Laudatio durch Martini. Sie können sich jetzt ein Bild davon machen, wie dieser Mann vor wenig Jahren noch über sie geschrieben hätte. Es ist eine solche Taktlosigkeit gerade über Sie gerade Martini sprechen zu lassen. Es wäre schon schlimm genug, wenn er über Krolow oder irgendeinen verschämten Mitmacher, einen erpressten Schweiger, der sobald er durfte, Verständiges von sich gegeben hat[14], hätte reden dürfen. Aber über einen Rabbiner-Sohn[15]?

Was <u>Sie</u> tun sollten und könnten, weiss ich nicht. Den Preis ablehnen unter gar keinen Umständen. Ich weiss auch nicht, ob Sie Martini noch ablehnen könnten; ich weiss nur, dass es so nicht geht. Warum dürfen Leute wie Martini in relativ anständiger Gesellschaft heute im Namen Büchners Preisreden auf die halten, die sie so gern ausgerottet gesehen hätten? Warum müssen die, die dieser famosen Ausrottung entgangen sind, sich das anhören?

Ach, sein Sie mir nicht böse, aber es musste heraus. Was ich täte, wüsste ich, aber Sie müssen selbst wissen, was Sie tun können, dürfen, sollen.

Viele herzliche Grüsse

[handschriftl.:] W. B.

Typoskript; Deutsches Literaturarchiv Marbach; SUA: Suhrkamp/03 Lektorate/Theater-Verlag/Hildesheimer.

1 Im Juli 1966 war bekannt geworden, dass Wolfgang Hildesheimer den diesjährigen Georg-Büchner-Preis erhalten würde. Die Verleihung fand am 15. Oktober 1966 in Darmstadt statt.

2 Fritz Martini, Mitglied der Deutschen Akademie für Sprache und Dichtung seit 1954, gehörte von 1957 bis 1972 dem erweiterten Präsidium (»Beisitzer«) an.

3 Fritz Martini, *Das Bauerntum im deutschen Schrifttum – Von den Anfängen bis zum 16. Jahrhundert*, Halle (Saale): Max Niemeyer 1944.

4 Ein solcher Aufsatz konnte in der *Deutschen Vierteljahrsschrift für Literaturwissenschaft und Geistesgeschichte* nicht nachgewiesen werden.

5 Fritz Martini, »Verfall und Neuordnung in der deutschen Dichtung seit dem 19. Jahrhundert«, in: Gerhard Fricke, Franz Koch und Clemens Lugowski (Hg.), *Von deutscher Art und Dichtung*, Bd. 4, Stuttgart und Berlin: Kohlhammer 1941, S. 367-413, hier: S. 367. Der Satz lautet vollständig: »Schwächliche Abstraktion und ›reine‹ Wissenschaft schoben sich an die Stelle echter Erkenntnis, das Judentum – nach R. Wagners Wort der plastische Dämon des Verfalls, in Nietzsches Schau das verhängnisvollste Volk der Weltgeschichte – bemächtigte sich des Kulturlebens und fraß sich in die gesunden Bildungen des Volkskörpers ein.«

6 Ebd., S. 390f.

7 Fritz Martini, »Die kulturelle Front«, in: *Hansische Hochschulzeitung* 20/13. Dezember 1939: »Inhalt: Krieg und Kultur«, S. 8ff., hier: S. 8.

8 Ebd., S. 9 – die Fortsetzung des Satzes lautet: »so steht am Beginn der großen deutschen Volkserhebung in den Jahren der Napoleonischen Herrschaft die geistige Macht der ›Deutschen Bewegung‹ als die schöpferische Kraft, aus der allein heraus der Sieg möglich wurde.«

9 Ebd., S. 10 – die Fortsetzung des Satzes lautet: »um ›eine Gemeinschaft, deren Dasein keine deutsche Brust überleben, und die nur mit Blut, vor dem die Sonne verdunkelt, zu Grabe gebracht werden soll‹ (Kleist).« – Der Aufsatz »Die kulturelle Front« war nicht der einzige einschlägige Beitrag Martinis für die *Hansische Hochschulzeitung*. In Heft 12 des 21. Jahrgangs vom Dezember 1940, das unter dem Thema »Front und Heimat« stand, veröffentlichte er einen offenen Brief unter dem Titel »Liebe und Ehrwürdige Alma Mater Hamburgensis!« (S. 273-278), der mit den Zeilen endet: »Die Nacht ist vergangen, draußen dämmert im Osten der Morgen – dort liegt Deutschland. Das Licht, das der Führer entzündete, wollen wir tragen: um des Reiches willen, das der älteste Hüter einer neuen Zukunft des deutschen Geistes, eines neuen Friedens werde. – Jetzt aber muß ich wieder auf Wache ziehen. – Heil Hitler! Dein Fritz Martini.« (S. 278)

10 Fritz Martini, »Wesenszüge niederdeutscher Dichtung im 19. Jahrhundert«, in: *Dichtung und Volkstum – Neue Folge des Euphorion. Zeitschrift für Literaturgeschichte*, Bd. 38, Stuttgart: Metzler 1937, S. 418-438, hier: S. 421 f. Das Zitat lautet vollständig: »Nur aus starkem Stammesbewußtsein erwachsen große Menschen und das Bekenntnis zu seiner Artung bedeutet ihnen immer das Bekenntnis zum eigenen Wesen. – Die Dichter, auf deren Werk wir uns im folgenden stets beziehen, bilden nach Rasse und Stammesgrund – der Friese wie der Westfale – eine Gemeinsamkeit, die biologisch und seelisch bedingt ist. Sie zeigen ausgesprochen nordische Gesichts- und Wesenszüge; sie vertreten so innerhalb der rassischen Gesamtordnung des deutschen Menschentums in einer bestimmen Sonderform seine tiefste arthafte Wirklichkeit.«

11 Fritz Martini, *Heinrich von Kleist und die geschichtliche Welt*, Berlin: Verlag Dr. Emil Ebering 1940, S. 97.

12 Ebd., S. 94.

13 Fritz Martini, *Deutsche Literaturgeschichte von den Anfängen bis zur Gegenwart*, 11. Auflage, Stuttgart: Kröner 1961, S. 581. Das Zitat findet sich auch in der 4. Auflage (1952; S. 546 f.). Spätestens seit der 16. Auflage (1972) erscheint der Wortlaut dieses Satzes wie folgt abgeändert: »Es war Schuld und Irrtum des Nationalsozialismus, daß er die Wertungen des Dichterischen nur der politischen Ideologie entnahm und damit das Wissen um dessen eigene Geltung aufhob.«

14 Karl Krolow (1915-1999), deutscher Lyriker und Übersetzer. Mitglied

der HJ und der NSDAP (seit 1937), publizierte Krolow u.a. in *Das Reich*. Zu den zahlreichen nach 1945 an ihn verliehenen Preisen zählt auch der Georg-Büchner-Preis, den er 1956 erhielt.

15 Hildesheimer war nicht der Sohn, sondern der Enkel und der Urenkel von Rabbinern. Wolfgang Hildesheimers Vater, Arnold Hildesheimer (1885-1955), war Lebensmittelchemiker.

IRMA DILLMANN

Irma Dillmann (geb. Schäffer, 1887-1979) war Wolfgang Hildesheimers Schwiegermutter, Mutter von Silvia Dillmann (1917-2014), die 1952 den Künstler und ehemaligen Simultandolmetscher am Nürnberger Gerichtshof der Alliierten in Ambach am Starnberger See geheiratet hatte. Der Brief aus Athen dokumentiert das vertrauensvoll-unkomplizierte Verhältnis zwischen Hildesheimer und seiner Schwiegermutter und legt zugleich offen, in wie hohem Maß ironische Register, die sowohl für die frühen Erzählungen als auch für den im Brief erwähnten Roman *Paradies der falschen Vögel* charakteristisch sind, auch in seine Privat-Korrespondenz Eingang gefunden haben. Auch dass Wolfgang Hildesheimer außerhalb Deutschlands alles andere als allein war, ist in diesem Brief beispielhaft dokumentiert: In Herbert List treffen die Reisenden in Athen – offenkundig zufällig – auf einen engen Freund, der ähnlich wie Hildesheimer etliche Jahre seines Lebens außerhalb seines Geburtslandes verbracht hatte. Auch eine Erinnerung an das »frühere, arabische Palästina« spielt Hildesheimer kurz ein – tatsächlich führte diese Reise ihn und seine Frau noch weiter nach Israel.

Ein *Bericht einer Reise*, der ausführlich ihre verschiedenen Stationen schildert und die Grundlage für einen Zeitungsartikel und ein Hörfunk-Feature bildete, wurde postum veröffentlicht.[1]

1 Wolfgang Hildesheimer, *Bericht einer Reise*, Bayreuth: Bear Press 2002.

[1] Wolfgang Hildesheimer an Irma Dillmann

Athen, 7. März 53

Liebe Mutti,

da ich doch nicht Silvia[1] immer alles interessante schreiben lassen will, greife ich ihr diesmal vor und fange hiermit meinen – buchstäblich – ersten Privatbrief an, den ich von der ganzen Reise schreibe, und sehr möglicherweise auch den letzten. Ich hatte auch bisher so sehr viel mit meinem Roman[2] zu tun, dass mir zum sonstigen Schreiben weder Zeit noch Lust blieb, aber jetzt ist er in der vorendgültigen Form fertig. Ich trage ihn nun noch die paar Wochen mit mir herum, dann folgt in Ambach[3] noch eine Woche intensivster Konzentration, und dann wird das endgültige Manuskript abgesandt. Ich glaube, ich bin ganz zufrieden damit, but it is not everybody's cup of tea. –

Hier ist es im wahren Sinne des Wortes göttlich. Wir sind hier gestern morgen nach einer nicht ganz unbewegten Fahrt, die wir beide jedoch mit Fassung trugen, angekommen, wurden vom Portier des Hotel »New Angleterre« (seltsame Sprachmischung) in Piräus abgeholt, bekamen hier ein herrliches Zimmer mit einem kleinen Balkon, von dem man direkt auf die Akropolis sieht, die gestern Nacht erleuchtet war, gingen zur Bank, wo unser Geld programmgemäss eingetroffen war, assen zu mittag in einer echt griechischen Taverne, die mir mein Freund Jo von Kalckreuth[4] empfohlen hatte, trafen prompt einen anderen Freund von mir, Herbert List,[5] den Photographen, der hier jahrelang gelebt hat[6] und Griechenland weit besser als seine Hosentasche kennt. Mit ihm fuhren wir auf den Lykabethos, einen Berg mit einer Kirche, von wo man die herrlichste Aussicht über ganz Attika hat. Abends assen wir mit ihm in einer noch tavernigeren Taverne in der Altstadt, am Fusse der Akropolis zu Abend, begleitet von Gesang und Guitarrespiel. – Es ist vieles hier so, wie ich es vom früheren, arabischen Palästina gewohnt bin,[7] z.B. der türkische Kaffee nach dem Essen, oder dass man in der Küche in die Töpfe guckt und sich aussucht, was man essen will, der Anis-schnaps etc. – Heute morgen fuhren wir mit Herbert List nach Daphni, einem alten Kloster in byzantinischem Stil mit ganz grossartigen Mosaiken, zum Teil noch sehr gut erhalten, Mittagessen wieder in der Taverne (siehe oben), wo wir bereits zuhause sind und man uns wie uralte Bekannte begrüsste, Treffen mit einem Engländer namens Brian de Jongh[8], den wir nächstens aufsuchen werden, nachmittags mit Herbert am Strand entlang gefahren. Herrliche Aussicht auf die ägäischen Inseln und den Peloponnes, die mit dem jeweiligen Stand der Sonne dauernd wechselte, sodass wir bis zum Sonnenuntergang, den wir eigentlich auf der Akropolis geniessen wollten, dort blieben. (Dieser Satz ist, wie ich sehe, etwas kompliziert: das »die« im ersten Nebensatz bezieht sich auf die Aussicht.)

So weit haben wir es also bis jetzt gebracht. Jetzt ist es neun Uhr, und wir gehen zu Bett, um Silvias Schnupfen auszukurieren, das heisst, sie geht deshalb zu Bett, und ich gehe mit aus Gesellschaft. Morgen fahren wir nach Cap Sunion, der südlichsten Spitze Attikas, wenn uns das Wetter keinen Streich spielt, denn dieses scheint hier besonders unberechenbar zu sein. Zwar hat man hier auch den Windgöttern Tempel gebaut, aber Windgötter scheinen auf Beten nicht zu reagieren.

Jetzt habe ich alles geschrieben, was ich zu schreiben habe. Alles andere steht bereits in meinem Roman. Grüsse bitte die Teddies[9] herzlichst von mir, und die anderen Familienmitglieder beinahe ebenso herzlich. Wenn ich bedenke, dass wir in zweieinhalb Wochen wieder in München bezw. Ambach sind, so finde ich den Gedanken doch auch sehr befriedigend.

Viele herzliche Grüsse
Dein
Wolf

Handschrift; WHA 376.

1 Silvia Hildesheimer, geborene Dillmann (1917-2014), war seit 1952 mit Wolfgang Hildesheimer verheiratet.

2 *Paradies der falschen Vögel* – der Roman erschien im Herbst 1953 im Münchner Kurt Desch Verlag.

3 Hildesheimer lebte in dem kleinen Dorf am Starnberger See seit Beendigung seiner Tätigkeit als Redakteur der Gerichtsprotokolle bei den Nürnberger Prozessen 1949. Seit 1953 wohnte er mit seiner Frau und ihren zwei Töchtern im »Waldschlössl«.

4 Jo von Kalckreuth (1912-1984), deutscher Maler. Wolfgang Hildesheimer hatte ihn im Sommer 1947 in München kennengelernt.

5 Herbert List (1903-1975), deutscher Fotograf. Der Sohn eines Hamburger Kaffeeimporteurs reiste bereits in den 20er-Jahren durch Lateinamerika und besuchte in den 30er-Jahren regelmäßig Paris, London und Griechenland. In den letzten Kriegsjahren war er als Angehöriger der deutschen Wehrmacht in Norwegen; nach Kriegsende ging er nach München, wo Hildesheimer ihn 1946 kennenlernte.

6 Herbert List, der Griechisch sprach, hielt sich von 1937 bis 1941 wiederholt längere Zeit in Griechenland auf.

7 Wolfgang Hildesheimer lebte von 1933 bis 1937 und von 1939 bis 1946 in Palästina, das zu dieser Zeit unter britischem Mandat stand. Über den alltäglichen Kontakt zur arabischen Bevölkerung als Tischlerlehrling und Informationsoffizier in britischem Dienst hinaus unterhielt er enge freundschaftliche Beziehungen zu arabischen Künstlern und Intellektuellen. Vgl. auch den Brief an Gabriel Jabra in diesem Band, S. 490-493, sowie die Briefe an Rasha Khalidi in diesem Band, S. 497-500.

8 Brian de Jongh (1912-1977), britischer Reiseschriftsteller, Autor zahlreicher Reiseführer über Griechenland.

9 Silvia Hildesheimers Töchter Inge und Christa.

MAX FRISCH

Max Frisch (1911-1991) zählte bereits seit den 50er-Jahren zu den namhaftesten Schriftstellern der Schweiz; 1958 – ein Jahr nach Entstehung des hier abgedruckten Briefes – erhielt er den Georg-Büchner-Preis. Im Sommer 1956 hatten sich Wolfgang und Silvia Hildesheimer entschieden, von München in die Südschweiz zu ziehen, bald darauf stand die Entscheidung für Poschiavo in Graubünden als zukünftigen Wohnort fest.[1] Während Ort und Kanton nichts gegen ihre Niederlassung in der Schweiz einzuwenden hatten, war ihr Gesuch von der eidgenössischen Fremdenpolizei in Bern abgelehnt worden.[2] In dieser Situation wandte sich Hildesheimer sowohl an Dürrenmatt als auch an Frisch; unmittelbar darauf verfasste Frisch die hier abgedruckte Stellungnahme, die er dem Kollegen als Durchschlag, ergänzt um einen handschriftlichen Gruß, zukommen ließ. Hildesheimer charakterisierte sie in einem Brief an seine Mutter als »einen Brief in Form eines Manifests [...], etwa im enfant-terrible-Stil des ›Stiller‹«.[3] Dürrenmatt dagegen verzichtete auf die erbetenen »Zeilen von den Vertretern des ›geistigen Lebens‹«,[4] sondern bemühte stattdessen »Vetterliwirtschaft«.[5] Man darf vermuten, dass Letztere zum endgültigen Erfolg des Gesuchs mehr beigetragen hat als Frischs wenig opportunistisches Schreiben.

Hildesheimer und Frisch trafen in der Folge wiederholt zusammen. Auch wenn sein Urteil über dessen *Andorra* sehr kritisch ausfiel,[6] widmete er seine letzte literarische Prosa bereits im Titel dem Schweizer Kollegen – die *Mitteilungen an Max über den Stand der Dinge und anderes* (1983). Am 9. April 1991 nahm Hildesheimer an Frischs Begräbnis in Zürich teil – nur wenige Monate vor seinem eigenen Tod am 21. August in Poschiavo.

1 Vgl. Brief an Hanna Hildesheimer, 26. August 1956, in: Wolfgang Hildesheimer, *Wo wir uns wohlfühlen – Mitteilungen aus Italien und Poschiavo*. Ausgewählt und mit Abbildungen versehen von Dietmar Pleyer, Frankfurt am Main und Leipzig: Insel 2006, S. 29.
2 Vgl. Brief an Friedrich Dürrenmatt, 23. Januar 1957, in: *Briefe*, S. 70ff., hier: S. 71.
3 Vgl. Brief an Hanna Hildesheimer, 1. Februar 1957, in: Hildesheimer, *Briefe an die Eltern*, Bd. II, S. 1018.
4 Wie Anm. 2.
5 Friedrich Dürrenmatt an Wolfgang Hildesheimer, 28. Januar 1957, in: *Briefe*, S. 72.
6 Vgl. Braese, *Jenseits der Pässe*, S. 256f.

[1] Max Frisch an Wolfgang Hildesheimer

30. 1. 1957
Zuhanden der Eidgenössischen Fremdenpolizei

Betrifft: Wolfgang Hildesheimer
Als Schweizerbürger verstehe ich vollkommen, dass es Aufgabe der Fremdenpolizei ist, unser kleines Land vor Überfremdung zu bewahren, jedermann von uns kennt Fälle genug, wo er wünschen möchte, die Fremdenpolizei hätte schärfer gehandelt. Wolfgang Hildesheimer ist ein deutscher Schriftsteller, der in der Schweiz keine Geschäfte aufziehen wird, vorallem ist er, im Gegensatz zu vielen andern, die hier Niederlassung haben, kein Nazi, er hat keine Beziehung zur Industrie – er ist angewiesen auf die Fürbitte von Leuten meiner Art. Es ist mir eine Ehrenpflicht, die Fremdenpolizei meines Landes mit allem Anstand und mit allem Nachdruck zu ersuchen, den Fall Hildesheimer nochmals zu prüfen, sodass kein Fall daraus wird. Dabei fühle ich mich nicht nur Hildesheimer verpflichtet, weil er Kollege ist, ich fühle mich meinem Land verpflichtet – darum schreibe ich diese Zeilen und hoffe, dass auch Leute, die in unserem Sinn integer sind, das Gastrecht unseres Landes geniessen dürfen. – Max Frisch

[handschriftl.:] Mit freundlichem Gruss Desselben

Typoskript; WHA 406.

GABRIEL JABRA (JABRA IBRAHIM JABRA)

Jabra Ibrahim Jabra (1920-1994) wurde unter ärmlichen Verhältnissen als Sohn arabischer Christen in Bethlehem geboren. Nach einem geisteswissenschaftlichen Studium in Cambridge war er als Schriftsteller, Maler und Kritiker tätig und erwarb sich herausragende Verdienste als Übersetzer; er übertrug u. a. Werke von Shakespeare, Faulkner und Beckett ins Arabische. Anlässlich der Zerstörung seines letzten Wohnhauses in Bagdad im Jahr 2010, infolge einer in der Nähe gezündeten Autobombe, charakterisierte ihn die *New York Times* als »a living example of the process of translation, of taking one culture and literally carrying it across a cultural divide and placing it in another culture«.[1] Hildesheimer lernte Jabra wohl Anfang der 40er-Jahre in Jerusalem kennen. In dieser Zeit fertigte Hildesheimer sechs Lithographien zu einem Gedichtband Jabras an, der nicht erschienen ist; die Lithographien haben sich erhalten.[2]

Der abgedruckte Brief dokumentiert eindrücklich, auf welche tiefgreifende Weise der Unabhängigkeitskrieg von 1948, in dessen Folge rund 700 000 Palästinenser aus ihrer Heimat vertrieben wurden, in die bilateralen Beziehungen zwischen Juden und Arabern in der Region eingegriffen hat – mit Folgen, die auch Wolfgang Hildesheimer unmittelbar berührten. Darüber hinaus repräsentiert Jabra zugleich ein Leben an vielen Orten, mit und in mehreren Sprachen und die zuweilen große Entfernung, manchmal Unerreichbarkeit von Freunden – Erfahrungen, die auch Hildesheimer vertraut waren.

Eine Antwort auf Jabras Brief ist nicht überliefert. Ob sich Jabra und Hildesheimer noch einmal begegnet sind, ist nicht bekannt.

1 Anthony Shadid, »In Baghdad ruins, remains of a cultural bridge«, in: *The New York Times*, 21. Mai 2010 (http://www.nytimes.com/2010/05/22/world/middleeast/22house.html?_r=O [zuletzt abgerufen am 4. Juli 2015]).

2 Abgebildet in Hilde Strobl, *Wolfgang Hildesheimer und die bildende Kunst – »Und mache mir ein Bild aus vergangener Möglichkeit«*, Berlin: Reimer 2013, Werkkatalog Nrn. 25-30.

[1] Gabriel Jabra an Wolfgang Hildesheimer

60 Ellery St.,
Cambridge, Massachusetts,
U.S.A.
Nov. 9, 1952

My dear Wolf,

I wonder whether you will get this letter at all: it is years and years since we wrote last to each other. Yet I've never forgotten you for a moment and have often spoken about you. Unfortunately none of the people we both knew were there to give a bit of lustre to one's reminescences. And in the hard years that followed your departure[1] so much happened, so much was destroyed, so little was gained, and I lost your address. It was only when about this time last year Assem[2] came to Baghdad (where I was a university lecturer) and gave me your address in Germany and some news about your life there that I hoped to contact you again. But the passage of years is cruel: in my enthusiasm to write I just didn't know where to begin. And at last here I am. Yes in the U.S. where until a year ago I never thought for a moment I would dream of going. I am a ›special student‹ at Harvard, this so-called Cambridge of America, on a research fellowship from the Rockefeller Foundation.

I am so eager to know what has happened to you in the meantime. All I could gather from Assem was that you were doing some free lance journalism[3] and that you had given up painting[4]. From your address I am not even sure in which town you are.[5] If I am lucky enough next summer to be able to go to Europe for some time I shall do my bloody best to see you in Germany. In the summer of 1951 I went to France and stayed for a couple of months in Paris which I loved so much that I did not even go to London. I did not know your address then, nor did I think you had stayed in Germany: I thought you might be in the States.

In 1948 I was made what technically is known as a refugee, went to Bethlehem until September when I was offered a decent job in Baghdad. Although my family remained in Bethlehem (where all my books and paintings were too) I worked pretty hard in Baghdad as a lecturer in English, wrote and published a good deal in Arabic, achieved fame in no time then an enormous notoriety when I fell in love with a Moslem girl from a prominent family. Our affair was the talk of old-stick-in-the-mud Baghdad for months. The talk mounted up into a terrific storm of indignation and abuse, and when we got married in August Baghdadi society was shaken to its very foundations. It was simply thrilling to face a million people and get what you wanted: I wonder whether they have ever realized what foul darkness has solidly sat upon their hearts for centuries.

Lamia (that is my wife) and I came here together. She has a Master's Degree from Wisconsin University, so America was not new to her. Unfortunately, we had been hardly a month in our little apartment here when she was called back to Baghdad on some very urgent matter, and exactly a week ago she flew back home and I am all alone and I miss her terribly.

In the last six years I have done a lot of painting. I don't know how good it is, but what is certain is that my technique, for all it's worth, had developed and improved. I've written very little English poetry but in the summer of 1946, I did write a novelette called »Passage in the Silent Night«[6], otherwise my literary work has been almost entirely in Arabic, in which language I have now a few books ready for publication. It is rather on the strength of these writings that I got my fellowship.

Here at Harvard I am merely doing a lot of reading. I seem for the time being to have lost much of my impulse for creative work, but I hope the sterility won't last too long. I have yet to make a single American friendship in this city of youngsters, but I am hardly ever bored since I have so many books which I want to read and so much music I want to hear. I have already bought a good number of LP records (are they common in Germany now?), and my favourite as ever is Bach. Among other things by him I have his Suite for Flute and Orchestra (No2 in B Minor): do you remember how you used to whistle it as we walked down St Julian's Way in dear old Jerusalem[7]? Oh how I loved that city and what an agony to have be exiled from it. My novelette (where Jerusalem is merely called The Town) is dedicated to:

Racha[8], Sally[9], Waleed[10] and Wolf
Once together, now by cruel chance dispersed.

Dispersed! And How! ... Sally got married to Pruen[11] last winter and since I have been angry with both of them I did not send them any congratulations nor tried to see them in Amman as they wished. Ah well ... What has happened to you, old Wolf? Are you still without a wife?[12] Are you writing? Painting? How do you find Germany? In touch with Waleed?[13] Or have you sloughed off the past completely?

Do write to me, dear Wolf. I shall be waiting for your news. And good luck to you.

Yours ever
Gabriel

Typoskript; WHA 478.

1 Hildesheimer hatte Palästina im Sommer 1946 verlassen und war nach London gegangen. Zu diesem Zeitpunkt hatte sich bereits abgezeichnet, dass die britische Mandatsmacht ohne eine stabile politische Lösung der Konflikte zwischen der arabischen und der jüdischen Bevölkerung im Mandatsgebiet aus Palästina abziehen würde. Militärische und Terror-Aktionen beider Seiten hatten zugenommen. Noch am Tag des Abzugs der Briten war der israelische Staat proklamiert worden, der Unabhängigkeitskrieg ausgebrochen. Im unmittelbaren Gefolge des Krieges wurden rund 700 000 Palästinenser aus ihren angestammten Siedlungsgebieten vertrieben; eine unbekannte Zahl teils langjähriger, auch historischer arabisch-jüdischer Kontakte riss ab.
2 Nicht ermittelbar.
3 Seit 1950 publizierte Hildesheimer in namhaften deutschen Zeitungen, darunter der *Neuen Zeitung*, der *Süddeutschen Zeitung* und den *Frankfurter Heften*, seine später als *Lieblose Legenden* bekannt gewordene

Kurzprosa. Journalistische Arbeiten im engeren Sinn verfasste er in diesen Jahren nicht.

4 Hildesheimers Angaben in seinen autobiographischen Abrissen hierzu sind widersprüchlich. In einer kurzen Selbstdarstellung, die er im September 1953 an Heinrich Böll schickte, heißt es allerdings, er habe seit dem erneuten Einsetzen seiner Schreibarbeit 1950 »niemals wieder einen Pinsel oder Zeichenstift angerührt«.

5 Jabras Brief ist wie folgt adressiert: »Mr. Wolfgang Hildesheimer, / Ambach am Starnbergesse / OBB / Germany.«

6 Das Erscheinen einer Novelle dieses Titels – sei es in englischer oder arabischer Sprache – ist nicht nachweisbar. Die autobiographische Grundierung von Jabras Frühwerk betont Stefan Meyer: »Jabra's preoccupation in these works is with characters from the social elite, primarily intellectuals, who live a life of alienation and attempt to escape from the problems of life in contemporary Arab society.« (»Levantine arabic novel«, in: Paul Schellinger [Hg.], *Encyclopedia of the novel*, vol. A-L, Chicago und London: Fitzroy Dearborn 1998, S. 760-764, hier: S. 760)

7 Die Straße St. Julian's Way – heute rechov David Hamelech/King David Street – führt am YMCA und am King-David-Hotel entlang und befindet sich unweit der historischen Altstadt.

8 Rasha Khalidi, Ehefrau von Walid Khalidi, vgl. Briefe an Rasha Khalidi in diesem Band.

9 Wohl Sally Kassab, eine arabische Freundin Wolfgang Hildesheimers in Jerusalem. Vgl. Hildesheimer, *Briefe an die Eltern*, Bd. I, S. 232.

10 Walid Khalidi (geb. 1925), Literaturwissenschaftler und Historiker. Siehe Einleitung zu den Briefen an Rasha Khalidi in diesem Band.

11 Wohl John Bellasis Pruen, ein hoher britischer Verwaltungsbeamter. Vgl. wie Anm. 9.

12 Einen Monat bevor Jabra diesen Brief abfasste, hatte Wolfgang Hildesheimer Silvia Dillmann in Ambach geheiratet.

13 Tatsächlich stand Hildesheimer in Kontakt mit Walid Khalidi. Dieser und seine Frau Rasha hatten ihn 1951 in München besucht; 1954 besuchten Hildesheimer und seine Frau die Khalidis in Oxford (Auskunft von Walid Khalidi vom 18. Februar 2015).

ERICH KÄSTNER

Erich Kästner (1899-1974), der Schriftsteller und Publizist, der vor allem durch seine Kinderbücher Weltruhm erlangt hatte, war Hildesheimer wohl erstmals während seiner Münchner Jahre (1950-1957) begegnet. Um die 1945 gegründete US-amerikanische *Neue Zeitung*, an der neben Kästner auch der Journalist W.E. Süskind und Alfred Andersch gewirkt hatten, hatte sich eine Infrastruktur aus Publizisten und Schriftstellern zu bilden begonnen, aus der später u.a. die Gruppe 47 hervorging. Wahrscheinlich nahm Hildesheimer wiederholt an PEN-Sitzungen in München teil; Kästner war von 1951 bis 1962 Präsident des westdeutschen PEN-Zentrums.

Obwohl Erich Kästner während der NS-Zeit in Deutschland geblieben war, galt er als politisch-moralisch integer. Die Verbrennung seiner Bücher 1933 und sein kritisches Engagement in der Öffentlichkeit der jungen Bundesrepublik legten – ungeachtet seiner im vollen Umfang seinerzeit wenig bekannten regen Publikationstätigkeit während der NS-Jahre – den Grund für dieses Renommee. Wenn Hildesheimer schreibt: »Ich hoffe, dass Sie den Geist, den Sie vertreten, noch lange vertreten werden!«, wird deutlich, dass er diese Anerkennung teilte. Hildesheimers Wertschätzung hatte jedoch noch einen speziellen, aktuellen Grund: Erst rund acht Monate vor Abfassen seines Briefes, im Mai 1958, war ihm durch Kästners Vortrag »Über das Verbrennen von Büchern«, aus Anlass des Jahrestages der Bücherverbrennung am 10. Mai 1958 auf der Hamburger PEN-Tagung gehalten,[1] die Freiburger Rektoratsrede von Martin Heidegger bekannt geworden.[2] Dies hatte zu einer Krise in Hildesheimers Verhältnis zu seinem Verleger Günther Neske geführt, der zugleich das Spätwerk Heideggers verlegte. Auch wenn diese Krise – nicht zuletzt durch das Zureden von Walter Jens – vorerst hatte beigelegt werden können,[3] dokumentierte der ihr zugrunde liegende Hinweis Kästners doch nachdrücklich eine Einstellung, die Hildesheimer lebhaft begrüßen musste. Die herzliche Zuwendung in den wenigen Zeilen bringt dies – unter strikter Vermeidung pathetischer Gesten – zum Ausdruck.

1 Vgl. Erich Kästner, »Über das Verbrennen von Büchern«, in: ders., *Gesammelte Schriften für Erwachsene*, Bd. 8: Vermischte Beiträge III, Wien: Droemer Knaur 1969, S. 277-285.
2 Vgl. Walter Kühn, *Vermischte Zustände – Heidegger im literarisch-philosophischen Leben der fünfziger Jahre des zwanzigsten Jahrhunderts*, Würzburg: Königshausen & Neumann 2015, S. 290ff.
3 Vgl. ebd., besonders S. 292ff.

[1] Wolfgang Hildesheimer an Erich Kästner

Poschiavo, 12. Januar 1959

Lieber Herr Doktor Kästner,

Dr. Witsch[1] schreibt und behauptet, Sie würden bald 60[2], und schickt mir zu diesem Zweck einen Bogen Pergament oder so etwas ähnliches, und meint, ich soll mich darauf verewigen, weil auch die anderen Mitglieder des Münchner PEN das tun.

Aber ich tue das nicht. Für mich, lieber Doktor Kästner, werden Sie nicht 60, sollten Sie es aber doch werden, möchte ich Ihnen hiermit zu Ihrem Geburtstag, wann immer er sein mag, alles erdenklich Gute wünschen. Ich hoffe, dass Sie den Geist, den Sie vertreten, noch lange vertreten werden!

Mit herzlichen Grüssen und guten Wünschen
Ihr
Wolfgang Hildesheimer

Handschrift; Deutsches Literaturarchiv Marbach; HS. 2002.0154.

1 Joseph Caspar Witsch (1906-1967), Gründer und Eigentümer des Kiepenheuer & Witsch Verlages Köln.
2 Der 60. Geburtstag Erich Kästners stand am 23. Februar 1959 bevor.

RASHA AL KHALIDI

Rasha (Al) Khalidi (gest. 2004) war die Ehefrau von Walid Khalidi (geb. 1925); beide gehörten zu Hildesheimers Freundeskreis im Palästina der Mandatszeit. Walid Khalidi, der einer sehr alten arabischen Familie Jerusalems entstammt, schloss 1945 ein Studium an der University of London ab und wirkte in der Folge als Literaturwissenschaftler und Historiker in Oxford, Harvard und Beirut. Er war verschiedentlich in die diplomatischen Bemühungen um die Lösung des Palästina-Konflikts eingeschaltet. Nachdem Rasha und Walid Khalidi Hildesheimer spätestens Mitte der 40er-Jahre in Jerusalem kennengelernt hatten, besuchten sie ihn nach dessen Abreise nach Europa 1951 in Ambach; Hildesheimer und seine Frau Silvia statteten den Khalidis Mitte der 50er-Jahre einen Gegenbesuch in Oxford ab.[1]

Die beiden Briefe aus dem Jahr 1984 zählen zu den wenigen überlieferten Dokumenten, die ein Licht auf Hildesheimers – lange Zeit unbekanntes – enges Verhältnis zu jungen arabischen Intellektuellen während der Mandatszeit werfen.[2] Auch mit dem im Brief vom 8. April 1984 genannten Theo Canaan verband ihn eine mehrjährige Freundschaft. Das im selben Brief geschilderte Haifa der Jahre 1945 bis 1947 war Hildesheimer vertraut, da seine Eltern dort seit 1937 lebten und er selbst dort eine kurze Zeit bis Mai 1946 als Informationsoffizier des britischen Public Information Office gearbeitet hatte. – Im Brief vom 20. März 1984 dagegen wird die entschiedene Distanz Hildesheimers zu Israel deutlich, die sich in den zurückliegenden Jahrzehnten herausgebildet hatte. Die hier durchscheinende radikale Kritik hat Hildesheimer nie öffentlich artikuliert; nur verschlüsselt ist diese Reserve in einige seiner Texte eingegangen.[3]

1 Mitteilung von Walid Khalidi an Olga Blank, 18. Februar 2015.
2 Vgl. auch den Brief an Jabra Ibrahim Jabra in diesem Band.
3 Vgl. Braese, *Jenseits der Pässe*, S. 198 ff., S. 455 ff.

[1] Wolfgang Hildesheimer an Rasha Al Khalidi

Via Aerea
Air Mail
Mrs. Rasha Al Kalidi
7 Berkeley St
Cambbridge Mass. 02138
USA

20.3.84
Dearst Rasha
Am just back from a longish journey (Austria and Germany) and have to answer heaps of mail. It will therefore take a couple of weeks until I can answer your questions, but I certainly will. Perhaps you could write the other parts of your book first. – I am trying to get a friend to found a society of Jewish Enemies of Israel. I don't know whether he will. He wrote that today you might as well establish a society of Israeli Enemies of Israel. But that is another subject. You'll hear from me soon! Ever yours Wolf

Postkarte; Handschrift; WHA 1642.

[2] Wolfgang Hildesheimer an Rasha Al Khalidi

Wolfgang Hildesheimer CH-7742 Poschiavo Tel. (082) 50467

My dear Rasha, 8.4.84

I was very hurt about your not being interested in my cold, as I was very interested in your flu. Please write to me all about it, when you got it and where.

Haifa 1945 – 1947. As far as I know there was no convent school for girls, but I may be wrong. The Jewish higher class living quarters were the centre of Mount Carmel and from there spreading towards north. The Christian-Arab higher class living quarters were the German colony – beautiful old houses – (where I met Sally[1] in the house of George Rais[2]). Strangely enough I have never been in a Moslem house in Haifa. I had one younger Moslem friend who had a wonderful house outside Haifa, near Acre and gave great parties in the lovely garden. I have forgotten his name, he went to America in 1945.

There were two roads up to Mount Carmel, the older one, from which you saw the sea all the time, was longer and passed at the north-western part of Mt. C. some older houses which might well have been inhabited by Moslems. There were many pine trees there as there were in the centre or, at least, had been, before the big houses were built. The new road, built shortly before the war, I think, was curvy and reached Mount Carmel in the very centre. No trees then, there may be some now.

The view from Mount Carmel was nothing special. You saw the sea and on the other side inland, but there were no special features. There was no cornice of course on Mt Carmel, but there was none at the beach either. Kings Road was a business street from which you saw the harbour. There were one or two bathing beaches just underneath Mt. Carmel. You reached them by a new rather good road from Mount Carmel. But I think only Jews used them. I have never liked Haifa, although on Mt. Carmel you could go for a few walks to the north through pine woods. The Jewish business centre was Hadar Hacarmel – half-way up, where also many people lived, rather dreary and without any charm.

To be honest it was bearable only because of our house – hired – was quite comfortable, and work for the PIO was easy. Five days a week I went to fetch George Rais and Theo Canaan[3] at their architecture office for lunch at a Moslem restaurant where I always ate hummous and either Kabab or shashlik. This was down town, near Kings Road, but as unattractive as everything. Writing this I realize how boring it was. –

That there was another Marbot I discovered only later, but this one has nothing to do with mine[4], there is not the slightest similarity, thank God.

I do understand your hatred of everything. But I have given up concerning myself with politics, I have become the perfect escapist with considerable success. I don't write anymore, as in about two generations nobody will be able to read, and – I am certain – in four generations man will have left this earth, perhaps only in five, but certainly by the end of next century.[5] Yes, I should love to read Walid's book on Lebanon[6].

Love Wolf

Typoskript; WHA 1642.

1 Vgl. Anm. 9 zu Gabriel Jabras Brief in diesem Band.
2 George Rais (gest. 2002), Architekt. Hauptsächlich im Libanon aktiv, war Rais auch beteiligt an Bauprojekten in Saudi-Arabien, Jordanien, den Vereinigten Arabischen Emiraten und der Schweiz. Er unterrichtete von 1977 bis 1984 an der American University of Beirut.
3 Theo Canaan, Sohn des in den 30er-Jahren in der Region hochrenommierten Mediziners und Ethnographen Tawfiq Canaan und der Tochter eines aus Deutschland stammenden Kaufmanns.
4 Andrew Marbot, der fiktive Protagonist in Wolfgang Hildesheimer, *Marbot*, Frankfurt am Main: Suhrkamp 1981.
5 Nachdem 1983 *Mitteilungen an Max über den Stand der Dinge und anderes* erschienen war, hatte Hildesheimer das Schreiben weitgehend eingestellt. Die an dieser Stelle seines Briefes an Rasha Khalidi angeführten Gründe nannte Hildesheimer auch in seinem *stern*-Interview mit Tilman Jens, »Der Mensch wird die Erde verlassen«, erschienen am 12. April 1984. Das Interview war bereits am 12. Januar 1984 geführt worden.
6 Wohl Walid Khalidi, *Conflict and violence in Lebanon: Confrontation in the Middle East*, Cambridge: Harvard University Press 1983.

CHRISTOPH KÖNIG

Christoph König (geb. 1956) studierte Philosophie, Germanistik und Amerikanistik an der Universität Salzburg. Zu Beginn des Jahres 1984 kam es zwischen dem jungen Wissenschaftler und Wolfgang Hildesheimer im Verlauf der Rauriser Literaturtage zu einer Auseinandersetzung über die Entscheidung des Schriftstellers, mit dem Schreiben aufzuhören. Seine Beweggründe hatte Hildesheimer bereits in seiner im April in Irland vorgetragenen Rede »The End of Fiction«[1] öffentlich gemacht; eine eigene Übersetzung ins Deutsche war im Jahr darauf im *Merkur* erschienen.[2] Doch eine breite öffentliche Wirkung entfaltete erst ein Interview, das Hildesheimer am 12. Januar 1984 mit Tilman Jens in Poschiavo führte und das am 12. April desselben Jahres unter dem Titel »Der Mensch wird die Erde verlassen« im Magazin *stern* erschien.[3]

Als König und Hildesheimer in Rauris aufeinandertrafen, lag zwar das Interview, nicht jedoch seine Veröffentlichung bereits hinter ihm. Hildesheimers Verve in der mündlichen Entgegnung mag nicht zuletzt in der Ernsthaftigkeit seines Kontrahenten begründet gewesen sein – eine Ernsthaftigkeit, die den Reaktionen des Literaturbetriebs auf seine Positionierung bis dahin weitestgehend gefehlt hatte. Seine Antwort an König legt jedoch zugleich offen, dass es ein Zurück hinter diesen Beschluss für ihn nicht mehr hatte geben können.

1 Wolfgang Hildesheimer, »The end of fiction«, in: ders., *Das Ende der Fiktionen – Reden aus fünfundzwanzig Jahren*, Frankfurt am Main: Suhrkamp 1988, S. 103-122.
2 Ders., »The end of fiction«, in: *Merkur* 30/1976, S. 57-70.
3 Wolfgang Hildesheimer im Gespräch mit Tilman Jens, »Der Mensch wird die Erde verlassen«, in: *stern*, 12. April 1984, S. 58-60.

[1] Christoph König an Wolfgang Hildesheimer

Universität Innsbruck
Forschungsinstitut »Brenner-Archiv«

A-6020 Innsbruck
Innrain 52, Tel. 0 52 22 / 724 / 3470-72

Dr. Christoph König 22.3.1984

Lieber Herr Hildesheimer,

nach unserer kurzen Auseinandersetzung anläßlich des ersten Werkstattgespräches in Rauris ist es mir ein Bedürfnis, auf Ihre Aussagen schriftlich einzugehen und mich noch einmal (vielleicht deutlicher) zu erklären.

Ich bin – um das gleich vorweg zu sagen – von der Ehrlichkeit und Betroffenheit Ihres Gefühls sehr berührt worden, etwas peinlich auch, da etwas mitgeschwungen hat, das ich zuerst ungenügend mit ›Pathos‹, dann aber genauer mit ›gourieren‹[1] zu umschreiben versucht habe. Der Unduldsamkeit, mit der Sie auf meine Überlegungen reagiert haben, ist damit aber ein gewisser Ernst genommen worden, Empfindlichkeit rührte da wohl weniger von oberlehrerhafter Kurznervigkeit (an sich auch verpönenswert, aber charakterlich und echt) als – wie mir scheinen will – von der durchscheinenden Unsicherheit der eigenen Legitimation: der Einwurf, daß Sie wohl nach »Tynset«[2] und »Masante«[3] schwerlich noch ein Ziel erreichen können, hat Sie denn auch beeindruckt.

Ehrlich berührt bin ich aber dort gewesen, wo sich für mich gezeigt hat, daß angesichts des – wie ich Ihnen zustimme, wahrscheinlichen – Untergangs, wohl nur noch ›Topoi‹ der Reaktionsmöglichkeiten, nicht mehr aber kreative und hoffen lassende Taten möglich sind. Schweigen, fröhliche Apokalypse, lemminghafte Sehnsucht nach harten Schnitten, Verdrängen bzw. uneingestandener Zweckoptimismus – alles Schemata und Kitsch. Sie sagten ja selbst, daß Ihr Schweigen ein großer Erfolg geworden ist.

Subjektiv gesehen, waren viele Autoren vor und während des 1. Weltkriegs in einer mit heute vergleichbaren Situation. Retrospektive ist das natürlich Unsinn – aber Sie haben in meinen Repliken subjektiv mit objektiv gleichgesetzt. Trakl, Ebner, Kraus. Und was geschah (und durch das Verweisen auf diese Reaktionsweisen wollte ich Ihren Absolutheitsanspruch etwas relativieren), war ein Schreiben in und trotz und wegen der Verzweiflung. Da glaube ich auch, daß ein einfaches Weiterspielen (Lenz) ungenügend ist.
Mit großer Hochachtung und Zuneigung Ihr

Christoph König

Typoskript; WHA 510.

1 Tippfehler Königs – *recte*: »goutieren«.
2 Wolfgang Hildesheimer, *Tynset*, Frankfurt am Main: Suhrkamp 1965.
3 Ders., *Masante*, Frankfurt am Main: Suhrkamp 1973.

[2] Wolfgang Hildesheimer an Christoph König

8.4.84

Lieber Herr König,

besten Dank für Ihren Brief. Nochmals: es tut mir sehr leid, daß ich meine Geduld verloren habe, es war das erste Mal in meinem Leben, daß ich es bei einer Diskussion dieserart getan habe. Was Sie mit ›Pathos‹ meinten, hätte ich noch verstanden, – bald werden wir ohne es nicht mehr auskommen, wenn wir unsere Situation in Worte fassen sollen –, aber was Sie mit ›gourieren‹ meinen, verstehe ich nicht. ›Tynset‹ und ›Masante‹ waren doch nur eine Periode, danach kamen immerhin noch ›Mozart‹ und ›Marbot‹, die für mich wichtig waren – und übrigens äußerlich und international viel größere Erfolge als ›Masante‹. Bei beiden hatte ich das Gefühl, ›ein Ziel erreicht‹ zu haben. Vielleicht finden Sie das nicht, aber hier kommt es ja auf das Subjektive an.

Allerdings, daß es mit den Fiktionen vorbei ist, spürte ich damals schon, nach ›Masante‹. Aber dieses Gespür hatte damals mit meinem eigenen Verstummen nichts zu tun, mir schien doch die Biographik [Einschub:] und die fiktive Biographik, meine Erfindung offen, nicht zu reden von einer ganz anderen Disziplin, der bildenden Kunst, in der ich auch jetzt weitermache.[1] Damals wunderte ich mich, mit welchem Eifer Schriftsteller über eine Welt schrieben, die für mich von gestern war. Heute sind gerade von diesen viele verstummt oder wissen nicht recht weiter. Johnson wollte nicht mehr schreiben, Grass schreibt nicht, Frisch, Siegfried Lenz, Gabriele Wohmann und einige andere nicht, oder zumindest keine Fiktionen. Woran mag das liegen?

Mit herzlichen Grüßen bin ich
Ihr

Typoskript; WHA 510.

1 Bereits seit Anfang der 80er-Jahre hatte Hildesheimers bildkünstlerische Produktion wieder signifikant zugenommen; er setzte sie bis zu seinem Lebensende fort.

WOLF ROSENBERG

Wolf Rosenberg (1915-1996) war Komponist und Musikkritiker. Hildesheimer lernte ihn 1932 auf der Odenwaldschule kennen;[1] seitdem waren sie durch eine enge Freundschaft verbunden. 1939 zog Hildesheimer Rosenberg zu einem – nicht verwirklichten – Opernprojekt hinzu, das er zusammen mit seinem Londoner Studienkollegen Anthony Froshaug betrieb; 1950 teilten sie sich eine Wohnung in Ambach am Starnberger See.[2]

Der in weiten Teilen in einer Privat- und Phantasiesprache abgefasste Brief Rosenbergs an Hildesheimer spiegelt mehr noch als das persönliche Nahverhältnis zwischen Absender und Adressat die Erfahrung, zwischen und mit mehreren Sprachen zu leben, die Hildesheimer mit vielen seiner Freunde teilte. Von Peter Ustinov ist ein ähnlicher Brief an Hildesheimer überliefert;[3] deutliche Parallelen finden sich in Briefen Hildesheimers an Urs Widmer und an seinen Neffen Giora Teltsch.[4] Das Saloppe und oft Kalauernde dieser Texte, ihr Sprachspiel und ihre Sinnveralberung verweisen sowohl auf die experimentelle Literatur und die Konkrete Poesie der 50er-Jahre als auch auf ältere Avantgarde-Traditionen wie die Dada-Bewegung. Hildesheimers letztes literarisches Werk, *Mitteilungen an Max über den Stand der Dinge* (1986), bildet ein eindrückliches Beispiel für das eminente künstlerische Ausdruckspotential, das er einem solchen, allenfalls auf den ersten Blick ›willkürlichen‹ Gebrauch von Sprache abzugewinnen vermochte.

1 Vgl. Wolfgang Hildesheimer, »Brief an Rosenberg. Wolf Rosenberg zum siebzigsten Geburtstag«, Südwestfunk, 21. Januar 1985, abgedruckt in: GW VII, S. 529-532, hier: S. 529.

2 Vgl. Braese, *Jenseits der Pässe*, S. 85, 149 f.

3 *Briefe*, S. 61 f.

4 Vgl. in diesem Band 510-525.

[1] Wolf Rosenberg an Wolfgang Hildesheimer

[ohne Datum]

da liess das nönnlein ein sanftes fürzlein hören und ich bin montag abend zu hause biste ooch ze hause wenn was dazwischenkommt, sozusagen zwischen messer und scheide oder penis und scheide dann hinterlass ich einen zettel dienstag bin ich im büro das büro zieht um nach vilbelerstrasse 29, 3. Stock,[1] über dem roxy-kino, telephon wird dann vielleicht noch nich da sein aber der mensch wird da sein und seine mätresse oder auch schwarzwalder kirschbeinkäse mit obstsalat aber versuch in jedem fall 45481 man kan nöch wissen weesde walv – walv – hä dä mässd mäch värstehn walvwalvwalv sa.

give my love to T. and tell her I have seen the octupus we mused about that evening and that he feels he is not entirely at peace with the world yet – until the everlasting morning of sorrow and disgust when all octupusses of all countries will rise like one man and will play a fast one on saxophones and sexophones and xenophones and pornophones and pornithological phones and cones and Kohns and Kunz and Hunz and Hinz and Hunz and hundsfott and funz hot und prunz pot und schutz und trutz pot und putz shot und potz schutt und potz blitz und pitz blotz und piz palü und matterhorn und nebelhorn und waldhorn und leck mich am arsch.

Veit Osterhase

schornsteinfegereuerwehrabteilungsleiter und blitzab-leiter und blindgänger und schwarzhörer und selbstbinder

Typoskript; WHA 620.

1 In Frankfurt am Main.

KLAUS TÄUBERT

Klaus Täubert (geb. 1940) ist ein deutscher Journalist und Literaturwissenschaftler mit großen Verdiensten insbesondere um die Erforschung zahlreicher Autorinnen und Autoren der Exilliteratur. Die hier abgedruckte Antwort könnte im Zusammenhang mit einem biographischen Aufsatz Täuberts über Franz Goldstein stehen, der 1986 in der Zeitschrift *Tribüne* erschien.[1] Franz Goldstein (1898-1982), der in Jura promoviert hatte, war ein deutsch-polnisch-jüdischer Journalist, der zunächst von Kattowitz aus eine Kulturbeilage für die »Wirtschaftskorrespondenz für Polen« herausgab, bevor er 1937 das Land verlassen musste. Über Wien und Prag emigrierte er nach Palästina, wohin er auch seine 5000 Bände umfassende Bibliothek retten konnte. Hier suchte er Anschluss an die kleine deutschsprachige Literatenszene. – »Frango« ist das Kürzel, mit dem Goldstein seine Beiträge häufig zeichnete.

Hildesheimers Karte an Täubert zählt zu den wenigen Selbstauskünften des Schriftstellers über sein Verhältnis zum Milieu der nach Palästina emigrierten deutschsprachigen Schriftsteller. Wie Arnold Zweig (1887-1968) und Else Lasker-Schüler (1869-1945) gehörte Goldstein einer deutlich älteren Generation an, für die die Flucht aus Nazi-Deutschland in höherem Maß eine Entwurzelung bedeutet hatte als für den heranwachsenden Schüler. Die »ehemalige Welt«, die Hildesheimer in dieser Karte erwähnt, hatte auch er zwar noch kennengelernt, doch war die Identifikation nicht mehr dieselbe gewesen. Auch im Hinweis darauf, dass »wir jüngeren« von Goldsteins Bibliothek »profitiert« hätten, wird deutlich, dass Hildesheimer hier manche Lektüren nachgeholt haben mag, die die Älteren längst absolviert und zur Komponente ihres Selbstverständnisses hatten werden lassen.[2] Die Selbstbezeichnung als »Nichtzionist« weist hingegen auf die frühe Reserve gegenüber dem zionistischen Projekt, entgegen der Einstellung seiner Eltern.

Hildesheimer verdankte Franz Goldstein einen Hinweis auf seine bildende Kunst – die Besprechung einer Ausstellung vom Sommer 1943 im Tel Aviv Museum. Der Artikel unter dem Titel »Junge Kunst in Palästina«, in dem Goldstein Hildesheimer als »eminent geschmackssicher« und »technisch zuweilen virtuos« rühmt, erschien am 31. Dezember 1943 im deutschsprachigen New Yorker *Aufbau*.[3]

1 Klaus Täubert, »Die Welt des Franz Goldstein. Von der Odyssee eines deutsch-polnischen Journalisten«, in: *Tribüne* 25/98, S. 174-176. – Diesem Aufsatz sind auch die oben stehenden Informationen zu Goldstein entnommen.

2 Zur Stellung Hildesheimers zur deutschsprachigen literarischen Szene in Palästina vgl. Braese, *Jenseits der Pässe*, S. 104ff.

3 Franz Goldstein, »Junge Kunst in Palästina«, in: *Aufbau* (New York), 31. Dezember 1943, auch abgedruckt in: Volker Jehle (Hg.), *Wolfgang Hildesheimer*, Frankfurt am Main: Suhrkamp 1989 (suhrkamp taschenbuch materialien), S. 147.

[1] Wolfgang Hildesheimer an Klaus Täubert

KLAUS TÄUBERT
FUHRMANNSTRASSE 1
D-1000 BERLIN 42
GERMANIA

18.10.84

Sehr geehrter Herr Täubert,

ja, ich habe Franjo gut gekannt. Er war in Jerusalem – wie wir alle Nichtzionisten nicht verwurzelt und lebte völlig in seiner ehemaligen Welt. Wir haben – ich meine: wir jüngeren – einiges von ihm und seiner Bibliothek profitiert. Manfred Vogel[1], der, glaube ich, als Kulturjournalist und Übersetzer in Wien lebt, könnte Ihnen wohl noch viel mehr sagen.
Beste Grüsse W. Hildesheimer

Postkarte; Handschrift; Literaturarchiv Monacensia München; KT B 70.

1 Manfred Vogel (1923-1983), Lyriker und Romancier, Herausgeber des *Ariel*, eines 1941 in Jerusalem erschienenen Almanachs für Literatur, Graphik und Musik, in dem Wolfgang Hildesheimer das – englischsprachige – Gedicht »Perpetuum mobile« sowie drei Illustrationen – darunter die Titelgraphik – veröffentlichte.

GIORA TELTSCH

Giora Teltsch (geb. 1940) ist der Sohn von Eva Teltsch, geborene Hildesheimer, Wolfgang Hildesheimers Schwester, und Ernst Teltsch. Das Hildesheimer-Archiv der Akademie der Künste Berlin-Brandenburg bewahrt rund 20 von Hildesheimer seit etwa Anfang der 1960er-Jahre an seinen Neffen gerichtete Briefe auf; Antwortbriefe konnten bisher nicht nachgewiesen werden.

Die Dokumente – zuweilen in aufwändiger graphischer Gestaltung – erinnern in ihrem kalauernden Ton an die Korrespondenz mit Wolf Rosenberg[1] und mit Urs Widmer.[2] Auch mit seiner Enkelin Julie führte Hildesheimer einen vergleichbaren Briefwechsel.[3] Ähnlich wie diese stehen die hier ausgewählten Briefdokumente in einer Tradition der Avantgarde, der Hildesheimer auf diese Weise einen selbstverständlich wirkenden Zugang in seine private und familiäre Kommunikation gewährte.

1 Vgl. in diesem Band, S. 505 f.
2 Vgl. in diesem Band, S. 520-525.
3 Vgl. Wolfgang Hildesheimer, *Was ist eigentlich ein Escoutadou? Briefe mit Zeichnungen an Julie*, Leonberg: Ulrich Keicher 1996.

[1] Wolfgang Hildesheimer an Giora Teltsch

wolfgang hildesheimer poschiavo (graubünden)

My dear Giora,

I understand that you will take your dear wife to Europe in April. (Correct me – in duplicate – if I am wrong) Your aunt and I thought it might be a nice idea to give a party for you. This then is the list of guests we intended to invite. Please let us know if there is any-one else you would like to be invited. We h a d to ask Cäsarina Hirschle because she is a dear friend of ours although she is getting old now. Also, we could have done without Njasoso, but then, we owe it to the memory of his late father (whom Njasoso ate up in 1962) to ask him every now and then to a meal. And I thought this might be a good opportunity, as there are a lot of ›Kinder‹ amongst which Njasoso is bound to find a good bite or two. Otherwise everything will be strictly kosher, Rudi Hirschle-Caracotsu will see to that. Georg and Florentina Hirschle-Fetz (see picture) will take care of the entertainment. They will do their well known act: ›Der Rabbi von Urnerboden‹. Strictly philosemitic which is the great fashion of the day.
Yours ever
Fitzgerald

[eingeklebte Auflistung:
Georg und Florentina Hirschle-Fetz
Myrta, Bignia und Maurus
Cäsarina Hirschle
Rudolf und Paula Hirschle-Waser, Davos
Rudi Hirschle-Caracotsu, Davos
Margrith Hirschle-Schuler, Schwägerin, Biel
und Anverwandte
R. und W. Fromm-Keller und Kinder [handschriftl.:] (Kellerkinder)
M. und Chr. Müller-Keller und Kinder

D. und J. U. Liesch-Keller und Kinder, St. Moritz
M. und H. Gilomen-Keller und Kinder
O. und G. Keller-Schlumpf und Kinder, Thun
H. und K. Ritzmann-Keller und Kinder, Njasoso,
West Camerun
G. Schwarzenbach, Bruder, Wädenswill
und Anverwandte]

[Fotografie]

PS Before I forget (at 12.30 p. m.) There will also be a certain Mrs. Maag. You might not know her but your parents might. (I am not saying that they do, though) A very charming woman. Especially your wife will get on with her like a house on fire. It is to be hoped that Njasoso will take a fancy to her.

Typoskript, ohne Datum; WHA.

[2] Wolfgang Hildesheimer an Giora Teltsch

wolfgang hildesheimer, poschiavo (graubünden)

Dear Giora and dear Tamar,

the fotograf I did not send you – at least it was Silvia who did not send it – was not natural size. It was double size. No wonder Tamar thought me a beautiful man especially as you showed her the one of Lord Curzon. Lord Curzon of course did not do so well when he showed my photograph to his niece the other day (Wednesday). She smiled and said:

»Шъейчарииа Порскип Тскик!«

(she is Russian.) Which was really rather embarrassing as Balakireff was there to play a couple of sonates. He got up and left the room upon which the curtain fell. The applause was tremendous. Effi van Doren (!) fainted, but then she is expecting a baby – possibly twins, it has not been decided yet – and has been for a number of years.

Incidentally: have you heard the latest about the Mayor of Bologna? If so please write it to me immediately as I am being asked about it constantly.

I feel very guilty about not having given you a bust of Bialik (marble, on a wrought-iron pedestal) for your wedding. The truth is: I could not get one in Poschiavo. They had Tschernichovsky, Mendele-moicher-sfurim and Maimonides in several sizes but Bialik had just sold out. This kind of thing goes like hot cakes here, especially during the skiing season. I have a hand signed fotograf of Ibsen which I don't use often. Will that do for the time being? It needs very little care, just an occasional bit of trimming around the edges.

That is all for today. Please remember me to the wife and to Sarale and Urile and to Talia and Osnat. Auntie is well, she is knitting a warm sweater for you as she is afraid that you might catch gout,

Yours ever
Chopin

[handschriftl.:] P.S. Who was Khisachon Lebikian? Was he the teacher of Noar Haoued? If so why is he not called Ayeled Haschachar?

Typoskript, ohne Datum; WHA.

[3] Wolfgang Hildesheimer an Giora Teltsch

wolfgang hildesheimer, poschiavo (graubünden)

Dear Giora,

what a pleasant surprise to have a letter from you. You realize that I knew you when you were but a little boy with rosy cheeks (as Shakespeare put it so incomparably). It seems only the day before yesterday (Tuesday, to be exact.)
And what a beautiful drawing you did for your aunt (whose birthday you should really not forget this year!) I must admit though that at first we were a little disappointed as we had expected a drawing of Herzl leaning over the banister of the Rhine-bridge at Basle during the first Zionist Congress in 1842 (when it was still very daring for a Zionist to lean over the Rhine bridge!) Instead you sent us Ussishkin – or is it Ushisskin? Ussisskin? – about to be assaulted by a wild band of early Impressionists. That was in 1865. I remember the year because it was the year in which H. D. Garfinkel got married to the late Lord Balfour, the famous impresario. But that was before your time. When was your time? I seem to have forgotten.

Otherwise there is not much to report, this time. I saw B. in Frankfurt, but only very briefly. He was just about to hang himself, so I did not want to bother him, but he looked well and was in good spirits. He leaves a widow and four children called Ronald.
How is the Histadruth? I saw someone like her in Zürich, the other day but rather older, and not as beautiful.[x]

Yours ever Arthur

[x] [handschriftl.:] but beautiful enough

Enclosed a fotograf which proves it.

Typoskript, ohne Datum; WHA.

[4] Wolfgang Hildesheimer an Giora Teltsch

[Schreibmaschinenschrift auf Übersichtskarte eines Schiffes]

Dear Giora,
I am herewith sending you my new play. It is, as you will – no doubt – see, a return to Aristotelian manner and will, therefore, cause no difficulty even with a conventional audience. The only difficulty m i g h t be: finding the right actress for passegiata Promenada – a somewhat unthankful part.
especially in the third act (Ponte D) but then – what a catharsis!
It is admittedly a long play (383,2) but then –
I always say: what about Richard Wagner?! (Please answer this question until December the 1st, as I need the answer for a test.)
The displacement, as you will no doubt admit, is considerable. I expect it indeed to displace the whole audience. But there I may be expecting too much. Meanwhile I and aunt Silvia wish you many happy returns,
Yours ever Wolf

Typoskript, ohne Datum; WHA.

[5] Wolfgang Hildesheimer an Giora Teltsch

wolfgang hildesheimer, poschiavo (graubünden)

Dear Giora,

many thanks for your letter of 5.13.1655, which has – if I may say so – bewildered me not a little. Surely you are wrong in as far as it seems to have escaped your attention that the part of Smyrrphe is not a woman's but a man's part.
This contention of mine is nourished by the text. There are at least four passages which support this opinion. Let me quote from the text which however – unfortunately – I have, at present, only in Danish. Act II, Scene 4. Here Bloeder says:

.... En smaerresboda neg og piskefloeder hus
en gammle by me knallerte mag smaerre ....
(The d. is not pronounced)

Now, had it been a woman's part the text would read as follows:

..... vore priser selskaber og enkeltpersoner
Paafoeres med skopudsning trafikeret
(The d and the S are not pronounced)

I think that your mistake derives from the unsatisfactory translation of Walter Pater (with the help of Mater). You should read it in the original language which is, of course a little difficult; but it can be done. In fact: it has been done.

Hoping to have convinced you herewith so that there is no obstacle now to cast the part with the best man possible, namely: Rovina, dead or alive, although the latter might be better

I remain yours ever
hildesheimer

[handschriftl.:] (Hook in here, put a penny in the slot and twist. For reverse see A)

Typoskript, ohne Datum; WHA.

[6] Wolfgang Hildesheimer an Giora Teltsch

wolfgang hildesheimer, poschiavo (graubünden)

Poschiavo, no date

Dear Lunz,

I did as you told me. I rang up the American Express, Paris Branch and told them: ›It's a rainy day‹. A haughty female voice answered: ›So what? I wasn't going out anyway!‹ So of course I didn't know what to do. The only thing I could think of was to ring Tixier-Vigancour. So I rang him and told him that it was a rainy day. He said – and rather abruptly too – ›Why not take an umbrella!‹ – So I looked that up in the code. It meant: ›Please send off 200 (twohundred) tins of Ovomaltine immediately‹. But I did not know who to send it to. I immediately rang Tixier and asked him where to send the Ovomaltine. He said ›To the American Express‹. So I looked that up in the code. It meant: ›To Tixier-Vigancour.‹ So I sent it to Tixier-Vigancour. Soon after that I rang him and asked him whether he had received the Ovomaltine. He said ›Yes‹. I looked the answer up in the code. It meant ›No!‹ Yesterday the Ovomaltine came back to me. Now I don't know what to do with it. Of course I could always drink it, I suppose, but I don't like it. Moreover, I am rather fed up with the matter. I shall probably send it to starving Chinese children who are said to adore Ovomaltine. In China a family of four can buy two pairs of shoes a month on six bottles of Ovomaltine (according to Albert Schweitzer.)

Other news: Northcliffe has won the elections by 2:4. Second was Rinnstein (or von Rinnstein, as I should rather say.) But he lost his honour in the woods. (And with him a girl called Virginia B. She now calls herself Victoria.)
That's all for today, and I should say it's enough.

Yours ever Roy Welensky

PS. ›Edmond Anderson‹ got married and now calls himself ›Edwin Anderson‹. But you better pretend not to know until you hear from S--y.

Typoskript; WHA.

[7] Wolfgang Hildesheimer an Giora Teltsch

DIRECTION: C. MEIER TELEPHON (081)23623 TELEGRAMME: STEINBOCKHOTEL CHUR SCHWEIZ

Dear Giora,

thank you for your letter. I herewith send you back the declaration corrected. I hope this meets your approval.
Also I enclose some material which might interest you. On the other hand, it might not, in which case I would ask you to pass it on to Mr. Paul ben-Chaim, 334 Rosenblum-Street, Petah-Tiqua East. He might like to put it into music. I thought of a simple setting for baritone and strings, perhaps a bit of percussion, but not much.

Otherwise there is very little news. I met Curd S. the other day, he was just about to hang himself, so I did not want to detain him, but he looked well and healthy. He leaves a widow or two, and three children called Michael.

Your aunt would like to be remembered to you. If you would like her to knit you a pair of warm socks, please say so. I seemed to discover a few hints at it in your last letters. But of course I might be wrong (although I very rarely am.)

How is Tamar? I suppose you are still married, and her name is still Tamar?

Yours ever
Meyer

Typoskript, ohne Datum; WHA.

URS WIDMER

Der Schweizer Schriftsteller und Übersetzer (21. Mai 1938-2. April 2014) studierte von 1959 bis 1966 Germanistik, Geschichte und Romanistik in Basel, Montpellier und Paris und arbeitete nach seiner Promotion zunächst als Verlagslektor in Olten und danach beim Suhrkamp Verlag in Frankfurt am Main. Urs Widmer war während seiner recht kurzen Beschäftigung bei Suhrkamp Wolfgang Hildesheimers Lektor. Widmer gehörte – wie auch die Lektoren Walter Boehlich und Karlheinz Braun, die für Hildesheimer zentrale Ansprechpersonen im Verlag darstellten – zu den Mitarbeitern, die im Herbst 1968 gegen Siegfried Unseld protestierten und auf ein Mitbestimmungsrecht in allen wichtigen Verlagsangelegenheiten pochten. Seine Beschäftigung bei Suhrkamp legte Widmer nach dem Lektorenaufstand 1968 nieder. Danach lebte er als freier Schriftsteller weiterhin in Frankfurt am Main, schrieb unter anderem Kritiken für die *Frankfurter Allgemeine Zeitung* und war Mitbegründer des Verlags der Autoren. Er kehrte 1984 in die Schweiz zurück.

Aus der kurzen beruflichen Zusammenarbeit mit Hildesheimer beim Suhrkamp Verlag entwickelte sich eine langjährige Freundschaft, die in gegenseitigen Besuchen gepflegt wurde. Die ausgewählten Briefe dokumentieren nicht nur literarische Gespräche, sondern zeigen besonders die humorvolle und ironische Umgangsweise der beiden Autoren, die sich gegenseitig nicht ganz ernst genommen haben. Hildesheimer bemerkt in einem Brief an Siegfried Unseld, dass sein Briefwechsel mit Urs Widmer – genauso wie die Korrespondenzen mit Rosenberg, Barnes oder Enzensberger – sehr amüsant gewesen sei.[1]

1 Brief von Wolfgang Hildesheimer an Siegfried Unseld. Ohne Datum, Eingangsstempel 30. November 1987 (Suhrkamp-Archiv/DLA).

wolfgang hildesheimer poschiavo (graubünden)

My dear Giora,

I understand that you will take your dear wife to Europe in April. (Correct me - in duplicate - if I am wrong) Your aunt and I [illegible] idea to give a party for you.

Georg und Florentina Hirschle-Fetz
Myrta, Bignia und Maurus
Cäsarina Hirschle
Rudolf und Paula Hirschle-Waser, Davos
Rudi Hirschle-Caracotsu, Davos
Margrith Hirschle-Schuler, Schwägerin, Biel
und Anverwandte
R. und W. Fromm-Keller und Kinder
M. und Chr. Müller-Keller und Kinder
D. und J. U. Liesch-Keller und Kinder, St. Moritz
M. und H. Gilomen-Keller und Kinder
O. und G. Keller-Schlumpf und Kinder, Thun
H. und K. Ritzmann-Keller und Kinder, Njasoso, West Camerun
G. Schwarzenbach, Bruder, Wädenswil
und Anverwandte

This then is the list of guests we intended to invite. Please let us know if there is any-one else you woul like to be invited. We had to ask Cäsarina Hirschle because she is a dear friend of ours although she is getting old now. Also, we could have done without Njasoso, but then, we owe it to the memory of his late father (whom Njasoso ate up in 1962) to ask him every now and then to a meal. And I thought this might be a good opportunity, as there are a lot of 'Kinder' amongst which Njasoso is bound to find a good bite or two. Otherwise everything will be strictly kosher, Rudi Hirschle-Caracotsu will see to that. Georg and Florentina Hirschle-Fetz (see picture) will take care of the entertainment. They will do their well known act: 'Der Rabbi von Urnerboden'. Strictly philosemitic which is the great fashion of the day.

Yours ever

Fitzgerald

PS Before I forget (at 12.30p.m.) There will also be a certain Mrs. Maag. You might not know her but your parents might. (I am not saying that they do, though) A very charming woman. Especially your wife will get on with her like a house on fire. It is to be hoped that Njasoso will take a fancy to her.

Abbildung 1: Brief 1 an Giora Teltsch

wolfgang hildesheimer, poschiavo (graubünden)

Dear Giora(le) and dear Tamar(le)

the fotograf I did not send you - at least it was Silvia who did not send it - was n o t natural size. It was double size. No wonder Tamar thought me a beautiful man especially as you showed her the one of Lord Curzon. Lord Curzon of course did not do so well when he showed my photograph to his niece the other day (Wednesday). She smiled and said:

"Швейцариа Порскии Тсник!"

(she is Russian.) which was really rather embarassing as Balakireff was there to play a couple of sonatas. He got up and left the room upon which the curtain fell. The applause was tremendous. Effi van Doren (!) fainted, but then she is expecting a baby - possibly twins, it has not been decided yet - and has been for a number of years.

Incidentally: have you heard the latest about the Mayor of Bologna? If so please write it to me immediately as I am being asked about it constantly.

I feel very guilty about not having given you a bust of Bialik (marble, on a wrought-iron pedestal) for your wedding. The truth is: I could not get one in Poschiavo. They had Tschernichovsky, Mendele-moicher-sfurim and Maimonides in several sizes but Bialik had just sold out. This kind of thing goes like hot cakes here, especially during the skiing season. I have a hand signed fotograf of Ibsen which I don't use often. Will that do for the time being? It needs very little care, just an occasional bit of trimming around the edges.

That is all for today. Please remember me to the wife and to Sarale and Urile and to Talia and Osnat. Auntie is well, she is knitting a warm sweater for you as she is afraid that you might catch gout,

Yours ever

Chopin

P.S. Who was Khisachon Lehmian? Was he the teacher of Noar Haoved? If so why is he not called Ayeled Haschachar?

Abbildung 2: Brief 2 an Giora Teltsch

wolfgang hildesheimer, poschiavo (graubünden)

Dear Giora,

what a pleasant surprise to have a letter from you. You realize that I knew you when you were but a little boy with rosy cheeks (as Shakespeare put it so incomparably). It seems only the day before yesterday (Tuesday, to be axact.)
And what a beautiful drawing you did for your aunt (whose birthday you should really not forget this year!) I must admit though that at first we were a little disappointed as we had expected a drawing of Herzl leaning ofer the banister of the Rhine-bridge at Basle during the first Zionist Congress in 1842 (when it was still very daring for a Zionist to lean over the Rhine brisge!) Instead you sent us Ussishkin - or is it Ushisskin? Ussisskin? - about to be assaulted by a wild band of early Impressionists. That was in 1865. I remember the year because it was the year in which H. D. Garfinkel got married to the late Lord Balfour, the famous impresario. But that was before your time. When was your time? I seem to have forgotten.

Otherwise there is not much to report, this time. I saw B. in Frankfurt, but only very briefly. He was just about to hang himself, so I did not want to bother him, but he looked well and was in good spirits. He leaves a widow and four children called Ronald.
How is the Histadruth? I saw someone like her in Zürich, the other day but rather older, and not as beautiful×

Yours ever Arthur

× but beautiful enough

Enclosed a fotograf which proves it.

Abbildung 3: Brief 3 an Giora Teltsch

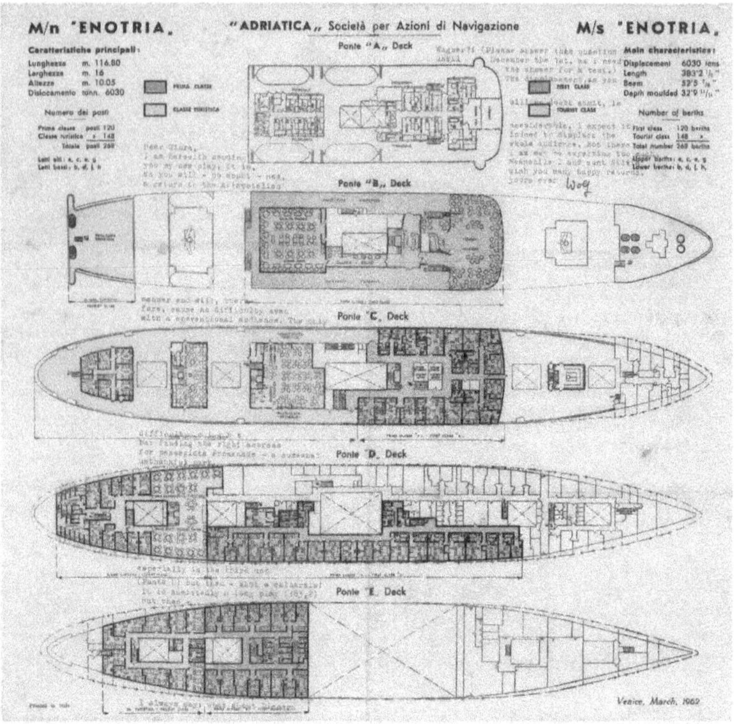

Abbildung 4: Brief 4 an Giora Teltsch

wolfgang hildesheimer, poschiavo (graubünden)

Dear Giora,

many thanks for your letter of 5. 13. 1655, which has - if I may say so - bewildered me not a little. Surely you are wrong in as far as it seems to have escaped your attention that the part of Smyrrphe is not a woman's but a man's part.
This contention of mine is nourished by the the text. ~~Let my~~ there are at least four passages which support this opinion. Let me quote from the text which however - unfotunately - I have, at present, only in Danish. Act II, Scene 4. Here Bloeder says:

.... en smaerresborda neg og piskefloeder hus
en gammle by me knallerte mag smaerre....
(The d. is not pronounced)

Now, had it been a woman's part the text would read as follows:

..... vore priser selskaber og enkeltpersoner
paafoeres med skopudsning trafikeret
(The d a n d the S are not pronounced)

I think that your mistake derives from the unsatisfactory translation of Walter Pater (with the help of Mater). You should read it in the original language which is, of course a little difficult; but it can be done. In fact: it h a s been done.

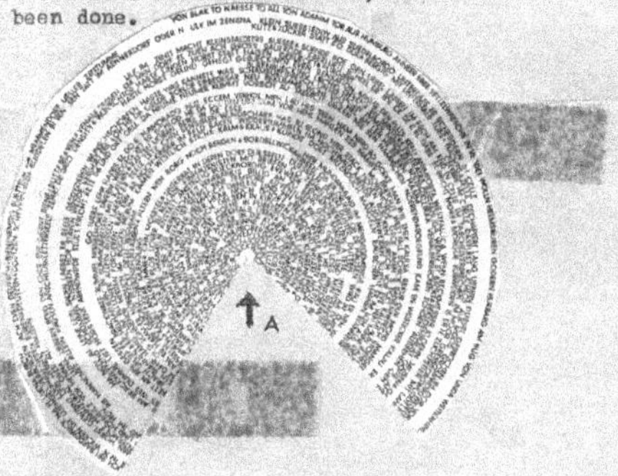

↑ A

Hoping to have convinced you herewith so that there is no obstacle now to cast the part with the best man possible, namely: Rovina, dead or alive, although the latter might be better

↑

I remain yours ever
Hildesheimer

B (Hook in here, put a penny in the slot and twist. For reverse see A)

Abbildung 5: Brief 5 an Giora Teltsch

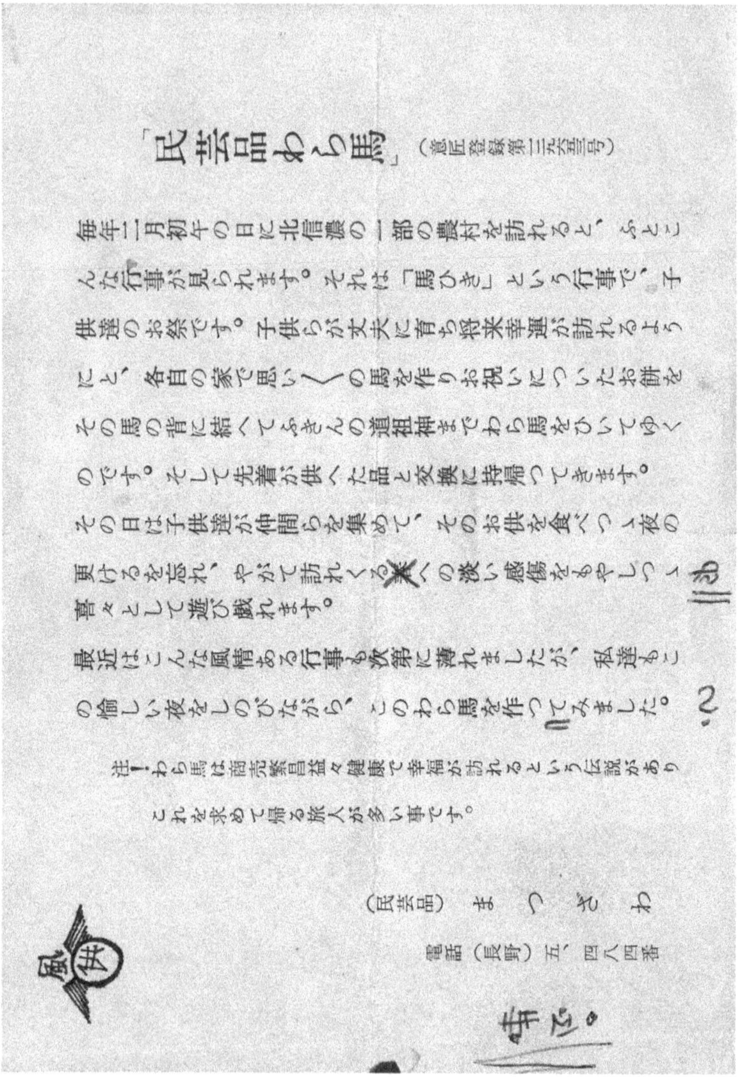

「民芸品わら馬」（意匠登録第一二九六五三号）

毎年二月初午の日に北信濃の一部の農村を訪れると、ふとこんな行事が見られます。それは「馬ひき」という行事で、子供達のお祭です。子供らが丈夫に育ち将来幸運が訪れるようにと、各自の家で思い〳〵の馬を作りお祝いについたお餅をその馬の背に結へてふきんの道祖神までわら馬をひいてゆくのです。そして先着が供へた品と交換に持帰ってきます。その日は子供達が仲間らを集めて、そのお供を食べつゝ夜の更けるを忘れ、やがて訪れくる春への淡い感傷をもやしつゝ喜々として遊び戯れます。

最近はこんな風情ある行事も次第に薄れましたが、私達もこの愉しい夜をしのびながら、このわら馬を作ってみました。

注！わら馬は商売繁昌益々健康で幸福が訪れるという伝説があり、これを求めて帰る旅人が多い事です。

（民芸品）まつざわ

電話（長野）五、四八四番

Abbildung 6: Anlage zu Brief 5 an Giora Teltsch

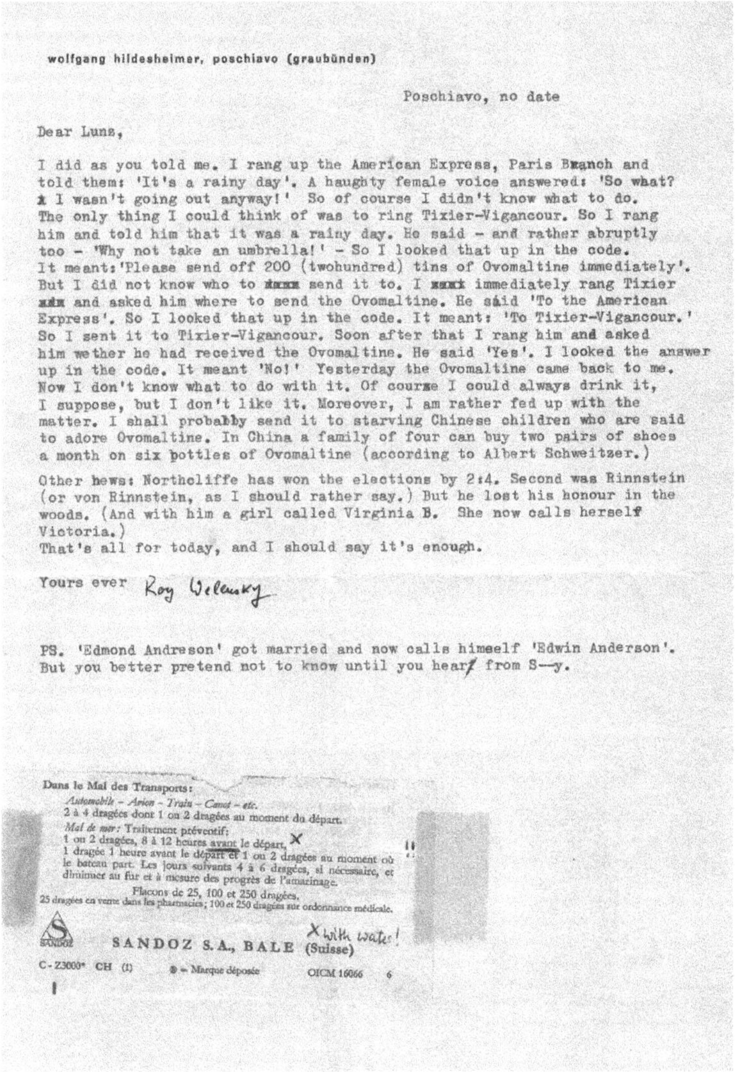

wolfgang hildesheimer, poschiavo (graubünden)

Poschiavo, no date

Dear Luns,

I did as you told me. I rang up the American Express, Paris Branch and told them: 'It's a rainy day'. A haughty female voice answered: 'So what? I wasn't going out anyway!' So of course I didn't know what to do. The only thing I could think of was to ring Tixier-Vigancour. So I rang him and told him that it was a rainy day. He said – and rather abruptly too – 'Why not take an umbrella!' – So I looked that up in the code. It meant: 'Please send off 200 (twohundred) tins of Ovomaltine immediately'. But I did not know who to send it to. I immediately rang Tixier and asked him where to send the Ovomaltine. He said 'To the American Express'. So I looked that up in the code. It meant: 'To Tixier-Vigancour.' So I sent it to Tixier-Vigancour. Soon after that I rang him and asked him wether he had received the Ovomaltine. He said 'Yes'. I looked the answer up in the code. It meant 'No!' Yesterday the Ovomaltine came back to me. Now I don't know what to do with it. Of course I could always drink it, I suppose, but I don't like it. Moreover, I am rather fed up with the matter. I shall probably send it to starving Chinese children who are said to adore Ovomaltine. In China a family of four can buy two pairs of shoes a month on six bottles of Ovomaltine (according to Albert Schweitzer.)

Other news: Northcliffe has won the elections by 2:4. Second was Rinnstein (or von Rinnstein, as I should rather say.) But he lost his honour in the woods. (And with him a girl called Virginia B. She now calls herself Victoria.)
That's all for today, and I should say it's enough.

Yours ever Roy Welensky

PS. 'Edmond Andreson' got married and now calls himself 'Edwin Anderson'. But you better pretend not to know until you hear from S—y.

Dans le Mal des Transports:
Automobile – Avion – Train – Canot – etc.
2 à 4 dragées dont 1 ou 2 dragées au moment du départ.
Mal de mer: Traitement préventif:
1 ou 2 dragées, 8 à 12 heures avant le départ, ×
1 dragée 1 heure avant le départ et 1 ou 2 dragées au moment où le bateau part. Les jours suivants 4 à 6 dragées, si nécessaire, et diminuer au fur et à mesure des progrès de l'amarinage.
Flacons de 25, 100 et 250 dragées.
25 dragées en vente dans les pharmacies; 100 et 250 dragées sur ordonnance médicale.
SANDOZ S.A., BALE (Suisse) × with water!
C-Z3000* CH (1) ® = Marque déposée OICM 16066 6

Abbildung 7: Brief 6 an Giora Teltsch

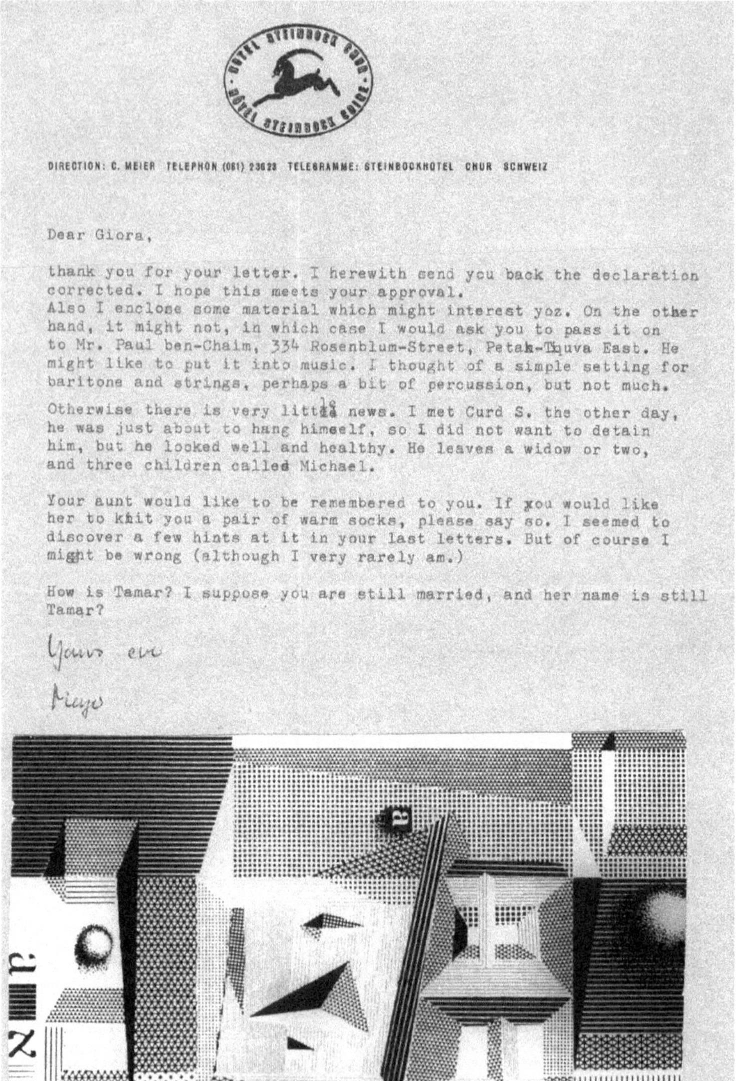

DIRECTION: C. MEIER TELEPHON (081) 23623 TELEGRAMME: STEINBOCKHOTEL CHUR SCHWEIZ

Dear Giora,

thank you for your letter. I herewith send you back the declaration corrected. I hope this meets your approval.
Also I enclose some material which might interest yoz. On the other hand, it might not, in which case I would ask you to pass it on to Mr. Paul ben-Chaim, 334 Rosenblum-Street, Petah-Tiquva East. He might like to put it into music. I thought of a simple setting for baritone and strings, perhaps a bit of percussion, but not much.

Otherwise there is very little news. I met Curd S. the other day, he was just about to hang himself, so I did not want to detain him, but he looked well and healthy. He leaves a widow or two, and three children called Michael.

Your aunt would like to be remembered to you. If you would like her to knit you a pair of warm socks, please say so. I seemed to discover a few hints at it in your last letters. But of course I might be wrong (although I very rarely am.)

How is Tamar? I suppose you are still married, and her name is still Tamar?

Yours ever

Mayo

Abbildung 8: Brief 7 an Giora Teltsch

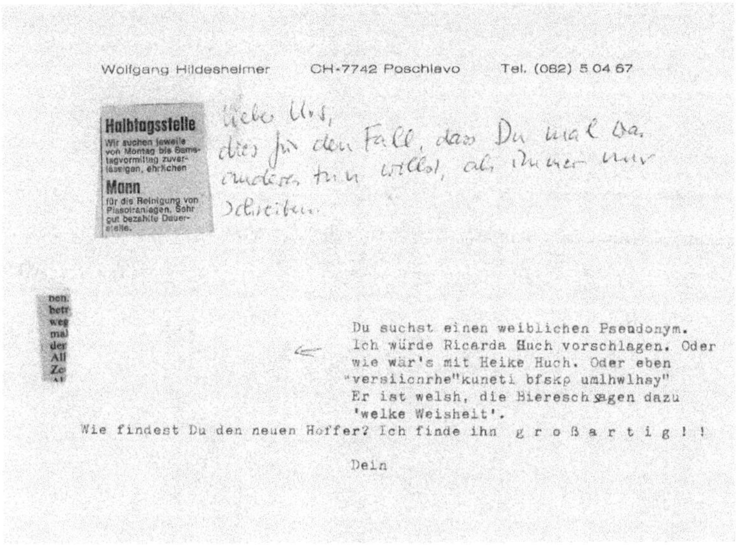

Wolfgang Hildesheimer CH-7742 Poschiavo Tel. (082) 5 04 67

Halbtagsstelle
Wir suchen jeweils von Montag bis Samstagvormittag zuverlässigen, ehrlichen
Mann
für die Reinigung von Pissoiranlagen. Sehr gut bezahlte Dauerstelle.

Liebe Urs,
dies für den Fall, dass Du mal was anderes tun willst, als immer nur schreiben.

nen.
betr
weg
mal
der
All
Zc

Du suchst einen weiblichen Pseudonym.
Ich würde Ricarda Huch vorschlagen. Oder
wie wär's mit Heike Huch. Oder eben
"versiicnrhe"kuneti bfskp umlhwlhsy"
Er ist welsh, die Bieresch sagen dazu
'welke Weisheit'.
Wie findest Du den neuen Hoffer? Ich finde ihn g r o ß a r t i g ! !

Dein

Abbildung 9: Brief 2 an Urs Widmer

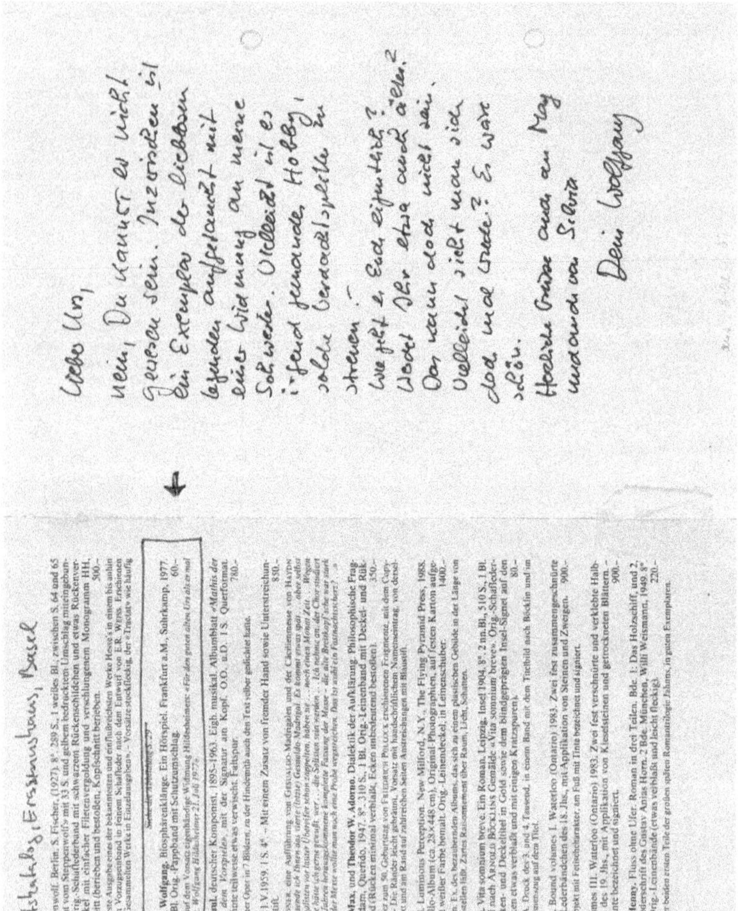
Antiquariatskatalog, Erasmushaus, Basel

129 – Der Steppenwolf. Berlin, S. Fischer, (1927). 8°. 289 S., 1 weißes Bl.; zwischen S. 64 und 65 ist der «Tractat vom Steppenwolf» mit 33 S. und gelbem bedrucktem Umschlag miteingebunden. Blauer Orig.-Schaflederband mit schwarzem Rückenschildchen und etwas Rückenvergoldung, Deckel mit einfacher Filetenvergoldung und verschlungenem Monogramm HH, Kopfgoldschnitt (berieben und bestoßen, Kopfschnitt berieben. 500.–
Mileck II, 50. Erste Ausgabe eines der bekanntesten und einflußreichsten Werke Hesse's in einem bis anhin unbeschriebenen Vorzugseinband in feinem Schafleder nach dem Entwurf von E.R. Weiss. Erschienen innerhalb der «Gesammelten Werke in Einzelausgaben». – Vorsätze stockfleckig, der «Tractat» wie häufig leicht gebräunt.

Siehe die Abbildung S. 29

*130 **Hildesheimer, Wolfgang.** Biosphärenklänge. Ein Hörspiel. Frankfurt a.M., Suhrkamp, 1977. 8°. 75 S., 4 nn.Bl. Orig.-Pappband mit Schutzumschlag. 60.–
Erste Ausgabe, auf dem Vorsatz eigenhändige Widmung Hildesheimers: *«Für den guten alten Urs als er mal in Poschiavo war. Wolfgang Hildesheimer 21. Juli 1977»*

*131 **Hindemith, Paul,** deutscher Komponist, 1895–1963. Eigh. musikal. Albumblatt *«Mathis der Maler – Aus dem Vorspiele»*, mit der Signatur am Kopf. O.O. u.D. 1 S. Querformat. 17×27 cm. – Tinte teilweise etwas verwischt. Faltspur. 780.–
11 Takte aus seiner Oper in 7 Bildern, zu der Hindemith auch den Text selber gedichtet hatte.

*132 – L.a.s. o.O. 11.V.1959. 1 S. 4°. – Mit einem Zusatz von fremder Hand sowie Unterstreichungen mit Rötelstift. 850.–
An Dr. Seefelder, eine Aufführung von Gesualdo-Madrigalen und der Cäcilienmesse von Haydn betreffend. *«... sende ich Ihnen das vierte (letzte) Gesualdo-Madrigal. Es kommt etwas spät ... aber selbst wenn die Madrigalisten vor lauter Übereifer schon zappelten, haben sie ... noch einen Monat Zeit ... Wegen der Haydn-Messe hätte ich gerne gewußt, wer ... die Solisten sein werden ... Ich nehme an, der Chor studiert die vor ein paar Jahren herausgekommene komplette Fassung der Messe – die alte Breitkopf'sche war stark gekürzt ... Von der Messe wollte man noch eine Probe wegstreichen. Das ist wohl ein Fastnachtsscherz? ...»*

133 **Horkheimer, Max,** und **Theodor W. Adorno.** Dialektik der Aufklärung. Philosophische Fragmente. Amstedam, Querido, 1947. 8°. 310 S., 1 Bl. Orig.-Leinenband mit Deckel- und Rückentitel in Gold (Rücken minimal verblaßt, Ecken unbedeutend bestoßen). 350.–
Erste Ausgabe der zum 50. Geburtstag von Friedrich Pollock erschienenen Fragmente, mit dem Copyright von 1944. – Die Ränder leicht gebräunt, Vorsatz mit handschriftlichem Nameneintrag, von derselben Hand im Text und am Rand auf zahlreichen Seiten Anstreichungen mit Blaustift.

134 **Horton, David.** Luminous Perception. New Milford, N.Y., The Flying Pyramid Press, 1988. Kl.-4°. Leporello-Album (ca. 28×448 cm), Original-Photographien, auf festen Karton aufgezogen, teils mit weißer Farbe bemalt. Orig.-Leinendeckel, in Leinenschuber. 1400.–
Nr. 4 von 20 num. Ex. des bezaubernden Albums, das sich zu einem plastischen Gebilde in der Länge von etwa 2 Meter aufstellen läßt. Zartes Raisonnement über Raum, Licht, Schatten.

135 **Huch, Ricarda.** Vita somnium breve. Ein Roman. Leipzig, Insel 1904. 8°. 2 nn.Bl., 510 S., 1 Bl. Mit 1 Titelbild nach Arnold Böcklins Gemälde «Vita somnium breve». Orig.-Schaflederband mit Rücken- und Deckeltitel in Gold sowie dem blindgeprägten Insel-Signet auf den Deckeln (Rücken etwas verblaßt und mit einigen Kratzspuren). 80.–
Sarkowski 806 A. Druck des 3. und 4. Tausend, in einem Band mit dem Titelbild nach Böcklin und im Lederband. – Namenszug auf dem Titel.

*136 **Ireland, Basia.** Bound volumes I. Waterloo (Ontario) 1983. Zwei fest zusammengeschnürte und verklebte Lederbändchen des 18. Jhs., mit Applikation von Steinen und Zweigen. 900.–
Stummes Buchobjekt mit Fetischcharakter, am Fuß mit Tinte bezeichnet und signiert.

*137 – Bound volumes III. Waterloo (Ontario) 1983. Zwei fest verschnürte und verklebte Halblederbändchen des 19. Jhs., mit Applikation von Kieselsteinen und getrockneten Blättern. – Am Fuß mit Tinte bezeichnet und signiert. 900.–

138 **Jahnn, Hans Henny.** Fluss ohne Ufer. Roman in drei Teilen. Bde. 1: Das Holzschiff, und 2, 1. Teil: Die Niederschrift des Gustav Anias Horn. 2 Bde. München, Willi Weismann, 1949. 8°. 216 S.; 830 S. Orig.-Leinenbände (etwas verblaßt und leicht fleckig). 220.–
Erste Ausgabe der beiden ersten Teile der großen späten Romantrilogie Jahnns, in guten Exemplaren.

Lieber Urs,

nein, Du kannst es nicht gewesen sein. Inzwischen ist ein Exemplar der lieblosen Legenden aufgetaucht mit einer Widmung an meine Schwester. Vielleicht ist es irgend jemandes Hobby, solche Verdachtsobjekte zu streuen. –
Wie geht es Euch eigentlich? Werdet Ihr etwa auch älter? Das kann doch nicht sein. Vielleicht sieht man sich doch mal wieder? Es wäre schön.
Herzliche Grüße auch an May und auch von Silvia

Dein Wolfgang

Abbildung 10: Brief 3 an Urs Widmer

[1] Wolfgang Hildesheimer an Urs Widmer

Wolfgang Hildesheimer CH-7742 Poschiavo Tel. (082) 50467

Lieber Urs, 7.9. [1981?]

Ja, es war alles viel zu kurz, wie Du sehr richtig schreibst.

Darin gleicht Euer Aufenthalt übrigens dem Leben, das ja bekanntlich ebenfalls ....

Von Keel-Haffmans[1] bekam ich gleich 2 Exemplare des Umbruchs Deines Buches geschickt, was insofern recht günstig war, weil Christa[2] noch hier war, um ein Exemplar zumindest noch anlesen zu können. Sie war davon fasziniert, und ich, der es in vier Spätabenden im Bett gelesen habe, bin es auch, in der fünften Nacht fehlte mir die Lektüre. Wunderbar die Topografie von La Rösa und La motta und allem dessen, was ich identifizieren konnte. Nur eben:

ich habe das Buch nicht v e r s t a n d e n. Es entgeht mir eine wesentliche Ebene, so zumindest habe ich das Gefühl. Soeben war ein Fernsehteam für ›Titel, Thesen, Temperamente‹[3] hier, Friederike Roth,[4] die Du ja kennst, war dabei – sie gefiel mir s e h r gut – die einen Freund hat, ich habe vergessen, wer es ist, dem es, wie sie sagte, genau so gegangen ist: fasziniert, von den Geschehnissen gebannt, aber letztlich nicht verstanden.

Ich will es nun noch einmal lesen, vielleicht fallen mir dann die Schuppen von den Augen, – die ja ohnehin stören, wenn man etwas sehen will, – aber im Spiegel besprechen kann ich es in diesem Jahre nicht, denn es wäre im höchsten Grade mißlich, ein Buch gerade in dem Jahr zu besprechen, wenn man, was ja bei mir nicht oft vorkommt, selbst eines auf den Markt wirft.[5] Die Wohmann[6] mag da anders denken, die bespricht ja alles, was nicht niet- und Nagelfest – ein Fest, das wir übrigens einmal zusammen feiern wollen – ist und trotzdem jeden Monat ihr Buch schreibt.

So also liegen die Dinge, und ich hoffe auf Dein Verständnis, da Du dann ja bald in Frankfurt selbst ausdrücken kannst. Wir kommen am 14. 10 an und bleiben bis zum zwanzigsten. Den ersten Abend sind wir bei Reicherts, Klaus[7] rief vorgestern an. Seid Ihr da auch? Das wäre schön.

Grüsse von Silvien und mich an May[8] und Dir

Dein
Wolfgang

Typoskript; Archiv Urs Widmer, Schweizerisches Literaturarchiv, Bern.

1 Gerd Haffmans war von 1968 bis 1982 als Cheflektor und Direktor beim Diogenes Verlag in Zürich tätig. Daniel Keel war Leiter des Diogenes Verlags, bei dem Urs Widmers Prosa erschien.
2 Christa Geitner, Wolfgang Hildesheimers Stieftochter.
3 Die wöchentliche Kultursendung *Titel, Thesen, Temperamente* wurde im Jahr 1983 vom Hessischen Rundfunk produziert.
4 Friedrike Roth (geb. 1948), deutsche Schriftstellerin, war beim Süddeutschen Rundfunk (heute Südwestrundfunk) als Hörspieldramaturgin tätig.
5 Wohl Anspielung auf *Mitteilungen an Max*; das Buch erschien jedoch erst 1983.
6 Gabriele Wohmann (1932-2015), deutsche Schriftstellerin. Hildesheimer traf spätestens im November 1960 auf Gabriele Wohmann, da beide an der 23. Tagung der Gruppe 47 teilnahmen.
7 Klaus Reichert (geb. 1938), deutscher Anglist und Übersetzer. Klaus Reichert war von 1964 bis 1968 als Lektor beim Insel und beim Suhrkamp Verlag tätig.
8 May Widmer-Perrenoud, Ehefrau von Urs Widmer.

[2] Wolfgang Hildesheimer an Urs Widmer

[vor 1986]

Wolfgang Hildesheimer CH-7742 Poschiavo Tel. (082) 50467

[Zeitungsausschnitt]
Halbtagstelle
Wir suchen jeweils
von Montag bis Sams-
tagvormittag zuver-
lässigen, ehrlichen
Mann
für die Reinigung von
Pissoiranlagen. Sehr
gut bezahlte Dauer-
stelle.

[handschriftl.:]
Lieber Urs,
dies für den Fall, dass Du mal was anderes tun willst, als immer nur schreiben.

[Schreibmaschine]
Du suchst einen weiblichen Pseudonym.
Ich würde Ricarda Huch[1] vorschlagen. Oder
Wie wär's mit Heike Huch. Oder eben
»versiicnrhe«kuneti bfskp umlhwlhsy«
Er ist welsh, die Bieresch[2] sagen dazu
›welke Weisheit‹.
Wie findest Du den neuen Hoffer?[3] Ich finde ihn g r o ß a r - t i g ! !

Dein

Typoskript; Archiv Urs Widmer, Schweizerisches Literaturarchiv, Bern.

1 Ricarda Huch (1864-1947), deutsche Schriftstellerin und Philosophin. Ihr erster Lyrikband, *Gedichte* (1891), erschien unter dem Pseudonym Richard Hugo.
2 Klaus Hoffer, *Halbwegs. Bei den Bieresch 1*, Frankfurt am Main: S. Fischer 1979. Ders., *Der große Potlatsch. Bei den Bieresch 2*, Frankfurt am Main: S. Fischer 1983.
3 Es handelt sich wahrscheinlich um den zweiten Teil, der 1983 veröffentlicht wurde.

[3] Wolfgang Hildesheimer an Urs Widmer

[zwischen Dezember 1990 und August 1991]

Lieber Urs,

nein, Du kannst es nicht gewesen sein. Inzwischen ist ein Exemplar der lieblosen Legenden[1] aufgetaucht mit einer Widmung an meine Schwester. Vielleicht ist es irgend jemandes Hobby, solche Verdachtsplitter zu streuen. – Wie geht es Euch eigentlich? Werdet Ihr etwa auch älter? Das kann doch nicht sein.
Vielleicht sieht man sich
Doch mal wieder? Es wäre
schön.
Herzliche Grüsse auch an May
und auch von Silvia
Dein Wolfgang

[Geschrieben auf der Rückseite eines Farbdrucks von Wolfgang Hildesheimers Collage »Nachtmahr« (1989), der mit Tesastreifen an einen Ausschnitt aus einem Antiquariatskatalog geklebt ist; Ausschnitt, auf den sich Hildesheimer bezieht:]

*130 Hildesheimer Wolfgang. Biosphärenklänge. Ein Hörspiel. Frankfurt a. M., Suhrkamp, 1977. 8°. 75 S., 4 nn. Bl. Orig.-Pappband mit Schutzumschlag.
Erste Ausgabe, auf dem Vorsatz eigenhändige Widmung Hildesheimers: »*Für den guten alten Urs als er mal in Poschiavo war. Wolfgang Hildesheimer 21. Juli 1977*«.

Typoskript; Archiv Urs Widmer, Schweizerisches Literaturarchiv, Bern.

1 Wolfgang Hildesheimer, *Lieblose Legenden*, Frankfurt am Main: Suhrkamp 1962.

Siglen, Kurztitel

WHA	Wolfgang-Hildesheimer-Archiv im Archiv der Künste Berlin-Brandenburg
DLA	Deutsches Literaturarchiv Marbach
GW I-VII	Wolfgang Hildesheimer, *Gesammelte Werke in sieben Bänden*, hg. v. Christiaan Lucas Hart Nibbrig und Volker Jehle, Frankfurt am Main: Suhrkamp 1991
Briefe	Wolfgang Hildesheimer, *Briefe*, hg. v. Silvia Hildesheimer und Dietmar Pleyer, Frankfurt am Main: Suhrkamp 1999

Anteile der Herausgeber an Textedition und Kommentierung

Olga Blank: Szczesny, Reich-Ranicki, Holme, Widmer

Stephan Braese: Geheeb, Andersch, Enzensberger, Kesten, Domin, Schmitthenner und Hasselblatt, Bergner, Boehlich, Dillmann, Frisch, Jabra, Kästner, Khalidi, König, Rosenberg, Täubert, Teltsch

Thomas Wild: Heißenbüttel, Barnes, Unseld und Braun

NAMENREGISTER

Kursive Ziffern verweisen auf Nennungen ausschließlich in den Anmerkungen der jeweiligen Seite.

RECHTENACHWEISE

Für die Genehmigung zum Abdruck der folgenden Texte danken wir in der Reihenfolge der Briefwechsel von

Paul und Edith Geheeb: dem Geheeb-Archiv der Ecole d'Humanité, CH-6085 Hasliberg Goldern und vorgängig dem Archiv der Odenwaldschule (Akte 3244)

Alfred Andersch und Helmut Heißenbüttel: dem Historischen Archiv des Südwestrundfunks (SWR) und des Saarländischen Rundfunks (SR), Stuttgart und Baden-Baden

Gerhard Szczesny, Hansjörg Schmitthenner und Dieter Hasselblatt: dem Historischen Archiv des Bayerischen Rundfunks, München

Djuna Barnes: © The Authors League Fund and St. Bride's Church, as joint literary executors of the Estate of Djuna Barnes

Hans Magnus Enzensberger: dem Autor

Hermann Kesten: Frau Marian Strauss Houston, Wayne, USA

Hilde Domin: dem Deutschen Literaturarchiv Marbach am Neckar

Marcel Reich-Ranicki: Herrn Thomas Anz, Seefeld

Christopher Holme: der Erbengemeinschaft Christopher Holme, vertreten durch Herrn Hugh Randal Holme

Ferner danken wir in alphabetischer Reihenfolge für die Genehmigung zum Abdruck der Texte von

Reinhart Baumgart: Frau Dr. Hildegard Baumgart, Berlin

Elisabeth Bergner: dem Nachlassverwalter Herrn Anthony Newton

Walter Boehlich: der Autorenstiftung Frankfurt am Main

Max Frisch: dem Max Frisch-Archiv an der ETH-Bibliothek der ETH Zürich

Franz Josef Görtz: dem Autor

Christoph König: dem Autor

Martha Meuffels: Herrn Stefan Szczesny und der Nachlassverwalterin Frau Claudia Szczesny-Friedmann

Wolf Rosenberg: Frau Pamela Rosenberg, Berlin

Valerie Stiegele: der Autorin

Klaus Täubert: dem Autor

Klaus Wagenbach: dem Autor

Die Reproduktion der Abbildungen in Hildesheimers Briefen an Giora Teltsch erfolgt mit freundlicher Genehmigung des Archivs der Akademie der Künste Berlin, Wolfgang-Hildesheimer-Archiv.

Die Reproduktion von Hildesheimers Briefen an Urs Widmer erfolgt mit freundlicher Genehmigung des Schweizerischen Literaturarchivs Bern, Archiv Urs Widmer.